抗日战争
与
中共崛起

卢　毅　罗平汉　齐小林◎著

人民东方出版传媒
People's Oriental Publishing & Media
東方出版社
The Oriental Press

图书在版编目（CIP）数据

抗日战争与中共崛起 / 卢毅，罗平汉，齐小林著 .—北京 : 东方出版社，2015.4

ISBN 978-7-5060-8195-5

Ⅰ.①抗… Ⅱ.①卢… ②罗… ③齐… Ⅲ.①抗日战争—关系—中国共产党—党史—研究 Ⅳ.① K265.07 ② D23

中国版本图书馆 CIP 数据核字 (2015) 第 106836 号

抗日战争与中共崛起

(KANGRI ZHANZHENG YU ZHONGGONG JUEQI)

作　　者: 卢　毅　罗平汉　齐小林
策　　划: 彭明哲　姚　恋
责任编辑: 杨　灿　李志刚
出　　版: 东方出版社
发　　行: 人民东方出版传媒有限公司
地　　址: 北京市东城区朝阳门内大街 166 号
邮　　编: 100010
印　　刷: 北京明恒达印务有限公司
版　　次: 2015 年 6 月第 1 版
印　　次: 2022 年 10 月第 2 次印刷
开　　本: 660 毫米 × 960 毫米　1/16
印　　张: 23.75
字　　数: 291 千字
书　　号: ISBN 978-7-5060-8195-5
定　　价: 56.80 元
发行电话:（010）64258117　64258115　64258112

如有印装质量问题，请拨打电话:（010）64258029

前　言

1937年至1945年的全民族抗日战争，对中国共产党来说，是一个极为重要的历史阶段。这8年中，中共不但坚持了敌后抗战，有力地配合了国民党的正面战场，而且真正实现了从小到大、由弱到强。全民族抗战爆发之时，陕北的主力红军和南方的红军游击队，分别被改编为国民革命军第八路军和新编第四军，两军总人数5万余人，全国党员约4万人，根据地只有陕甘宁1处，根据地人口100余万。到抗战胜利之时，中共领导的武装力量达到120万人，全国党员人数亦达到120万人，根据地增加到19块，根据地人口达1个亿。

在全民族抗战前的十年内战时期，国共两党虽然进行了近10年的战争，但双方力量的对比甚为悬殊，国强共弱的态势十分明显。经过8年全民族抗战，中共从原来狭小的活动地域走向中国政治舞台的中央，尽管国民党军队的数量、统治区的面积人口仍大大超过中共，但中共的实力与影响力已与当初不可同日而语，真正成为可与国民党比肩的大党，中国的政治地图亦由此而改写。

全民族抗战8年中共何以越抗越大，其中原因究竟在哪里？在新时代的今天，这恐怕仍是许多人关注的话题。这些年来，抗战史的研究已取得了丰硕的成果，相关著述可谓林林总总，数不胜数。但这些著述，或是抗日战争史的宏观述说，或是某些具体事件的微观探讨，而对于全民族抗战8年中共何以壮大似乎未见有专门的研究。我们几位都在中央党校从事中共党史的教学，觉得这是一个值得重视的问题，于是草写了这部小册子，试图从不同侧面就此做点简单的探讨。

目 录

日本关东军发动九一八事变侵略中国东北之后，中国内部的政治规则就逐渐发生变化，所有的政党、派别都要面对日益加剧的民族危亡，都要考虑民众高涨的民族主义情绪。1931 年九一八事变时，中国还是一个内部纷争不已的政治体，1937 年卢沟桥事变日本全面侵华时，中国已经实现了一定程度的民族团结。中华民族的这一转向用了整整 6 年的时间。美国著名的中华民国史专家柯博文指出："只有经历一次新的世界大战并通过盟国来打垮日本，中国才能开启一个强大的民族国家创建之路。但这一创建的建筑师将是毛泽东，而非蒋介石。"[①] 的确，从后见之明的角度讲，全民族抗日战争爆发和民族统一战线的形成是中共力量迅猛恢复并急速发展的转折点。然而，回到全民族抗日战争刚刚爆发时的历史情境，恐怕连中共最高级的领导人也没有预想到能够在 12 年后取得全国政权，蒋介石也不会认为自己会在 12 年后退往台湾。事实上，不管是抗日民族统一战线的形成，还是国共两党力量对比的转变，都不是人为设计的，而是各种政治力量碰撞、折冲和博弈的结果，这里既包含着历史的偶然性，也包含着领导者的智慧和力量角逐的魅力。

① [美]柯博文：《走向"最后关头"——中国民族国家构建中的日本因素(1931—1937)》，马俊亚译，社会科学文献出版社 2004 年版，第 405 页。

走向舞台中央

第一章

CHAPTER ONE

一

九一八事变后国共两党的策略

1931年9月18日，日本关东军进攻东北军北大营，发动九一八事变。除了少部分军队自发的零星抗争，东北军在张学良的指挥下未做任何抵抗，东北在3个月被日军占领。

关东军发动九一八事变时，国共两党由分裂走向战争已经4年时间了。1923年到1927年间，在共产国际的支持下，年轻的中国共产党和国民党曾经进行过合作，发动了国民革命运动。虽然在此期间，国共两党的力量都得到了猛烈的扩张，国民革命运动也成绩斐然，但是，从本质上讲，“国共合作只不过是一场追求利益的结合，双方都需要对方，但也都厌恶对方。国民党在振兴党、发展一支党的军队和进行国民革命中渴望得到苏联的援助；并且期望利用共产党与工人、农民和人民大众的联系。另一方面，共产国际和中国共产党想利用国民党的基础来扩大影响，并最终从内部颠覆国民党。在这微妙的关系中，只要对双方有利，合作就会持续下去；而双方都希望在对方表现不济时，以胜利者的姿态出现。”[1] 孙中山在世时，凭借其巨大的威望，还能够维系国共之间的合作。孙中山去世后，分裂势力不受约束。1926年，国民革命军北伐顺利进行，国共双方的裂痕也随之扩大，终

---

① 徐中约：《中国近代史》下册，香港中文大学出版社2002年版，第525页。

于在 1927 年 4 月彻底分裂。

国共分裂之后，中共武装反对国民党的统治，将建立工农苏维埃政权作为自己的奋斗目标。此时，不仅中共革命的理论受到共产国际影响，在某种程度上，中共革命也需要符合苏联的国际战略。1928 年 7 月 17 日至 9 月 1 日，共产国际第六次代表大会在莫斯科举行，提出了著名的第三时期理论。会议认为，战后世界资本主义体系总危机进入第三时期，"这个第三时期，使生产力的发展同缩小了的市场之间的矛盾特别急剧的尖锐化了，因而必然引起一个新时期……这个时期加剧了各种国际矛盾"，因此，"这时期必须要通过资本主义稳定中的各种矛盾的不断发展，导致资本主义稳定的进一步瓦解和资本主义总危机的急剧尖锐化"①。依据"第三时期"理论，在这新的时期，必然导致"大规模的阶级搏斗"，必然发展成为"直接革命的形势"。1929 年 7 月 3 日至 19 日，共产国际执行委员会在莫斯科召开第十次全会，进一步发展了"第三时期"的理论，会议通过的《国际形势和共产国际的当前任务提纲》认为，当前是"资本主义总危机的增长，帝国主义内部和外部基本矛盾迅速加剧从而必然导致帝国主义战争，导致大规模的阶级冲突，导致各主要资本主义国家新的革命高涨发展，导致殖民地伟大的反帝国主义革命的时期"②。国际形势的演变必然导致资本主义和社会主义两种社会制度的最后决战。

在资本主义总的崩溃即将到来，直接革命的形势即将形成的时候，各国共产党人的任务是什么呢？共产国际第六次代表大会向各国共产党人明确地提出了"保卫苏联"的口号，"如果帝国主义的反苏战争取得胜利，

① 中国社会科学院近代史研究所翻译室：《共产国际有关中国革命的文献资料（1919—1928）》第 1 辑，中国社会科学出版社 1981 年版，第 569—570 页。

② [苏] 贝拉·库恩编：《共产国际文件汇编》第 3 册，三联书店 1965 年版，第 144、145 页。

那么这不仅意味着苏联无产阶级的失败，而且意味着国际无产阶级有史以来最严重的失败”[①]。“因为苏联是世界上第一个建设社会主义的无产阶级的革命的国家……不捍卫苏联，就不能捍卫并推进世界革命运动。”[②] 资本主义总危机、战争和革命时期以及保卫苏联等口号的提出，深刻地影响了各国共产党的策略：各国无产阶级反对资产阶级和殖民地半殖民地人民反对帝国主义的斗争中，实行坚决的“进攻路线”；为此各国无产阶级政党采取“阶级反对阶级”和“下层统一战线”的策略，在资本主义国家坚决地反对社会民主党，在殖民地半殖民地国家整个地反对民族资产阶级；为了保证上述路线和策略的执行，各国共产党内采取了坚决反对“右倾主要危险”的不调和的党内斗争方针。

九一八事变发生后，中共临时中央政治局发表宣言，认为发生这一事变的根本原因在于“苏联无产阶级专政日益巩固，社会主义建设得到空前的胜利，五年计划立刻就要完成，这对帝国主义非常不利，而且含着极大的危险。各帝国主义都拼命计划想消灭苏联，以图挽救他们垂死的命运”。“现在日本帝国主义实行占领中国东三省，不过是帝国主义进攻苏联计划之更进一步的实现。”[③] “现在全国无产阶级及劳苦群众身上放着伟大的历史任务：这一任务便是武装保卫苏联。”[④] 共产国际同样认为，九一八事变是日本为了把东北变成反苏战争的基地，因而再次强调保卫所有劳动人民的祖国——苏联的口号。

那么怎样才能战胜帝国主义并保卫苏联呢？中共临时中央认为，“我

---

① [苏]贝拉·库恩编：《共产国际文件汇编》第3册，三联书店1965年版，第18页。
② 《斯大林全集》第10卷，人民出版社1954年版，第47—48页。
③ 中央档案馆编：《中共中央文件选集》第7册，中共中央党校出版社1989年版，第396—400页。
④ 中央档案馆编：《中共中央文件选集》第7册，中共中央党校出版社1989年版，第416—424页。

们唯一的出路，就是扩大和继续罢工、罢课和罢操，组织我们自己的力量，武装我们自己，坚决地起来打倒帝国主义国民党在中国的统治！建立工农兵以及劳苦群众自己的政府——苏维埃政府”。“只有苏维埃政府能够领导全中国的革命群众，对帝国主义宣战，而取得中国民族的自由与独立！”① 1931年年底，共产国际指示中共，“民众革命推翻国民党是反帝国主义民族革命战争胜利的条件”②。因此，中共既要反对日本帝国主义对中国的侵略，又要推翻国民政府的统治，而且后者是前者的基本的前提，即只有推翻国民党才能够进行抗日。

1927年国共分裂以后国民党继续北伐。1928年12月29日，东北正式悬挂青天白日旗，国民政府任命张学良为东北边防司令长官，西南、西北各省在此之前已经归附国民政府，至此全国名义上实现统一。然而，国民政府的统一虚有其表。它不仅面临着中共的武装反抗，很多地方军事人物与南京仍保持着实质性的财政和行政独立。只要这些地方军事人物与南京国民政府之间没有利害冲突，他们就尚可以合作；但一旦发生利益冲突，这些地方军事人物就将见机行事，甚至与南京国民政府展开较量。除此之外，国民党还深受内部派系倾轧的困扰。

1931年9月18日，日本关东军在沈阳市郊引爆铁路线，向北大营进攻。面对日军攻击，东北军未做抵抗即撤退。蒋介石没有下令东北军反攻，也没有派中央军增援。九一八事变爆发之时，除了日军在东北的挑衅，南京国民政府至少面临着3个方面的威胁：在华北，蒋介石依靠张学良巩固他在中原大战中对冯玉祥和阎锡山的胜利；在长江流域，中共的武装力量正

---

① 中央档案馆编：《中共中央文件选集》第7册，中共中央党校出版社1989年版，第425—430、431—434页。

② 《共产国际政治秘书处关于反帝问题给中共中央的信》（1931年12月），转引自杨奎松：《中间地带的革命——国际大背景下看中共成功之道》，山西人民出版社2010年版，第269页。

在迅猛发展；在华南，汪精卫、孙科、邹鲁、陈济棠、李宗仁等人在广州成立与南京对立的国民政府。蒋介石认为在东北的坚决抵抗极有可能毁灭他的政权，另外，他强烈地怀疑他的许多对手尽管公开谴责日本帝国主义，私下却在向东京寻求妥协和帮助。[①] 然而，不管怎样，南京国民政府是代表整个中国的合法政府，它需要担负的不是地方性的而是全国性的责任，因此，人们普遍指责蒋介石面对日本侵略采取了不抵抗的政策。

1932 年 1 月 28 日，日本海军借口保护日侨进攻上海，遭到驻扎上海的第十九路军的坚决抵抗，5 月 5 日南京国民政府与日本签订停战协定。面对日本的步步紧逼和国内不同政治派别的挑战，南京国民政府"攘外必先安内"基本国策逐渐明确起来。1931 年 7 月 23 日，蒋介石发表《告全国同胞一致安内攘外》的文告，告诫国民"应以卧薪尝胆之精神，作安内攘外之奋斗，以忍辱负重之毅力，雪党国百年之奇耻。惟攘外应先安内，去腐乃能防蠹。""不先消灭赤匪，恢复民族之元气，则不能御侮；不先削平粤逆，完成国家之统一，则不能攘外。"[②] 1932 年 3 月 14 日，当国民政府和日本就淞沪事变进行停战谈判之时，蒋介石宣布："倭寇深入，赤匪猖獗，吾人攘外，必须安内……打破目前之难关，完成剿匪之使命。"4 月初蒋介石在南昌督师剿共，宣称"外寇不足虑，内匪实为心腹之患，如不肃清内匪，则决不能御外侮，亡明覆辙，殷鉴不远"。5 月初又指出："就客观的情形与主观的战略来看，今日救国的途径，只有照着古人'攘外必先安内'这句话来力行：我们必须先把后方与内部安定起来，然后攘外才

---

① ［美］柯博文：《走向"最后关头"——中国民族国家构建中的日本因素（1931—1937）》，马俊亚译，社会科学文献出版社 2004 年版，第 23 页。

② 《蒋"总统"言论汇编》第 21 卷，（台北）正中书局 1956 年版，第 14 页。

有办法，才不致处于内外夹击的危急。”[①] 1932 年 6 月，蒋介石主持召开赣、鄂、豫、皖、闽五省“剿共”会议，贯彻“攘外必先安内”。12 月，在全国内政会议上，再次强调“‘攘外必先安内’是古来立国的一个信条，如果内部不能安定，不但不能抵抗外侮，而且是诱致外侮之媒”，强调“攘外一定要先安内”。[②]“攘外必先安内”成为国民政府的重要政策。对于国民政府“攘外必先安内”的政策评价一直以来是一个争议很大的问题，有人认为“安内”不过是对日妥协的借口而已，当然，也有人强调“攘外必先安内”具有一定的合理性，并且为中国的抗日战争争取了宝贵的准备时间。

在 20 世纪 30 年代初的中国政治版图当中，国共两党相互对立，处在两端。在国共两党之间，是游移于南京国民政府当权阶级、阶层与工农阶级之间的社会政治势力，主要由爱国民主人士、中间党派和地方实力派组成，被称为中间势力。他们的政治主张对中国政治有着不可忽视的影响。

九一八事变之后，中国的民族危机日益严重。然而，在国内不仅有着国共之间的纷争，南京国民政府内部也存在由政见不同导致的军事对抗，这阻碍着中国集中力量应对日本的侵略。很多中间派人士，尤其是中间派的知识分子痛心于频繁的内争导致国力衰败，迫切希望各党派能够停止内战，一致对外。九一八事变后，1931 年 9 月 20 日，北京大学师生通电指出：“为今之计，唯有速息内战一致抗日。”[③] 9 月 26 日，全国各大报刊发表了朱

---

① 秦孝仪主编：《中华民国重要史料初编——对日抗战时期》（三），（台北）“中央”文物供应社 1981 年版，第 34—37 页。

② 《蒋“总统”言论汇编》第 10 卷，（台北）正中书局 1956 年版，第 685 页。

③ 陈觉：《九一八后国难痛史资料》第 3 卷，东北问题研究会 1932 年版，第 3 页。

庆澜呼吁团结御侮的通电，称“时至今日有何恩怨不可冰释？有何政见不可牺牲？”应“举国团结，一体兴奋，同舟风雨，共济艰危”。[①]10月23日，著名民主人士马相伯在《申报》发表《为日祸敬告国人书》，呼吁国人“定息内争，共御外辱”：

> 际此天灾人祸外忧内患迭乘，国人应晓然邦分崩离析而不能守，即所谓国必自伐而后人伐之……试静思之，湖北伐湖南，广西征广东；本是同根相煎迫，宁有得失之可言！而二十年内战循环，如出一辙……今后国民，各抱决心，痛改前非，自赎自救，群策群力，共赴国难；则十年生聚教养，终有自强振作之一日。[②]

为造成举国抗日的局面，中间势力吁请国民党内部停止派系战争：“国家之贫弱，军人之蛮横，乃至外患之压迫，莫不在内战互为因果”，“苟再不团结一致，协力对外，则国破家亡，指日可待”，因此，国民党政府及各派系应“立息内争，一致对外”，“消弭内战，共御外辱”，“相忍于国，不要自相残杀”[③]。为此他们组织了废止内战同盟，为停止内战积极活动。

中间势力深知，中共是中国政坛上的重要力量，没有国共合作就很难实现团结抗日的目标，因此，他们呼吁南京国民政府停止军事剿共，用政治方法解决中共问题。1932年1月21日，天津《大公报》撰文，希望国民党当局改弦更张，“当兹中国将整个的被日本军阀摧残吞并之时，为民族生

---

① 转引自王学峰：《中间势力与抗日民族统一战线的建立》，《民国档案》1994年第3期。

② 朱维铮编：《马相伯集》，复旦大学出版社1996年版，第901页。

③ 《废止内战大同盟会大会特刊》，中华民国全国商会联合会1932年版，第8页。

计，为中山主义，政府必须抱与民更始之决心，另辟和平解决赤祸之路”[①]。“与其持久内战，实力耗竭，对外失其抗拒之力，而一方面又断无屈服苟免之余地，何若激发共产党之良知良能，打破历史恩仇，尽捐党派情感，能抚则抚，力求团结一致，先其所急，共同自卫，打开血路，而后以整个的国家民族本身之悠久利益，谋政治经济之大改革。”《大公报》要求国民党和平解决中共问题的同时，也奉劝共产党以民族大义为重，放弃推翻国民党的主张：

如再一味谬执成见，以军事行动，牵制政府兵力，使国家自卫陷于不能，则结局整个民族，终为日本蛮力压倒，姑无论理想的改革，愈成梦境，即令据有若干赤化地域，一旦全局沦陷，此区区者，又且可以苟存？且日本得势，国际忌妒，则竞争发泄之途，依然不出中国，边疆领土之分割，势力范围之复活，共管瓜分，势具难免，局面至此，民族且亡，更何有于党派之得失利钝？[②]

1933年3月17日，天津《益世报》社评就国共合作事宜向当局建议，“从民族观念的立场上说来，与其被外族政府，毋宁在同族中表示退让”，政府“尽可公开的大胆的与共产党负责领袖，谋有条件的政治妥协”。胡适也认为，“我们对于国民政府，要请他们正式承认共产党不是匪，是政敌……政敌不是单靠军队可以消灭的”，“共产党是贪污苛暴的政府造成的，是内乱造成的”，因此建议“停止一切武力剿匪的计划和行动”。[③] 甚至连一贯低调的地质学家丁文江这时也说，假如我是蒋介石，“我要立刻

① 《蒋汪入京》，《大公报》1932年1月21日。

② 《进一步之废止内战运动》，《大公报》1932年7月21日。

③ 宋广波编著：《丁文江年谱》，黑龙江教育出版社2009年版，第377页。

与共产党商量休战，休战的唯一条件是在抗日期内彼此互不相攻击”[①]。

九一八事变之后，日本步步入侵，中华民族面临着空前的民族危机，面对这种情况，所有的政治势力和派别都必须做出自己的抉择。大体而言，“抵抗日军进攻，挽救民族危亡”的目标是一致的，但是，不同派别实现这一目标的策略是不一致的。不同的抗日策略在现实政治中的相互碰撞、发展和演变，构成了20世纪30年代前半期中国政治的主题。

二
国民党“剿共”与中央苏区的丧失

虽然国共两党都表示要抗日，但是，九一八事变之后相当一段时间里，南京国民政府的工作重心在于剿共，中共努力的方向是推翻国民党的统治，建立全国范围的工农苏维埃政府。两种力量必然要发生激烈的碰撞。

九一八事变爆发不到两个月的时间，1931年11月7日至20日，中共在瑞金举行第一次全国苏维埃代表大会，宣布成立中华苏维埃共和国临时中央政府。1932年5月，南京国民政府和日本签订《淞沪停战协定》之后，即着手布置对南方各主要苏区的“围剿”。7月，蒋介石调集30多万军队进攻鄂豫皖革命根据地，红四方面军作战失利向川北转移。与此同时，贺龙等人领导的红二军团也在国民党优势军队的进攻之下被迫转移，丧失了

① 丁文江：《假如我是蒋介石》，《独立评论》第35号，1933年1月15日。

湘鄂西革命根据地。这样，中央苏区即失去了重要的战略支撑。1932 年底，南京国民政府发动对中央苏区的第四次“围剿”，在朱德、周恩来的直接指挥下，中央红军取得了反“围剿”的胜利。中央红军打破第四次“围剿”耗时 4 个月，战争结束时已是 1933 年的 4 月。

1933 年 10 月，国民党发动了对中央苏区的第五次“围剿”。蒋介石总结前几次“围剿”失败的教训，在第五次“围剿”中采用持久战与堡垒战的战略战术。其具体做法是，以碉堡层层推进，“进得一步，即守一步，不为防线而为铁板式平面，逐渐推进，缩小匪区”[①]。他认为，“匪区纵横不过五百方里。如我军每日能进展二里，则不到一年，可以完全占领匪区。”[②] 据此，国民党军大修碉堡，其战线始终和碉堡同步。到 1934 年 4 月，江西构筑各种碉堡 5300 余座，福建 573 座。其主攻部队北路第三路军构筑碉堡 4244 座，第六路军 922 座。蒋介石企图通过碉堡战略，弥补国民党军队战斗精神和战斗力的不足，迫使中央红军进行资源消耗战。面对国民党军以碉堡层层推进、纵深配置兵力的稳扎稳打战术，执行“左”倾教条主义路线的博古及其依赖的共产国际顾问李德，采取消极防御的战略方针和“短促出击”的战术，以部分兵力支点防御，吸引敌军，主力部队伺机短促袭击，消灭敌军于防御阵地前。然而，“在敌人堡垒外的近距离或从堡垒间隙中去求运动战，结果仍变成堡垒战”[③]，红军依然难以承受因此带来的武器和人员的消耗。

第五次反“围剿”期间，中共执行机械的阶级分析方法，使其在与十九路军联手的事情上畏首畏尾，丧失了打破国民党军“围剿”的有益尝

① 参见《国闻周报》第 10 卷第 24 期。

② 《赣粤闽湘鄂北路剿匪军第三路军五次进剿战史》上册，第三路军总指挥部参谋处 1937 年编印，第 12 页。

③ 周均伦主编：《聂荣臻年谱》上册，人民出版社 1999 年版，第 114 页。

试。蒋光鼐和蔡廷锴的十九路军在 1932 年 1 月 28 日的一·二八事变后被调至福建。1933 年 9 月，十九路军与中共苏区中央局接触，双方就停战、反蒋态度上基本达成一致。1933 年 11 月 20 日，李济深、陈铭枢及蒋光鼐、蔡廷锴领导的福建事变爆发，成立中华共和国人民革命政府，与南京国民政府全面对抗。福建事变的爆发，在蒋介石封锁线的东方打开了一个巨大的缺口，为中央苏区打破国民政府的第五次"围剿"提供了可能。然而，博古等人继续将中间派看成最危险的敌人，认为十九路军的抗日反蒋行动是欺骗群众，不肯在军事上同十九路军进行配合。结果，孤立无援的福建人民政府在蒋介石军事进攻和政治分化下于 1934 年 1 月很快失败。蒋介石得以在打败福建人民政府后完成对重要苏区的四面包围。① 中央红军陷入更加不利的地位。

国民党对中央苏区的第五次"围剿"，通过压缩中央苏区生存空间，消耗其战争资源，使红军兵源枯竭，苏区物资奇缺，社会震荡。中共面临着自中央苏区创建以来最严重的危机。1934 年 4 月 28 日，广昌战役失利，红军的失败已难以避免，基本失去了打破"围剿"的可能。中共面临的最紧迫问题，已经不是如何保卫中央苏区，而是如何有效地保存有生力量。为此，中共中央向共产国际提出两种方案：红军或者化整为零在苏区坚持斗争；或者突围至西南方向，与那里的红军建立联系。②

中央苏区的丧失，固然是由于国共力量对比悬殊的缘故，更是由中共激进的阶级斗争方针造成的，在内部，使苏维埃政权的社会基础急剧缩小；另一方面，武装保卫苏联，坚持把推翻国民党作为抗日的前提，很难得到

---

① 胡绳主编：《中国共产党的七十年》，中共党史出版社 1991 年版，第 125 页。

② 《共产国际、联共（布）与中国革命档案资料丛书》第 14 卷，中共中央党史研究室第一编研部译，中共党史出版社 2007 年版，第 128—129 页。

社会各阶层民众的支持和响应。用中共自己的话总结，这是犯了“左”倾关门主义的错误，“‘为渊驱鱼’，‘为丛驱雀’，把‘千千万万’和‘浩浩荡荡’都赶到敌人那一边去，只博得敌人的喝采”[①]。中共在中央苏区的失败也说明，将推翻国民政府和抵抗日本侵略并列起来的策略很难实现。

三

联手地方实力派

中央苏区的丧失，标志着苏维埃革命遭受到了前所未有的失败，中共开始调整自己的策略。受当时中共决策机制的影响，中共策略的调整从两个层面进行：一是中共驻共产国际代表团的层面，二是中共中央的层面。当然，两者之间存在交叉和影响。

1934 年 4 月，广昌失守后，中央红军不能打破国民党第五次“围剿”的态势已经非常明显了，准备战略转移的工作提上了日程。在准备战略转移期间，尽管中共不可能迅速改变其政治路线，但于生死存亡的关头，不能不现实地思考中共、宁、粤三方之间的关系。对于南京国民政府而言，如果红军和广州方面的陈济棠部拼死作战，蒋介石自然乐见其成；如果红军西向突围，蒋介石可以把追剿红军、准备抗日及控制西南三省巧妙结合起来：“若为对倭计，以剿匪为掩护抗日之原则言之，避免内战，使倭无隙可

---

① 《毛泽东选集》第 1 卷，人民出版社 1991 年版，第 155 页。

乘，并可得众同情，乃仍以亲剿川、黔残匪以为经营西南根据地之张本，亦未始非策也。”①

对于广东方面的陈济棠而言，如果中央苏区消失，那么，广东方面将不得不直接面对南京方面的压力；如果坚决进攻红军，渔翁得利者自然是南京国民政府。中共对此清醒地认识到，中共和两广面对南京国民政府时，某些时候存在共同的利益，“不管怎样他们（指广东军阀——引者注）知道，战胜红军者将会在军事方面丧失作战能力和被大大削弱。因此他们的基本任务是自己不和红军作战，至少在最初不和红军交手。晚些时候会出现更有利的机会。参加决战和以后同丧失战斗力的胜利者作战。”②

基于此，1933 年 10 月，中共中央和粤方即频繁接触。1934 年 10 月 6 日，双方达成就地停战、互通情报、解除封锁、互相通商和必要时可互相借道等 5 项协议。其中借道一条，即红军有行动时事先将经过要点告诉陈济棠，陈部即后撤 20 里，让红军通过，红军保证不进入广东腹地。经过多方面的准备，1934 年 10 月 10 日晚，中央红军开始实行战略转移。因为和粤方签订了停战协议，在长征初期，中央红军行动相当顺利。从赣西南转移至广西境内，几乎没有经历较大的战斗。

中央红军突破三道封锁线后，蒋介石迅速组织第四道封锁线，在湘江东岸和广西东北部的全州、灌阳、兴安三县，100 个团分兵五路组成包围圈，企图消灭中央红军于湘江以东。广西实力派与南京国民政府矛盾重重，深知蒋介石以追剿红军之机图谋广西的企图。李宗仁认为：“共军入湘之

---

① 《蒋介石日记》（手稿），1934 年 12 月 29 日，转引自黄道炫：《中共、粤系、蒋介石：1934 年秋的博弈》，《近代史研究》2011 年第 1 期。

② 《共产国际、联共（布）与中国革命档案资料丛书》第 13 卷，中共中央党史研究室第一研究部译，中共党史出版社 2007 年版，第 598 页。

后，按当时情势，中央军本可利用粤汉铁路和湘水，水陆两路南下，截击共军，使其首尾不能相顾，而蒋先生却屯兵湘北，任共军西行。然后中央军缓缓南下，迫使共军入桂。”① 几经权衡，广西实力派对于中央红军做出了“不拦头、不拦腰、只尾送客”的方针，在湘桂边境防御红军，同时堵截中央军入桂。11 月 21 日，白崇禧突然从兴安、全州、灌阳撤兵，使湘桂军联合防守的湘江防线出现一个缺口，开放桂东北通道，催促中央红军过境。中央红军未能捕捉到这个机会。由于中央纵队和中央军委纵队行动迟缓，迅速渡过湘江的机会消失了，中央红军陷入死战的境地，部队减员高达 2 万余人。② 湘江战役中央红军的巨大损失，不是因为蒋桂之间没有矛盾可资利用，而是因为中央纵队和军委纵队行动迟缓，失去了利用蒋桂矛盾的机会。

中央红军第五次反“围剿”以来的失败，迫使中共以实事求是的态度看待中国的现实政治。1935 年 1 月，中共中央政治局在贵州遵义召开扩大会议。会议通过的《中央关于反对敌人五次“围剿”的总决议》指出：“利用反革命内部的每一冲突，从积极方面扩大他们的内部的裂痕，使我们利于转入反攻与进攻，是我们粉碎敌人‘围剿’的重要战略之一。”③ 虽然这里仅仅把利用反革命内部的裂痕作为打破敌人“围剿”的战略，但是，从中也可以看到中共领导层开始抛弃僵化的阶级分析理论，力图从中国政治的实际情况出发决定自己的策略。

1935 年 10 月，中央红军到达陕北，此时日本策划华北事变，企图独占华北。11 月 13 日，中共中央政治局召开会议，指出要巩固和扩大陕北苏区，使之成为反日反蒋的根据地。会后中共中央发布《为日本帝国主义

---

① 《李宗仁回忆录》下册，广西政协文史资料委员会 1981 年编印，第 626 页。

② 王锦侠：《湘江之战“红军折损过半”辨》，《党史研究资料》1993 年第 4 期。

③ 中共中央书记处编：《六大以来》上册，人民出版社 1980 年版，第 674 页。

并吞华北及蒋介石出卖华北出卖中国宣言》，强调一切抗日反蒋的中国人民与武装部队都应该联合起来。11月7日，张闻天撰文指出，为了达到抗日的目的，要利用上层统一战线的策略，重点对象是同蒋有矛盾的各派军阀的武装部队。此时，虽然中共依然将抗日反蒋并列，但是，已经把抗日摆在首要位置，而且对于联合同蒋介石有矛盾的军阀来抗日反蒋的策略更加明确了。①

1928年6月，中共在苏联莫斯科召开第六次全国代表大会，会议期间，共产国际执委会主席布哈林宣布，共产国际不再向中国派遣常驻代表，改为中共在共产国际设立常驻代表团，共产国际通过常驻代表团指导中国革命。由于驻共产国际代表团由共产国际直接领导，因此，驻共产国际代表团对于中共中央的决策有着非常重要的影响。

相对于中共中央在痛苦的失败中得出应该利用反革命内部的矛盾来实现自己目标的结论，中共驻共产国际代表团的策略调整主要受共产国际的影响，而共产国际策略的调整，则与苏联外交政策的调整密切相关。九一八事变后，日本对英美等国宣称：日本要把中国东北变成反苏战争的桥头堡。因此，英美对日本侵略中国东北持不干预的态度。苏联的国家利益受到严重的威胁，中国抵抗日本人的进攻符合苏联的利益，南京国民政府希望借助苏联遏制日本的进攻。通过谈判，1932年12月12日，中苏恢复正常的外交关系。1933年年底，苏联提出了旨在建立欧洲集体安全体系的和平外交的新路线，1934年共产国际被要求实行有利于世界范围内的统一战线政策的重大转变，在莫斯科召开的共产国际第七次代表大会筹备会上提出了建立工人阶级反法西斯统一战线的主张，并在1935年的共

① 洛甫：《日本帝国主义的新进攻与民族革命战争的紧迫》，《斗争》第74期，1935年11月21日。

产国际第七次代表大会得到确认。这不能不对共产国际和中共驻共产国际代表团产生影响。

1933 年 1 月 17 日，王明在共产国际和其他中共驻共产国际代表团成员的帮助下，起草了以毛泽东、朱德名义发表的《中华苏维埃临时中央政府工农红军革命军事委员会为反对日本帝国主义侵入华北愿在三条件下与全国各军队共同抗日宣言》，明确宣布：在下列条件之下，中国工农红军准备与任何武装部队订立作战协定，来反对帝国主义的侵略：（一）立即停止进攻苏维埃区域；（二）立即保证民众的民主权利；（三）立即武装民众创立武装义勇军，以保卫中国及争取中国的独立统一与领土的完整。将反对日本及一切帝国主义的斗争与反对帝国主义走狗国民党军阀的卖国与投降的斗争联结起来，开展武装民族革命战争，反对日本及一切帝国主义。①

10 月 27 日，王明、康生给中共中央政治局写来一封长信，其中提出："'抗日救国'是目前中国民众最中心最主要的问题，谁能在实际上证明他能解决这个政治问题，谁就能取得最广大民众的拥护，谁就能成为政治斗争的胜利者"，目前中国的政治环境，"非常迫切的需要广大的非常灵活的具体运用这一民族革命战争的策略"。信中起草的《中国人民对日作战的具体纲领》说："中国人民唯一自救的和救国的方法，就是大家起来武装驱逐日本帝国主义。"为此，"目前有绝对必要提出几点最具体最根本的办法来，作为我们武装抗日的共同纲领"。其要点是：1. 全体海陆空军总动员对日作战；2. 全体人民总动员；3. 全体人民总武装；4. 立即设法解决抗日经费；5. 成立工农兵学商代表选举出来的全国民族武装自卫委员会；6. 联合日本帝国主义的一切敌人。这个文件的目的是，"尽最大可能团结一切反

① 中央档案馆编：《中共中央文件选集》第 8 册，中共中央党校出版社 1991 年版，第 446 页。

日力量，来建立真正广大的民众的反日统一战线”。[①]

1934 年 8 月 3 日，王明与康生写信对中共六届五中全会通过的政治决议提出意见，针对博古等人打倒一切和关门主义的主张，王明表示了不同看法：“建立反日反蒋的广大联合战线问题——我们党在原则上是反对一切帝国主义和一切地主资产阶级的派别，但是根据目前国际和中国形势，根据敌我力量对比，根据广大群众的迫切需要，根据利用敌人内部矛盾的策略和原则，我们必须首先提出反日反蒋的口号。在这口号之下，团结一切有可能参加这个运动的力量，来反对目前革命最主要最凶恶的敌人。在这个口号之下，不仅团结工农小资产阶级，而且尽可能地利用和联合一切统治阶级内部反日反蒋的派别，如果这方面过去我多半是处在等待被动的地位（指利用和联合一切统治阶级内部反日反蒋派别方面），那末现在应当积极的和主动的地位，同一切力量组织一个反日反蒋的最大运动，能够使中国革命走到新的有利阶段。”[②]

1935 年 10 月 1 日，中共在法国巴黎出版的《救国时报》正式发表中共驻共产国际代表团以中共中央名义起草的《为抗日救国告全体同胞书》（即《八一宣言》）。宣言呼吁各党各派联合起来抗日：

当今我亡国灭种大祸迫在眉睫之时，共产党和苏维埃政府再一次向全体同胞呼吁：无论各党派间在过去和现在有任何政见和利害的不同，无论各界同胞间有任何意见上或利益上的差异，无论各军队间过去和现在有任何敌对行动，大家都应当有“兄弟阋墙外御其侮”的真诚觉悟，首先大家都应当停止内战，以便集中一切国力去为抗日救国的神圣事业而奋斗。苏维埃政府和共产党

---

① 郭德宏编：《王明年谱》，社会科学文献出版社 2014 年版，第 271 页。

② 郭德宏编：《王明年谱》，社会科学文献出版社 2014 年版，第 253 页。

特再一次郑重宣言：只要国民党军队停止进攻苏区行动，只要任何部队实行对日抗战，不管过去和现在他们与红军之间有任何旧仇宿怨，不管他们与红军之间在对内问题上有何分歧，红军不仅立刻对之停止敌对行为，而且愿意与之亲密携手共同救国。[①]

1933年1月17日起草的《中华苏维埃临时中央政府工农红军革命军事委员会为反对日本帝国主义侵入华北愿在三条件下与全国各军队共同抗日宣言》，以及1934年4月20日发表的《中国人民对日作战的具体纲领》和1935年8月1日发表的《为抗日救国告全体同胞书》，反映了中共驻共产国际代表团在共产国际影响下认识不断发展的过程，中共逐渐将团结的对象扩大到除蒋介石外一切抗日的党派、团体、阶级、阶层。

1935年11月18日，中共驻共产国际代表团成员张浩抵达陕北瓦窑堡，向中共中央传达了共产国际"七大"建立反法西斯统一战线的精神。11月29日，中共中央政治局讨论"统一战线"问题，发布《抗日救国宣言》和《拥护苏维埃政府与工农红军的抗日宣言》，提出抗日救国十大纲领，除了继续表明和敌对军阀、政治派别建立统一战线的态度，甚至表示这些派别只抗日不反蒋也可以。[②]12月25日，中共中央政治局瓦窑堡会议通过了《关于目前政治形势与党的任务决议》，指出："党的策略路线，是在发动，团结与组织全中国全民族一切革命力量去反对当前主要的敌人：日本帝国主义与卖国贼头子蒋介石。"为此，必须建立"最广泛的反日民族统一战线（下层的与上层的）"。"不论什么人，什么派别，什么武装部队，什么阶级"，

① 中央档案馆编：《中共中央文件选集》第10册，中共中央党校出版社1991年版，第521—522页。

② 转引自程中原：《中国共产党与抗日民族统一战线的建立》，《抗日战争研究》2005年第3期。

只要反日反蒋，“都应该联合起来，开展神圣的民族革命战争”。[1]

至此，中共确立了建立广泛的民族统一战线反日反蒋的策略。中共中央和驻共产国际代表团都对中共政策的调整做出了自己的努力。然而，将抗日和反蒋并列，将最具有实力的蒋介石南京国民政府排除在统一战线之外，中国的抗战前景会怎样？

1935 年 10 月，中央红军到达陕北后，张学良统率的东北军和杨虎城统率的第十七路军，成为中共在军事上的主要对手。中共推行抗日反蒋的统一战线政策，在对东北军和十七路军的工作中获得极大成功，先后与第十七路军、东北军达成停战协议。

东北军由张作霖创立，长期盘踞东北。1928 年东北改旗易帜，服从南京国民政府。九一八事变后，日本占领东北，东北军失去了长期盘踞的地盘，成为丢家弃土的流浪部队，不仅如此，东北军的领袖张学良还承受着国人对其不抵抗罪名的指责。

1935 年 9 月，张学良被任命为西北“剿共”副司令，东北军进驻西安。东北军进攻红军并不顺利，两个月即损失两个师，蒋介石不仅不给予抚恤，而且取消了两个师的番号。这使张学良认识到红军战斗力的强大，剿灭无望；他还怀疑蒋介石有借红军之手消灭东北军的意图。面对东北军普通士兵和青壮年军官强烈的抗日情绪和东北军暗淡的前途，张学良产生了联合中共的想法。用张学良自己的话说：“加深良素认为因内战而牺牲优秀将才之可惜，并对共匪之战斗力，不为轻视，遂触动用‘和平’办法，解决共匪之念生焉。”[2] 张学良联共更深层次的意图，是通过中共获取苏联的援助

---

① 中共中央文献研究室、中央档案馆编：《建党以来重要文献选编(1921—1949)》第 12 册，中央文献出版社 2011 年版，第 536 页。

② 《张学良文集》，新华出版社 1992 年版，第 1194 页。

进行抗日战争。日本侵占东北极大地威胁着苏联远东的安全，因此，张学良认为，要抗日必须联苏。但是，张氏父子控制东北期间与苏联的关系并不融洽，先后有武装搜查北京苏联大使馆和中东路事件发生。1933 年之后，张学良通过各种途径希望与苏联取得联系，但是都没有明确的结果。1935 年 9 月东北军到西北“剿共”，张学良将联苏的希望放在中央红军方面。1936 年 4 月 9 日，张学良和周恩来在延安举行会谈，双方就“停止内战、一致抗日”，红军东征，反蒋抗日，派代表赴苏和保证互不侵犯，和平通商等问题交换了意见。① 中共统一战线策略首先在东北军方面取得了成效。

中共顺利地和张学良建立了统战关系，对十七路军的统战工作则进行得比较缓慢。十七路军的领袖杨虎城原本是冯玉祥西北军系统的师长，1929 年倒向蒋介石后逐渐成长为陕西的地方实力派。中央红军到达陕北后，东北军和中央军尾随而至，杨虎城感受到很大的压力，害怕在同红军作战中被蒋介石消灭，但由于十七路军实力较弱，不敢公然对抗蒋介石。杨虎城对蒋介石保持戒心的同时，对中共也不十分信任，因为杨虎城在与红四方面军、红二十五军合作时曾有过误会。随着形势的演变，杨虎城和中共合作的态度逐渐积极起来。1935 年 9 月，双方最终达成了合作协议。

与此同时，中共开始了对其他各地方实力的争取工作。除了张杨二人，很多地方实力派，比如广西的李宗仁、白崇禧；广东的陈铭枢、蔡廷锴、蒋光鼐；四川的刘湘；华北的宋哲元、韩复榘；山西的阎锡山等，都纷纷与中共取得联系。中共抗日反蒋的统一战线策略成效大显。需要指出的是，这些实力派看重的不仅仅是中共的力量，更是中共背后的苏联。不管出于什么目的，反日也好，反蒋也罢，如果没有强大的外来力量的支持，都很难做

---

① 《周恩来军事文选》第 1 卷，人民出版社 1997 年版，第 460 页。

到。在比较强大的国家中，只有苏联可能出于自己的利益支持反日反蒋，而联共则是联苏的最佳途径。到1936年12月以前，中共与晋、绥、察、冀、滇、桂、新、甘、陕等省的地方实力派之间，已初步建立了联系。[1]

四

确立逼蒋抗日方针

九一八事变以后，国民政府确立了“攘外必先安内”的基本策略，重心在于“安内”。随着日本步步入侵，中华民族的生存受到严重威胁，国民政府逐渐将政策的重心转向“攘外”。1934年，蒋介石曾经做出判断：“第二次世界大战——即中国生死存亡的关头……临到我们头上！……现在可供我们准备的期间，恐怕最多也只有三年了。”[2]1935年11月12日，国民党召开第五次全国代表大会，蒋介石明确讲：“和平未到完全绝望时期，决不放弃和平，牺牲未到最后关头，亦不轻言牺牲。”如果和平无望，“即当听命党国，下最后之决心”。

1936年1月，蒋介石在与全国中等以上学生代表见面时表示：“如果和平交涉不能成功，最后当然只有一战，政府方面正在努力准备最后的牺

① 中共中央党史研究室：《中国共产党历史》第1卷上册，中共党史出版社2011年版，第429页。

② 蒋介石：《庐山训练集》，新中国出版社1947年版，第448页。

牲……我决不怕战争，不过我要做有准备的战争！我们和日本不战则已，战则必胜。”[①]1936 年 7 月，国民党五届二中全会上，蒋介石表示：“中央对于外交所抱的最低限度，就是保持领土主权的完整，任何国家要来侵略我们领土主权，我们绝不能容忍。我们绝对不签订任何侵害我们领土主权的协定，并绝对不容忍任何侵害我们领土主权的事实。再明白些说，假如有人强迫我们签订承认伪满洲国等损害领土主权的时候，就是我们不能容忍的时候，就是我们最后牺牲的时候。”全会发表的宣言也明确宣布：“遇有领土主权被侵害之事实发生，如用尽政治方法而无效，危及国家民族之根本生存时，则必出于最后牺牲之决心，绝无丝毫犹豫之余地。”[②]由此可见，国民政府对日态度日趋坚决。因此，国民政府在 1936 年 11 月间的绥远抗战中采取了极为强硬的态度，取得了百灵庙大捷。

1935 年华北事变后，国民政府加快了对日战争的准备，在内政、外交、经济、社会文化、国防军事等方面都采取了比较积极的措施。这些措施包括：调整和恢复与苏联的外交关系；政府实施改组，将主张对日节节妥协者逐渐排除出政府；实行币制改革，法币与英镑挂钩，加强与西方国家的政治、经济联系；开展民族文化宣传运动，提高中国民族的自信力和凝聚力；整顿江、海防及作战阵地，加强军队素质和战斗力；尽力扩大武器装备的生产，积极向国外购买军火；加紧铁路、公路等基础设施建设；整顿云贵川三省等。[③]所有这些，都为后来的持久抗战发挥了不可低估的作用。

在国民政府的抗战准备工作中，彻底解决中共问题是其中重要的一

---

① 《抗战前国家建设史料——外交方面》，《革命文献》第 72 辑，第 165、166 页。

② 荣孟源编：《中国国民党历次代表大会及中央全会资料》下册，光明日报出版社 1985 年版，第 323、412 页。

③ 参见黄道炫：《西安事变：不同抗战观念的冲突》，《历史教学》2004 年第 3 期；操申斌、黄延敏：《论“华北事变”前南京国民政府的抗战准备》，《安徽大学学报》2005 年第 11 期。

环。但是，在国民政府的外交战略中，恢复与苏联的外交关系，谋求苏联对中国抗日的支持，是蒋介石对日国际战略的重要目标。由于中共和苏联的特殊关系，国民政府和苏联恢复外交关系之后，国民政府对中央苏区第五次“围剿”进入最后阶段时，蒋介石即萌生了政治解决中共问题的念头。蒋介石在 1934 年 9 月 6 日的日记中写道：“以后即用少数部队迫近，与飞机轰炸当可了事。用政治方法招降收编，无妨乎。”① 中央红军经过长征到达陕北，人员折损将近九成，对南京国民政府的威胁远不如以前。

此外，蒋介石注意到中共的政策也在发生转变。在共产国际第七次代表大会上，中共驻共产国际代表团团长王明宣布建立抗日民族统一战线策略。1935 年 10 月《救国时报》上发表的中共《为抗日救国告全体同胞书》，在海内外华人中引起了强烈的反响。11 月，王明在《救国时报》发表《答反帝统一战线的反对者》，表明了对蒋介石的态度：“中国共产党、苏维埃政府和红军，已屡次宣言，表示我们准备与任何军队和任何将领，订立战斗协定区共同进行反日斗争，南京政府的军队当然也在内。至于讲到蒋介石个人，那么，我们公开宣称：虽然他作了无限卖国殃民的罪恶。但是，如果他真正停止与红军作战，并掉转枪头去反对日本帝国主义的话，那么，中国共产党和苏维埃政府不但给他以向人民和国家赎罪的自新之路，而且准备与他及南京军队一起，在共同的一条战线上，去反对日本帝国主义。”②

1936 年 1 月 29 日，毛泽东在《救国时报》代表中国苏维埃政府宣布：“中国苏维埃政府对蒋介石的态度非常率直明白。倘蒋能够真正抗日，中

① 《蒋介石日记》（手稿），1934 年 9 月 5 日，转引自黄道炫：《中共、粤系、蒋介石：1934 年秋的博弈》，《近代史研究》2011 年第 1 期。

② 郭德宏编：《王明年谱》，社会科学文献出版社 2014 年版，第 303 页。

国苏维埃政府当然可以在抗日战线上和他携手。”①

这就向蒋介石释放了更明确的信号，表明了中共和南京国民政府合作抗日的可能性。在国民政府调整和苏联外交关系、中共实力锐减不再给国民政府严重威胁、中共政策转向的多重背景下，利用政治方法和平解决中共问题成为蒋介石的重要策略。

从1935年年底，蒋介石开始通过各种途径寻求与中共进行政治接触。12月中旬，他派驻苏武官邓文仪与中共驻共产国际代表团接触，1936年1月，双方在莫斯科举行了3轮谈判。事后，王明就与邓文仪谈判之事，向陕北中共中央做了书面汇报：“南京军事委员会蒋介石先生于本年1月曾派驻苏使馆武官邓文仪为代表亲与弟及汉年面谈数次，表示同意我们提出之抗日救国统一战线原则，惟对于抗日救国之具体合作办法有待于蒋与诸同志直接商洽，故决定由邓君与汉年同志亲赴南京与蒋面商，并言定再由南京去苏区与诸同志协商抗日救国具体办法。”②

在邓文仪与中共驻共产国际代表团进行接触的同时，蒋介石也在国内通过其他途径寻求和中共接触。1935年年底，陈果夫、陈立夫下属曾养甫等，通过与周恩来有过同学之谊的谌小岑，转经翦伯赞，找到中共中央北方局的关系。1936年1月，中共北方局经研究，派周小舟和吕振羽前往南京，和国民党进行政治谈判。1936年1月，宋子文及陈果夫兄弟通过宋庆龄等人先后找到原属中共特科系统的董健吾和张子华，并分别于1月中旬和2月中旬委托董、张二人经西安转入陕北苏区，以便与中共建立直接联系，转达蒋介石政治解决两党关系的意图，这直接打通了两党最高领导层联系

① 《救国时报》，1936年1月29日，转引自荣维木、赵刚：《中共“逼蒋抗日”方针的形成》，《近代史研究》1988年第3期。

② 郭德宏编：《王明年谱》，社会科学文献出版社2014年版，第308—311页。

的渠道。[1]对于国民党寻求通过政治谈判解决国共关系问题，周恩来认为要“抓住他找我之一环，向全国各方活动，并得与全国群众见面”，“对蒋及南京方面，应答应派正式代表去”，“这是千载一时的机会，万万不可放松”。[2]这一主张得到了中共多数领导人的赞同。中断了近十年的国共联系得以恢复。

随着国共之间联系的恢复，国共围绕着停战抗日问题展开了谈判。抗日是国共两党共同的目标，谈判主要围绕着停战的条件和统一战线的组织方式等问题展开。蒋介石的目标是红军改编，苏维埃改制。中共的初始目标是国共两党平等合作，保持政权和军队，另组国防政府和抗日联军。由于双方的目标差异很大，国共之间的谈判并不顺利。

1936 年 8、9 月间，中共调整了自己统一战线的策略，放弃反日反蒋，转向逼蒋抗日。共产国际促成了这次调整，共产国际认为在中共自己没有足够力量组织统一战线的情况下，就必须改变既定的让蒋介石崩溃的政策，联合蒋介石。[3]1936 年的 4 月，季米特洛夫就表示中共应该废止公开反对蒋介石的口号，以南京政府为主要的统战对象。1936 年 7 月 23 日，在共产国际执委会书记处关于中共问题的讨论中，季米特洛夫开篇即指出：“我们需要根据关于实力状况和关于党的状况的通报，针对中国党的政策……作出一个像样的有充分根据的决议。”很显然，“蒋介石本人不想搞统一战线，他害怕统一战线”。然而，目前的情况是，“蒋介石在利用中国革命中的民族因素，原来他已把全民族的四分之三组织起来了……明天

① 参见杨奎松：《抗战前后国共谈判实录》，新星出版社 2013 年版，第 2—18 页。

② 《周恩来致洛甫、毛泽东等电》（1936 年 3 月 2 日），转引自杨奎松：《抗战前后国共谈判实录》，新星出版社 2013 年版，第 16 页。

③ 杨奎松：《西安事变新探：张学良与中共关系之谜》，山西人民出版社 2012 年版，第 176 页。

他会在统一全中国反对地方占领者口号下投入兵力进攻我们的苏区”。因此，“需要在中国创造这样的一种局面，在蒋介石的军队中，在国民党中造成这样一种运动，使蒋介石不得不同意建立这种抗日统一战线”。如果，“我们共产党人向国民党这个党，向国民党中央提出具体的政治建议，我们的总司令部向蒋介石即向南京军队的总司令部提出具体的政治建议，那就对了”。这样中共就“以全面抗日战线的倡导者、发起者、组织者”的面目出现在中国的政治舞台。①

8 月 15 日，共产国际致电中共中央书记处，明确指出："我们认为，把蒋介石和日寇等量齐观是不对的。这个方针在政治上是错误的，因为中国人民的主要敌人是日本帝国主义，在现阶段，一切都应服从抗日。此外，不能同时有效地进行既反对日寇又反对蒋介石的斗争。也不能认为整个国民党和蒋介石的军队都是日本的同盟者。为了切实有效地进行武装抗日，还需要蒋介石的军队参加，或者其绝大部分军队参加。鉴于以上情况，必须采取停止红军同蒋介石军队之间的军事行动并同蒋介石军队协同抗日的方针。"②这就要求中共立即联合蒋介石进行抗日战争。共产国际也指出了和蒋介石进行联合的条件："(1)停止内战，联合中国人民的一切武装力量真正抗日；(2)成立联合司令部，制定联合对日作战计划，条件是完全保持红军在政治上和组织上的独立性，红军负责对日战线的一定地段；(3)向红军提供相应的根据地及必要的武器装备和补给；(4)释放在押共产党人，停止迫害国统区共产党人。"③

---

① 《季米特洛夫在共产国际执委会书记处讨论中国问题会议上的发言》(1936 年 7 月 23 日)，《中共党史研究》1988 年第 2 期。

② 《共产国际执委会书记处致中共中央书记处电》(1936 年 8 月 15 日)，《中共党史研究》1988 年第 2 期。

③ 《共产国际执委会书记处致中共中央书记处电》(1936 年 8 月 15 日)，《中共党史研究》1988 年第 2 期。

收到8月15日共产国际电报前，中共也在针对与南京谈判的具体情况进行策略上的修正。1936年7月国民党召开五届二中全会，表示对日不再妥协退让，对内与中共商谈联合。中共中央8月收到南京方面来信，提出了国共谈判的新的4个条件。其中心思想是先统一后抗日，即在国民党、南京国民政府和蒋介石的集中统一指挥与领导之下，实际解决军事、政治问题，然后进行抗日。要点是：军队统一编制，统一指挥，取消工农红军名义；政权统一，取消苏维埃名义；容纳各派，集中全国人才；共产党停止没收地主土地等政策。[①]8月10日，中共中央召开政治局会议，讨论对南京的方针。会议"认定南京为进行统一战线之必要与主要对手"，"在忠实进行抗日准备，实行国内民主与实行停止'围剿'等前提之下，承认与之谈判苏维埃、红军的统一问题"，"继续停战议和请蒋抗战的口号"[②]，共产国际8月15日来电加速了中共统一战线政策的转变。8月25日，中共中央发表《中国共产党致中国国民党书》宣布："我们赞助建立全中国统一的民主共和国，赞助召集由普选权选举出来的国会，拥护全国人民和抗日军队的抗日救国大会，拥护全国统一的国防政府，苏维埃区域即可成为全国统一的民主共和国的一个组成部分。"[③]

共产国际8月15日电明确告诉中共应"停止红军同蒋介石军队之间的军事行动并同蒋介石军队协同抗日"，但对于如何实现这个目标却言之不详。中共根据实际情况制定具体的方略，把联蒋抗日的出发点建立在自身实力的基础之上。8月12日，张闻天等致朱德、张国焘、任弼时电中强调："所有以上对南京的策略，都是为着分化南京，揭破其欺骗，孤立其首

---

① 程中原：《中国共产党与抗日民族统一战线的建立》，《抗日战争研究》2005年第3期。

② 张培森主编：《张闻天年谱》上册，中共党史出版社2000年版，第357页。

③ 中央档案馆编：《中共中央文件选集》第11册，中共中央党校出版社1991年版，第83页。

领，争取其群众，排斥其汉奸部分，而推动其爱国部分，使之走向真正抗日救亡的道路。"1936年9月1日，中共中央发出《中央关于逼蒋抗日的指示》强调，"目前中国的主要敌人是日帝，所以把日帝与蒋介石同等看待是错误的，抗日反蒋的口号也是不适当的"，"在日帝继续进攻，全国民族革命运动继续发展的条件之下蒋军全部或其大部有参加抗日的可能。我们总的方针应是逼蒋抗日"。如何实现逼蒋抗日的目标呢？"在我们逼蒋抗日的方针下并不放弃同各派反蒋军阀进行抗日的联合。我们愈能组织南京以外各派军阀走向抗日，我们愈能实现这一方针。"①

除了联合苏联的国际战略，促使蒋介石寻找中共进行政治谈判的另一个重要因素，是中共力量的削弱，蒋介石认为中共不再是南京国民政府的统治重要威胁。现在，中共为了自身的生存和逼蒋抗日，极力联合蒋的反对派，壮大自己的力量，这无疑是蒋介石最为忌惮的。蒋介石从来没有放弃任何可以削弱中共力量的机会，显然，如果通过军事打击能够完成消灭中共的任务，即无须政治谈判。即使军事上不能解决中共，加强对中共的军事打击，给中共以极大地削弱，也能够在谈判中得到好的条件。对于这一点，主持和中共谈判的陈立夫后来的回忆非常贴切："我们刚刚建立联系，多少有点空谈。如果我们能在军事上打败他们，就不需要和他们谈判。所以，我们将谈判拖着，事实也是拖着。"② 中共领导人对此何尝不是洞若观火呢？

中共实现反日反蒋或逼蒋抗日的目标，抑或为了生存，都需要增强自身的力量，获得苏联的援助则是其中的关键。20世纪30年代，德日两国法西斯力量的兴起严重威胁着苏联的国家安全，因此，苏联设想借助中国

---

① 中央档案馆编：《中共中央文件选集》第11册，中共中央党校出版社1991年版，第89—90页。

② 转引自杨天石：《陈立夫与国共谈判——读陈立夫口述历史之一》，见杨天石：《蒋介石与南京国民政府》，中国人民大学出版社2009年版，第499页。

的力量拖住日本。在苏联看来，“苏区是为反对帝国主义者奴役和瓜分中国而奋斗的团结核心……是横在日本强盗实现其掠夺计划的道路上的一个大障碍”①，援助红军即成为苏联重要的战略选择。

中央红军到达陕北以后，打通国际路线，获得苏联援助，不仅事关苏联安全利益，而且关系到红军的生存。中共中央对此极为重视，为打通国际路线做出了艰苦的努力。1935 年 10 月 22 日，在中共中央政治局会议上张闻天强调“国际路线无论如何必须打通”②。11 月 18 日，林育英（即张浩）到达陕北，向中共中央传达了斯大林关于不反对红军向北和西北发展、开进苏蒙边界的意见。11 月 30 日，毛泽东总结直罗镇战役后的局势时认为：“从现时起用极大的努力争取与继续更加充足的力量……完成与苏联及蒙古人民共和国打成一片的任务。”12 月 1 日，他又致信张闻天：“关于红军靠近外蒙的根本方针，我是完全同意的。”③12 月 23 日，在瓦窑堡召开的政治局会议上，打通国际路线确定为军事战略总目标之一，绥远则是打通国际路线的战略方向。④

1936 年 2 月 20 日，红军东渡黄河进入山西，遭到晋军和陈诚统率的十万中央军的阻击。5 月，红军撤回黄河以西，进占绥远的战略目标没有实现。1936 年年初，国共开始政治接触，但南京国民政府并没有放松对红军的军事进攻，中共承受着巨大的军事压力。与此同时，中共正在与张学良、阎锡山、傅作义等密谋反日反蒋的西北大联合，打通与苏联的关系是这些造成西北抗日局面的重要条件，西北的地方实力派人物对此极为关心，中

---

① 《共产国际、联共（布）与中国革命档案资料丛书》第 17 卷，中共中央党史研究室第一研究部译，中共党史出版社 2007 年版，第 132 页。

② 《中国工农红军西路军·文献》，甘肃人民出版社 2004 年版，第 79、80 页。

③ 《毛泽东军事文集》第 1 卷，军事科学出版社、中央文献出版社 1993 年版，第 403、408 页。

④ 《毛泽东军事文集》第 1 卷，军事科学出版社、中央文献出版社 1993 年版，第 414 页。

共中央书记处致共产国际书记处电报说："许多方面经常向我们提出苏联是否援助他们的问题……打通国际路线，成了张学良、杨虎城、阎锡山、傅作义一班人的口头语。"[①] 在这种情况下，中共中央不得不把打通国际路线当作必须完成的任务。

1936年6月29日，毛泽东指出："从总的战略上看，无论站在红军的观点上，站在红军与其他友军联合成立国防政府的观点上，打通苏联解决技术条件是今年必须完成的任务。"[②]1936年8月，中共中央即谋求在宁夏和甘西地区打通国际路线。8月12日，张闻天等给张国焘、朱德电称，今后战略方针："一、二、四三个方面军，有配合甲军（东北军）打通苏联、巩固内部、出兵绥远、建立西北国防政府之任务。由此任务之执行以配合推动全国各派统一战线。"具体实施方略是："十月三个方面军会合甘北，准备进攻宁夏，十二月起，三个方面军中，以一个方面军保卫陕甘宁苏区，以两个方面军乘冰期渡黄河，占宁夏，完成打通苏联任务，并为我出兵绥远做准备。"[③]9月11日，共产国际书记处致电中共中央称："同意你们占领宁夏地区和甘肃西部的计划，在占领宁夏之后，我们将给你们以帮助"，因此，中共中央决定两个月后夺取宁夏。[④]10月23日，彭德怀拟订了《宁夏战役计划》，如果作战目的实现，红军就会实际控制黄河以北至蒙古边境的广大地区，意味着打通国际路线。

然而，一方面由于国民党军队的积极进攻，另一方面由于苏联将原定在外蒙援助红军改为经新疆援助红军，中共夺取宁夏的计划不仅不能实

---

① 转引自陈铁健：《论西路军》，《历史研究》1987年第2期。

② 《毛泽东军事文集》第1卷，军事科学出版社、中央文献出版社1993年版，第551页。

③ 张培森主编：《张闻天年谱》上册，中共党史出版社2000年版，第357页。

④ 张培森主编：《张闻天年谱》上册，中共党史出版社2000年版，第366页。

施，自身也处于非常危险的境地，三个方面军被国民党军压缩在定边、盐池以北，豫旺以东，曲子镇以南的狭小区域，毫无回旋余地。[1]11月3日，毛泽东在政治局会议上表示，红军的行动方向，原来是宁夏，被蒋介石破坏了，现在要改变。毛泽东说："我们新的方针有两个方向：一个方向是向东南，即向京汉路发展。但这在政治上不是抗日的方向，在军事上又很多限制，不甚有胜利的把握；好处是没有自然界很多阻碍，有游击队帮助，可以扩大陕甘宁苏区。另一个方向是向东，即是原来的过黄河。这在政治上是好的，是抗日的，对扩大红军也有利，但也要估计会受到敌人的限制。"[2]

这表明，中央红军到达陕北以后，经过将近一年的左冲右突，没有实现打通国际路线的重大战略目标，反而被国民党军队紧紧压缩在狭小地区，中共领导层不得不重新考虑大规模的流动作战的可能性。在中共军事处境日益艰难的同时，国民党在与中共谈判中提出极为苛刻的条件。11月17日晚，负责与国民党谈判的潘汉年向中央汇报蒋介石提出的停战条件："蒋先生意见如下：一、红军可编至三千人，允余由宁方编遣。二、师长以上官佐由宁方遣送出洋考察，然后回国按材录用。三、可派员参加国民大会及军政各机关工作，但须由我方提出适当名次，由彼酌量任用。"[3]

可以说，到了1936年11月的中旬，不管在军事上还是在政治上，中共的处境已经非常困难了。虽然毛泽东提出了流动作战的应对策略，但其结果如何也未可知。

---

① 杨奎松：《西安事变新探：张学良与中共关系之谜》，山西人民出版社2012年版，第252页。

② 中共中央文献研究室编：《毛泽东年谱（1893—1949）》上卷，人民出版社、中央文献出版社1993年版，第609页。

③《潘汉年关于与国民党谈判情况给中共代表团的报告》（1936年11月21日），《党的文献》1993年第5期。

五

和平解决西安事变

随着中共面临前所未有的困境，东北军领袖张学良发现自己的处境也日益艰难。1936年年初，张学良积极谋划与中共的统一战线，进而得到苏联的支持抵抗日本人的进攻，在西北开创抗日的局面，然而，中共两次打通国际路线的努力都无果而终，西北大联合的设想归为泡影。从10月22日起，张学良利用各种机会建议蒋介石联共抗日，遭到蒋介石的严词拒绝。绥远抗战爆发后，11月27日，张学良请命率领东北军奔赴前线：

今绥东事既起，正良执殳前驱，为国效死之时矣。日夕磨砺，惟望大命朝临，三军即可夕发。盖深信钧座对于抗日事件，必有整个计划与统一步骤，故惟有静以待命，无烦喋陈，乃彼大军调赴前方者，或已成行，或已达到；而宠命迄未下逮于良，绕室彷徨，至深焦悚！

每念家仇国难，丛集一身，已早拼此一腔热血，洒向疆场，为个人尽一分之前愆，为国家尽一分之天职……伏恳迅颁宠命，调派东北军全部或一部，克日北上助战，则不独私愿得偿，而自良以下十余万人，拥护钧座之热诚，更当加增百倍。①

由此可见，张学良奔赴抗日战场的心情是非常迫切的，只要允许他抗日，那么包括张学良在内的东北军拥蒋之热诚当加增百倍。然而，张学良的

① 《张学良文集》第2卷，新华出版社1992年版，第1050页。

抗日请求再次遭到拒绝。张学良后来说："此事痛伤良之心，愤怒不已。"[①]

尽管蒋介石觉察到西安不稳，但相信张学良不致有出格的举动，为迅速完成消灭中共的任务，蒋介石决定亲赴西安督战。1936 年 12 月 2 日，蒋介石在日记中写道："东北军之兵心，为察绥战事而动摇，则剿赤之举，或将功亏一篑。此实为国家安危最后之关键，故余不可不进驻西安，以资镇慑，而挽危局。盖余个人之生死，早置诸度外矣。"[②]12 月 4 日，蒋介石率领陈诚、卫立煌等一干重臣，由洛阳抵达临潼，其身后则是奉命西进的中央军十几个师。12 月 7 日，张学良与蒋介石再次就抗日问题争辩，蒋介石依然表示中国最大的敌人是共产党，不是日本人。张学良对蒋介石说："自东北易帜以来，我对委员长耿耿忠心，服从训令。当前的国策是团结抗战或分裂抗战，必须明确择定。这对国家和民族的前途，对个人的前途都是成败攸关的大问题。只有领导全国团结抗战，才是委员长振兴国家的唯一正确的道路，我有为委员长牺牲一切的决心。"[③]

"我有为委员长牺牲一切的决心"颇有深意。张学良与蒋介石私交很深，在张学良眼中蒋介石是亦师亦友的人物，甚至把蒋介石视作父辈。在张学良看来，领导全国团结抗战才是蒋介石振兴国家的唯一正确的道路，而蒋介石在错误的道路上越走越远，为此他不惜牺牲一切（包括政治生命）纠正蒋介石的错误。事已至此，张学良和杨虎城几天前关于怎样对待蒋介石的对话，或许在张学良心中越来越清晰了。

---

① 《张学良文集》第 2 卷，新华出版社 1992 年版，第 1199 页。

② 秦孝仪主编：《"总统"蒋公大事长编初稿》第 3 卷，（台北）中国国民党党史编纂委员会 1978 年编印，第 360 页。

③ 傅虹霖：《张学良的政治生涯》，王海晨、胥波译，浙江大学出版社 2013 年版，第 153 页。

迨至良从洛阳返来，心情十分懊丧，对杨谈及蒋公难以容纳余等之意见，该时良对蒋公发有怨言，并问计于杨，彼有何高策，可以停止内战，敦促蒋公领导实行抗日之目的。杨反问良，是否真有抗日决心？良誓志以对，杨遂言待蒋公来西安，余等可行“挟天子以令诸侯”之故事。良闻之愕然，沉默未语，彼露有惧色，良即抚慰之曰：“余非卖友求荣之辈，请勿担心！不过汝之策，在余有不能之者。”彼遂讥良“乃感情作用，以私忘公”。良答以“容余思考商讨，请其安心，余绝不向任何人道及彼之意见也”。蒋公由洛阳来西安时，出必相随，实恐他人生变，殊不知他日作孽者，乃良自身也。①

杨虎城对于张学良抗战之决心肯定心知肚明，否则也不会直接建议张学良挟持蒋介石，杨虎城评价张学良在对待蒋介石的问题上“感情作用，以私忘公”，的确一语中的，促使张学良不得不认真思考如何对待蒋介石。有一点是肯定的，张学良尚没有下定决心挟持蒋介石，蒋介石在西安时张学良出入必相随，固然是防范蒋介石，又何尝不是防范杨虎城和东北军激进的青年军官。

蒋介石到达西安后，逐渐了解到已经不能再依靠第十七路军和东北军剿共。12 月 10 日，蒋介石向张学良、杨虎城提出两个方案：(1) 服从中央的剿共命令，将东北军和西北军开赴前线，与共军决战；(2) 如张学良、杨虎城不剿共，则东北军调至福建，西北军调至安徽，中央军进驻陕甘地区，与共军决战。②

事已至此，张学良最终做出挟持蒋介石的决定。九一八事变以来，张学良背负着不抵抗将军的名声，带领数十万东北军流离失所，他最大的愿

---

① 《张学良文集》第 2 卷，新华出版社 1992 年版，第 1200—1201 页。

② 傅虹霖：《张学良的政治生涯》，王海晨、胥波译，浙江大学出版社 2013 年版，第 155 页。

望莫过于率领东北军奔赴抗日的战场，只有抗日才能洗刷自己的罪名，才能对得起自己的父老乡亲。1934 年归国之后，张学良奔走于各实力派之间是为了抗日；联共联苏是为了抗日，甚至在得知中共与自己建立统一战线的同时也在和南京国民政府进行政治接触，仍然不以为意，目的就是尽早实现抗日的目标；恳请前往绥远前线也是为了抗日；如今东北军不但不能前往抗日战场，反而要被调至福建，远离抗日战场。不管是张学良还是他统率的东北军都到了举步维艰、路路断绝的境地。对张学良而言，一方面是急切地想走向抗日战场的十几万东北军官兵，一方面是蒋介石对抗日要求的严词拒绝，置身两种力量中间，张学良的心情可谓极度的低落和激愤，甚至有些绝望。当然，张学良性格中也有冲动的一面。例如，在得知蒋介石逮捕上海救国会领袖沈钧儒、邹韬奋、章乃器、李公朴、王造时、沙千里和史良 7 人后，张学良立即亲自驾驶飞机去洛阳质问蒋介石。张学良向自己的将领布置抓捕蒋介石的命令时，于学忠、米春霖等人提出："抓住蒋介石之后下一步怎么办？"张学良回答："捉了以后再说。"由此可见，很难说张学良等发动西安事变是长久预谋，或者是谋定而后动的从容不迫的举动，确切点说，或许是绝望之后而冲动。用张学良自己的话说就是，"我真怒了，你这个老头子我要教训教训你"。[①]

1936 年 12 月 12 日凌晨，第十七路军和东北军成功挟持蒋介石，完全控制西安。同日，张学良、杨虎城向全国宣布自己的政治主张：

东北沦亡，时逾五载，国权凌夷，疆土日蹙。淞沪协定，屈辱于前；塘沽何梅协定，继之于后。凡属国人，无不痛心……绥东战起……后方之外交当局乃

① 唐德刚编：《张学良口述历史》，山西人民出版社 2013 年版，第 153 页。

力谋妥协。自上海爱国冤狱爆发，世界震惊，举国痛愤。爱国获罪，令人发指。蒋委员长介公受群小包围弃绝民众，误国咎深，学良等涕泣进谏，累遭重斥。日昨西安学生举行救国运动，竟嗾使警察，枪杀爱国幼童，稍具人心，孰忍出此？学良等多年袍泽，不忍坐视，因对介公系最后之诤谏，保其安全，促其反省，西北军民，一致主张如下：（一）改组南京政府，容纳各党派，共同负责救国。（二）停止一切内战。（三）立即释放上海被捕之爱国领袖。（四）释放全国一切政治犯。（五）开放民众爱国运动。（六）保障人民集会结社一切之政治自由。（七）确实遵行孙总理遗嘱。（八）立即召开救国会议。①

张学良和杨虎城掀起了中国近代历史上的惊天巨浪。

张杨发动西安事变，中共并未与闻。1936 年 12 月 12 日 5 时前，张学良致电毛泽东、周恩来："吾等为中华民族及抗日利益计，不顾一切，今已将蒋及重要将领陈诚、朱绍良、蒋鼎文、卫立煌等扣留，迫其释放爱国分子，改组联合政府。兄等有何高见？速复。"②

中共收到张学良的通报，除了应张学良之约在军事上做出布置外，主要通过各条途径确认事变的真实性。晚 21 时再次向张学良确认西安事变的发生，24 时正式通知共产国际蒋介石确实被张学良扣留在西安。③

13 日，中共中央召开政治局常委扩大会议讨论西安事变。中共中央军委主席毛泽东首先发言。毛泽东意识到西安事变是一个巨大的历史契机，此前中共军队被国民党几十万大军压缩在陕北狭小的区域，在双方谈判中国民党提出了中共难以接受的苛刻条件，西安事变的爆发使得中共有了回

① 《张学良文集》第 2 卷，新华出版社 1992 年版，第 1055 页。

② 《张学良文集》第 2 卷，新华出版社 1992 年版，第 1053 页。

③ 杨奎松：《西安事变新探——张学良与中共关系之谜》，山西人民出版社 2012 年版，第 306—307 页。

旋的余地，因此他开篇即说：虽然事变是张杨独自发动的，但是，事变是革命的、抗日的，对我们是友好的公开的，把我们从牢狱情况下解放出来，打破了被蒋控制的局面。对于争取蒋的内部和资产阶级是有利的。西安事变的危险在于日本可能扶植亲日派控制南京政府。毛泽东设想的应对之策是以西安为中心团结绝大多数的抗日派系。一方面，日本有可能把南京政府拉过去造成一个亲日的傀儡政府；另一方面，国内各地实力派，南京政府各派，甚至包括孔宋、黄埔、CC 各系均有可能转到西安的主张方面来，而以西安为中心成立一个不叫政府的一个实质的政府，以威逼蒋系直接统治的东南七省直接就范。此外，毛泽东认为“以西安为中心的来领导全国，控制南京”；“要求罢免蒋介石，交人民公审”，“把蒋除掉，无论在哪方面都有好处”。但是，他同时也认为：“蒋最近立场虽是中间的立场，然在剿共一点上还是日本方面的，这一立场对他的部下是有很多矛盾的，所以他是被这样的矛盾葬送了。”① 这就为争取蒋介石转到抗日立场奠定了基础。

周恩来提出“在政治上不采取与南京对立”的主张，对“以西安为中心”作了不同的设想，认为西安“将来或以陪都的形式出现，更为有利”②。张闻天在发言中坚持认为：“我们的方针：把局部的抗日统一战线，转到全国性的抗日统一战线。”“对妥协派应尽量争取，与分化、孤立，我们不采取与南京对立方针。不组织与南京对立方式。改组南京政府口号并不坏。尽量争取南京政府正统，联合非蒋系队伍。在军事上采取防御，政治上采取进攻。”③ 总体而言，中共中央在西安事变突然爆发后，表现出相当的冷静和

---

① 张培森、程中原、曾彦修：《张闻天与西安事变》，《党的文献》1988 年第 3 期；李海文、汪新：《1935 年到 1937 年初的国共关系》，《中共党史资料》第 42 辑。

② 张培森、程中原、曾彦修：《张闻天与西安事变》，《党的文献》1988 年第 3 期。

③ 《尽量争取南京政府正统》（1936 年 12 月 13 日），《张闻天西安事变前后发言和电报六篇》，《党的文献》1988 年第 3 期。

睿智，没有轻易放弃联蒋抗日的论断，保持了战略上的清醒，但是，会议的意见还是设想以西安为中心。

1936年12月14日，中共中央书记处致华北党负责人刘少奇强调："我们还不要同南京处于对立地位，仍应采取督促与推动他们中的抗日派及中间派走向抗日的方针。…… 此电速转上海。"与此同时，毛泽东、周恩来、朱德等以个人名义发表《红军将领关于西安事变致国民党国民政府电》，称："彼日本者，自闻南京决定讨伐张、杨，兴高采烈，坚甲利兵，引满待发。""公等而果自别于蒋氏，停止正在发动之内战，罢免蒋介石，交付国人裁判，联合各党、各派、各界、各军，组织统一战线政府。"[①]

《红军将领关于西安事变致国民党国民政府电》与13日中共中央会议精神基本一致，强调停止内战，避免日本借机渔利，但是，依然强调将蒋介石罢免审判，如此很难不造成西安和南京的对立。这表明13日会议上周恩来和张闻天的意见没有得到多数赞同，多数意见还是以西安为中心。[②]15日，周恩来带着中共中央并不明确甚至带有分歧的处理事变的意见从保安出发，前往西安协助张杨二人处理西安事变。

西安事变发生后，举国震惊，社会舆论和地方实力派的主流声音，是指责张杨制造分裂，吁请各方和平解决事变。13日，朱自清在日记中写道："得知张学良在西安扣蒋消息，惟详细情形仍不知，此真一大不幸。"[③]16日，国立清华大学教授会发表宣言：此次西安变乱，事出意外，薄海震惊 …… 现在对外之斗争，须全国一致，在政府整个计划之下，同心协力，方

① 中央统战部、中央档案馆编：《中共中央抗日民族统一战线文件选编》中册，档案出版社1985年版，第320页。

② 张培森、程中原、曾彦修：《张闻天与西安事变》，《党的文献》1988年第3期。

③ 姜建、吴为公编：《朱自清年谱》，安徽教育出版社1996年版，第167页。

能奏功。若分崩离析，而侈言抗战，徒为敌人所窃笑。近数月来，统一甫成，而国际观感已有改变，外侮防御，已著功效，方期国家命运渐可挽回，民族危机渐可避免。乃变乱突起，举国复有陷于混乱之虞，长敌国外患之势，寒前线将士之心，事之可痛，无逾于此。夫统一之局，成之甚难，而毁之甚易，辛亥迄今二十余年，始有今日之局。此局一坏，恐世界大势断不容我再有统一之机会。同人等认张学良此次之叛变，假抗日之美名，召亡国之实祸，破坏统一，罪恶昭著，凡我国人应共弃之。①

同日，北平各大学校长联合致张学良的电报在各大报刊发表："陕中事变，举国震惊，介公负国家之重，若遭危害，国家事业，至少倒退二十年。足下应念国难家仇，悬崖勒马。卫护介公出险，束身待罪，或可自赎于国人，若执迷不悟，名为抗敌，实则自坏长城，正为敌人所深快，足下将永为国家民族之罪人矣。"② 梁漱溟致电张学良称："联合抗敌，未始不可邀国人同情，但舍蒋公谁足以当统帅之任者？……万望早护蒋公回京，得以从容商决大计，国家幸甚！如或不然，前途祸变，未知所届，愿先生熟省毋忽。"③ 由此可见，大多数知识分子站在避免国家分裂的立场上，对张杨发动事变持谴责的态度。

虽然张学良曾就如何实现抗日的问题屡次和各方实力派沟通，然而，西安事变发生后，地方实力派或者反对，或者态度暧昧，表示支持者甚少。阎锡山在电文中向张杨提出四个问题："第一，兄等将何以善其后？第二，兄等此举增加抗日力量乎？抑减少抗日力量乎？第三，移内战为对外战争乎？抑或对外战争移为内战乎？第四，兄等能保不演成国内之极端残杀

---

① 参见《大公报》1936年12月16日。

② 参见《大公报》1936年12月17日。

③ 《梁漱溟全集》第5卷，山东人民出版社1992年版，第931页。

乎？”[①]

四川的刘湘在反对南京方面武装讨伐西安的同时，也指出张学良“羁留介公之故，将使救国之初心，得亡国之恶果”。广西李宗仁、白崇禧则提出了解决西安事变的六项主张，对西安表示明确的支持。[②]

社会舆论和地方势力派的表态，对当事各方采取什么样的措施来解决西安事变有着深刻的影响。张杨、中共和南京方面都需要认真考虑社会舆论和地方势力派态度后面蕴藏的渴望中国团结统一的民意，没有任何一方敢于置民意于不顾。

共产国际对中共的政策有着重要的影响。西安事变爆发后，12 月 13 日，孔祥熙召见苏联驻华代办斯皮尔瓦涅克，“告以西安之事，外传与共党有关，如蒋公安全发生危险，则全国之愤恨，将迫我与日本共同抗苏。故促其速告苏联政府，并转告第三国际”[③]。14 日，苏联《真理报》在同一天发表对于西安事变的评论：“张学良部队举行兵变的原因，应当从不惜利用一切手段帮助日本帝国主义推行奴役中国的事业的那些亲日分子的阴谋活动中去寻找。臭名昭著的日本走狗汪精卫的名字同陕西省发生的张学良部兵变紧密相连，这也绝非偶然。”“汪精卫利用张学良部队中的抗日情绪，挑动这支部队反对中央政府。他在日本主子唆使下，力图在中国制造混乱，以利于中国的敌人实现其掠夺计划。”“他（张学良）又利用抗日运动以营私，名义上举起抗日旗帜，实质上制造国家分裂，使中国继续混乱下去，使其不

① 《张学良文集》第 2 卷，新华出版社 1992 年版，第 1071 页。

② 转引自傅虹霖：《张学良的政治生涯》，王海晨、胥波译，浙江大学出版社 2013 年版，第 177—178 页。

③ 马贵凡译：《苏联〈真理报〉一九三六年十二月发表的造谣污蔑张学良将军的两篇评论文章》，《党史资料通讯》1982 年第 11 期。

可避免地成为外国侵略强盗的牺牲品。”①

16日，苏联向张群声明：“苏联谴责张学良这一客观上只能有利于企图分裂和奴役中国人民的一切敌人的行为；苏联政府不仅与西安事变没有任何关系，而且自日军占领满洲之时起，从未与张学良保持任何直接或间接的联系；苏联政府不能对中国红军的行动负任何责任。”②

在向南京国民政府做出保证的同时，共产国际也在积极研究中共应如何应对西安事变。14日，共产国际在季米特洛夫的主持下召开会议研究西安事变爆发后中国共产党应采取的立场，会议认为西安事变爆发后，中共和红军面临着非常困难的局面，“有必要劝告我们的中国同志采取独立的立场，反对任何内讧，以便和平解决冲突，一切捍卫中国领土完整和国家独立的党派在民主的基础上协商一致和所持共同行动，同时强调党以前给国民党的公开信中和毛泽东答记者问中所持的立场”③。其时，斯大林获悉正在德国养伤的汪精卫在拜会希特勒后，准备回国主持南京政府，斯大林认为，如果汪精卫主持南京政府，中国很有可能加入德日联盟。④

16日，斯大林主持讨论西安事变，回复中共中央关于西安事变处理原则的请示：“复电建议你们采取以下立场：（1）张学良的行动不论他的意图如何，客观上只能损害把中国人民的力量团结在抗日统一战线中，并会鼓励日本对付中国的侵略。（2）由于这一行动已经作出，我们应该考虑现实情况。中国共产党人要坚决宣布在下列基础上和平解决这一冲突：通过主

---

① 《中国发生事变》，《真理报》1936年12月14日，见马宝华、乌传衮译：《苏联及共产国际对西安事变的反应》，《文献和研究》1986年第6期。

② 《苏外交人民委员会给斯皮尔瓦涅克的电报》，见马宝华、乌传衮译：《苏联及共产国际对西安事变的反应》，《文献和研究》1986年第6期。

③ 《共产国际、联共（布）与中国革命档案资料丛书》第15卷，中共中央党史研究室第一研究部译，中共党史出版社2007年版，第263页。

④ 傅虹霖：《张学良的政治生涯》，王海晨、胥波译，浙江大学出版社2013年版，第210页。

张中国领土完整和独立的抗日运动的代表人物参加政府，进行政府改组；我们在草案中建议的文字为：由主张中国领土完整和独立的抗日运动的最杰出活动家来改组政府；确保中国人民的权利；停止消灭红军的政策，在反对日本侵略的斗争中同红军建立合作关系；与同情中国人民从日本帝国主义进攻中解放出来的国家建立合作关系；最后我们建议不要提出与苏联结盟的口号。”①

和平解决西安事变是这份电报的核心意思。然而由于电码错乱，中共无法译出共产国际 16 日的电报。虽然如此，这并不等于中共无法了解苏联对于西安事变的基本态度，南京方面通过电台连续播放苏联关于西安事变的社论。苏联对于西安事变的态度，孔祥熙的解释甚为精道："欧洲方面，希特勒正在整军，苏联方面全力注视西方，实无力与日本周旋于东亚。若张杨发动事变，证明确与苏联有关，则苏联明明在远东策动抗日，日本焉能放过？…… 若国府军队愤蒋公之蒙难，加紧剿共，日本更从中诱导之……而日本与联日后之中国，将在东亚构成苏联最大之威胁。"②

西安事变发生后，最关心蒋介石生命安全的是孔祥熙、宋子文、宋美龄等人。得知事变发生后，他们着手进行了两个方面的工作，一方面延缓南京和西安间一触即发的军事冲突；另一方面了解张杨发动事变的真实目的。

12 月 13 日，宋美龄劝阻何应钦将对西安的军事进攻推迟 3 天，并派蒋介石的顾问端纳前往西安了解情况。端纳分别带去宋美龄给张学良和蒋介石的信。在给张学良的信中，宋美龄写道："昨日之事，吾兄及所部将领，或激于一时之情感，别具苦衷，不妨与介兄开诚协商，彼此相爱既深，当可

---

① 《季米特洛夫日记选编》，马细谱、杨燕杰、葛志强等译，广西师范大学出版社 2002 年版，第 50—51 页。

② 马贵凡译：《苏联〈真理报〉一九三六年十二月发表的造谣污蔑张学良将军的两篇评论文章》，《党史资料通讯》1982 年第 11 期。

无话不说。否则另生枝节，引起中外疑惧，不免为仇者所快，亲者所痛，想吾兄亦必计及于此。”① 在给蒋介石的信中，宋美龄劝慰蒋介石说：东北军官兵是亡省亡家的人，他们要求抗日是自然的事情，你应该把你心里的话告诉他们，对他们的抗日情绪应该很好的安慰，你不这样做，所以激出这次的事情，在信的最后，宋美龄告诉蒋介石南京的情况是戏中有戏。② 蒋介石意识到问题远比他想象的复杂。12 月 18 日，端纳和蒋鼎文先后回到南京。端纳向宋美龄汇报西安情况：委员长并未受苛刻待遇，张学良等的动机是纯洁的。蒋鼎文带来了蒋介石要求何应钦 19 日前不得轰炸西安的信件。

12 月 20 日，宋子文以私人身份飞抵西安。宋子文了解到，宋美龄的信和端纳的调解使蒋介石顽固的对立情绪有所缓和，开始与张学良对话，虽然蒋介石表示在身陷囹圄的情况下，企图找到任何的解决问题的具体途径都是枉然，但双方还是在 17 日就改组政府、采纳抗日分子，废除塘沽、何梅、察北协定，发动抗日运动，释放被捕 7 人等问题达成一致。对于蒋介石认为军事解决事变是唯一办法的态度，宋子文予以劝告说：“军事上之成功并不能确保其性命之保全，即便西安被占，（张杨）他们尚可退至接壤共区，惟国家将陷于分裂，内战四起。他（蒋）的性命攸关整个国家之命运，并非其个人之事。”蒋的态度逐渐有所松动。21 日，宋子文向张杨提出让宋美龄来西安照顾蒋介石，让戴雨农代表黄埔系来西安观察西安局势，让一军事将领来西安解决可能产生之军事问题，得到张杨的同意。③12 月 22 日，宋美龄、宋子文、蒋鼎文、戴雨农、端纳、郭增恺赴西安。经过几番试探和相互摸底，西安和南京方面展开了最后的谈判。

---

① 佟静：《宋美龄大传》，团结出版社 2002 年版，第 190 页。

② 申伯纯：《西安事变纪实》，人民出版社 1979 年版，第 141 页。

③ 张俊文译：《宋子文西安事变日记》，《百年潮》2004 年第 7 期。

12月18日，周恩来抵达西安，迅速了解各方情况，向中共中央汇报："一、南京亲日派目的在造成内战，不在救蒋。宋美龄函蒋：'宁抗日勿死敌手'（指何、汪）。孔祥熙企图调和。宋子文以停战为条件来西安。汪将回国……五、蒋态度开始表示强硬，现亦转取调和，企图求得恢复自由。对张有以西北问题，对红军非降、非合，完全交张处理之表示。"[①]

19日，中共中央召开会议。此前，中共中央已经通过广播了解到苏联对于西安事变的公开表态。毛泽东做报告，"西安事变后，对于内战的发生与延长是不利的，我们主要是要消灭内战与不使内战延长"，"内战的前途一定要结束才能抗日。现在应估计到这次是可能使内战结束"。结论是"在抗日派和亲日派之间，我们应该争取中间的一派"，争取"变国内战争为抗日战争"[②]。张闻天在发言中指出："不站在反蒋的立场，不站（在）恢复反蒋的立场，因为这一立场可以使蒋的部下对立，是不好的。我们应把抗日为中心，对于要求把蒋介石交人民公审的口号是不妥的。我们应尽量争取时间，进行和平调解。"[③]

中共中央站在第三方的立场上发表通电，提议召开和平会议。在对党内的指示中称，西安事变是推动全国抗日统一战线的开始，但是，"因为这一发动采取了多少军事阴谋的方式，扣留了南京最高负责人蒋介石及其主要将领，以致把南京置于西安的敌对地位，造成了对中国民族极端危险的新的大规模内战的可能"。"我们坚持停止一切内战一致抗日的组织者与领导者的立场，反对新的内战，主张南京与西安间在团结抗日的基础上，

---

① 《周恩来军事文选》第1卷，人民出版社1997年版，第560页。

② 中共中央文献研究室：《毛泽东年谱（1893—1949）》上卷，人民出版社、中央文献出版社1993年版，第626页。

③ 《进行和平调节，不站在恢复反蒋的立场》（1936年12月19日），《张闻天西安事变前后发言和电报六篇》，《党的文献》1988年第3期。

和平解决。用一切方法联合南京左派，争取中派，反对亲日派，已达到推动南京走向进一步抗日的立场，揭破日寇及亲日派利用拥蒋的号召，发动内战的阴谋。”①

12月20日，中共中央收到季米特洛夫签发的共产国际关于和平解决西安事变的来电。21日，中共中央书记处致电周恩来，要求和平解决西安事变，并告知与蒋介石谈判的基本原则。如宋子文所言，中共已毫无保留地将其命运与张杨维系在一起。②虽然中共没有参与西安事变的发动，但其和平解决西安事变的主张对张杨的影响是巨大的。

12月20日，西安事变已经一周时间，中共、南京国民政府内部的抗日派和亲日派、张杨、社会舆论的态度相互影响，和平解决西安事变的主张成为多数派别的共识。12月22日，宋氏兄妹抵达西安。宋氏兄妹、中共、张、杨等四方为解决事变做最后之努力。23日，宋子文代表蒋介石与张学良、杨虎城、周恩来讨论解决西安事变的方案，蒋介石同意：一、未来国民政府内阁将不再有亲日派；二、释放在上海被捕的7位救国会领袖；三、中共军队编入国军正式部队，且一旦中日爆发战争，所有军队一视同仁；四、命令中央军停止对西安的军事行动。③25日，周恩来与宋子文、宋美龄谈判结果如下：

子、孔、宋组行政院，宋负绝对责任保证组织满人意政府，肃清亲日派。

丑、撤兵及调胡宗南等中央军离西北，两宋负绝对责任。蒋鼎文已携蒋手令停战撤兵（现前线已退）。

---

① 中央统战部、中央档案馆编：《中共中央抗日民族统一战线》中册，档案出版社1985年版，第323—327页。

② 张俊文译：《宋子文西安事变日记》，《百年潮》2004年第7期。

③ 张俊文译：《宋子文西安事变日记》，《百年潮》2004年第7期。

寅、蒋允许归后释放爱国领袖，我们可先发表，宋负责释放。

卯、目前苏维埃、红军仍旧。两宋担保蒋确停止剿共，并可经张手接济（宋担保我与张商定多少即给多少）。三个月后抗战发动，红军再改番号，统一指挥，联合行动。

辰、宋表示不开国民代表大会，先开国民党会，开放政权，然后再召集各党各派救国会议。蒋表示三个月后改组国民党。

巳、宋答应一切政治犯分批释放，与孙夫人商办法。

午、抗战发动，共产党公开。

未、外交政策：联俄，与英、美、法联络。

申、蒋回后发表通电自责，辞行政院长。

酉、宋表示要我们为他抗日反亲日派后盾，并派专人驻沪与他秘密接洽。

此后，周恩来面见蒋介石。周恩来向中共中央汇报见蒋介石的具体情况，蒋介石向周恩来表示："停止剿共，联红抗日，统一中国，受他（蒋介石）指挥；他（蒋介石）回南京后，我（周恩来）可直接去谈判。"[①]

可以说，12月25日各方对于达成的协议都基本满意，张、杨同意释放蒋介石。中共和杨虎城希望蒋介石根据双方达成的协议签署政治文件，蒋介石对此坚决拒绝。杨虎城和蒋介石的关系远没有张学良和蒋介石亲密，杨虎城害怕没有书面保证，受到蒋介石的报复。张学良、杨虎城二人在释放蒋介石的问题上发生激烈的争吵。[②] 张学良、宋氏兄妹担忧局势复杂化，25日张学良护送蒋介石回洛阳，26日蒋介石和宋美龄返回南京。

蒋介石返回南京后，利用各种方法分化了红军、东北军和十七路军三

---

① 《周恩来军事文选》第1卷，人民出版社1997年版，第570—571页。

② 张俊文译：《宋子文西安事变日记》，《百年潮》2004年第7期。

位一体的军事联盟。2月8日，第一集团军总司令顾祝同率部进驻西安，震惊中外的西安事变落下帷幕。虽然国共两党的政治谈判异常艰难，但是双方的武装冲突毕竟停顿下来了。

1927年国共分裂之后，中共将苏维埃共和国作为自己的追求。苏维埃革命内外政策上的自我孤立，是促使其失败的重要的原因。九一八事变以后，中共“武装保卫苏联”的口号，肯定无法得到社会多数民众的响应。所以，当时社会舆论有言：“整个民族将被摧毁，受蹂躏，左倾右倾，皆成废话，资本劳工，同受牺牲。”① 败走西北，在某种程度上是中国社会对中共的放逐。

然而，中共领导层很快认识到民族危机带给中国政治的巨大改变：“抗日救国是目前中国民众最中心最主要的问题，谁能在实际上证明他能解决这个政治问题，他就能取得广大民众的拥护，谁就成为政治斗争的胜利者。”② 随着中共修正自己的策略，尤其是《八一宣言》的发表，使得民众对中共的认识和态度发生很大的改变。许德珩回忆，很多人“读到宣言犹如濒临死亡的人突然获救一般，高兴的夜不成寐”③。有华侨在《救国时报》撰文指出“《为抗日救国告全体同胞书》，这不独是中国共产党的一篇空前的伟大的文献，就是在全世界，在全中国的文书中，也是最庄严伟大，最沉痛悲愤的一篇”，“这不是一党一派的宣言和主张，而是全中国四万万同胞的心声”④。燕京大学教授、著名哲学家张东荪发文盛赞《八一宣言》说：“以一个向来主张用阶级斗争为推动力对于一切不妥协的党现在居然说愿意

---

① 《全国同胞只有一条路》，《大公报》1932年2月2日。

② 郭德宏编：《王明年谱》，社会科学文献出版社2014年版，第253页。

③ 《一二·九运动回忆录》第1集，人民出版社1982年版，第216页。

④ 参见《救国时报》1935年12月9日。

与各党派不问以往仇怨都合作起来，这是何等转向，这个转向是何等光明！我们对于这样的勇敢的转向又应得作何等佩服！”[①] 事实上，包括张学良、杨虎城在内的地方实力派与中共合作，固然有利益的考量，但不能否认，团结抗日既是双方合作的基础，也是双方合作的目标。

没有人否认蒋介石抗日的决心和准备。从 1935 年 12 月开始，南京国民政府即频繁地通过各种途径，寻求以政治谈判的方式解决中共问题。然而，这一切均处在隐秘的状态，因为国民政府认为自己拥有足够的空间和时间削弱中共的军事实力，进而赢得政治谈判的最大的主动权。同时，南京国民政府也不希望由于自己与中共的接触侵蚀地方实力派“剿共”的意志。

围绕着团结抗日的问题，国民党在军事上以强力压迫中共，中共在政治上以道义反击国民党，双方都没有能力掌控全局，此即国共双方在西安事变前的攻守之势。西安事变打破了国共之间的僵局，加速了抗日民族统一战线的确立。

对于西安事变，有论者说张杨是千古功臣，也有论者说张杨是千古罪人。功臣也好，罪人也罢，都是以后世之事观之。张杨发动事变之时，怎会明了此后历史之演变？客观地讲，西安事变仅使中共初步走向中国政治舞台的中央，实在没有将中共从牢狱中解脱出来，虽然南京国民政府对中共的军事进攻因西安事变停止，但由于中央军进驻西北，在抗日战争爆发前相当长的时间里，中共在西北的处境异常的艰难，险象环生。南京国民政府也没有因为西安事变转向衰落，蒋介石的威望不但没有受到西安事变的影响，反而因西安事变有所提升。“12 月 25 日，蒋委员长脱险飞洛的喜讯

---

① 张东荪：《评共产党宣言并论全国大合作》，《自由评论》第 10 期，1936 年 2 月 7 日。

传播后，全国民众欣喜如狂，燃放爆竹，群相庆祝，彻夜不眠，学生界尤为热烈。”① 对于西安事变，著名史学家唐德刚先生的评价最为中肯：“西安事变的受惠者，也不全是中国共产党；中国国民党乃至蒋公本人，也未尝不无实惠…… 我们亲眼见到蒋公和国民党的声望，全民仰止，真是如日中天。蒋公和国民党当时有此声望、有此契机，好好搞下去，正是天降大任，民赐良缘，来复兴民族，重建国家。谁又想到八年苦战之后，竟落了个派系倾轧，五子登科，关门自杀的局面，这又是谁之过欤？人必自侮而后人侮之。‘西安事变’提早全民抗战是真，使中共因此壮大也不假，但是说它毁灭了国民党在大陆的政权，那就过甚其词了。”②

诚哉斯言！客观地讲，西安事变后国民党手中握了一副相当不错的牌，与国民党相比中共手中的牌则差得多。全民族抗日战争爆发后，国共两党如何出牌，同西安事变的确没有太多的关系。

1937 年 7 月 7 日，日本帝国主义悍然制造卢沟桥事变，发动全面的侵华战争，中华民族面临着生死存亡的危机。1937 年 9 月 22 日，国民党中央通讯社发表《中共中央为公布国共合作宣言》。该宣言称：“一、孙中山先生的三民主义为中国今日之必需，本党愿为其彻底的实现而奋斗。二、取消一切推翻国民党政权的暴动政策及赤化运动，停止以暴力没收地主土地的政策。三、取消现有的苏维埃政府，实行民权政治，以期全国政权之统一。四、取消红军名义及番号，改变为国民革命军，受国民政府军事委员会之统辖，并待命出动，担任抗日前线之职责。”③

---

① 杨恒：《西安事变收获》，《西北论衡》1937 年第 5 卷第 1 期。

② 傅虹霖：《张学良的政治生涯》，王海晨、胥波译，浙江大学出版社 2013 年版，第 17—18 页。

③《周恩来选集》上卷，人民出版社 1980 年版，第 77 页。

第二天，蒋介石就《中共中央为公布国共合作宣言》发表公开谈话表示："中国共产党人既捐弃成见，确认国家独立与民族利益之重要，吾人唯望其真诚一致，实践其宣言所举之诸点，更望其在御侮救亡统一指挥之下，以贡献能力于国家，与全国同胞一致奋斗，以完成革命之使命。"①

国共合作宣言和蒋介石谈话的发表，标志着国共两党第二次合作的正式形成，也标志着抗日民族统一战线的最终确立。为了推动抗日民族统一战线的建立，中共作了重大政策调整，尽了自己最大的努力，而抗日民族统一战线的提出与形成，又极大地改善了中共自身的形象，提升了中共的政治影响力，使中共从比较狭小的空间走向了更加广阔的舞台。

---

① 中央统战部、中央档案馆编：《中共中央抗日民族统一战线文件选编》下册，档案出版社 1985 年版，第 824 页。

经过多次秘密接触和正式谈判后，国共两党终于在抗日问题上达成合作，这无疑为全面抗战的最终胜利奠定了重要基础。但抗日民族统一战线的发展，并不是一帆风顺的。国共两党由全民族抗战初期的精诚合作，到后来的磨擦频发甚至一度兵戎相见，经历了许多曲折。不过所幸的是，国共合作最终还是维持下来了。究其原因，统一战线之所以历经 8 年的风雨磨砺而不曾破裂，一方面固然是由于蒋介石出于各种考虑，未彻底反共；另一方面更是中国共产党采取了正确的策略方针，妥善处理了民族矛盾和阶级矛盾的关系，强调各阶级的利益必须服从抗日的利益，同时又坚持独立自主的原则，实行发展进步势力、争取中间势力、孤立顽固势力的方针，对国民党又联合又斗争。由此看来，抗日民族统一战线的坚持，显然主要是中共以斗争求团结的结果。

以斗争求团结

第二章

CHAPTER TWO

一

拒绝蒋介石合并国共两党的建议

1937 年国共合作的形成，原本就是一种在特殊环境下加速促成的。然而两党之间隔阂已久，实际上还存在着许多尚未解决的问题。特别是在国民党必欲保持其一党独裁，而共产党又决心不受其约束，确保自身独立发展的态势下，这种矛盾遂更难解决。因此，双方合作刚刚开始，一系列的分歧便很快出现了。

全民族抗战之初，中共就决定放手发动民众和保持相当的独立性，这自然引起了国民党的防范心理。1937 年 7 月 15 日，时任第三十六师师长兼西安警备司令的宋希濂致电蒋介石，力陈自“剿匪”军事停止以来，中共“利用时机整理训练，发展组织，扩大宣传，设立抗日军政大学，以训练干部诱致青年”等情况。他认为：“若不急谋根本解决之计，抗日前途必多窒碍也。”10 月，戴笠也向蒋通报：“中共密电各地高级干部八点，其最要者为在国民党中央未实现民族统一战线与政治未达民主化以前，各地共产党员不得参加任何行政机关及各种委员会之组织；共产党在苏区及游击区应绝对保有领导地位。”他还发现，中共在原属国民党控制区域内的影响逐渐扩大，如阎锡山利用牺盟会干部充任山西各县县长，“实则各该团之主要干部，大都多左倾，不啻为共党建立政治基础。苟太原一旦失陷，则山西政权必立即完全操诸共党之手，毫无意义也”[①]。

这些属下的报告当然对蒋介石产生了影响。从他这一阶段的日记中，足见其对中共的怀疑和不满。如对中共要求确定边区为特区，以林伯渠为行政长官，范围包括 27 个县区等，蒋视之为“乘机要挟”。对八路军一二九师延迟出动，逼蒋承认林伯渠为边区主任，同时拒绝中央政工及参谋人员进入部队，蒋介石则断言：“共党违约势所必然。”而随着淞沪会战形势恶化，他对中共的观感更加恶劣：“军事失利，反动派逐渐猖狂，共党尤为跋扈，呜呼！外患未消，内忧日增矣！”[②]为了解决中共问题，蒋介石此时提出了将国共两党合并成一个大党的设想。围绕这一主张，国共双方展开了多个回合的交锋，初步呈现出两党在合作中的分歧。

早在 1937 年 2 月 10 日，为了促进国共合作，中共就致电国民党五届三中全会，做出了停止推翻国民政府之武装暴动方针、工农政府改名为中华民国特区政府、红军改名为国民革命军并直接受南京中央政府与军事委员会之指导、停止没收地主土地政策等四项政治承诺。[③]毫无疑问，这是中共的重大让步。但国民党历来以正统自居，故视其为“输诚”[④]，急欲借此机会彻底取消共产党。5 月 13 日，蒋介石在日记中即曾写道：“对共党应使其取消名称与改编组织，如此则拟积极指导，否则不许其公开。”为了达到此

---

① 《宋希濂致牯岭蒋委员长电》(1937 年 7 月 15 日)、《戴笠致蒋委员长电》(1937 年 10 月 5 日)、《戴笠致南京蒋委员长电》(1937 年 10 月 25 日)，(台北)“国史馆”藏蒋中正档案，转引自杨奎松：《国民党的“联共”与“反共”》，社会科学文献出版社 2008 年版，第 390—393 页。杨奎松此书对抗战时期的国共关系有详细深入的梳理，本章在资料和思路方面均借鉴了其成果。

② 《困勉记》卷四十五，1937 年 10 月 1 日、10 月 5 日、11 月 2 日，(台北)“国史馆”藏蒋中正档案，转引自杨奎松：《国民党的“联共”与“反共”》，社会科学文献出版社 2008 年版，第 393 页。

③ 中央统战部、中央档案馆编：《中共中央抗日民族统一战线文件选编》中册，档案出版社 1985 年版，第 385—386 页。

④ 荣孟源主编：《中国国民党历次代表大会及中央全会资料》下册，光明日报出版社 1985 年版，第 434 页。

目的，他提出了将国共两党合并成一个大党的设想。5月31日，蒋介石在日记中首次提出建立“国民革命同盟会”的主张，并要求加入者“先取消原有党籍，重填盟约、誓书”。

在6月的庐山谈判中，蒋介石向周恩来提议：“（1）成立国民革命同盟会，由蒋指定国民党的干部若干人，共产党推出同等数目之干部合组之，蒋为主席，有最后决定之权。（2）两党一切对外行动及宣传，统由同盟会讨论决定，然后执行，关于纲领问题，亦由同盟会讨论决定。（3）同盟会在进行顺利后，将来视情况许可，扩大为国共两党分子合组之党。”[1]这是他第一次正式向中共表达了合并两党的意图。

同月下旬，当复兴社干将贺衷寒提出“三民主义青年团”这个新名称后[2]，蒋介石觉得甚合心意，决定以之取代“国民革命同盟会”，作为新党的称号。时任国民政府行政院政务处长的何廉后来回忆：“1937年暮春，我第一次听人说起委员长打算在国民党内再组织一个党。夏天，一个朋友告诉我，委员长真的打算组织这样一个政党，并定名为三民主义青年团。”他还说：“（1937年）8月的一个雨天，我被召到委员长的军校官邸去见他。当我走进他的会客室时，发现陈立夫、吴鼎昌、何应钦、康泽等人也在场。委员长在这个正式会议上首次宣布，他将组织三民主义青年团……并说他宣布这些不是为了听取我们对这个问题的意见，而只是通知我们。”[3]

对蒋介石这一提议，中共最初曾给予积极回应，同意成立包括国共两党及其他党派在内的“统一的民族联盟（或党）”，并推举蒋介石为领袖。

---

① 中央统战部、中央档案馆编：《中共中央抗日民族统一战线文件选编》中册，档案出版社1985年版，第514页。

② 于国勋：《蓝衣社复兴社力行社》，（台北）传记文学出版社1984年版，第78页。

③ 何廉：《何廉回忆录》，朱佑慈等译，中国文史出版社1988年版，第199页。

[1] 不过中共始终注重在合作中保持自身的独立性。早在 1937 年 2 月 24 日，周恩来即曾致电洛甫、毛泽东，提出自己拟定的与国民党谈判的五项原则性方针，其中 1、2 两条涉及两党的组织合作问题："一、可以服从三民主义，但放弃共产主义信仰绝无谈判余地。二、承认国民党在全国领导，但取消共产党绝不可能。惟国民党如能改组成民族革命联盟性质时，则共产党可整个加入这一联盟，但仍保持其独立组织。"次日，中共中央复电表示同意。同年 6 月，周恩来在为中共中央起草国共《两党关系调整方案》时又提出："国民革命同盟会可负责调整两党关系，决定两党共同行动事项，但不能干涉两党内部事务，两党均须遵守共同纲领，又均保留各自的组织独立性及政治批评和讨论的自由权。"[2] 显而易见，这些条件与蒋介石的期望相去甚远。于是，合并一事暂告搁浅。1938 年 5 月，任弼时向共产国际汇报时曾说："蒋介石企图把中国各个党派，统一于他的控制之下，以逐渐削弱融化共产党。他在去年抗战爆发前，曾提出一种合作方式，是在两党之上成立一个共同的党，两党分子均可加入，由两党选出同等数量人员组织最高委员会，而以他为主席，主席有最后决定之权，两党必须服从这最高机关的决议而行动，共产党不再与第三国际发生关系，即由最高委员会与第三国际发生关系。他这一建议，被我们拒绝了。"[3]

1937 年 11 月底，王明回国，带回了共产国际关于"抗日高于一切"的指示。在随后召开的十二月会议上，中共中央决定改变此前对国民党过

---

① 中央统战部、中央档案馆编：《中共中央抗日民族统一战线文件选编》中册，档案出版社 1985 年版，第 450—451 页。

② 中共中央文献研究室编：《周恩来年谱（1898—1949）》，人民出版社、中央文献出版社 1989 年版，第 353、369 页。

③ 中央统战部、中央档案馆编：《中共中央抗日民族统一战线文件选编》下册，档案出版社 1986 年版，第 126 页。

于防范的一些做法，争取与国民党尽快取得相互间的真正谅解与合作。在与蒋介石谈判的问题上，会议明确主张在边区名称及长官人选方面作出让步，同时允许派联络参谋，不拒绝国民党派团参观边区。这一政策变化当然引起了蒋介石的重视，因此他接连发出邀请，请王明前来晤谈。12 月 21 日，王明、周恩来、博古等人在武汉与蒋介石见面。在会谈中，中共代表分别提了一些国共合作的具体建议。对此，蒋介石表示，“所谈极好，照此做去，前途定见好转”，“外敌不足虑”，“只要内部团结，胜利定有把握”。最后，他希望今后中共代表能就两党关系与陈立夫“共商一切”。①

12 月 26 日，在蒋介石的同意下，国共两党成立“两党委员会”，并召开第一次会议，会议决定起草一个大家可以共同遵守的政治纲领。但实际上，国民党对这个共同纲领并没有多大兴趣。所以，两党代表很快在两党委员会中发生争吵，国民党代表甚至当场批评八路军不贯彻中央军令，要求中共将军队交给中央，中共重要的领导人应离开军队到中央来服务，八路军应与中央军交换干部，应分散使用八路军。与此同时，国民党还利用《扫荡报》等报刊开始鼓吹“一个主义”“一个政党”“一个领袖”“一个政府”“一个军队”的主张，并含沙射影地指责共产党妨碍和破坏国家统一。面对这种宣传攻势，连力主与国民党缓和关系的王明也认为不得不做出反应，遂以毛泽东的个人名义发表了答记者问，公开表明了中共的不同立场。

这一时期，蒋介石合并两党的设想亦再度受挫。1938 年 1 月 30 日，他在日记中曾决定“容纳各派组成大党”。2 月初，他又命邵力子与周恩来商谈，催促中共并入国民党。② 很快，蒋介石得知共产党不赞成此议，不得不在 2 月 5 日的日记中决定“此事宜缓处”。不过，他并未气馁。同月 10 日，

---

① 中央统战部、中央档案馆编：《中共中央抗日民族统一战线文件选编》下册，档案出版社 1986 年版，第 61 页。

② 《王世杰日记（手稿本）》第 1 册，（台北）中央研究院近代史研究所 1990 年版，第 176 页。

他在会见周恩来时再次声称，为了“集中力量来应付当前关系国家民族生死存亡的大战”，国民党“竭诚盼望各党各派能够合而为一，并且为实现这个举国一致的新党起见，虽具有光荣悠久历史的‘国民党’的名义亦可以取消”。他还说，“国共两党应即消泯一切形迹，确实做到团结一致”，“我始终认定我们要对外战胜，要革命成功，就只能有一个党，一个团体”。对蒋介石的这一建议，周恩来立即毫不含糊地答复：“与其两党合并，无形中不免酝酿磨擦，不如两党各仍其旧。”他建议，由蒋提出一个共同纲领，促使两党联合，以达到统一两党行动、团结两党精神的目的。[①]蒋介石对此表示可以详加研究，要周恩来与陈立夫等进一步商谈。在随后周与陈的谈话中，鉴于周恩来坚持不能取消共产党的立场，陈立夫重新提出在两党外组织共同加入的三民主义青年团的办法。因为事关重大，周恩来当日即将会见情况报告延安，认为蒋介石“一党思想仍旧，但目前并无强制执行意”[②]。

对蒋介石这种不惜取消国民党之名，必欲将国共两党合并为一个新的大党的强烈愿望，延安方面给予了极大重视。1938 年 2 月 4 日，中共中央书记处致电请示共产国际：“最近，国民党不止一次地，尽管是非正式地，提出中国统一党的问题。据一些消息说，近期国民党将召开国民党中央全会讨论中国统一党问题。目前国内存在不同的观点：一些人主张解散除国民党以外的所有政党。另一些人主张解散所有的政党，即国民党、共产党和其他政党，重新共同建立一个新的国家党。再一些人则主张建立各党派的全国联盟，即各党在共同纲领基础上加入一个共同的组织，但各党仍保留自己原有的组织。当然，我们不能同意前两种观点。考虑到人民群众要求

---

① 《委座召周恩来谈话记录》，（台北）《近代中国》第 161 期，转引自杨天石：《找寻真实的蒋介石——蒋介石日记解读》第 2 册，华文出版社 2010 年版，第 34—35 页。

② 《抗战初期中共中央长江局》，湖北人民出版社 1991 年版，第 156—157 页。

把全国各种力量联合起来的呼声日益高涨，请你们就把中国各党派联合起来的第三种方法做出指示。我们可否同意将各党派联合起来的这种方法？请于近期给我们指示，最好在这个月，因为，否则国民党全会向我们提出这种问题时，我们将难于做出明确的原则性答复。”但直至3月23日，共产国际才对此做出答复：“我们认为，争取由国民党、共产党和其他组织在抗日民主纲领基础上建立与共产国际没有联系的民族解放联盟是合适的。”[①]

在未接到共产国际的明确指示之前，1938年2月底至3月初，中共中央就专门召开政治局会议讨论两党关系的解决办法。与会者一致认为，解决国共关系的唯一正确办法，是“建立一种包括各党各派共同参加的某种形式的民族革命联盟”，这种联盟建立的基本原则应有下列三点：“（一）各党各派各团体拟定一统一战线纲领作为各方宣传行动共同遵守方针；（二）由各方代表组成一自上而下的，即中央与地方的统一战线组织，以规划抗日救国的大计和调整各党派各团体间的关系；（三）参加此联盟之各党派仍保存其政治上和组织上的独立。”至于统一战线的组织方式，或采取各党派各团体选派代表组织的方式，或恢复大革命时期第一次国共合作的方式，或拟定其他的办法和方式，“只要与团结抗战有利，中国共产党均愿与国民党及其他一切抗日党派诸同志共同计议和执行”[②]。3月24日，王明以中共中央名义送呈《对国民党临时全国代表大会的提议》时，正式向国民党提出了这一设想。[③]

不难看出，中共此时所主张的民族革命联盟，旨在协调党派关系，各

---

① 《共产国际、联共（布）与中国革命档案资料丛书》第18卷，中共中央党史研究室第一研究部译，中共党史出版社2012年版，第38—39、40页。

② 《王明言论选辑》，人民出版社1982年版，第583页。

③ 中央统战部、中央档案馆编：《中共中央抗日民族统一战线文件选编》下册，档案出版社1986年版，第86—87页。

党派仍保留其独立地位，这与国民党企图将国共两党“合为一体”的组织形式，还是有很大差别。于是，蒋介石原拟在国民党临时全国代表大会上完成国共两党合并的计划未能如愿。蒋介石的“文胆”陈布雷曾回忆：1938年4月国民党“临时代表大会之前后，尚有一事宜补记者，即蒋公对于党派问题之态度……蒋公之理想，以为与其用政权力量抑制其他党派或思想之存在，不如融合其他党派于一个信仰——三民主义与一个组织之下，其为国家前途而努力。简言之，即化多党为一党……顾忧虑其他党派以合并为嫌，不能使其党徒谅解，因之主张苟各党能赞成合并，则中国国民党可更改党名，或酌改组织，以泯吞并或降服之嫌猜。此种意见，于会前曾向各党派负责人坦白说明之，中国青年党表示可接受，国家社会党允可考虑，独中共负责人秦邦宪、王明等坚决拒绝，谓合作可，合并则不可，此议遂寝”①。

国民党临时全国代表大会未能实现合并各党的夙愿，蒋介石自然心有不甘。因此，他在会上一再强调“我们是当政的唯一大党”，“不仅共产党要尊重本党，服从领导，国内现存一切党派都必然消融于三民主义之下”②，仍然倾向于吞并。在这一指导思想下，国民党一方面宣布组织国民参政会，吸收各方面人士参政议政；另一方面则决定成立三民主义青年团，试图以此达到争夺青年乃至“消融”各党之目的。

由于对国民党上述意图不了解，以及将三青团视为一个新的民族革命联盟，中共中央对它的成立一度表示欢迎，“准备赞成成立三民主义青年团主张”③，力图“使三民主义青年团实质上成为各阶级各党派广大革命青

---

① 《陈布雷回忆录》，东方出版社2009年版，第189页。

② 荣孟源主编：《中国国民党历次代表大会及中央全会资料》下册，光明日报出版社1985年版，第512页。

③ 中央统战部、中央档案馆编：《中共中央抗日民族统一战线文件选编》下册，档案出版社1986年版，第106页。

年的民族联盟”，并“经过三民主义青年团去改造国民党”[①]。毛泽东指出：“我们党对国民党一切口头上要做的好东西，如扩大国民党、成立三民主义青年团，都应该采取积极赞助的态度，使全国最大多数人民与国民党中一切进步分子，看到共产党同国民党合作的诚意。”[②]他还公开表示，国共两党要想精诚合作，确实应当设法统一起来，“两个不同的政党要统一起来就要有一个桥梁，组织一个共同的委员会，或者另外组织一个党，国共两党都参加进去，作为统一战线的上层组织”[③]。不过即便如此，毛泽东还是没有忽视中共在组织上的独立性，他不断提醒党内：“统一战线是相对的，共产党在统一战线中要保持自己的相对独立性。”[④]而他理解的三民主义青年团是，“凡接受本团宗旨之青年，不分性别、阶级、职业、民族、信仰皆得为本团团员，团体会员亦可加入，但各团体除执行青年团的各项决议决定外，仍应保持其本身的组织”[⑤]。

事实上，蒋介石之所以想成立三民主义青年团，就是为了统一青年组织，与中共争夺青年，进而吞并共产党。其内定的“组织训练要旨”明确规定：本团是在国民党领导之下，以三民主义为皈依，凡加入本团者“必须脱离其原有的党派组织关系”。随后公布的团章也特别强调团员“不得加入其他任何党派”，“不得发表有违背本团宗旨之政治主张”和“不得在本团

---

① 《抗战初期中共中央长江局》，湖北人民出版社 1991 年版，第 232 页。

② 中央统战部、中央档案馆编：《中共中央抗日民族统一战线文件选编》下册，档案出版社 1986 年版，第 115 页。

③ 中共中央文献研究室编：《毛泽东年谱（1893—1949）》中卷，人民出版社、中央文献出版社 1993 年版，第 61 页。

④ 《毛泽东文集》第 2 卷，人民出版社 1993 年版，第 109 页。

⑤ 《抗战初期中共中央长江局》，湖北人民出版社 1991 年版，第 232 页。

内有任何小组织”。[1] 由此可见，中共要求允许团体会员加入，并允许保持各自组织的独立，是与蒋介石组建三青团的初衷完全相悖的。

此后由于国共磨擦增多，两党相处日益困难。为了保证与国民党的长期合作，中共中央在1938年9月29日至11月6日召开的六届六中全会上，再次重申了加强两党组织上合作的极端必要性。毛泽东明确指出："为了保证长期合作，还要解决合作的组织形式问题……没有这种统一的共同的组织，不利于团结抗日，更不利于长期合作。因此，各党应该认真研究，找到一种最适合于长期合作的统一的共同的组织形式。"为此，他设想了三种合作形式：一是把国民党本身变为民族联盟，各党派加入国民党而又保持其独立性；二是各党派共同组织民族联盟，拥戴蒋介石做这个联盟的最高领袖，各党以平等形式互派代表组织中央以至地方的各级共同委员会，为执行共同纲领处理共同事务而努力。三是现在的办法，没有成文，不要固定，遇事协商，解决两党有关之问题。在这三种形式中，毛泽东认为第一种办法最好，而第三种方式“太不密切，许多问题不能恰当的及时的得到解决”，“对于长期合作是不利的”。[2]

10月1日，周恩来于六届六中全会尚未结束之际就急忙返回武汉，向蒋介石转达了中共中央的上述提议，并提出四点具体意见：(1)停止两党斗争。(2)共产党员可以加入国民党，或令其一部分先加入；如情形良好再全部加入。(3)中共取消一切青年组织，其全体分子一律加入三青团。(4)

---

① 林泉编：《中国国民党临时全国代表大会史料专辑》上册，（台北）中国国民党中央委员会党史委员会1991年版，第613—614、708—709页。

② 中央统战部、中央档案馆编：《中共中央抗日民族统一战线文件选编》下册，档案出版社1986年版，第154—155页。

以上参加者均保留其党籍。①14日，蒋介石约周恩来谈话，表示中共党员加入国民党和三青团问题，须由国民党中常会讨论，不过三青团可修改章程允许中共党员参加，只待进一步研究后即可考虑实行。两党的进一步合作，似乎由此有了转机。11月6日，中共六届六中全会又做出决议："中国共产党认为国共两党合作的最好的组织形式是共产党加入国民党和三民主义青年团"，这种"两党合作组织形式的适当解决，对于亲密两党关系保证两党长期合作有极重大的意义"。②

但在接下来的一段时间内，蒋介石通过阅读中共书籍《党的建设》，充分认识到共产党在组织、纪律等方面的优越性，加上对第一次国共合作时中共党员以个人身份加入国民党后引起许多纠纷心有余悸，他逐渐改变了想法，重新回到反对跨党的主张。12月6日，蒋介石在桂林向周恩来表示：跨党大家不赞成，中共既信三民主义，最好与国民党合并成一个组织，力量可加倍发展。如果同意，他拟到西北后约毛泽东面谈。如果共产党全体加入做不到，可否以一部分党员加入国民党而不跨党？周恩来当即回答：中国共产党信仰三民主义，不仅因其为抗战的出路，而且为达到社会主义的必由之路，中国国民党则必不都如此想，故国共终究是两党。跨党是为了取得互信，但我们也不强求。如认为时机未到，可采取他法。要求共产党员加入国民党而退出共产党，这是不可能而且做不通。少数人退出共产党而加入国民党，不仅是失节、失信仰，于国民党也有害而无益。③从而拒绝了蒋介石的要求。

---

① 秦孝仪主编：《先"总统"蒋公思想言论总集》第9卷，（台北）中国国民党中央党史委员会1984年版，第81页。

② 中央统战部、中央档案馆编：《中共中央抗日民族统一战线文件选编》下册，档案出版社1986年版，第168页。

③ 国防大学党史党建政工教研室编：《中共党史教学参考资料》第16册，国防大学出版社1986年版，第105页。

12日，蒋介石在重庆又约周恩来、王明等人谈话，态度更趋强硬。他说："共产党员退出共产党，加入国民党，或共产党取消名义将整个加入国民党，我都欢迎，或共产党仍然保存自己的党我也赞成，但跨党办法是绝对办不到。我的责任是将共产党合并国民党成一个组织，国民党名义可以取消，我过去打你们也是为保存共产党革命分子合于国民党，此事乃我生死问题，此目的如达不到，我死了也不心安，抗战胜利了也没有什么意义，所以我的这个意见，至死也不变的。共产党不在国民党内发展也不行，因为民众也是国民党的，如果共产党在民众中发展，冲突也是不可免……根本问题不解决，一切均无意义。"对此，王明等表示："一个组织办法做不到，如跨党办法做不到，则可采取我们提议的其他方式合作。"但蒋却表示："其他方式均无用。"①

1939年1月20日，蒋介石约见周恩来，再次提出统一两党问题。周恩来明确表示"不可能"，但蒋仍要周请示中共中央，希望能在其给国民党五届五中全会的电文中有具体让步。根据周恩来的提议，中共中央于1月24日给蒋介石和国民党五届五中全会发了一个公开贺电，25日又发出一封经周恩来转交蒋介石的密电，明确表示："两党为反对共同敌人与实现共同纲领而进行抗战建国之合作为一事，所谓两党合并，则纯为另一事。前者为现代中国之必然，后者则为根本原则所不许。共产党诚意的愿与国民党共同为实现民族独立、民权自由、民生幸福之三民主义新中华民国而奋斗，但共产党绝不能放弃马克思主义之信仰，绝不能将共产党的组织合并于其

---

① 中央统战部、中央档案馆编：《中共中央抗日民族统一战线文件选编》下册，档案出版社1986年版，第183页。

他任何政党。”[①] 至此，蒋介石企图将国共两党合并为一个新的大党的计划，已完全落空。

综上所述，蒋介石在抗战初期便已出于猜忌，主张将国共两党合并成一个大党，力求置共产党于自己的控制之下；而中共为了长期合作，对此主张一度给予了积极回应。对此，毛泽东在 1945 年曾总结："我们曾经设想过改造国民党，这件事似曾犯过错误，就是说这个估计不确当。”[②] 但几个回合谈判下来，双方分歧逐渐显露：一方注重吞并、拒绝跨党，一方强调联合、坚持不放弃自身独立性。最后鉴于蒋介石的强硬态度，中共中央不得不彻底放弃在组织方面进一步密切两党关系的设想。这次谈判虽然无果而终，但充分展示了中共的诚意，同时又抵制了蒋介石的吞并图谋，维持了国共继续党外合作的局面。

二

打退第一次反共高潮

全民族抗战初期，中共力量获得了迅猛发展。八路军 1937 年 8 月改编时，三个师约 3.4 万人，至 12 月底已扩军到 9.2 万余人，还发展了游击队 2.5 万人，1938 年年底进一步扩展到 16 万人左右。八路军活动区域已

---

① 中央统战部、中央档案馆编：《中共中央抗日民族统一战线文件选编》下册，档案出版社 1986 年版，第 192—203 页。

② 《毛泽东文集》第 3 卷，人民出版社 1996 年版，第 311 页。

由陕北一隅，扩大到山西、河北、绥远、山东等华北敌后农村，并准备着手向华中发展。由于敌后空虚，八路军的行动不受战区约束，不受进入省份原省府的管辖，自行组建诸如冀中、冀南行政公署和晋察冀边区政府等名义上隶属于中央政府、实际上独立自主的地方政权，发动民众，建立武装，因而很快在华北取代了国民党的地位，以致国民党人哀叹“（本党）失地愈多该党发展愈速”，“本党统治之土地，将一失而不易复得”。[①] 在这种情况下，他们逐渐转向了对共产党加以限制的政策。

（一）国民党限共方针的制定

1939 年 1 月 21 日至 30 日，国民党五届五中全会在重庆召开，会议确定了“溶共、防共、限共、反共”的方针。蒋介石在会上明确提出：“我们对于共产党不必有恐惧的心理，我们是一个执政的大政党，是中国一切民众的保姆，负有作三军之师的责任，教之治之，使他走入正途。”他还说：“共产党是讲斗争的，你见他就怕，他格外要得寸进尺，正中着了他的希望。假如你拿出了有进无退的革命办法，来对付他，他便赶快缩回了去。”[②] 在蒋介石这一思想指导下，国民党中央执行委员会秘书处很快起草并拟定了《防制异党活动办法》，并于会议刚一结束就立即下发执行。

《防制异党活动办法》提出，对于异党活动要严格防制，如“任何假借共产党或八路军与新四军等名义擅自组织武装队伍者，当地驻军得随时派兵解散，不得有误”；对未立案即擅自活动之青年文化救亡等团体，各地党政机关应“切实取缔，勿稍宽纵”；对已立案各种社会团体中如发现有异党分子，“主管党政机关应令饬所隶属之社团取消其团员资格，并强制其服

---

① 《中共党史参考资料》第 8 册，解放军政治学院党史教研室 1979 年编印，第 323、325 页。

② 《总裁在五中全会讲演：外交趋势与抗战前途》（1939 年 1 月 26 日），（台北）中国国民党党史馆藏档，转引自杨奎松：《国民党的“联共”与“反共”》，社会科学文献出版社 2008 年版，第 409 页。

务之机关、学校或工厂等开除其职务，借以警戒其他分子”；各地党部及警察局、新闻邮电检查所等机关“对内容反动及违反抗战建国纲领之各种宣传刊物，如图书、杂志、报纸、小册子、壁报等，应随时查禁，若经一再查禁而仍秘密发行者，应从严制裁，以儆刁顽”。《办法》还称：“纵因此而发生磨擦，设非出于本党之过分与不是，亦应无所避忌。”①

根据国民党五届五中全会确定的反共方针，在《防制异党活动办法》的示范下，国民党各地各党政军机关也纷纷制定了有关本部门应付异党之对策和方法。如 1940 年 2 月 1 日，国民党中央党部秘书长叶楚伧拟定“对共产党应取态度之原则”八条，其中第三条规定：“各战区之国军于暗中划一地境线，不许第十八集团军部队自由越境，若不服制止，即将其越境部队剿灭之。”第四条规定：“对第十八集团军在晋、冀、察、鲁各沦陷地区所造成之既成事实，如各地方之非法政权，一律不予以法律上之承认，保持中央对任何地方皆可任命官吏行使地方政权。”第六条规定：“对陕甘宁边区问题，必须取消非法组织，回复行政常规，然后予以解决。在未解决前，对边区外围仍严密监视之。”第八条规定：“默许各机关及沦陷区之国军采取任何方法肃清其内部之不良分子。”蒋介石批复：“可如拟办理。”②

在此期间，国民党军事委员会制定《处理河北问题六项办法》，授予鹿钟麟军政全权，以收回落入八路军和共产党人之手的河北军事、行政和组织民众团体等各项权力。宣传部制定《纠正共党不法行为宣传办法》，明令封锁国共军事冲突消息，不许刊登共产党方面关于各地惨案之调查报告。③

① 中国第二历史档案馆编：《中华民国史档案资料汇编》第 5 辑第 2 编“政治”（二），江苏古籍出版社 1998 年版，第 23—24 页。

② 《蒋中正“总统”档案·事略稿本》第 43 册，（台北）“国史馆” 2010 年版，第 111—112 页。

③ 杨奎松：《国民党的“联共”与“反共”》，社会科学文献出版社 2008 年版，第 412 页。

天水行营和陕西省政府则分别制定《处理异党实施办法》和《陕甘两省防止异党活动联络办法》，主张利用一切办法“逐步削弱伪边区”，“地方绝对强硬不稍退让”。另外，国民党战地党政委员会、中央组织部等还分别拟具《异党问题处理办法》《运用保甲组织防止异党活动办法》《共党活动情形及本党之对策》《防止异党兵运方案》《防止检举后方奸谍方案》《沦陷区防范共党活动办法草案》《第八路军在华北陕北之自由行动应如何处置》等秘密防共文件，力主“策动沦陷区本党忠实党员，打入共产党各级组织，从事内线工作，刺探其内情，并分化其力量”，“策动本党党员及优秀青年，打入共产党所操纵之各种民众团体及游击部队，起党团作用，分化其组织，并夺取其领导权”。[①]

在这一系列反共文件中，陈诚等于 1939 年 6 月制定的《共党问题处置办法》是一个典型。该文件在军事方面规定：八路军与新四军之军政军令必须统一于中央；正规军只有驻地，并无防区，八路军与新四军自应服从上级司令部之指挥调遣，不得要求划给区域；游击部队可划定游击区域，但非得军事委员会之命令不得脱离驻区，尤不得越出其活动范围，八路军与新四军派遣游击部队，事先须请示中央……否则即以违抗军令处置；八路军与新四军绝对不准自由招募，尤其不准就地筹粮或收缴民枪，乘机扩充私有武力；游击根据地之规定及当地政权之建立，应由主管战区司令长官协同战地党政委员会决定，而委派地方官吏及征收赋税，则仍应归各该所隶省府办理。在党务方面则规定：共党在各地不得有任何公开或秘密之组织，如个别共产党员在各地公私机关团体服务者必须开列名单，呈报中央，否则一经发现，即以战时非法活动论罪；共党外围组织“民先队”与

---

① 《中共党史参考资料》第 8 册，解放军政治学院党史教研部 1979 年编印，第 330—332、323—324 页。

"救国会"应即令取消，其分子一律由中央指定机关接收训练；共党应即停止违反本党政策之种种荒谬宣传及共产主义思想之传播；共党不得单独设立机关报与杂志，及印刷前述种种宣传品之书店，违者即行封闭。在行政方面又规定：绝对否认共党所谓"陕甘宁边区"之组织，中央应即决定认此为地方问题，授意各该省政府自动以种种必要手段，恢复管辖权力；共党在华北各省游击区内组织之地方政权，应即令移交冀察战区党政委员会分会。①

由上可知，国民党五届五中全会是抗战时期国共关系的一个转折点。从此以后，国民党虽未决心彻底反共，但已决定全力削弱中共，在政治、组织、经济和地域等各个方面严格限制其存在。1945 年，周恩来曾总结："从一九三九年国民党五中全会一直到去年参政会国共两党公开谈判为止，时间整整有六年之久。我们党跟国民党争论的中心，也就是像我们党一九三九年七七宣言上所说的，我们是坚持抗战、团结、进步，而国民党则是要妥协、分裂、倒退…… 正因为这样，所以在这六年中，就有三次反共高潮，进行过三次谈判。"②

（二）第一次反共高潮

国民党各地各机关制定的一系列防共办法，不可避免地使本来就已十分紧张的国共关系更趋白热化。从 1939 年冬到 1940 年春，国民党的反共活动迅速扩大。他们由制造小规模的军事磨擦，发展到向中共几个抗日根据地发动较大规模的武装进攻，从而掀起了第一次反共高潮。

国共两党最早的军事磨擦出现在河北。最初，国民党委任的河北省主

---

① 中国第二历史档案馆编：《中华民国史档案资料汇编》第 5 辑第 2 编"政治"（二），江苏古籍出版社 1998 年版，第 52—54 页。

② 《周恩来选集》上卷，人民出版社 1980 年版，第 198—199 页。

席鹿钟麟因为立足未稳，尚无力统一河北军政和党务，而共产党在此早就植下根基，甚至已建立起部分地方政权，所以他不得不暂时收敛，与共产党相安无事。但在逐渐确立对国民党各色武装的统一领导地位后，他开始谋求排挤共产党。1938 年秋冬，鹿钟麟宣布撤销共产党人主导的冀中、冀南行政公署，并另行任命专员、县长，制造双重政权。对此，八路军迅速做出了强烈反应，除组织民意代表向各方请愿外，并以武力反对鹿钟麟任命的政府。鹿随即利用张荫梧的民军和受命陆续调入河北的石友三、朱怀冰、庞炳勋等各部与之对抗，试图驱赶八路军出河北。

与此同时，国民党军政当局还在山东博山、湖南平江、湖北黄冈、河南确山等地屡屡挑起事端，制造了一连串的磨擦事件，袭击抗日军民，使两党间的磨擦和冲突严重升级。正如周恩来当时致函蒋介石称：近来各地磨擦日益加剧，"考其原因，地方幼稚，举动失常，固为肇事近因，但自国民党五中全会后，中央发有防制异党活动办法之通告，实予地方上以极大之刺激。因是，各地磨擦渐趋普遍，武装冲突者有之，中共党员被暗杀者有之，被捕者有之，被骂为汉奸者有之，其所出版之书报多被查禁，其所参加之团体多被封闭，其所来往之友朋多被怀疑，其所从事之工作多受限制"[①]。

面对国民党的这种挑衅，中共当然毫不示弱，决定采取强硬立场。1939 年 1 月 28 日，毛泽东在一次会议上就说："我们要懂得，统一战线里是一定有磨擦的……统一战线有一万年，磨擦也有一万年，有统一战线就有磨擦存在"，"有人硬要磨擦一下，那末我们应该怎样呢？在六中全会里我们曾说过，对无理的磨擦我们是决不容忍姑息的，我们要抱定'人不犯我，我不犯人；人若犯我，我必犯人'的原则。这后一条原则是很重要的，

---

① 《周恩来致蒋委员长函》（1939 年 6 月 3 日），（台北）"国史馆"藏蒋中正档案，转引自杨奎松：《国民党的"联共"与"反共"》，社会科学文献出版社 2008 年版，第 415—416 页。

比方我在这屋子站着，他把我挤一下，我若让他，退一下，这样一步一步会挤得我无容身之地，所以，他挤来，我们反挤一下，挤回他到原来地位，他要磨擦，我们就反摩擦……亲爱团结是统一战线的原则，然而更要反磨擦这一条，没有这一条就不行，只有坚持这一条原则，才能巩固与扩大抗日民族统一战线”。[①] 他还说：“他们要打，我们没有办法”，“来而不往非礼也”，不仅军事上须坚决抵抗，而且要准备更高的谈判条件。[②]

遵照这一原则，1939 年 2 月 10 日，中共中央发出《关于河北等地磨擦问题的指示》，要求在与国民党的谈判中必须申明以下主张：（1）敌后抗战形势需要军、政、党、民之一致，应由当地高级指挥官兼地方行政官，因此为真正统一指挥及统一行政起见，要求撤换鹿钟麟，以朱德为冀察战区总司令兼河北省主席；（2）冀、察、鲁三省为山西、中原、西北之屏障，三省之八路军只应增加，不能减少；（3）敌后抗战形势证明建立边区是正确的，因此冀察晋边区、冀中、冀南现行政权不但不能取消，而且山东及其他地区亦应依照战略形势重新划分行政区域；（4）对于非理进攻，必须反击，决不轻言让步；（5）政府发饷甚少，八路军及游击队不能不就地筹粮，今后仍应如此。[③] 这些都严正驳斥了国民党的无理要求。

在此期间，中共中央和八路军总部还接连发出指示：“在冀南各县应采取一切方法阻止及破坏鹿及其部下组织和扩大军队的企图，对各地挑衅必要时采取正当的自卫手段”，“我正规军及各游击队积极向敌后活动，在冀南、冀中应努力粉碎敌之进攻”，“我们对磨擦如逆来顺受，则将来磨擦

---

① 《毛泽东文集》第 2 卷，人民出版社 1993 年版，第 151—152 页。

② 毛泽东：《后方军事工作的政治方针》（1939 年 5 月 5 日），转引自杨奎松：《失去的机会？——战时国共谈判实录》，广西师范大学出版社 1992 年版，第 84 页。

③ 中央统战部、中央档案馆编：《中共中央抗日民族统一战线文件选编》下册，档案出版社 1986 年版，第 230—231 页。

逆流必更大，顽固气焰必更高，故我应以冷静而严正之态度对之”，“不要设想让步可以解决问题”，“总之，对付顽固分子之无理举动，以态度强硬为原则”，“在华北、西北、中原一带，凡遇军事进攻，准备在有理又有利的条件下坚决反抗之，极大地发挥自己的顽强性，绝不轻言退让”，“我们所创立起来的抗日民主政权、抗日武装、抗日群众团体，一定要坚持下去，因为退让反与坚持华北抗战、坚持巩固抗日民族统一战线有害的，结果只是有利于敌人”。[①] 言辞中充满了斗争精神。

由于磨擦斗争是国民党挑起的，而且国共两党在华北抗战的表现有天壤之别，所以中共的反驳显得特别理直气壮。1939 年，中共中央发出指示：“我们要用很大的政治理由来驳倒他所谓‘不合法’与‘破坏统一’的论据，在全国人民中广泛的说明违反抗战建国纲领，违反三民主义基本大略，破坏团结统一的不是我而是鹿钟麟，说明鹿在河北做了些什么？八路军在河北做了些什么，说明八路军应该‘干政’，应该在敌后抗战有‘机动自由’，说明冀南主任公署应该存在，说明冀察晋边区应该存在。”“要用这样充分的政治理由来抵制国民党中央政权的优势，来打击顽固分子的活动，来争取全国人民的同情。”[②] 这些话都说得义正词严，极大提高了中国共产党在全国的威望。

当然，中共为了维护抗日民族统一战线，仍然有所克制，尤其注意反击的“有节”。1939 年 6 月 10 日，毛泽东在延安高级干部会议上指出：“国民党五中全会后，在河北、山东，特别在边区所举行的破坏性与准备投降性

---

① 中央统战部、中央档案馆编：《中共中央抗日民族统一战线文件选编》下册，档案出版社 1986 年版，第 188、191、194、250、251、342、351 页。

② 中央统战部、中央档案馆编：《中共中央抗日民族统一战线文件选编》下册，档案出版社 1986 年版，第 351—352 页。

的磨擦及武装斗争，是必须给以坚决抵抗的。这种抵抗是有用的，但必须严格站在自卫立场上，决不能过此限度，给挑衅者以破裂统一战线之口实。这种自卫的防御的反磨擦斗争之目的，在于巩固国共合作。为此目的，一定条件下缓和、退让也是必要的。统一不忘斗争，斗争不忘统一，二者不可偏废，但以统一为主，'磨而不裂'。"①8月19日，中共中央又发出《关于对待局部武装冲突的原则的指示》强调："在武装冲突中我党我军在政治上必须占取上风，有严正的态度"，"必须严密不宜给我中下级干部以随便进行武装冲突之权，以免弄坏事情，影响统战并免吃亏"，同时"必须收集对方的各种材料人证、物证，以便在必要时把反共分子及分裂者的阴谋向全国公布"。② 这就使中共对磨擦的反击占据了"有理""有节"的地位，更能得到舆论的同情。

这一时期，中共还屡屡将国民党的反共与其"准备投降"联系起来，以求更有力地遏止这一逆流。1939年6月7日，中共中央发出《关于反对投降危险的指示》指出："目前最大的危险就是国民党投降的可能，新的慕尼黑的可能。国民党的反共运动就是准备投降的一个组成部分，对共产党的压迫，对八路军、新四军的攻击与磨擦，对边区的挑衅，对抗日民族统一战线与国共合作的破坏等，都是准备投降的步骤。"并号召全党做好一切准备，"给一切投降阴谋和叛变行为以适时的、坚决的反抗"。③ 同月30日，毛泽东在《反对投降活动》一文中也提出："我们坚决斥责那些公开的汪精卫和暗藏的汪精卫辈制造反共空气、挑拨国共磨擦，甚至企图再来挑动一

---

① 《毛泽东文集》第2卷，人民出版社1993年版，第221—222页。

② 中央统战部、中央档案馆编：《中共中央抗日民族统一战线文件选编》下册，档案出版社1986年版，第302页。

③ 中央档案馆编：《中共中央文件选集》第12册，中共中央党校出版社1991年版，第80页。

次国共内战的阴谋。”他号召全国爱国党派和同胞“用一切努力去反对投降和分裂”[①]。

1939 年 7 月 7 日是全面抗战爆发两周年，中共中央发表了《为抗战两周年纪念对时局宣言》，提出“坚持抗战、反对投降，坚持团结、反对分裂，坚持进步、反对倒退”三大政治口号，号召全党和全国人民为克服国民党的投降反共逆流、争取时局好转而斗争，在全国产生了重大的影响。9 月 16 日，毛泽东在与国民党中央社、《扫荡报》、《新民报》的记者谈话时又表示：“大敌当前，国共两党又都有了过去的经验，大家一定要长期合作，一定要避免分裂。”他还指出，国民党“如果欺人太甚，如果实行压迫，那末，共产党就必须用严正的态度对付之。这态度就是：人不犯我，我不犯人；人若犯我，我必犯人。但我们是站在严格的自卫立场上的，任何共产党员不许超过自卫原则”。[②] 中共中央和毛泽东这种从民族大义和两党团结大局出发的态度，赢得了国民党内爱国人士与广大人民的赞许，获得了舆论的普遍同情。

然而，蒋介石并未就此罢手，而是继续制造规模更大的反共事件。第一次反共高潮的掀起，是以国民党在陕甘宁地区、晋西地区、太行山地区进行的三次大的军事进攻为标志的。

国民党五届五中全会制定的限共方针，是以政治限共为主、军事限共为辅，所以当时的反共磨擦规模还不算大。但在 1939 年 11 月召开的国民党五届六中全会上，则把军事限共放在突出地位。从此，较大规模的军事反共开始了，首当其冲的是中共中央所在地陕甘宁边区。1939 年 12 月，国民党军队袭占了边区淳化、旬邑、宁县、正宁、镇原 5 座县城，并集结大

---

① 《毛泽东选集》第 2 卷，人民出版社 1991 年版，第 571—573 页。

② 《毛泽东选集》第 2 卷，人民出版社 1991 年版，第 590—591 页。

军准备进攻延安。同时，蒋介石还指使国民党绥德地区专员何绍南袭击八路军军政机关，企图迫使八路军退出绥德地区，以此配合胡宗南的进攻。

面对严重的反共军事进攻，中共从大局出发，一面坚持斗争，决不示弱；另一面又采取维护合作的有效措施，防止破裂。中共中央和中央军委指示八路军指战员："反磨擦斗争必须注意自卫原则，不应超出自卫的范围，如果超出这个范围，则对全国的影响和统一战线是不利的，尤其对中央军应注意此点，因国共合作就是同中央军合作。"① 同时，中共中央派谢觉哉为代表与国民党当局谈判，力求避免冲突。八路军总部和留守兵团也先后致电蒋介石和通电全国，呼吁停止进攻边区，反对枪口对内，要求撤走包围边区的国民党军队。但因国民党方面一意孤行，致使谈判未有结果。根据地军民被迫进行自卫还击，坚决打退来犯顽军，恢复了陇东大部地区。由雁北返回陕甘宁边区的三五九旅赶跑了何绍南，解放了绥德、米脂、葭县、吴堡、清涧 5 县，将陕甘宁边区与晋西北抗日根据地连成一片。

在胡宗南进攻陕甘宁边区的同时，阎锡山在山西发动了晋西事变。山西是国民党地方实力派阎锡山长期统治的独立王国，他同日本、蒋介石都有矛盾，因此在抗战初期表示愿意与共产党合作，企图利用中共来抵御日军的进攻和蒋介石势力的渗透。但当他看到中共领导下的牺盟会、决死队和新军的力量不断壮大后，又心存担忧。1939 年 3 月 25 日至 4 月 22 日，阎锡山在宜川县秋林镇召开高干会议，提出取消新军政治委员，缩小进步人士担任专员的职权，以同志会代替牺盟会，限制群众运动等排斥共产党的议案。

中共中央密切注意事态的发展。1939 年 9 月 21 日，中共中央发出《关

---

① 中央统战部、中央档案馆编：《中共中央抗日民族统一战线文件选编》下册，档案出版社 1986 年版，第 394 页。

于山西开展反逆流斗争的指示》。10月初，中共中央北方局对山西反逆流反投降的斗争做了具体部署。10月10日，中共山西省委组织根据中共中央、北方局的指示，积极展开反对妥协投降，准备应付突然事变的工作，除个别部队外，这一工作都做得比较充分，因而赢得了时间和主动。

12月1日，阎锡山以对日军发动“冬季攻势”为名，命令晋西决死二纵队于5日向同蒲线实行破击。同时，他又命令王靖国、陈长捷指挥6个军尾随其后，企图与日军前后夹击之。在此前后，阎锡山还指使部下摧毁晋西各县的抗日政权和抗日救亡团体，杀害牺盟会干部和八路军后方医院伤病员200余人，屠杀共产党人和进步分子500余人，绑架1000余人。面对这一挑衅，新军被迫自卫反击。阎便通电全国，反诬“决死队叛变”，这就是“十二月事变”的开端。

决死二纵队经过20余天苦战，在八路军第三五八旅接应下，突破阎、日军的包围，于12月28日转抵晋西北，而阎军则继续向晋西北进攻。在危急时刻，中共中央派王若飞、萧劲光到秋林直接见阎锡山，请他制止磨擦，但遭拒绝。在此情况下，新军和八路军于1940年元旦发动了反磨擦战役，贺龙、关向应率一二〇师主力由冀中返回晋西北，八路军第三八六旅和总部特务团进入太岳区，协同当地部队，坚决消灭来犯者，遂将阎军击退。经过1个多月的战斗，阎锡山发动的“十二月事变”被粉碎，其主力部队损失惨重。决死三纵队失去的一些地区，曾被国民党军占领。后来日军扫荡，国民党溃退，八路军和决死队又从日伪军手中收复了这些失地，扩大了晋东南抗日根据地。

在击退国民党军事进攻后，毛泽东总结：“抗日战争胜利的基本条件，是抗日统一战线的扩大和巩固。而要达此目的，必须采取发展进步势力、争取中间势力、反对顽固势力的策略，这是不可分离的三个环节，而以斗争为达到团结一切抗日势力的手段。在抗日统一战线时期中，斗争是团结的手段，团结是斗争的目的。以斗争求团结则团结存，以退让求团结则团结亡”[1]，因而在斗争中应注意有理、有利、有节的原则，应做到“磨而不裂”。根据这一原则，在阎锡山的进攻被粉碎后，八路军主动与之休战言和。1940 年 1 月 27 日，中共中央以陕甘宁边区留守兵团主任萧劲光的名义致电阎锡山，表示愿意调解山西新旧军冲突，使山西恢复团结抗战的局面。2 月 25 日，萧劲光、王若飞又持毛泽东的亲笔信到秋林，向阎锡山面陈了中共关于新旧军团结拥阎抗日的主张。该信建议：双方停止军事行动和敌对宣传，划界抗敌；新军仍属晋绥军序列，不接受蒋介石方面的改编；实行阎锡山公布的《民族革命十大纲领》，统一于进步，恢复电台联络和人员来往。此时阎锡山已别无出路，只好接受中共的主张。至此，“十二月事变”得到解决。

八路军总部所在地的太行山地区，是国民党制造反共磨擦的另一个重点。1939 年 12 月初，国民党朱怀冰部进入冀西，逼近八路军阵地，破坏抗日政权，频繁制造磨擦。为维护团结抗日大局，彭德怀、刘伯承先后到冀西同鹿钟麟、朱怀冰等会谈，劝告他们以大局为重，停止磨擦，一致对敌。但朱怀冰置若罔闻，指使部下向平汉路以西的游击纵队大举进攻。1940 年 1 月，国民党石友三部 1.7 万余人，又在冀南、冀鲁豫地区向平汉路附近的八路军进攻。2 月，朱怀冰、石友三等部再次从平汉路东西两侧向太行、冀南地区的八路军进攻，其矛头直指八路军总部。八路军一二九师被迫自卫还击。在平汉路东，八路军集中 25 个团的兵力，于二三月间先后发动冀南战役和卫东战役，歼灭石友三顽军大部。3 月 5 日，八路军又集中平汉

---

[1] 《毛泽东选集》第 2 卷，人民出版社 1991 年版，第 745 页。

路西各部主力 13 个团，发动磁（县）、武（安）、涉（县）、林（县）战役，4 天中消灭朱怀冰军部及其主力两个师的大部。

在击退国民党的军事进攻，巩固了太行、冀南、冀鲁豫等根据地后，毛泽东对时局做了深入分析，估计再打下去，国民党在华北的力量可能会往日本那边跑，对巩固统一战线、争取蒋介石继续抗日不利，因此于 1940 年 3 月 5 日致电蒋介石，提出了停止磨擦、团结抗日的主张。同时，中共中央派朱德与卫立煌谈判，争取双方休战。而蒋介石此时也感到："最近共党之态度，似已转化，岂犹未至叛乱之时乎？"故倾向于缓和。不过他仍不忘提醒卫立煌："共党巧言欺人，无论何言皆不足信，更不可为其服从拥护之蜜语所迷惑，望审慎严防。"并命其"严令第十八集团军所部于本月十五日以前撤至长治邯郸以北地区。如其不遵限撤去，应以违抗命令破坏抗战之叛军论罪，并即用驻晋南中央军之全力剿除之，勿稍犹豫，致误大局"。[①]

经过反复磋商，国共双方达成协议，划定了驻防区界限。为缩小纠纷范围，避免新的磨擦，争取国民党官兵的多数继续抗战，3 月 14 日，中共中央及中央军委又发出指示："目前山西、河北的反磨擦斗争，即需告一段落，不应再行发展。"[②] 次日，毛泽东也电告朱德："考虑对蒋、卫作必要让步，避免因此破裂两党团结。"[③] 此后，八路军自动退出了大片地区，与国民党各守防地，分区抗日。

至此，在中共中央"以斗争求团结"方针的指导下，国民党发动的第一次反共高潮就被打退了。1940 年 3 月，中共中央通报说："晋西北顽固势力已全部肃清，（河北）石、高已溃败，残部退山东之菏泽，朱怀冰一个师

---

① 《蒋中正"总统"档案·事略稿本》第 43 册，（台北）"国史馆" 2010 年版，第 129、210、269 页。

② 中央统战部、中央档案馆编：《中共中央抗日民族统一战线文件选编》下册，档案出版社 1986 年版，第 394 页。

③ 国防大学党史党建政工教研室编：《中共党史教学参考资料》第 16 册，国防大学出版社 1986 年版，第 209 页。

大部被消灭，鹿、朱退（河南）辉县”，“在华北特别在汾离公路、白屯公路、长治、磁县、大名之线以北，我们已占绝对优势，山东境内我顽两方尚在对峙中，惟我有政权之县份已达四十县”。[①] 这说明在经过近一年的反磨擦斗争后，中共在华北的势力反倒更加壮大，国民党再也没有力量对其发号施令了。于是，双方开始逐渐将争夺重心转移到华中地区来。

三

皖南事变前后的政治交锋

华中地区，特别是江浙地区，向来是国民党极端重视的战略要地，它虽然陷于敌手，但蒋介石仍旧不能容忍中共染指其间。因此，在华北对八路军的进攻遇挫后，国民党又将反共磨擦的重点转向华中新四军。而中共在获取华北后也确立了新的发展目标，即“巩固华北，发展华中”，力图再拿下华中，“将整个华北直至皖南、江南打成一片，化为民主的抗日根据地，置于共产党进步势力管理之下，同时极大发展鄂中与鄂东，以便与全国工作相配合”[②]。1940 年 3 月，毛泽东指示彭德怀：“我军将来出路，实在中原，此时不争，将来更难了。”4 月，他就做出发展华中根据地的部署，并将之视

① 《中共中央书记处致中共中原局电》（1940 年 3 月 14 日），转引自杨奎松：《国民党的“联共”与“反共”》，社会科学文献出版社 2008 年版，第 417 页。

② 中共中央文献研究室编：《毛泽东年谱（1893—1949）》中卷，人民出版社、中央文献出版社 1993 年版，第 167 页。

为“我最重要的生命线”。[1]5月，他又向东南局解释说：“所谓发展，就是不受国民党的限制，超越国民党所允许的范围，不要别人委任，不靠上级发饷，独立自主地放手扩大军队，坚决地建立根据地，在这种根据地上独立自主地发动群众，建立共产党领导的抗日统一战线的政权，向一切敌人占领区域发展。”[2] 由此，国共两党在华中的争夺更趋激烈。

（一）关于划界问题的谈判

面对新四军在华中的迅猛发展，国民党极为恐慌。为了清除异己，刚开始蒋介石曾想让新四军南下。1940年3月，他电令新四军军长叶挺“将江北部队全数移至江南服行作战任务，不得故意延宕”[3]，企图以此割断新四军与八路军的联系，将新四军困死在苏南敌后狭小区域，然后伺机消灭之。中共在识破这一包藏祸心的命令后，当然予以拒绝。毛泽东指示东南局：“对于一切反共顽固派的防共、限共、反共的法律、命令、宣传、批评，不论是理论上的、政治上的、军事上的，原则上均应坚决地反抗之，均应采取坚决斗争的态度”，“例如，他们要四、五支队南下，我们则以无论如何不能南下的态度对付之；他们要叶、张两部南下，我们则以请准征调一部北上对付之。”他还强调：“只有向顽固派采取这种强硬态度和在斗争时采取有理、有利、有节的方针，才能使顽固派有所畏而不敢压迫我们，才能缩小顽固派防共、限共、反共的范围，才能强迫顽固派承认我们的合法地位，也才能使顽固派不敢轻易分裂。所以，斗争是克服投降危险、争取时局好转、巩固国共合作的最主要的方法”，“在应付可能的全国性的突然事变的问题

① 《毛泽东文集》第2卷，人民出版社1993年版，第275、281页。

② 《毛泽东选集》第2卷，人民出版社1991年版，第753—754页。

③ 中国第二历史档案馆编：《中华民国史档案资料汇编》第5辑第2编“政治”（二），江苏古籍出版社1998年版，第308页。该书将此电系于9月，应为3月之误。参见李国芳：《皖南事变若干文电考证》，《抗日战争研究》2004年第2期。

上，也只有采取斗争的方针，才能使全党全军在精神上有所准备，在工作上有所布置。否则，就将再犯一九二七年的错误”。①

在中共拒绝新四军南下的情况下，国民党又改变了主意，试图逼其北调。1940年年初，有人即曾上书蒋介石提出：“假定中共势力继续膨胀，各地冲突继续发生，尤以中共活动范围漫无限制，我既不能消灭之，又不能调整运用之，徒加以不生效果之防止，即所谓以磨擦对磨擦，则久而久之，到处滋漫，对消我之抗战武力，扰乱我之社会秩序，动摇我之政治基础，不特为敌伪造机会，且将引起国际误会，而陷外交于僵局。”该函建议，鉴于当前局势，似应本各个击破之法，划清国共两军作战界线，即“将冀察战区给予中共，发表朱、彭为总副司令，而将黄河以南以及长江流域所有中共部队强制调赴北方，并示意只准向东四省发展，不准向南进出，在黄河以南尤其是长江流域，任何地方不容丝毫客气，雷厉风行，禁绝并剿灭中共一切活动分子，确保国民党之统制态势”，如此，则既可“使中共转向其锋，与倭寇及伪组织直接冲突”，又可“肃清华中华南之中共势力”“其不服调动者，即认为贼匪，一律剿灭之”。②

1940年4月16日，白崇禧也上书蒋介石建议：“于适当地带，划定第十八集团军作战之区域，同时令新四军编入十八集团军战斗序列，一律集结于此区域内，授以攻敌任务，指定攻击目标，如此则既可限制其活动之范围，复可免除滋生事端之口实，若其不遵约束，抗命称兵，则彼罪恶既彰，自当绳之以法，而是非可大白于天下矣。”为此，他提出：（一）在漳河以北之地带，划定第十八集团军作战区域，并明白规定中共活动之范围，只限于

---

① 《毛泽东选集》第2卷，人民出版社1991年版，第754—755页。

② （台北）“国史馆”藏蒋中正档案，转引自杨奎松：《国民党的“联共”与“反共”》，社会科学文献出版社2008年版，第417页。

此区域，不得有所逾越；（二）将黄河以南之豫鲁皖苏等省之新四军或与该军有关之游击队，一并集中于指定区域以内，彼此既有明确之界限，可免相互磨擦，减少祸端。[①] 白崇禧的这一建议显然颇符合国民党众多领导人的想法，所以自1940年5月后，国民党高层就如何解决国共磨擦冲突问题达成共识，划界谈判开始提上议事日程。按照国民党7月16日拟订的《中央指示案》，八路军和新四军全部应扫数调赴冀察两省及鲁北晋北。[②]

关于划界谈判，中共中央并不反对。毛泽东曾明确表示：要“争取划界，我们不超出界外，避免同国民党引起大的冲突，以减少国民党的恐惧情绪，争取抗战时间的延长”。但中共中央此时关于划界的设想，与国民党有着重大的区别，他们基本上只是希望就现有态势略做调整，而不是全部向北集中力量，更无法接受仅有冀察两省的狭小区域。因此，中共中央提出：“同意划分作战区域，但不能限于旧黄河以北，最好应包括华北五省在内，或以新黄河为限。”[③]

对中共的这一要求，蒋介石根本拒绝。他声称：“如果八路军、新四军不能开至黄河北岸，则一切问题都不能解决。”[④] 他甚至认为共产党如听命令有诚意，则抗战必胜，否则必失败。当周恩来指出，中共50万军队将难以在敌后冀察两省狭小地区中生存与作战，要求共产党军队全数集中冀察过于困难时，蒋介石却只是坚持说有办法，要周与何应钦具体商谈细节。至此，国共关于划界问题的谈判陷入了僵局，也由此埋下了皖南事变的伏笔。

---

① 秦孝仪主编：《中华民国重要史料初编——对日抗战时期》第5编第4册，（台北）中国国民党中央委员会党史委员会1985年版，第224—225页。

② 秦孝仪主编：《中华民国重要史料初编——对日抗战时期》第5编第4册，（台北）中国国民党中央委员会党史委员会1985年版，第229页。

③ 杨奎松：《失去的机会？——战时国共谈判实录》，广西师范大学出版社1992年版，第105—106、110页。

④ 《周恩来致中央书记处电》（1940年8月28日），转引自杨奎松：《国民党的“联共”与“反共”》，社会科学文献出版社2008年版，第419页。

（二）皖南事变的发生

皖南事变是以“皓电”为起点的。1940年10月19日，何应钦、白崇禧联名发出“皓电”给朱德、彭德怀、叶挺，命令八路军及新四军各部队“限于电到一个月内，全部开到中央提示案第三问题所规定之本地境内，并对本问题所示其他各项规定切实遵行”[①]。为配合这一最后通牒式的通告，国民党停发了八路军和新四军的军饷，军令部还秘密拟定了《剿灭黄河以南匪军作战计划》，于11月14日上报蒋介石，开始了军事剿共的具体准备。白崇禧甚至扬言：“此次对于军事已有把握，不至再败。”[②]

面对国民党发动的新的反共高潮的严重局面，中共中央研究了对策。1940年11月1日，毛泽东指出：蒋介石“用武力驱逐新四军八路军于老黄河以北而严密封锁之，这一计划是下了决心的，故我们有迅速考虑应付办法之必要”。3日，他致电彭德怀征求意见，提出中央的两个方案：第一是政治上进攻，军事上防御，即对反共军只在根据地附近加以反击，我军不主动打入彼后方。若采取此方案，其利是政治上可以剥夺蒋的政治借口，其害是在军事上不利，不能用实力制止投降。第二是政治上与军事上同时进攻，即从八路军五十万人中抽调至少十万至十五万精兵，分数路突入彼后方。若采此案，政治上可能不利，但军事上能制先机，不被封死，有用实力制止投降之可能。[③]

经过对两案的反复比较和权衡利弊，特别是在征求了共产国际的意见后，中央最后决定采用第一方案。此后，中共一方面加紧应战准备，一方面

---

① 中央档案馆编：《皖南事变（资料选辑）》，中共中央党校出版社1982年版，第89页。

② 《中共中央书记处致关贺聂彭等电》（1940年11月1日），转引自杨奎松：《失去的机会？——战时国共谈判实录》，广西师范大学出版社1992年版，第114页。

③ 中央档案馆编：《皖南事变（资料选辑）》，中共中央党校出版社1982年版，第73、77页。

为了避免皖南新四军军部陷入国民党重兵围困之中，同时也为了有利于政治宣传，决定在江南新四军北移问题上做出让步，“采取缓和态度，以期延缓反共战争爆发时间。对皖南方面，决定让步，答应北移”。11月9日，朱德等发出“佳电”，同意将江南的新四军部队移到江北，但恳请宽以限期，并拒绝再将江北部队北调。同日，毛泽东致电周恩来阐述“佳电”的立场，“明确区分江南、江北部队，江南确定主力北移，以示让步，江北确定暂时请免调，说暂时乃给蒋以面子，说免调乃塞蒋之幻想”，“又‘佳电’所称肺腑之言，乃暗示彼方如进攻，我方必自卫，而以鹬蚌渔人之说出之，亦请对外宣扬，以期停止彼之进攻”。他还一再指出：“在此情况下，我之方针是表明和缓，实际抵抗，有软有硬，针锋相对。缓和所以争取群众，抵抗所以保卫自己，软所以给他面子，硬所以给他以恐怖”，“只有软硬兼施，双管齐下，才能打破蒋介石的诡计，制止何应钦的投降，争取中间派的向我，单是一个软，或单是一个硬，都达不到目的”。[①]

在此期间，根据中共中央的指示，周恩来多次与国民党交涉，解释因长江交通被敌控制、渡江不易，请展缓北移时间，并要求补发饷弹。但几经谈判，蒋介石的态度仍十分坚决。12月9日，他亲下手令要求十八集团军及新四军务必在12月底和明年1月底分别移至黄河以北，而新四军皖南部队则必须在12月底以前先开到长江以北，“毋得再误”[②]。

不过，蒋介石此时也并非一心求战。12月25日，他在日记中表示：“一面则准备军事，一面则仍主政治方法解决，不使全面破裂。”[③] 至于中共部队

① 中央档案馆编：《皖南事变（资料选辑）》，中共中央党校出版社1982年版，第78、97、104、102页。

② 秦孝仪主编：《中华民国重要史料初编——对日抗战时期》第5编第2册，（台北）中国国民党中央委员会党史委员会1981年版，第521页。

③ 《困勉记》卷六十三，1940年12月25日条，（台北）“国史馆”藏蒋中正档案，转引自杨奎松：《国民党的“联共”与“反共”》，社会科学文献出版社2008年版，第430页。

能否遵令撤至黄河北岸，蒋介石亦未抱太大希望。他之所以下此命令，还有“试观其能否遵行，即可推断最近期间俄国对华之政策矣”的目的。这一时期，他甚至考虑：“如过于硬性强迫，反于我不利；何况彼此于此时决不肯轻易调防河北，如此则徒失威信或引起纠纷。不如以弹性出之，而留有旋转操纵在我之余地为宜也。”[①]态度似乎又趋于缓和。

尽管如此，蒋介石表面上还是十分强硬的。12 月 25 日，他召见周恩来说：“你们一定要照这个办法，开到河北，不然我无法命令部下。苏北事情太闹大了，现在谁听说了都反对你们。他们很愤慨，我的话他们都不听了。”并表示：“我难道愿意内战吗？愿意弄坍台吗？现在八路、新四还不都是我的部下？我为什么要自相残杀？”但“如果非留在江北免调不可，大家都是革命的，冲突决难避免，我敢断言，你们必失败”，而“只要你们肯开过河北，我担保至一月底，绝不进兵”。[②]

应该说，蒋介石这番话并非全为虚言。相比之下，当时有些国民党将领的反共态度更为急迫，尤其是在苏北与中共交手遇挫后，他们对之极为仇视。苏北敌后原本是江苏省主席兼鲁苏战区副司令韩德勤的驻地，但自从 1940 年 6 月陈毅率新四军江南指挥部北上后，这里迅速成了中共的天下。韩德勤无法容忍，遂于 9 月底向陈毅部发起攻击，结果在黄桥一战中损失惨重。而陈毅更是趁热打铁，在 11 月底发起曹甸战役，以求彻底打垮韩德勤。此战激起国民党方面的强烈反应，也由此影响了皖南新四军军部的北移路线。

皖南新四军北渡，本有两条路线可走。第一条是北线，直接从泾县向北，于铜官和繁昌间北渡长江去皖东。此线虽是捷径，但有两大阻碍：一是

---

① 《蒋中正“总统”档案·事略稿本》第 44 册，（台北）“国史馆”2010 年版，第 482、695—696 页。

② 中央档案馆编：《皖南事变（资料选辑）》，中共中央党校出版社 1982 年版，第 121—122 页。

沿江被日军控制，上万人要想顺利渡江，几乎不可能；二是江北桂系李品仙敌视新四军，对江南部队北渡可能会极力阻击。第二条是东线，由泾县往东，经苏南渡江去苏北，11 月北移先遣队 1700 多人就是由此北渡的。但曹甸战役的打响，则使情况发生了转变，国民党担心江南新四军到苏北后会加大对韩德勤的攻击，因此明确反对东线方案。1940 年 12 月 4 日，军令部拟就呈文称："对江南之 N4A（指新四军——引者注）拟不准其由镇江北渡，只准由江南原地北渡。或由顾长官另予规定路线，以免该部直接参加对韩德勤部之攻击。" 对此，蒋介石批复照办。9 日，蒋又密电第三战区司令长官顾祝同："（一）查苏北匪伪不断进攻韩部，为使该军江南部队不致直接参加对韩部之攻击，应不准其由镇江北渡，只准其由江南原地北渡，或由该长官另予路线亦可。（二）该战区对江南匪部应按照前定计划妥为部署并准备，如发现江北匪伪竟敢进攻兴化，或至限期（本年十二月卅一日）该军仍不遵令北渡，应立即将其解决，勿再宽容。"[①] 这意味着国民党已不允许皖南新四军借道东线北上。

在这种北线和东线都走不通的情况下，作为新四军的最高领导人，项英一直左右为难，对开拔时间和北移路线犹豫不决。最后几经催促，他决定冒险走南线，即经茂林转天目山去苏南，试图绕过国民党的防区，目的还是要经苏南北渡。但国民党此时已做好准备。早在 1940 年 12 月 13 日，蒋介石便致电顾祝同："新四军最后计划必如兄五日电所报者，其必在黄山天目山与泾县云岭一带化整为零，在我后方扰乱。故我军对匪军必须先妥筹预防对策，作一网打尽之计。"[②] 显然，天罗地网已经布下。1941 年 1 月 4 日，

---

① 中国第二历史档案馆编：《中华民国史档案资料汇编》第 5 辑第 2 编"政治"（二），江苏古籍出版社 1998 年版，第 416、427—428 页。

② 《蒋中正"总统"档案·事略稿本》第 45 册，（台北）"国史馆" 2010 年版，第 116—117 页。

皖南新四军共 9000 余人秘密出发，但 6 日行至茂林时便与国民党部队发生遭遇，随即引来其重兵围剿，皖南事变由此发生。

（三）中共的紧急应对

皖南事变发生后，中共中央迅速于 1 月 12 日电告重庆周恩来，命其向国民党提出严正交涉，要求即日撤围，以证明国民党并非有意破裂。中原局刘少奇等也气愤地致电中共中央，提议："请朱、陈、罗准备包围沈鸿烈，我们准备包围韩德勤，以与国民党交换。"此议得到了毛泽东的赞同。13 日，毛复电："同意胡、陈十二日电，苏北准备包围韩德勤，山东准备包围沈鸿烈，限十天内准备完毕，待命攻击……以答复蒋介石对我皖南一万人之聚歼计划"，并表示："我全国政治上、军事上立即准备大举反攻。"同日，周恩来、叶剑英紧急找到国民党代表刘为章，陈述皖南事变情况，说明华北、华中的中共部队"气愤填膺，几不可遏，只有迅速解除对新四（军）围攻，才能免危机于万一"。刘答复说，蒋昨夜已告诉顾祝同"只要新四军确实北渡，你们应予帮助，不应为难"，"此事不成问题"，并表示可以走苏北，但"部队过江后，不得打韩德勤，且过江后不得盘踞，须遵命继续到河北去"。[①]

14 日，周恩来又通过张冲再次向蒋介石抗议，蒋则要求其转告中共中央，"勿将事件扩大"，并说："新四军北开中央决不留难"，"如此路不通，转向皖北开亦可，命令李品仙勿留难"。但此时皖南局势已万分危急，毛泽东因此致电周恩来："现在不是走何路线问题，而是救死问题，如不停止攻击，即将全军覆灭，请立即要蒋下令停战撤围。"同日，他向全党发出指示："中央决定在政治上军事上迅即准备作全面大反攻，救援新四军，粉碎反共高潮"[②]，并电告共产国际："我们准备在政治上和军事上给予蒋介石所实行的

---

① 中央档案馆编：《皖南事变（资料选辑）》，中共中央党校出版社 1982 年版，第 137、139、143 页。

② 中央档案馆编：《皖南事变（资料选辑）》，中共中央党校出版社 1982 年版，第 144—146 页。

这种广泛的进攻以有力的反攻。”①

15日，周恩来再找张冲催问停火令事，蒋介石答复说，12日、13日已有两令给顾，或许下达迟延，但顾不会不听命，周可电告叶、项放心东进，他可再发一电给顾要他停战解围。但周恩来此时已得知皖南新四军覆灭的消息，知道国民党并未停战，因而电告毛泽东："恐蒋、刘等所说的是鬼话。"② 毛则复电称："蒋介石一切仁义道德都是鬼话，千万不要置信"，"中央决定发动政治上的全面进攻，军事上准备一切必要力量粉碎其进攻"。电报还指出："只有猛烈坚决的全面反攻，方能打退蒋介石的挑衅与进攻，必须不怕决裂，猛烈反击之，我们'佳电'的温和态度须立即终结。"③

17日，国民党宣布取消新四军番号，这更是激怒了毛泽东，认为是国共决裂的信号。在18日的政治局会议上，他明确说，国民党最近消灭皖南新四军，现在又公开宣布取消新四军，这表明国民党准备与共产党大破裂的决心。20日，他在政治局会议上又提出，自蒋介石十七日宣布新四军为"叛军"后，实际上蒋已准备得罪我们，得罪苏联，已是准备全部破裂的开始。④ 同日，毛泽东还致电周恩来、彭德怀、刘少奇等称："蒋介石已将我们推到和他完全对立的地位，一切已无话可说。"⑤ 在23日的政治局会议上，他进一步得出结论：一周以来的种种事实都证实，中日实际上已经休战，不议而和，全面破裂已经开始，"如果日军与国民党反共军配合，那我党

---

① 《共产国际、联共（布）与中国革命档案资料丛书》第19卷，中共中央党史研究室第一研究部译，中共党史出版社2012年版，第116—117页。

② 《周恩来、叶剑英、董必武关于蒋刘粉饰皖变我拟揭发真相致毛泽东电》（1941年1月15日），转引自杨奎松：《国民党的"联共"与"反共"》，社会科学文献出版社2008年版，第442页。

③ 中央档案馆编：《皖南事变（资料选辑）》，中共中央党校出版社1982年版，第147页。

④ 中共中央文献研究室编：《毛泽东年谱（1893—1949）》中卷，人民出版社、中央文献出版社1993年版，第257、259页。

⑤ 中央档案馆编：《皖南事变（资料选辑）》，中共中央党校出版社1982年版，第183页。

有很大危险，将会受到损失”①。当天，他又致电刘少奇指出：“蒋介石一月十七日命令是全国性突然事变的开始，是全面投降与全面破裂的开始，我们在十二月十七日以前的估计不适用了。”② 显而易见，毛泽东对形势的估计十分严重。

不过，此时中共党内对局势的判断和应对措施也开始出现一些分歧。15日，已渐渐冷静下来的刘少奇致电毛泽东提出：“现叶、项已被俘，皖南新四军已全部歼灭。中央决定在政治上、军事上准备做全面的大反攻，这里的同志于义愤之余，亦有立即大举反攻之主张，然根据各方面情况，平心静气一想，我们却有下列意见，望中央细心考虑：一、全国局面，国民党未投降，仍继续抗战，对共产党仍不敢分裂，且怕影响对苏联的关系，在皖南消灭我军，蒋亦曾下令制止，即证明蒋生怕乱子闹大。在此时，我党亦不宜借皖南事件与国民党分裂。何应钦下令只说严防我军报复，未说即此在全国乘机进攻我军。二、目前华中我占领地区很大，兵力不够，仍不能巩固。皖东北敌伪匪猖獗，已全部成游击区，原来巩固地区均已丧失，淮海区亦不能支持，盐阜区土匪亦蜂起，黄桥已被敌占，海安亦有被敌占领可能。我们部队尚须休整补充。故以华中来看，能在半年、一年之内不发生大的战斗，肃清土匪，巩固现有地区，对我为有利。”

在这封电报中，刘少奇还分析：“一、目前能在军事上向国民党实行反攻者，大概有下列几着：1. 打韩德勤、沈鸿烈。2. 华中主力集中，经雪枫地区过新黄河出击。3. 陕北部队向西兰大道出击。4. 华北部队向河南或向绥远出击。5. 全国各地党部实行武装起义。除此以外就只有个别小军事反共之可能了。二、上述各着，均无胜利把握，亦无大利可图，且系进攻性质，

---

① 杨奎松：《国民党的“联共”与“反共”》，社会科学文献出版社 2008 年版，第 445 页。

② 中央档案馆编：《皖南事变（资料选辑）》，中共中央党校出版社 1982 年版，第 187 页。

对人民、对部队、对统战朋友均无充分理由。在目前向国民党实行这种反共和破裂，不独将引起中间分子的非议，即自己部队亦难长期在精神上维系不发生动摇，如果再遇挫折，则对我更有极大不利，那时，反共高潮更难压制，国民党更可借此向我大举进攻，故实行全面军事反共，对我不利，且有极大危险。”据此，他建议：“在全国主要的实行政治上全面大反攻，但在军事上除个别地区外，以暂时不实行反攻为妥。”[①]

与此同时，莫斯科也一再要求中共冷静。早在事变发生前，共产国际总书记季米特洛夫便提醒毛泽东：“不该将破裂作为出发点。”即使在事变发生后，苏联驻华大使和武官仍表示，目前局势须有全局的观察和布置，尤其要从各方面探查，蒋介石是不是与日本有秘密联络，或有新的谈判，因此虽然必须积极加强军事准备，但“今天的工作中心，仍是求得抗战继续”。[②]1月15日，苏联大使潘友新还告诉周恩来：“我认为，目前中共的主要敌人依然是日本，倘若中共对国民党主动展开进攻，这只会促使中国内战扩大，于抗战不利。必须千方百计保持合作，但这并不意味着你们应该自甘受辱，必须继续进行业已开始的对国民党的政治进攻。”[③]不难看出，莫斯科此时力图调解与缓和国共关系，反对中共在军事上报复，主张仅在政治上反击。

莫斯科对国民党的这种暧昧态度，显然引起了毛泽东的不满。1月20日，他在给周恩来、彭德怀、刘少奇的电报中就明说：“远方的政策与我们所想的相左，三个月来几经往复，尚未解决”。[④]23日，他又电告南方局：“朋

① 中央档案馆编：《皖南事变（资料选辑）》，中共中央党校出版社1982年版，第148—150页。

② 杨奎松：《国民党的“联共”与“反共”》，社会科学文献出版社2008年版，第446页。

③ 《1941年1月15日全权代表潘友新与周恩来和叶剑英谈话记录》，转引自A.M.列多夫斯基：《斯大林与中国》，陈春华等译，新华出版社2001年版，第292页。

④ 中央档案馆编：《皖南事变（资料选辑）》，中共中央党校出版社1982年版，第184页。

友们的意见是错误的，请对朋友们说，蒋介石一月十七日命令是中国全国性事变的开始，是全面投降全面分裂的开始，要他们停止接济，准备后事，不然要上当的。”[①]30 日，毛泽东索性让周恩来明确转告苏联驻华武官崔可夫：“苏联如再接济重庆武器甚为不好，请要武官设法停止。”[②] 言辞中对苏联仍未停止给国民党的武器援助明显带有怨气。

但在经过深思熟虑后，特别是对中共军事实力有了更深入的了解后，毛泽东也不得不适时调整了应对措施，改变了立即在军事上全面反攻的主张。1 月 19 日，中共中央致电彭德怀、刘少奇指出：“我们决定在政治上、军事上、组织上采取必要步骤。在政治上全面揭破蒋之阴谋，见《新中华报》社论及中共发言人谈话，惟仍取防御姿态，在坚持抗日反对内战口号下动员群众。在军事上先取防御战，必要时打出手，打到甘川去。在组织上拟准备撤销各办事处。”20 日，毛泽东又致电周恩来、彭德怀、刘少奇说：“目前我们在政治上取猛烈攻势，而在军事上暂时还只能取守势。”这实际上已经采纳了刘少奇和莫斯科的建议。1 月下旬，日军乘国民党抽调兵力对付华中共产党军队之机，突然大举进攻河南，这更动摇了毛泽东此前关于中日已经休战、蒋介石即将投降的判断。在这种情况下，毛泽东随即于 25 日致电彭德怀、刘少奇、周恩来，重申了“政治上取攻势，军事上暂时仍取守势”的主张。[③]

不过，毛泽东此时虽然迫于形势不得不主张军事上暂取守势，但对发起政治攻势的态度则愈发弥坚。1 月 25 日，他电告周恩来：“人家已宣布

---

① 《毛泽东关于蒋介石“一·一七”命令是全国性突然事变的开始致周、董、叶电》（1941 年 1 月 23 日），转引自杨奎松：《国民党的“联共”与“反共”》，社会科学文献出版社 2008 年版，第 447 页。

② 中央档案馆编：《皖南事变（资料选辑）》，中共中央党校出版社 1982 年版，第 201 页。

③ 中央档案馆编：《皖南事变（资料选辑）》，中共中央党校出版社 1982 年版，第 180、184、192 页。

我们叛变，我们决不能再取游移态度，我们决不能再容忍，我们决不能怕破裂，否则我就要犯严重错误……你们应向各方表示，蒋介石已将我们推到对立地位，除非蒋介石取消十七号命令及实行其他必要步骤，我们是只有和他对立一途，因为我没有别的路走”，“我们的让步阶段已经完结，我们须准备对付全面破裂，蒋以为我们怕破裂，我们须表示不怕破裂”。同日，毛泽东还在给彭德怀、刘少奇、周恩来的电报中强调：“我们三个月来的让步态度（佳电及皖南撤兵），取得了中间派的好感，但给了蒋以向我进攻的机会。这种态度应立即结束，转到尖锐对立与坚决斗争的立场。”

29日，中央政治局会议通过毛泽东起草的《关于目前时局的决定》。《决定》再次指出：“对于以蒋介石为首的反动了的大地主大资产阶级，我们过去一面斗争一面联合的两面政策，现在已经不适用了，对于他们，我们现在已不得不放弃联合政策，采取单一的斗争政策”，“只有这种尖锐对抗的政策，才是目前唯一正确的政策”。[①] 同日，毛泽东还电告季米特洛夫：“既然蒋介石反对我们，那我们就不能再作让步，因为在目前情况下，这种让步不能团结民众”，同时也表示“在军事方面我们暂时只能进行防御”。[②] 至此，中共在皖南事变后军事上取守势、政治上则坚决反攻的方针最终确定。

（四）皖南事变后的国共宣传战

皖南事变发生后，国民党不得不对此做出解释。1941年1月17日，国民政府军事委员会发布通令，宣称新四军“违抗命令、不遵调遣”，因此“着将国民革命军新编第四军番号即予撤销”，“借申军纪，而利抗战”。

---

① 中央档案馆编：《皖南事变（资料选辑）》，中共中央党校出版社1982年版，第190—193、198—199页。

② 《共产国际、联共（布）与中国革命档案资料丛书》第19卷，中共中央党史研究室第一研究部译，中共党史出版社2012年版，第129页。

同日，军委会发言人也发表谈话称："此次事件完全为整饬军纪问题。新编第四军之遭受处分，为其违反军纪，不遵调遣，且袭击前方抗战各部队，实行叛变之结果。"在这一谈话中，国民党还指责新四军"自奉令开动时，即决意不遵令北调，早已定谋，移赴苏南……期于短期内，掌握京沪杭三角地区建立根据地"，故不得不予以剿灭。[①]这种将事变定性为军纪问题的论调，无疑是为自己辩解和开脱，以求师出有名。

根据这一定调，国民党的宣传机器纷纷开动，极力渲染解决新四军之不得已，并强调与政治无关。1月18日，《中央日报》发表社论说："我们相信这次军事最高当局处理这事变，一定比我们更痛心、更惋惜。其心理与诸葛孔明挥泪斩马谡，正复相同。新四军擅自行动，是反抗军令、破坏军纪的重大问题，这不但与政治问题无关，而且与其他部队也风马牛不相及，责任完全在叶挺、项英几个人身上。"[②]23日，军委会政治部机关报《扫荡报》亦发表社论，着重从军纪角度加以解释，内称"诸葛武侯斩马谡，则以马氏违反军令"，"韩复榘、石友三等辈破坏军纪，天下皆曰可杀"，"这次苏皖境内有一部分军队违反军令，擅自移动，罪在该军少数负责将领身上"[③]。

1月27日，蒋介石在国府纪念周发表长篇讲话。这是皖南事变以来，重庆当局最具权威性的一次政策宣示。不过，蒋的基调仍是把事件定性为军纪问题，淡化事件的政治色彩，企图息事宁人。他说："性质很明白，问题很单纯，事件也很普通"，"除此之外，并无其他丝毫政治或任何党派的性质夹杂其中"，"现在新四军番号既已取消，这个问题自然是完全解决，再

---

① 中央档案馆编：《皖南事变（资料选辑）》，中共中央党校出版社1982年版，第170—172页。

② 《抗战的纪律》，《中央日报》1941年1月18日。

③ 《贯彻军令 整肃军纪》，《扫荡报》1941年1月23日。

没有其他问题了”。[1]显而易见，该谈话仍不脱自我辩护的窠臼。

对国民党拒绝认错、反而指责新四军抗命叛变的说法，中共中央是绝不认可的。在他们看来，“新四军是积极抗日的，北移是服从命令的，现在得着的是被消灭，被宣布为叛变与被交军法审判。一切理由都在我们方面”[2]，所以必须予以坚决反击。早在1月13日，毛泽东、朱德、王稼祥就联名致电各地：“周、叶正在重庆抗议，我们正用朱、彭、叶、项名义发出抗议通电……对皖南事变应公开宣传。”[3]18日，中共中央又向全党发布《关于皖南事变的指示》，要求各根据地调动一切舆论工具和宣传形式，揭示事变真相，向国民党亲日派和顽固派同谋歼灭新四军的行动，提出严重抗议。随后，中共在各地发起了凌厉的宣传攻势，华北、华中各抗日根据地军民纷纷举行集会，发表通电，声讨和谴责国民党制造内战破坏抗战、制造分裂破坏团结的举动。《新中华报》从1月16日开始到2月初，连续登载中共中央关于皖南事变的指示、谈话和新四军将领声讨亲日派的通电、社论等，“抗议无法无天之罪行”。重庆《新华日报》也愤然刊登了周恩来悼念江南死难烈士的题词和挽诗。

在这场宣传战中，有几个特点是值得注意的，充分展示了中共宣传技巧的熟稔。其一，宣传目标明确且远大。皖南事变发生后，国共分别对事变的性质做出各自界定，重庆判定为军纪问题，延安则判定为政治问题。而如何定性，其实质就是事变的责任应由何方承担。按照国民党的逻辑，这是军纪问题，责任当然在新四军，因其违抗北上命令，擅自向南移动。而在中共看来，这完全是政治问题，责任在国民党，因其排斥打击中共。因此与

---

① 《皖南事变资料选》编写组：《皖南事变资料选》，上海人民出版社1983年版，第378—387页。

② 中央档案馆编：《皖南事变（资料选辑）》，中共中央党校出版社1982年版，第174页。

③ 中央档案馆编：《皖南事变（资料选辑）》，中共中央党校出版社1982年版，第139—140页。

国民党企图将事变性质局限于军纪问题相反，作为受害者，中共极力将事态扩大，以争取舆论的同情。

1月18日，中共中央在《关于皖南事变的指示》中专门就宣传工作提出了要求："在宣传鼓动工作中，应无情的揭露国民党当局自抗战以来对人民、对革命分子则肆意压迫与屠杀，对日寇汉奸则消极应付与宽容，有功者罚，有罪者赏等一切倒行逆施的黑暗的反动的方面；指出只有改革政治机构，实行民主，才能使抗战坚持到最后胜利。"这显然已不限于皖南事变，而是要求从政治上通盘解决。与此同时，毛泽东还敏锐地看到："一月十七日的步骤是蒋一大失策，我们须紧紧捉住，跟踪追击，绝不游移，绝不妥协。"[①] 由此精准把握到了皖南事变的症结之所在，选定了宣传战的突破口。

1月29日，中共中央政治局通过的《关于目前时局的决定》又指出："他（蒋介石）现在宣称目前的问题是军事问题非政治问题，是局部问题非全局问题，是内政问题非外交问题。我们必须全部揭破他的这种阴谋。必须指出他的先消灭新四军，再消灭八路军，再消灭共产党，再消灭其他人民抗日力量的各个击破政策。必须指出目前的问题是政治问题，是全局问题，是与外交分不开的问题。"[②] 这更是直接反驳国民党对皖南事变的定性，宣告了自己的立场。

其二，宣传材料丰富且具有针对性。1月19日，在周恩来的组织下，南方局军事组撰写了《新四军皖南部队惨被围歼真象》一文，并通过各种关系和渠道秘密散发到重庆全市的许多地方。该文概括了八个问题，逐条驳斥了国民党对新四军的诬蔑之词。其中，第一条"关于所谓新四军违反命令不受调遣的问题"，列举了叶挺、项英在答复何应钦、白崇禧的"佳电"

---

① 中央档案馆编：《皖南事变（资料选辑）》，中共中央党校出版社1982年版，第174—175、191页。

② 中央档案馆编：《皖南事变（资料选辑）》，中共中央党校出版社1982年版，第198页。

中已公开表示江南新四军部队可全部渡江北移，而且大部已于1940年12月开始出动，陆续经苏南渡江北上的事实，由此来证明在这次调往江北行动中，“没有丝毫违犯上级命令之处”。第二条“关于新四军渡江路线问题”，则指出国民党指定经皖南渡江北上的路线绝无可能，“主要的是由于敌人封锁，与友军包围阻截”。新四军为了避免与友军发生冲突，要求从苏南渡江北上，这也获得了国民党方面的同意，并非违抗军令、不遵调遣。第三条“关于新四军移动的时间问题”和第四条“所谓藉端要索问题”，更是痛陈国民党拖欠、克扣新四军军饷、弹药的事实，如十个月来仅获五万发子弹，“此外，颗粒未得到上级补充”，“开拔费直至本月四号，仅仅批准两万元，并且也还未领到”，以此来反驳所谓“藉端要索”之罪状。第五条“究竟谁打谁的问题”，则从逻辑上直截了当地质问，皖南新四军只有军部、直属部队及其后方人员万余人，其中伤病人员即有二千余人，其余亦大多非战斗人员，“既为避免与友军磨擦而假道苏南，难道还能对比自己力量大约七八倍的友军发动攻势吗？”第六条“所谓要在江南建立根据地问题”，同样从逻辑上质问，既准备在江南建立根据地，为什么原在该区的第一、第二两支队及三支队一部先后开往江北而不开回江南呢？假定是准备建立江南根据地，为什么去年顾祝同、韩德勤要新四军江北部队调往江南时，新四军不趁机南下呢？“凡此种种，都说明‘建立江南根据地’之说是妄言。”第七条“叶、项正副军长与新四军部队”和第八条“取消番号与审判军长”，则针对国民党强调新四军事件的责任在于几位长官的说法，指出叶挺、项英都是抗战有功的将领，国民党也曾多次予以褒奖，而如今“还有些官家报纸，比着叶、项正副军长为韩复榘、石友三之流，这不仅是侮辱民族战士，而且是泯灭良知”。[1]

同日，刘少奇也发表文章驳斥国民党的有关言论。他指出，（一）新四军确实遵命北移，此前已与国民党方面接洽沿途事宜，皖南军医院药品及伤兵员均交红十字会派人接受，存粮和印刷所器械、纸张等也交当地接收，并发表《告别皖南民众书》，这些迹象均表明新四军准备北移。（二）改变北移路线之原因，是由于国民党事先宣传新四军北上路线，引来日军和顽军的严密封锁，所以不得不经苏南转移，况且，“本来蒋及第三战区所指示路线，一条向铜陵，一条经由苏南北上，并无一定限制”。（三）所谓我方先开枪袭击友军，纯属捏造。“我军如果有进攻友军企图，则决不至如此事前毫无准备而致全军覆没”。[2]

可以看出，以上一系列文章均写得理直气壮、义正词严，通过列举大量的事实和严密的逻辑分析，详细揭露了国民党制造皖南事变的真相，极具针对性地反驳了国民党扣在新四军头上的种种“莫须有”的罪状。这些文章的散发和传播，对于澄清人们的疑惑、促使人们认识国民党的反共本质产生了重要作用。

其三，注重宣传策略且有节制性。中共在展开猛烈的舆论攻势同时，也强调宣传应注意策略。1941 年 1 月 18 日，中共中央在《关于皖南事变的指示》中便提出：“在大后方应经过各种不使党的组织遭受破坏的、侧面的、间接的方式去动员舆论与群众，特别抓住物价高涨去提高人民的不满情绪到要求驱逐亲日派，改组国民政府，实行民主抗日的水平。”[3] 这就跳出了皖南事变本身，不再就事论事，而是抓取了国统区群众最不满意的物价

① 中央档案馆编：《皖南事变（资料选辑）》，中共中央党校出版社 1982 年版，第 152—159 页。
② 中央档案馆编：《皖南事变（资料选辑）》，中共中央党校出版社 1982 年版，第 177—178 页。
③ 中央档案馆编：《皖南事变（资料选辑）》，中共中央党校出版社 1982 年版，第 175 页。

问题做文章，以求起到“有利”的舆论鼓动作用。

在此期间，中共在“有理、有利”的同时还十分注意“有节”，并未直接点名批评蒋介石。1 月 19 日，毛泽东与朱德、王稼祥联名致电彭德怀、刘少奇等人，对皖南事变后的应变措施做了原则指示，明确提出：“我们决定在政治上、军事上、组织上采取必要步骤。在政治上全面揭破蒋之阴谋（但暂时不提蒋名字）。”20 日，毛泽东又致电周恩来、彭德怀、刘少奇指出：“八路人员暂时亦不发表反蒋言论。”25 日，毛泽东再次致电彭德怀、刘少奇、周恩来提醒：“蒋现尚未提及八路与中共，故我们亦不提及整个国民党及中央军，八路及中共人员亦不公开出面，看蒋怎样来，我们便怎样去。”①

28 日，毛泽东、朱德、王稼祥在《关于皖南事变后新四军行动方针致刘少奇等电》中又强调：“惟在蒋没有宣布全面破裂时（宣布八路军及中共叛变），我们暂时不公开提出反蒋口号，而以当局二字或其他暗指方法代替蒋介石名字。”29 日，中央政治局通过的《关于目前时局的决定》同样指示：“在蒋介石没有宣布全面破裂以前，在他还只是宣布所谓新四军叛变，没有宣布所谓八路军与共产党叛变以前，我们亦不公开提出反蒋口号，而在公开发表的文字中则用当局字样或其他暗指办法，代替蒋介石的名字。对于何应钦等亲日派首领，则指名反对之。”②

随后，总政治部也致电八路军、新四军各级政治部指出：“中央决定目前除中央军委及新四军表示与蒋介石尖锐对立的态度外，八路军将领暂时对外保持沉默态度，不发表宣言通电演说等文件，而动员民众团体发表文件在报纸上发表社论，声援新四军，驳斥重庆军委会一月十七日命令及一月二十七日蒋介石演说。对蒋暂时不要提打倒口号，也不要提拥护口号，在

① 中央档案馆编：《皖南事变（资料选辑）》，中共中央党校出版社 1982 年版，第 180、184、192 页。

② 中央档案馆编：《皖南事变（资料选辑）》，中共中央党校出版社 1982 年版，第 195、199 页。

根据他的命令及演说做社论时，称他为蒋介石氏，民众团体发表文件指责政府时以当局二字代替蒋介石的名字，而中心应痛骂日寇与亲日派联合发动内战消灭抗日军队的阴谋。”①

应该说，中共中央这一决策在其掌控的部队中是得到坚决贯彻的。彭雪枫即曾多次强调：“在政治攻势中，我们一打一拉的，没有提出‘打倒蒋介石’与‘组织新中央’的口号，这就是我们的‘限度’。”② 而这种既针锋相对又留有余地、富有灵活性的斗争策略，显然为此后局势的缓和埋下了伏笔。毛泽东后来就总结：“我们这种有理、有利、有节的政策，对于打退这次反共高潮，是完全必要的，且已收得成效。”③

其四，宣传范围广泛且特别注意国际宣传。1月28日，中共中央组织部长陈云明确指示港沪地下党组织：“宣传的方针应根据中央关于皖南事变的指示及我革命军事委员会的发言，并进一步揭破他们在政治上宣称为地方事件来掩盖其全面分裂准备投降的阴谋，在军事上以各个击破达到其全部消灭我军的目的，用侧面的间接的各种方法（如利用英美策动国际舆论，运用中日矛盾在敌伪报纸透露部分真的消息，发动中间分子各界人士用各种方式、不同语调、不同立场主持公道或印发小册子等），动员舆论，公布真相。”④ 在这一方针的指导下，廖承志利用国民党无力在香港进行新闻封锁的有利条件，通过在香港和东南亚华侨中有广泛影响的国新社和《华商报》发表了大量文章，揭露皖南事变经过，引起了侨胞们的密切关注。

在这场宣传战中，中共除积极利用各抗日根据地和香港以及海外的电

---

① 国防大学党史党建政工教研室编：《中共党史教学参考资料》第17册，国防大学出版社1986年版，第17页。
② 《彭雪枫军事文选》，解放军出版社1997年版，第596页。
③ 《毛泽东选集》第2卷，人民出版社1991年版，第779页。
④ 中央档案馆编：《皖南事变（资料选辑）》，中共中央党校出版社1982年版，第196页。

台、报纸等反驳国民党的舆论进攻外，更把主要精力放在了国统区的对外宣传上。特别是周恩来利用自己的合法地位，做了大量卓有成效的宣传工作。在其领导下，南方局和《新华日报》安排专门人员准备材料，通过种种途径送给各国新闻媒体驻重庆的记者，并安排南方局外事组的王炳南、王安娜、龚澎等人冒着生命危险逐一造访各国使馆、记者，向他们说明事件的真相和中共的观点。龚澎还作为周恩来与外国记者之间的联络员，经常“步行到外国记者招待所去，手提包里放着延安最近广播稿的复本”[①]。周恩来也亲自会见了苏联驻华大使潘友新、大使馆武官兼驻华军事总顾问崔可夫，英国驻华大使卡尔和美国总统罗斯福的代表居里，以及美国记者斯特朗、白修德等人，向他们提供了国民党制造磨擦的丰富材料。由于外国记者们只能得到官方新闻发布会上对中共的攻讦消息，所以十分欢迎中共方面的报道。一些外国记者就向国民党中宣部明确表示，如果不让他们报道国共双方的观点，他们就拒绝发表蒋介石的讲话，“他们公开蔑视审查制度，将全部消息航寄到香港去发表。结果，全世界都知道了事实真相，而不单是听国民党提出的经过仔细篡改的说法”[②]。

（五）各界的反应

皖南事变的真相公诸于世后，在国内外引起了强烈反响，国民党陷入前所未有的孤立地位。1941 年 1 月 12 日，宋庆龄、柳亚子、何香凝等民主人士联名致电国民党中央，要求“撤销剿共部署，解决联共方案，发展各种抗日实力，保障各种抗日党派”。另据周恩来报告，事变发生后，各小党派及中间派对国民党大为失望，第三党章伯钧、青年党左舜生等拟发起成立民主联合运动，要求与中共积极联合以抵抗国民党的压迫。黄炎培也对新

---

① ［美］费正清：《费正清对华回忆录》，陆惠勤等译，知识出版社 1991 年版，第 317 页。

② 伊斯雷尔·爱泼斯坦：《中国未完成的革命》，新华出版社 1987 年版，第 154 页。

四军表示同情，并说："不论事情经过之是非，当局如此措置绝对错误，希望大事化小，小事化无。"①

皖南事变的发生，在国民党上层也引起了轩然大波，"老党员甚至说出这样做恐至自取灭亡，国民党人员亦多忧虑愤慨，表示此事做得过火"。当初充当和事佬的冯玉祥、于右任、张冲等人，则大骂何应钦，说何搞阴谋，骗了他们，现在让他们"没有脸见人"。冯玉祥还说："新四军抗战有功，妇孺皆知，此次被政府消灭，政府方面实没有办法能挽回人民的反对。"甚至连山西的阎锡山、榆林的邓宝珊、绥远的傅作义、宁夏的马鸿逵、四川的刘文辉、云南的龙云、广东的余汉谋等地方实力派，也"多数感到新四军之被解散即为解散地方势力之先声……因而表现恐慌与对我同情"，"在此次国共斗争中都站在中间派地位"。②

海外侨界对皖南事变同样深表遗憾。据当时舆论反映，"海外侨胞从国内时局的演变和自身的经验中，日益厌恶重庆当局的'反共'措施"③。巴拿马华侨郑华秋对记者说："皖南事变的发生，诚为抗战以来最不幸的事件之一，而且也是最痛心的事。"加拿大华侨黄寄生也认为："在今天，民族公敌在前，各党派应团结一致，枪口对外。"旅美华侨各社团亦发表通电申明："消息传来，遂令侨胞惊惶万分，不寒而栗。良以当此国家民族危机千钧一发之际，正需团结而不暇，岂容分裂而内战。曹植七步之诗，煮豆相煎。岳飞十二金牌之诏，宋室以亡。干戈对内，无异予敌人以可乘之机，自相残杀，等于陷万劫于不复之境，国家民族前途，何堪设想。"④

---

① 中央档案馆编：《皖南事变（资料选辑）》，中共中央党校出版社 1982 年版，第 255、258 页。

② 中央档案馆编：《皖南事变（资料选辑）》，中共中央党校出版社 1982 年版，第 253、262、263 页。

③ 中央档案馆编：《皖南事变（资料选辑）》，中共中央党校出版社 1982 年版，第 264 页。

④ 《皖南事变资料选》编写组：《皖南事变资料选》，上海人民出版社 1983 年版，第 437—438、457 页。

如果说美洲华侨的态度尚属温和，那么南洋华侨的反应则更为激烈。菲律宾华侨看到共产党揭露皖南事变真相的小册子后，“无不万分关切，义愤填胸”，发表通电要求当局释放叶挺。有些报刊则严厉抨击国民党制造分裂的行径，斥责他们“直欲扩大事态，造成全面内战，弄到国亡种灭而后甘心”，严正声明“凡我爱国侨胞，无论其属于任何党派或无党无派者，均不愿意看见我们国家民族由分裂而灭亡”，“海外二千万侨胞是拥护团结到底，而誓死反对枪口向内，弄到中国人杀中国人的”，并大声疾呼：“大敌尚未打倒，国人仍须团结。”有些华侨社团还尖锐地指出：“事实证明，新四军问题完全不是单纯的‘军令’问题，而是国共磨擦的问题”，要求国民党政府真正实行民主政治，彻底清除出那些顽固分子。①

国外媒体的反应亦十分激烈。苏联《真理报》便表示，皖南事变“无异扩大内战，而内战唯有削弱中国而已”②。而英美等国的舆论界也认为皖南事变会影响到中国抗战前途与英美利益，于是纷纷予以谴责。英国《曼彻斯特导报》指出，“解散皖南新四军事件，只有日本最为兴奋”，因此“必须以最大努力来恢复团结”。③美国《纽约先驱论坛报》则发表评论说：“当日本正准备向‘南海’推进时，中国为本身及其友邦之利益计，急应尽量牵制多数在华之日军，是故此刻竟发生此种剧烈之内讧，实为极大不幸”，希望“蒋介石将军能作妥善措置，以免成为中国之不幸与远东轴心同盟国之胜利”。④

当然，影响最大的还是外国政府的态度。但据蒋介石身边亲信观察，

---

① 《皖南事变资料选》编写组：《皖南事变资料选》，上海人民出版社 1983 年版，第 464、466、469、471 页。

② 《皖南事变资料选》编写组：《皖南事变资料选》，上海人民出版社 1983 年版，第 478 页。

③ 龚古今、唐培吉主编：《中国抗日战争史稿》下册，湖北人民出版社 1984 年版，第 29 页。

④ 《皖南事变资料选》编写组：《皖南事变资料选》，上海人民出版社 1983 年版，第 479—480 页。

“同情政府之处置者并不普遍，尤其苏英美各国人士”[①]，他们“群以中国将发生大规模之内战为惧，且颇多受共产党方面宣传而不直政府之处置者”[②]。首先是当时大力援助中国的苏联。1941 年 1 月 17 日，国民政府新任驻苏大使邵力子举行到任后的第一次宴会，宴请苏外交、贸易两部长及其他高级官员。外长莫洛托夫本已答允亲赴宴会，但因皖南事变的消言传来，便借故缺席，以此来表达对皖南事变的反对态度。25 日，苏联驻华大使潘友新又在会晤蒋介石时称：“苏联政府对于此次之冲突与斗争，非常关怀，深恐由此引起内战，因而损及贵国抗战之力量也。”他还质疑：“新四军为数不过六、七千人，何敢进攻邻近之大军？”[③]苏联驻华武官崔可夫也先后质问何应钦、白崇禧等人：“现在正在和侵略者打仗，为了打赢这场战争，人民应该团结一致。何以要打自己人，要屠杀自己的士兵和军官呢？”并暗示蒋介石：如果“他进犯共产党、掉转枪口对准人民，而不是侵略者，这可能影响苏联方面提供军事援助”。[④]

出乎蒋介石意料的是，英美等国也不赞成国共分裂，“无论是英国人，还是美国人都不赞成蒋介石对共产党的军队采取敌对行动……他们对蒋介石行动的不满是认真的”[⑤]。皖南事变发生后，他们普遍认识到“这种情况直接影响中国解放战争的前景和英美的利益”，因而“要求英美统治集

① 公安部档案馆编注：《在蒋介石身边八年——侍从室高级幕僚唐纵日记》，群众出版社 1991 年版，第 188—189 页。

② 《王世杰日记（手稿本）》第 3 册，（台北）中央研究院近代史研究所 1990 年版，第 22 页。

③ 秦孝仪主编：《中华民国重要史料初编——对日抗战时期》第 3 编第 2 册，（台北）中国国民党中央委员会党史委员会 1981 年版，第 386—387 页。

④ ［苏］瓦·伊·崔可夫：《在华使命——一个军事顾问的笔记》，万成才译，新华出版社 1980 年版，第 56、57—58 页。

⑤ ［苏］瓦·伊·崔可夫：《在华使命——一个军事顾问的笔记》，万成才译，新华出版社 1980 年版，第 79 页。

团向中国统治集团施加压力”[①]。有鉴于此,“伦敦和华盛顿要求他们的使节立即作出报告”[②],并通过外交途径明确表明立场。英国驻华大使卡尔面见蒋介石时提出:“内战只会加强日军的攻击”[③],劝其停止国内冲突,还以中国内战危险尚未消除为由,表示暂缓开放滇缅公路。英国伦敦援华委员会也致电指出:“团结抗战,实为中国之基本力量,为我辈所热烈拥护之中国抗战事业,切勿为内部争斗所败坏,而遭日本宣传及亲日分子所暗算。”[④]

与此同时,美国的一些知名人士和团体也纷纷发表通电,对皖南事变“表示惊骇与抗议”,指出:“这样的行动只会帮助日本而有损中国在美国的令誉”,希望蒋介石“谨慎处理”,“使不致使事态发展为中国的危机,轴心国远东盟友之胜利”。[⑤]对美国朝野的这种舆情,国民党中宣部驻纽约办事处主任向国内报告:“美国民众所听见的当然只有激烈攻击国民党与中央政府的一面之词”。他因此哀叹道:“我们这种在美负责宣传的人员……处于非常困难的地位。”[⑥]时任驻美大使的胡适也报告:“新四军事件,美国人士颇多疑虑,其左倾者则公然批评我政府。”为此,国民政府外交部专电指示胡适,要他“随时妥予解释”。[⑦]蒋介石还给正在美国争取援助的宋子文发电报,希望借其在美的个人影响,向美国各界做出解释。但事变真相传出后,胡适、宋子文等人已是百口莫辩、无法解释,以致蒋介石在日记中写道:“新四军问题余波未平,美国因受共党蛊惑,援华计划几乎动

---

① 《共产国际、联共(布)与中国革命档案资料丛书》第19卷,中共中央党史研究室第一研究部译,中共党史出版社2012年版,第121页。

② 蒋建农、王本前:《斯诺与中国》,黑龙江人民出版社1993年版,第183页。

③ [西德]王安娜:《中国——我的第二故乡》,李良健、李希贤校译,三联书店1980年版,第361页。

④ 安徽省文物局新四军文史征集组编:《皖南事变资料选》,安徽人民出版社1981年版,第367页。

⑤ 安徽省文物局新四军文史征集组编:《皖南事变资料选》,安徽人民出版社1981年版,第366—367页。

⑥ 刘景修、张钊:《美国记者与中国抗战》,《民国档案》1989年第1期。

⑦ 中国社会科学院近代史研究所编:《胡适驻美大使期间来往电稿》,中华书局1978年版,第101页。

摇，子文甚以此为虑。”[①]

1月29日，美国驻华大使詹森向蒋介石表示：“我一向认为共产党问题不应导致大规模的自相残杀的斗争。”2月8日，美国总统罗斯福的私人代表居里访华，在会见蒋介石时也转述了罗斯福给蒋的口信，罗氏表示希望国共双方消泯歧见，更密切地合作，俾有利于对日本作战的共同目标。[②]居里还说，美国“闻中国内部发生磨擦，有发生内战之虞者，咸感不安，因而影响其援助中国之热诚”[③]。并表示：“美国在国共纠纷未获解决前，无法大量援助中国，中、美之经济财政问题，不可能有任何进展。”[④]对此，蒋介石曾在日记中感叹：“美国朝野已深受中共宣传之影响，殊为遗憾。”[⑤]

面对这种四面楚歌的舆论环境，蒋介石已是内外交困，深感“抗战时对共党作战，容易失去国际同情”[⑥]。为了摆脱窘境，蒋介石不得不暂时收敛反共势头。1941年3月6日，他在第二届国民参政会上表示：皖南事变“不牵涉党派政治”，保证“以后决无剿共的军事”行动。14日，他又主动约见周恩来，答应解决国共之间的一些具体问题，国共关系开始趋向一定程度的缓和。18日，毛泽东指出：“从何白《皓电》（去年十月十九日）开始的第二次反共高潮，至皖南事变和蒋介石一月十七日命令达到了最高峰；而三月六日蒋介石的反共演说和参政会的反共决议，则是此次反共高潮的退兵时的一战。时局可能从此暂时走向某一程度的缓和。”[⑦]

---

① 《蒋中正“总统”档案·事略稿本》第45册，（台北）“国史馆”2010年版，第422页。

② 《皖南事变资料选》编写组：《皖南事变资料选》，上海人民出版社1983年版，第505页。

③ 秦孝仪主编：《中华民国重要史料初编——对日作战时期》第3编第1册，（台北）中国国民党中央委员会党史委员会1981年版，第544、546页。

④ 《居里重视国共关系，声言国共纠纷未解决，美国无法大量援助中国》，《新中华报》1941年3月9日。

⑤ 《蒋中正“总统”档案·事略稿本》第45册，（台北）“国史馆”2010年版，第598页。

⑥ 公安部档案馆编注：《在蒋介石身边八年——侍从室高级幕僚唐纵日记》，群众出版社1991年版，第377页。

⑦ 《毛泽东选集》第2卷，人民出版社1991年版，第778页。

至此，国民党的第二次反共高潮就被打退了。经过这次交锋，中国共产党获得了全国人民的同情和拥护，博得了国际舆论的称赞和声援，争取和教育了中间势力，极大地提高了政治威望。这是抗日战争中国共两党力量的一次大检阅，毛泽东曾总结说，“蒋从来没有如现在这样受内外责难之甚，我亦从来没有如现在这样获得如此广大的群众（国内外）”[①]，“这次斗争表现了国民党地位的降低和共产党地位的提高，形成了国共力量对比发生某种变化的关键”[②]。

四

第三次反共高潮的夭折

以皖南事变为标志的第二次反共高潮被打退后，国共关系一度趋于缓和，双方展开了一系列谈判，虽然没有获得多少实质性进展，但气氛至少不再那么剑拔弩张。不过到了 1943 年，两党之间再度紧张，并由此引发了国民党的又一次大规模反共高潮，抗日民族统一战线再次遇到了危机。

国民党发动第三次反共高潮，是以共产国际宣布解散为起点的。1943 年 5 月 22 日，为了适应世界反法西斯战争的形势，共产国际宣布解散。这在蒋介石看来，无疑意味着共产主义势力的削弱，因此在日记中赞誉：“此实为划时代之历史”，“此实为二十世纪上半期史之唯一大事，殊为

---

① 中央档案馆编：《皖南事变（资料选辑）》，中共中央党校出版社 1982 年版，第 207 页。

② 《毛泽东选集》第 2 卷，人民出版社 1991 年版，第 778 页。

世界人类前途幸福庆也。而吾一生最大之对象，如果能因此消除……此不仅为此次世界战争中最有价值之史实，且为我国民革命三民主义最大之胜利也”。他并且将此与处理中共问题相联系，“此后对于国内共产党之方针与计划，应加重研讨，是乃对内政策之重要时机”。[①]

在蒋介石的授意下，戴笠拟订了《对中共方案》，提出国民党应把握此有利时机求得中共问题之彻底解决。他的方法是：以迫使中共把军权、政权交还中央为主要目的；把握中共弱点，以达到政治解决为原则，惟在军事上仍须施极大压力，促其就范；取消边区政治、组织，听候中央处置；派遣政工人员、参谋人员、军队政工人员至该军工作，对其在特定区域以外之部队，相机予以解决；加强军队之准备，以为政治解决之助力；在宣传工作方面强调第三国际之解散，中共再无独立组织之必要，以证明民族至上国家至上之理论最适合世界潮流；派赴延安组织中央通讯社分社，使消息更加灵通，以适应政治解决之需要。

在这一方案的指导下，国民党采取了双管齐下的措施。一方面是施加政治压力。共产国际宣布解散后，国民党中宣部立即对各省市党部、各报社、各刊物、各新闻检查处、各省市图书杂志审查处颁发临时宣传指示，要求各报评论共产国际解散时，要赞扬此举“为共产国际指导者所采取之最正确路线，洵为贤明之决定”，“如涉及中共问题，可根据共产国际解散建立案之原意……竭诚劝告其真能为祖国及反侵略战争而努力，尤须加强政令军令之统一，以争取最后胜利”。[②]

这一时期，《中央周刊》先后发表《从共产国际底解散展望世界各国共产党的前途》、《共产国际的解散》和《第三国际解散与马克思主义》等

---

① 《蒋中正“总统”档案·事略稿本》第53册，(台北)“国史馆”2011年版，第497、498、531页。

② 王晓岚：《抗战时期的国共宣传战》，《北京党史研究》1998年第1期。

一系列反共色彩十分浓厚的文章，所有这些文章的主题都在于指明："第三国际今日明智的行动，似乎正是今后中共应采的行动之指针。"① 并说："领导共产国际的苏联领袖现已有了这英断，我们希望中国共产党人应该赶快有这同样的觉悟！"② 在此期间，国民党各地组织还纷纷以共产国际解散为借口，策动各种文化团体进行反共宣传，要求中共交出政权和军权。6月12日，国民党西安劳动营训导处长张涤非召集30余文化团体开会（实际到会者9人），并打电报给毛泽东说"马列主义已经破产"，要他趁共产国际解散之机，将中共也解散，取消"边区割据"。皖省临时参议会、四川爱国协会、桂林新闻记者公会、鲁山新闻记者公会、长沙青年学会、洛阳文化界、长沙乡村研究会等社会团体也相继致电毛泽东，呼吁中共应同共产国际一起解散。③

蒋介石也加紧了进攻中共中央所在地陕北的军事准备。早在1943年2月，驻兰州的第八战区司令长官朱绍良便以绝密件向副司令长官胡宗南及该战区所属驻宁夏的马鸿逵、驻青海的马步芳，下达了蒋介石亲自审定的《对陕北奸区作战计划》，指令有关部队"于现在掩蔽，作攻势防御"，俟机"转取攻势"，"先迅速收复囊形地带"（指陕甘宁边区关中分区），进而"收复陕北地区"。5月初，胡宗南部参谋处又制订出更为详细的作战计划，并由胡于5月23日向蒋介石呈报，准备分三期逐步进占陕甘宁边区：第一期划分关中、陇东两区，以陶峙岳、范汉杰分任总司令，完成攻防准备，实行封锁；第二期加强关中兵团，实力收复囊形地带；第三期保持重点于咸榆公路，协力收复马栏、关中、陇东全部。

---

① 伊人：《第三国际的解散》，《中央周刊》第5卷第42期，1943年6月3日。

② 伊人：《中共应有的觉悟》，《中央周刊》第5卷第45期，1943年6月24日。

③ 《国民党当局利用共产国际解散之机，策动特务机关，叫喊解散共产党》，《解放日报》1943年8月5日。

自1943年6月起，胡宗南便按此计划部署兵力，甚至调动抵御日军的部分河防部队，连同原有包围陕甘宁边区的部队约50万人，准备兵分九路闪击延安。一时间，咸榆公路、西兰公路、陇海铁路上兵车运输络绎不绝。国民党军事当局还在与边区接壤地区新建飞机场、油弹储备库等多处。陶峙岳也在7月2日限令各军于8日准备完毕，听候胡宗南手令动作。至此，包围陕甘宁边区的国民党军队增至60万人。无论是将河防部队大部撤出陈置于边区周围，还是辎重部队的配属、兵站的开设、通讯联络的调整、部队必需品的调补、战前教育的实施，都是空前的，表明反共军事部署已全部就绪。①

6月17日，蒋介石电询胡宗南"对于边区之准备现至如何程度"。29日，胡宗南复电："预定7月28日进攻。"旋得蒋介石批示，要求其切实准备，"并应极端秘匿，毋得声张"②。但这一"极端秘匿"的计划很快就被在胡宗南身边工作的中共地下党员熊向晖密报给延安。中共中央得知后，立即采取了对策。7月3日、4日两日，毛泽东连电八路军西安办事处，令即将由渝抵西安的周恩来"就近向胡（宗南）提出交涉，退出侵占地区"，"并向胡商谈军事冲突对抗战团结之利害"。③

为了击退这次反共高潮，中共中央根据粉碎第一、二次反共高潮的经验，继续采取针锋相对的斗争方针。一方面动员解放区军民提高警惕、积极备战，随时准备粉碎国民党的军事进攻。7月4日，中央军委给八路军、新四军发出指示，指出边区形势现已极度紧张，须严加注意，并下令从晋北调

① 中央档案馆编：《中共中央文件选集》第14册，中共中央党校出版社1992年版，第64—66页。

② 杨天石：《找寻真实的蒋介石——蒋介石日记解读》下册，山西人民出版社2008年版，第410页。

③ 中共中央文献研究室编：《毛泽东年谱（1893—1949）》中卷，人民出版社、中央文献出版社1993年版，第449页。

来4个团，和陕甘宁留守部队一起守卫边区，同时还准备在必要时再从五台、太行抽调10个大团增援。另一方面则展开了声势浩大的政治攻势，揭露国民党破坏团结抗战的阴谋，迫使其停止正在发动的反共高潮，争取避免全国性内战的发生。

7月4日和6日，朱德分别致电胡宗南、蒋介石，呼吁团结，要求制止内战。他历数6月以来“河防大军纷纷西调，粮弹运输络绎于途”的战争景象，严正指出：“道路纷传，中央将乘共产国际解散机会，实行剿共……内战危机，有一触即发之势。当此抗战艰虞之际，力谋团结，犹恐不及，若遂发动内战，兵连祸结，则抗战团结之大业势将破坏，而使日寇坐收渔利。”[①] 这就明确点出了国民党反共高潮对抗战的危害。

7月7日，毛泽东主持中共中央政治局会议，讨论关于对付国民党发动的反共宣传与准备进攻陕甘宁边区问题。毛泽东发言说：我们过去两年采用不刺激国民党的“和国”政策，保持了两年多的比较平静，是正确的。现在情况变化，就不适用了，而要采用以宣传对付他们的反共宣传，以军事对付他们的军事进攻。[②] 次日，中共中央发出关于各地响应延安的宣传反对进攻边区的指示。该指示提出：一、国民党乘共产国际解散机会，准备以武力进攻陕甘宁边区，迫我就范。同时发动宣传攻势，以造成反共舆论。二、中央决定发动宣传反击，同时准备军事力量，粉碎其可能的进攻。三、各地响应延安的宣传，在七月内先后动员当地舆论，并召集民众会议，通过要求国民政府制止内战，惩办挑拨内战分子之通电，发来新华总社，以便广播，

---

① 中央档案馆编：《中共中央文件选集》第14册，中共中央党校出版社1992年版，第68页。

② 中共中央文献研究室编：《毛泽东年谱(1893—1949)》中卷，人民出版社、中央文献出版社1993年版，第451页。

造成压倒反动气焰之热潮，并援助陕甘宁边区之自卫斗争。①

在这一方针的指导下，7月9日，延安《解放日报》发表了题为《起来！制止内战！挽救危亡！》的社论，提出了制止内战的四项主张。12日，《解放日报》又发表毛泽东亲笔写的社论《质问国民党》。社论针对蒋介石和国民党不尽力抵抗日本的侵略和惩办汉奸卖国贼，而极力反共、准备进攻陕甘宁边区这种亲痛仇快的行为提出质问和抗议。这篇社论还将国民党准备袭击延安与对日妥协联系起来，呼吁："你们应该和我们一道去把日本占领的地方统一起来，把鬼子赶出去才是正经，何必急急忙忙地要来'统一'这块巴掌大的边区呢？大好河山，沦于敌手，你们不急，你们不忙，而却急于进攻边区，忙于打倒共产党，可痛也夫！可耻也夫！"②

在中共中央、西北局和边区政府的号召下，边区群众也被广泛动员起来。7月9日，延安各界举行了有万余人参加的抗战六周年纪念大会，朱德、贺龙、林伯渠等人讲话号召边区军民紧急动员起来，制止内战、保卫边区。各分区、县、各系统亦纷纷开会动员，向群众宣传保卫边区的办法。经过宣传鼓动，边区南线各县民众踊跃参加并设法筹集武器，建立了脱产的人民武装自卫队，中直、军直、边直等各机关学校工厂也成立了自卫军。他们积极进行侦察、引路、送信、清查户口、警戒、盘查捉拿坏人等治安保卫工作，并加紧战斗训练。其他根据地军民也纷纷集会，举行示威，广泛开展抗议活动。

与此同时，中共中央还大力争取国内外舆论的支持。7月4日，毛泽东电示八路军重庆办事处主任董必武：蒋介石调集二十余师兵力包围陕甘宁

---

① 中央统战部、中央档案馆编：《中共中央抗日民族统一战线文件选编》下册，档案出版社1986年版，第656页。

② 《质问国民党》，《解放日报》1943年7月12日。

边区，战事有于数日内爆发可能，形势极度紧张，请立即将此种消息向外传播，发动制止内战运动，特别通知英、美有关人员。9 日，他又指示董必武：速将七七宣言、朱总致蒋胡电、延安新华社揭穿西安特务假造民意的新闻及延安民众大会通电，密印分发各报馆、各外国使馆、各中间党派、文化人士，并注意设法寄往成都、桂林、昆明各界及地方实力派。同日，他还致电彭德怀，指出除做军事准备外，须极力进行政治动员，展开宣传战斗，并将此种宣传散布至西安、重庆各地及英、美、苏各国，动员国内外舆论打击蒋之反共企图。[①] 应该说，这一措施取得了很大效果，毛泽东后来就说："我宣传闪击已收效，不但七日外国记者纷纷质问张道藩（时任国民党中宣部部长——引者注），而且引起英美苏各大使开会，根据朱致蒋胡电警告蒋不得发动内战，否则停止援助。"[②]

由于闪击延安计划泄密、中共已严阵以待，兼之全国性反内战运动风起云涌和盟国的压力，蒋介石不得不紧急刹车，暂时搁置进攻计划。此时，胡宗南也意识到如仍按原计划进行，日军可能乘机渡河，而中共早就宣传国军不抗日，如进军陕北，将给其口实，有损声誉，美国可能转而支持中共，所以只能停止行动，恢复原态势。他将此意电告蒋介石。[③]7 月 10 日，蒋下令停止行动。11 日，蒋、胡均复电朱德表示无意进攻边区。12 日，胡宗南下令开始撤军。时至 9 月，蒋介石在国民党五届十一中全会上又表示应认清中共问题是一个政治问题，因此应用政治方法解决。至此，国民党的第三次反共高潮尚未发展为大规模的军事进攻，便在中共坚决的反击下夭折

① 中共中央文献研究室编：《毛泽东年谱（1893—1949）》中卷，人民出版社、中央文献出版社 1993 年版，第 449、453—454 页。

② 中央统战部、中央档案馆编：《中共中央抗日民族统一战线文件选编》下册，档案出版社 1986 年版，第 657 页。

③ 熊向晖：《地下十二年与周恩来》，中共中央党校出版社 1991 年版，第 24—25 页。

了，抗日民族统一战线得以继续坚持下来。

由上述梳理可知，全民族抗日战争时期是中国共产党的统一战线理论和实践取得丰硕成果的重要阶段。中共高举民族解放的大旗，在反抗日本侵略的战争中，放手发展革命力量，以斗争求团结，最大限度地孤立了极少数反共顽固派，广泛团结了一切可以团结的人，从而维护和巩固了抗日民族统一战线，使全民族团结抗战的局面得以坚持与发展。这不仅对争取抗日战争的胜利具有十分重要的意义，而且为新民主主义革命的最终胜利奠定了坚实基础。

抗日战争胜利后国共两党在重庆谈判，针对民社党领导人张君劢要求中共交出军队的建议，毛泽东在同另一位民社党领导人蒋均田谈话时回应说："他（张君劢）主张要我们将军队交给蒋先生，老实说，没有我们这几十万条破枪，我们固然无法生存，你们也无人理睬。"[1] 毛泽东道出了中国政治在抗日战争期间演变的最根本原因。全民族抗日战争初起之时，中共统率的军队分别改编为国民革命军第十八集团军和新编第四军，前者 4.6 万人，装备各种枪 4 万余支；后者 1.03 万余人，装备各种枪 6200 余支。[2] 到 1945 年春，中共军队发展到 91 余万人，乡村中不脱离生产的民兵 220 万人以上。正是由于中共力量，尤其是其军事力量的迅猛发展，才使中共在中国政坛的影响力仅次于国民党，甚至成为能够对国际关系产生重要影响的力量，中间党派也因此拥有了生存空间。中共力量的崛起，主要是其军事力量的崛起，舍此即无其他的一切。当然，中共军事力量是其综合实力的重要的组成部分，也是中共综合实力最主要的体现。它建立在中共的经济力量、政权组织力量、统战力量、党的建设等诸多因素之上。如果单纯从军事的角度讲，正确的军事战略和强有力的政治工作是中共军事实力迅速发展的最主要原因，二者犹如鹰之双翼，缺一不可。

---

① 中共重庆市委党史工作委员会编：《重庆谈判纪实》，重庆出版社 1983 年版，第 448 页

② 本书编写组：《中国人民解放军军史》第 2 卷，军事科学出版社 2010 年版，第 14、19 页

敌后游击战

★

第三章

CHAPTER THREE

一

作为战略选择的游击战

中国共产党对游击战、运动战和阵地战都不陌生。中共独立领导武装斗争的初期，朱德、毛泽东等红军领导人就十分重视游击战，创造了“敌进我退，敌驻我扰，敌疲我打，敌退我追”的游击战“十六字令”，根据敌大我小、敌强我弱的军事态势，利用农村的政治、经济和地理等有利条件，扬长避短，灵活机动，达到保存和发展自己，消灭敌人的目的。在游击战思想的指导下，各地红军逐渐地发展壮大起来。随着红军的发展壮大，红军的战略开始向正规战争转变，表现在集中兵力打运动战和指挥上、组织上的某种程度的集中性和计划性方面，其他则仍是游击性的、低级的，这种集中兵力打运动战的形式，某种意义上，是提高了的游击战。在国民政府对红军的第五次“围剿”中，国民党军以堡垒封锁苏区，步步为营，压缩中央红军的生存空间。以博古为首的党中央，坚持“御敌于国门之外”的策略，采取以阵地对阵地、以堡垒对堡垒的军事方针，中央红军遭受巨大的失败，以至于放弃苏区，进行战略转移。军事斗争成功和失败两方面的教训，加深了中共领导集体对于各种战争形势的认识。

抗日游击战的方针最早是在瓦窑堡会议上提出来的。1935 年 12 月，中共中央政治局在瓦窑堡召开扩大会议。会议成功地制定了正确的抗日民族统一战线的政策，也对中共军事战略转变产生了决定性的影响。会议确立游击战争在对日作战的战略地位与运用原则，指出游击战争对于战胜日本帝国主义及汉奸卖国贼的任务，有很大的战略上的作用，要求在全国大力发展党所领导的游击战争，会议还决定游击战争发展的主要方向应放在山西、绥远等日本占领区及附近地域。这是中共把国内革命战争中的正规战向民族革命战争中的游击战转变的重要开端。到了 1936 年夏，毛泽东关于对日战争的战略有了进一步的思考，他发表公开谈话认为：由于中国是一个地域辽阔的落后国家，经济上不统一、不平衡，因此，我们的战略方针，应该是使用我们的主力在很长的变动不定的战线上作战，迅速地集中和迅速的分散，而不是深沟高垒、层层设防、专靠防御工事的阵地战。同时，还应在农民中组织很多的游击队，在敌后打击和牵制敌人，使之疲于奔命。①

1937 年 7 月 8 日，在卢沟桥事变爆发的第二天，中共中央在《通电》中提出："只有全民族实行抗战，才是我们的出路！"不久，中共中央拟定了全国抗战之战略计划及作战原则，主要内容是：战略的基本方针是持久的防御战，但应抓住适当时机，应予以全线之反击，而根本的把日寇从中国赶出去；在战役上，以速决战为原则；作战的基本原则是运动战，避免持久的阵地消耗战；在必要的战略要点或政治、经济中心，部署足够兵力，牵制敌人；战略的内线防御，而在战役的指导上则外线作战，求得歼灭敌人；在敌人前后左右，广泛开展游击战争，迷惑和疲惫敌人，以造成有利条件和时机，使主力在运动中消灭敌人。这是"保持持久战的有效方法和消灭敌人取得抗战（胜利）的有效手段"②。在这里，中国共产党初步阐明了抗战是持久战的战略思想，运动战是基本的作战原则。此处也提到了要开展游击战

---

① 《毛泽东文集》第 1 卷，人民出版社 1993 年版，第 405—406 页。

② 《确立全国抗战之战略计划及作战原则案》，《中共党史资料》2007 年第 3 期。

争，但目的是为了使主力在运动中消灭敌人，也就是说明，在这个时段，中国共产党还是将游击战作为辅助配合地位来强调。

1937年8月1日，毛泽东、张闻天在关于红军作战的原则致周恩来等的电报中指出，人民军队“执行独立自主的分散作战的游击战争，而不是阵地战，也不是集中作战，因此不能在战役战术上受束缚。只有如此才能发挥红军特长，给日寇以相当打击”①。这表明，党的高层对游击战的认识在深化，游击战的形式就是独立自主的分散作战；游击战的作用能发挥红军长处，大大打击敌人。中共中央开始寻找在长期战争中保持两党合作关系，同时保证自己对红军绝对领导的最适宜的形式。1937年8月22—25日，中共中央政治局在陕北洛川召开扩大会议，通过了《中央关于目前形势与党的任务的决定》。决定指出，卢沟桥抗战已成了全国抗战的起点，从此开始了实行抗战的新阶段，这一阶段的最中心任务，是动员一切力量争取抗战的最后胜利；“争取抗战胜利的中心关键，是在使国民党发动的抗战发展为全面的全民族的抗战。只有这种全面的全民族的抗战，才能使抗战得到最后胜利”。为此，中国共产党号召“共产党员及其所领导的民众与武装力量，应该最积极的站在斗争的最前线，应该把自己成为全国抗战的核心，应该用极大力量发展抗日的群众运动。不放松一刻工夫一个机会去宣传群众、组织群众、武装群众，只要真能组织千百万群众进入抗日民族统一战线，抗日战争的胜利是无疑义的”。关于军事问题，毛泽东指出，日军的主要进攻方向是华北，上海地区是辅助方面。在这种情况下，我军的军事战略方针是独立自主的山地游击战，包括有利条件下消灭敌人兵团和在平原发展游击战争。我军的战略任务是创建抗日根据地，牵制与消灭敌人，

---

① 中国人民解放军历史资料丛书编审委员会：《八路军·文献》，解放军出版社1994年版，第10页。

配合国民党军作战（战略支队作用），保存和扩大自己。关于国共两党关系，毛泽东说，一是我们要坚持、巩固和扩大统一战线，坚持独立自主原则；二是坚持共产党对军队的绝对领导，不让国民党插手我军；三是开展对国民党地方军队的统一战线工作。[①]

洛川会议是中国共产党第一次以决定的形式，正式确立了全面的全民族的抗战路线，确定了实行全国抗战的持久战的战略总方针和人民军队的军事战略方针。这对于坚持长期抗战，争取全国抗战的最后胜利，具有重大历史意义。《抗日救国十大纲领》是中国共产党提出的全面的全民族抗战路线的具体化体现，也是在抗战期间最能代表中国共产党基本政治主张的旗帜。洛川会议将游击战争提到了中国共产党军事战略方针的高度，指出要开展独立自主的山地游击战，所谓独立自主，就是在统一战略下相对的独立自主，一定要争取战略方针的共同商量；所谓山地，是指首先在山区创造根据地，依托山地开展游击战争，并向平原发展；所谓游击战争，是指分散以发动群众，集中以消灭敌人，打得赢就打，打不赢就走。这一做法无疑是传承了中国共产党在土地革命时期开展游击战争、创建革命根据地的成功做法，体现了党对历史经验教训的高度重视。需要指出的是，洛川会议确定的军事方针没有完全取得一致，大家讨论的焦点是游击战和运动战的关系问题，即作战方针是以运动战为主还是以游击战为主的问题。对此，聂荣臻回忆道："在洛川会议上讨论作战方针时，曾出现过不赞同游击战而主张打运动战的分歧意见，他（毛泽东）担心部队挺进前线后，一些同志蛮干。"[②]彭德怀认为，游击战与运动战是不可分割的关系，建议在"独立自

---

① 中共中央文献研究室、中央档案馆编：《建党以来重要文献选编》第14册，中央文献出版社2011年版，第473—474页。

② 聂荣臻：《聂荣臻回忆录》中册，解放军出版社1984年版，第359页。

主山地游击战”后面加上“不放弃有利条件下的运动战”。[①]由于时间紧迫，红军出兵在即，会议对红军出兵后的军事战略方针没有做深入讨论。

毛泽东对于八路军出兵后能否贯彻“独立自主的山地游击战”没有十足的把握。当得知日军自天镇向广灵，关东军自蔚县急进，阎锡山拟集中军队与敌决战，希望第一一五师参加作战情况后，毛泽东致电林彪，要求“我军应坚持既定方针，用游击战斗配合友军作战”，“基本不动摇此方针”。[②]9月21日，毛泽东致电彭德怀，强调“今日红军在决战问题上，不起任何决定作用，而有一种自己拿手好戏，在这种拿手好戏中，一定能起决定作用。这就是真正独立自主的山地游击战（不是运动战）”。并指出：“要实行这样的方针，就要战略上有有力部队处于敌之侧翼，就要以创造根据地、发动群众为主，就要分散兵力，而不是集中打仗为主。集中打仗则不能做群众工作，做群众工作则不能集中打仗，二者则不能并举。然而只有分散做群众工作，才是决定地制胜敌人、援助友军的唯一无二的办法。集中打仗是毫无结果可言的。”“个别同志对于这种客观的必然的趋势似乎还没有深刻的认识，被暂时情况所诱惑，如果这种观点不改变，势必红军同阎锡山相似，陷入于被动的、应战的、挨打的、被敌人各个击破的境遇中。”毛泽东在电报中突出强调要打游击战，而不是运动战，并指示彭德怀：“对于个别同志不妥当的观点予以深刻的解释，使战略方针归于一致。”[③]9月25日，毛泽东致电周恩来等，提出：“整个华北工作，应以游击战为唯一方向。一切工作，例如民运、统一战线等等，应环绕于游击战争。华北正规战如失败，我们不负责任；但如游击战争如失败，我们须负严重责任。”“要告诉全党，今后没

---

① 《彭德怀传》，当代中国出版社 1988 年版，第 177 页。

② 中国人民解放军历史资料丛书编审委员会：《八路军·文献》，解放军出版社 1994 年版，第 32 页。

③ 《毛泽东军事文集》第 2 卷，军事科学出版社、中央文献出版社 1993 年版，第 53—54 页。

有别的工作，唯一的就是游击战争。为此目的，红军应给予一切可能的助力。”① 根据中央指示，华北军分会就八路军作战方针、任务及担负地方工作区划问题发出训令：“立即动员群众，发展游击战争，使敌人陷于我群众和游击战的围困中，断绝其后方运输，增加敌人之恐慌和疲劳，分散敌人兵力。只有这样才便利于主力打击敌人，以致最后战胜日本帝国主义。”②

在毛泽东反复指示八路军以独立自主的山地游击战为唯一方针时，林彪、聂荣臻指挥的一一五师取得了平型关战斗的胜利。此战八路军虽然取得了胜利，但也付出了重大代价。一一五师领导人对抗日战争的长期性和艰苦性有了深切的体会。林彪说：“敌人确是有战斗力的，也可以说我们过去从北伐到苏维埃战争中还不曾碰到过这样强的敌人。”因此，“我军在目前兵力技术条件下，基本上应以在敌后袭击其后路为主。断敌后路是我们阻敌前进争取持久的最好的方法。如经常集中大的兵力与敌作运动战，是不适宜的”③。1937 年 11 月 8 日，在太原失守的前一天，毛泽东致电八路军领导人，明确指出：“太原失守后，华北正规战争阶段基本结束，游击战争阶段开始。这一阶段，游击战争将以八路军为主体，其他则附于八路军，这是华北总的形势。”④

随着抗日战争的发展和八路军战略展开，抗日游击战争的正确性不断得到验证。毛泽东于 1938 年 5 月撰写发表了《抗日游击战争的战略问题》一文，这对统一和提高全党全军对抗日游击战争战略地位的认识，促进抗日游击战争的迅猛发展，起了重要作用。他基于“战争的基本原则是保存

---

① 《毛泽东军事文集》第 2 卷，军事科学出版社、中央文献出版社 1993 年版，第 57 页。

② 中国人民解放军历史资料丛书编审委员会：《八路军·文献》，解放军出版社 1994 年版，第 43 页。

③ 中共中央文献研究室、中央档案馆编：《建党以来重要文献选编》第 14 册，中央文献出版社 2011 年版，第 587 页。

④ 《毛泽东军事文集》第 2 卷，军事科学出版社、中央文献出版社 1993 年版，第 111 页。

自己消灭敌人”的基本原则，全面系统阐述了游击战在抗日战争中的战略地位。文章指出，中国既不是小国，又不像苏联，是一个大而弱的国家。这一个大而弱的国家被一个小而强的国家所攻击，因此抗日游击战争主要地不是在内线配合正规军的战役作战，而是在外线单独作战，不是小规模的而是大规模的，因此，抗日游击战争虽然在整个抗日战争中仍然处于辅助的地位，但是必须放在战略观点上加以考察。抗日战争的一般战略问题中的东西，决不能照样用于特殊情形的游击战争。战争的基本原则是保存自己，消灭敌人。这是一切军事原则的根据。一切技术的、战术的、战役的、战略的原则，都是执行这个基本原则时的条件。保存自己消灭敌人的原则，在革命战争中是直接地和基本的政治原则联系着的抗日游击战争的军事行动，要采取以下方针才能达到保存自己、消灭敌人的目的：（一）主动地、灵活地、有计划地执行防御战中的进攻战，持久战中的速决战和内线作战中的外线作战；（二）和正规战争相配合；（三）建立根据地；（四）战略防御和战略进攻；（五）向运动战发展；（六）正确的指挥关系。[①]这六项方针，是全部抗日游击战争的战略纲领，是达到保存和发展自己，消灭和驱逐敌人，配合正规战争，争取最后胜利的必要途径，它解决了游击战与运动战及阵地战关系的问题。

1938年5月毛泽东发表《论持久战》，从中华民族抗日战争宏阔视野的角度出发进一步论证游击战理论，强调游击战争在抗日战争中的战略地位。毛泽东分析了中日双方的战争存在着四个基本特点，即敌强我弱，敌小我大，敌退步我进步，敌寡助我多助。这就决定这场战争是一场持久战，而最后胜利必然属于中国。他科学地预见了全国抗战将经历战略防御、战略

① 《毛泽东军事文集》第2卷，军事科学出版社、中央文献出版社1993年版，第233页。

相持、战略反攻三个阶段。他强调兵民是胜利之本，战争的伟力之最深厚的根源，存在于民众之中，只要动员了全国的老百姓，就造成了陷敌于灭顶之灾的汪洋大海，造成了弥补武器等等缺陷的补救条件，造成了克服一切战争困难的前提。毛泽东进一步提出了坚持持久战战略总方针所应采取的具体作战方针与指导原则：在战略上是内线的持久的防御战，在战役战斗上则必须实行外线的速决的进攻战，变战略上的劣势为战役战斗上的优势；而实行外线的速决的进攻战，必须发挥组织指挥上的主动性、灵活性与计划性。在作战形式上，要根据战争发展的不同阶段，正确地运用运动战、游击战和阵地战三种不同形式。就全国抗战来说，战略防御和战略反攻两个阶段是以运动战为主，以游击战与阵地战为辅；而战略相持阶段则以游击战为主，以运动战和阵地战为辅。这篇著作指出了对日作战要采取运动战、游击战、阵地战三种形式，不同阶段要采取不同的形式。作为中日战争的三个阶段中，相持阶段时间最长，最为关键，游击战则是这一阶段的主要作战形式，运动战和阵地战均要配合之。因此，中共军队的军事战略方针是："基本的是游击战，但不放松有利条件下的运动战。"[1]

1938 年 11 月 6 日，毛泽东在中共六届六中全会关于战争和战略问题的发言中，对中共抗战初期关于军事战略方针的分歧和转变做了总结。毛泽东在《战争和战略问题》一文中进一步指出：全国抗战开始后，人民军队面临的敌人是新的，即日本帝国主义，友军是过去的敌人国民党（它对我们仍然怀着敌意），战场是地域广大的华北（暂时的我军正面，但不久就会变为长期的敌人后方）。在这种特殊的情况下，"必须把过去的正规军和运动战，转变成为游击军（说的是分散使用，不是说的组织性和纪律性）

---

[1] 《毛泽东军事文集》第 2 卷，军事科学出版社、中央文献出版社 1993 年版，第 328 页。

和游击战，才能同敌情和任务相符合”。“这一转变关系于整个抗日战争的坚持、发展和胜利，关系于中国共产党的前途非常之大，只要想一想抗日游击战争在中国民族解放命运上的历史意义，就会知道的。中国的抗日游击战争，就其特殊的广大性和长期性说来，不但在东方是空前的，在整个人类历史上也可能是空前的。”“在长期的奋斗中，游击队和游击战争应不停止于原来的地位，而向高级阶段发展，逐渐地变为正规军和正规战争，积蓄力量，把自己造成为粉碎日本帝国主义的决定因素之一。”①

游击战争在战争史上并不是一个新生事物，但从未有人将其作为战略战术的主要方面，只是作为正规战的一种配合和补充，作为一种辅助手段，多用于战术和策略的领域。作为中国共产党军队最高指挥者的毛泽东，根据中国抗日战争的特点和规律，把抗日游击战争放在战略地位加以考察，将其作为战胜日本帝国主义的决定性因素，这是中国共产党人的一个伟大创造。这样，游击战争不仅成为发挥人民军队优势的一种最佳选择，也成了贯彻执行全面的全民族抗战路线的基本方式。1938 年 9 月 29 日—11 月 6 日，中共召开六届六中全会，对“基本的是游击战，但不放松有利条件下的运动战”的军事战略形成了比较统一的意见。

---

①《毛泽东军事文集》第 2 卷，军事科学出版社、中央文献出版社 1993 年版，第 428 页。

二

中共军事力量的扩张和停顿

抗日战争爆发之后，中共最高领导层思考和讨论对日军作战策略问题的同时，其军事行动在敌后迅速展开，在很短的时间内取得了辉煌的成就。

卢沟桥事变后，日军向我国华北地区大量增兵，在 1937 年 8 月份组成关东军察哈尔兵团和华北方面军，以华北方面军主力沿平汉铁路实施主要突击，以一部兵力沿津浦铁路南下，以关东军察哈尔兵团沿平绥铁路西进，在华北展开大规模的战略进攻。在日军大举进攻的形势下，国民党军队却节节败退，华北战局危机。八路军不待改编完毕，即以第一一五、第一二〇、第一二九师，梯次于 8 月 22 日、25 日，9 月 3 日和 30 日，分别由陕西三原县云阳镇和富平县庄里镇誓师出征，进入华北抗日前线，从而形成了敌进、友退、我进的抗战局面。中共中央对八路军的战略部署是：三个师进至以恒山山脉为中心的晋察冀绥四省交界地区，并以此为依托，向察哈尔、热河省南部和河北省西部发展，深入平津地区，展开于敌之翼侧和后方，牵制和打击日军，配合国民党军作战。这时，沿平绥铁路西进的关东军察哈尔兵团在 9 月 13 日侵占大同后，主力却沿同蒲铁路南下，企图与沿平汉铁路华北方面军主力一起，击破中国军队的防御，会攻太原。

在这种情况下，八路军如按原定战略部署集中于晋察冀绥四省交界地区，势必处于日军包围之中，陷入被动。9 月 16 日—10 月 20 日，中共中央军委和八路军总部经过反复酝酿，形成了新的战略部署：将 3 个师分散部署在山西四角，第一一五师除留一部分兵力在晋东北的恒山和五台山地区外，主力转至晋西南吕梁山区；第一二〇师除留一部分在晋察冀边区外，主力部署在晋西北管涔山区；第一二九师活动在晋东南太行山区。这样一来，八路军在战略上处于日军侧翼的机动地位，形成晋察冀、晋东南、晋西南、晋西北四区，对进占中心城市和交通要道的日军取四面包围态势。这一战略部署为中国共产党在太原失守后创建华北敌后抗日根据地创造了基本前提。

太原失陷后，以国民党为主体的正规战争结束，以共产党为主体的独立自主的游击战争进入主要地位。遵照中共中央、中共中央军委的战略方针和部署，前方军分会就各部队展开的区域和工作任务发出训令，指出：以晋东北之灵丘、涞源、繁峙、定襄以东，正太铁路以北，曲阳、行唐、唐县以西，晋北地区之静乐、岚县以北，包括宁武、朔县、左云、集宁以西地区，均为战区，按战况及工作的发展逐渐向南发展。第一一五师活动在灵丘、以南，曲阳、行唐、灵寿城以西，五台、孟县边界以东地区，一二〇师主力活动在晋西北和绥东地区，一部活动在五台和阜平地区；第一二九师活动在正太铁路南北地区。各部队要动员和组织群众，广泛开展游击战争，使日军陷入群众性游击战争的围困中。

在山区抗日根据地人力、物力和财力受到一定限制，而平原人口众多、物产丰富和地方游击战争亟待加强的情况下，1938 年 4 月，毛泽东、张闻天和刘少奇联名发出关于开展平原抗日游击战争的指示，八路军一部挺进冀、鲁、豫地区，积极发展平原游击战争，建立了平原抗日根据地。这样，八路军进行的敌后游击战争，形成了平原和山区相互依托、彼此支持的格局，对华北日军构成了严重威胁。敌后根据地建立后，就将周边与日军实际控制区连接的地区变为游击区，形成一种进可攻、退可守的相当机动的态势。

根据中共中央确定的“发展华中”的方针，周恩来于 1939 年 2 月到达新四军军部，确定新四军的任务是“向北发展，向东作战，巩固现在阵地”。1940 年 2 月 19 日，中共中央再次指出新四军的任务是“向南巩固，向东作战，向北发展”。1939 年底至 1940 年初，中原局书记刘少奇主持召开了三次会议，提出了坚持敌后游击战争，建立根据地，发展人民抗日武装和反对国民党顽固派摩擦的问题，并建议中共中央、中央军委派八路军一部南下，江南新四军北上，共同发展苏北，进一步明确了发展华中的战略方向问题。1 月 11 日，中共中央复电同意。八路军第二纵队主力 1.2 万余人南下华中，与新四军第六支队合编为八路军第四纵队，司令员彭雪枫，政委黄克诚，辖第二、第四、第五、第六旅等。第四纵队一部东进皖东北地区，8 月与八路军苏鲁豫支队、陇海南进支队和新四军第六支队第四总队合编为八路军第五纵队，司令员兼政委黄克诚，辖第一、第二和第三支队和皖东北保安司令部，约 2 万人。第四、第五纵队分别执行向西防御、发展豫皖苏抗日根据地和向东发展、东进淮海、开辟苏北的任务。第 5 纵队除留一部保卫皖东北抗日根据地外，主力于 9 月奋战 1 个月，初步建立淮海抗日根据地，为协同新四军北上发展苏北建立了前进阵地。苏北敌后抗日根据地的开辟，使华北与华中，八路军与新四军打成一片。

至 1940 年夏季，八路军总兵力发展到约 40 万人，新四军总兵力发展到约 9 万人，两者合计达 50 余万人。[1] 然而，中共军事力量的发展已经达到了当时环境允许的极限，主要有以下三点原因：

一是日军加紧了对中共领导的根据地的进攻和扫荡。1938 年 10 月武汉陷落，日军大规模正面进攻行动暂时停止，大批日军回师华北，实行以打击八路军为主的所谓肃正作战，意图巩固占领区。日军动用了 14 个师团（约占全部侵华部队 44% 的兵力）对中共抗日根据地进行封锁和扫荡。日军在华北地区修建的封锁沟的长度等于长城的 6 倍，如按地球周长来

---

① 本书编写组：《中国人民解放军军史》第 2 卷，军事科学出版社 2010 年版，第 156、187 页。

算，可环绕地球一周的四分之一。[①] 在扫荡频率和兵力使用上，仅 1939 年和 1940 年两年间，侵华日军对华北地区出动前任以上的大规模扫荡就达 190 次，使用兵力总计在 50 万人以上。[②] 日军的扫荡和蚕食极大地压缩了中共军队的生存空间。

二是随着中共力量在敌后的迅速发展，国共关系也趋于恶化。全民族抗日战争初期，中共抗日根据地所需物资和经费绝大部分依赖外援。所谓外援主要由两部分组成，一部分是国民党政府给八路军提供的军饷，一部分是海外华侨和后方进步人士的捐款。按照黄正林对陕甘宁边区财政来源的分析，这两部分约占边区财政收入的 50%—85%。[③] 其他抗日根据地与陕甘宁的情况虽略有出入，但基本相同。由于国共关系的恶化，国民党政府发给八路军和新四军的军饷逐渐断绝，不仅如此，国民党也加紧了对中共根据地的封锁。

三是中共根据地遭受到自然灾害的频繁打击，加之战争的影响，使得根据地生产力锐减。在 1939 年河北大水灾中，仅冀西 14 县水灾就倒塌房屋 61984 间，冲毁田地 1100832 亩，冲走粮食 8451 石、牲口 2260 头，淹死 4500 人；北岳区被冲毁的滩地高达 147626 亩。[④] 各根据地"生产力都比以前降低了，甚至有个别地区减低到 50%"[⑤]。

在这种情况下，中共领导人发现军事力量已经很难再继续像抗战初期那样扩张。1940 年 6 月 1 日，毛泽东、朱德、王稼祥等人致电各战略区，

---

① 中共中央党校党史教研室选编：《中共党史参考资料》第 5 册，人民出版社 1979 年版，第 97 页。

② 军事科学院外国军事研究部：《凶残的兽蹄——日军暴行录》，解放军出版社 1994 年版，第 97 页。

③ 黄正林：《抗日战争时期陕甘宁边区的财政来源》，《固原师专学报》1982 年第 2 期。

④ 屈光：《边区水灾总述》，《抗敌报》1939 年 10 月 3 日。

⑤ 陶铸：《再谈精兵简政》，《解放日报》1942 年 6 月 25 日。

称："敌人之扫荡使我部队困难增加，扩大不易。"① 首先是粮食问题。"粮食问题是部队的生死问题。" 鉴于灾象已成，要求"部队要注意要（向）敌占区筹粮，由外面向里面吃。勿首先把里面的粮食吃完"②。其次是弹药问题。1940 年 1 月，朱德、彭德怀向中央汇报："子弹缺乏成为我军目前、特别是将来的抗战中最严重困难的问题，一方面已无存，弹药制造困难，另一方面主要的在国民党限共、防共的政策下，限制发给我军弹药。"③ 3 月，朱德、彭德怀再次向毛泽东、王稼祥汇报："我军现有步兵轻武器百分之八十均已使用过度，来复线已磨平，口径已松，射击已失效。关于弹药……现在平均每枪不到十粒。"④ 考虑到"部队之财政、粮食、枪支、弹药日见困难"，中共中央明确要求部分根据地停止扩大军队，"在北线，即冀中、晋察冀、晋西北等地区，主要方针是坚持斗争，而不是扩大部队。因部队扩大，给养、枪支均无着，反而使斗争的坚持发生困难。这些地区的主力军队，应确保六成枪支的限制，力戒人多枪少的现象。在南线，即晋东南、冀南、山东等地区，除山东外，很大的扩大亦是困难的"⑤。总之，"根据地工作要着眼于长期坚持，勿图快于一时。对于人力、物力、财力都要做长期打算，勿使枯竭。华北部队除山东及冀南外，一般停止扩大"⑥。这些不仅预示着中共军事力量的发展遇到了瓶颈，而且也预示着严重困难的局面即将到来。

---

① 中国人民解放军历史资料丛书编审委员会：《八路军·文献》，解放军出版社 1994 年版，第 520 页。
② 中国人民解放军历史资料丛书编审委员会：《八路军·文献》，解放军出版社 1994 年版，第 529 页。
③ 中国人民解放军历史资料丛书编审委员会：《后勤工作·文献》，解放军出版社 1997 年版，第 243 页。
④ 中国人民解放军历史资料丛书编审委员会：《后勤工作·文献》，解放军出版社 1997 年版，第 266 页。
⑤ 中国人民解放军历史资料丛书编审委员会：《八路军·文献》，解放军出版社 1994 年版，第 520 页。
⑥ 中国人民解放军历史资料丛书编审委员会：《八路军·文献》，解放军出版社 1994 年版，第 529 页。

三

打破封锁的努力

在抗日战争初期，中共形成了“基本的游击战，不放松有利条件下的运动战”的对日军作战的策略。1939 年春季开始，八路军总部将部队相对集中起来，以团为单位，甚至以旅为单位，或者几个团联合起来进行运动战的情况越来越多。其中，晋察冀边区 1939 年冬季的反扫荡，连续使用几个团协同作战，使日军付出极大的代价，其旅团长阿部规秀中将即在此役中被击毙。

面对日军日益严重的封锁，中共中央指示各根据地：“为了长期坚持斗争，必须与敌人争地盘，各部队必须向外推进，争取新区域，发展游击区，缩小敌占区，必须与敌人缩小我区域企图做坚持的斗争，切忌把部队集中在中心区域，坐吃山空。”[①]1940 年 7 月 22 日，朱德、彭德怀和左权向华北部队下达破击正太路的预备命令：“敌寇依据各个交通要线，不断向我内地扩大占领地区，增多据点，封锁与隔离我各个抗日根据地之联系，特别是对于晋东南，以实现其囚笼政策，这种形势日益严重。”“战役目的以彻底破坏正太路若干要隘，消灭部分敌人，收复若干重要名胜、关隘据点，较长期截断该线交通，并乘胜扩大拔除该线南北地区若干据点，开展该路沿线两侧工作，基本是截断该线交通为目的。”[②]

8 月 8 日，华北各部相继进入攻击状态，此即著名的百团大战。百团

---

① 中央档案馆编：《中共中央文件选集》第 12 册，中共中央党校出版社 1991 年版，第 470 页。

② 中国人民解放军历史资料丛书编审委员会：《八路军·文献》，解放军出版社 1994 年版，第 531 页。

大战一改中共军队游击作战的方式，主要进行较大规模的运动、攻坚战和阵地战。百团大战分为三个阶段，至 1940 年 10 月初，参战各部队基本完成了八路军总部赋予的各项任务。各部队连续两个月的进攻作战，异常疲劳，加之日军增援过多，八路军暂时难以继续扩大战果。根据战场形势的变化，八路军总部决定结束百团大战第二阶段的作战，要求各部队在结束作战行动后适当集结主力进行休整，补充兵员，巩固部队，总结经验教训，为下一阶段的作战做好准备。从 10 月 6 日起，日军调动数万兵力向华北各根据地进行报复性扫荡，扫荡与反扫荡成为百团大战第三阶段的主要形式。一些根据地事先没有充分的思想准备，反扫荡动员不够深入，致使人民群众遭受巨大的损失。10 月 19 日，八路军总部向晋察冀军区、第一二〇师、第一二九师等部队下达反扫荡作战的命令。10 月 28 日，日军第三十六师团冈崎大队约 500 余人被第一二九师包围在武乡县蟠龙镇关家垴附近。第一二九师的第三八五旅、第三八六旅是攻击冈崎大队的主要参战部队，虽然歼灭冈崎大队 400 余人，但是自身伤亡很大，很多连队战斗结束时只剩下不足三分之一，红军时期的连、排战斗骨干也损失过半。这是导致人们对百团大战的评价争议很大的重要原因。

百团大战之后，侵华日军调整其华北的军事策略。1943 年 1 月，邓小平在中共中央太行分局一次报告中指出："百团大战给予敌人以很大的震荡，使敌人重新考虑了问题，提出了治安强化运动的方针，取消了剿共灭党的口号，而专致力于剿共。"[①] 1941—1942 年，侵华日军从华中调遣两个师团增援华北，连续开展五次治安强化运动。加强伪政权伪武装是侵华日军在华北进行治安强化运动的重要措施。1942 年华北伪军的总兵力比百

① 《邓小平军事文集》第 1 卷，中央文献出版社、军事科学出版社 2004 年版，第 266 页。

团大战以前增加了近两倍，总兵力达到 100000 人。1940 年以后，日军控制地区的县警备队也迅速发展，1941 年年底，总兵力达到 95000 人，有步枪 79000 支，轻重机枪 230 挺，手枪 5000 支，自动步枪 400 支。平均每个县有 253 人，枪 222 支，严重威胁着中共在华北的生存和发展。此外，自 1941 年初开始，日军驱使民众挖掘了 3900 公里的封锁沟，碉堡工事 1300 座。[①] 华北抗日根据地面积缩小六分之一，人口减少了三分之一。

百团大战可以说是中共华北军队和日军全方位的碰撞。结果表明，中共的军事实力还不足以对日军开展如此大规模的战役行动。其中最重要的原因，是中共军队武器装备的极端落后。如毛泽东所说，“敌我军事技术装备悬殊太远，我人力，物力，地区，弹药日益困难”，“假若不顾一切牺牲来动作，有使我们被打坍，不能坚持的可能”[②]。如果中共进行大规模的正规作战，“那就不可能获得任何重要的结果，那就可能在一个或几个战斗中即基本上被消耗或有极大的削弱”[③]。“在武器未改变前，运动战的可能日益减少，甚至不可能。”[④] 其次是部队组织、指挥能力。攻坚战和运动战，左邻和右邻，火力和兵力，前进和后撤，换防和交接，都需要严密有效的协同和通讯保障。八路军由于正规作战训练不足，缺乏有效的指挥协同，难以适应运动战和攻坚战。例如晋察冀军区在总结百团大战的教训时指出：“兵团间的作战，除严格注意到自己的阵地外，并应照顾全局，发现友邻或整个情况的变化时，应迅速通知友邻，并向上级报告，更应自动的配合，适当处置情况。各自为政的互不相干的现象是非常严重的。”“每次战斗战役中

---

① 丁则勤：《论百团大战后日本对华北的政策》，《抗日战争研究》2000 年第 2 期。

② 《毛泽东军事文集》第 2 卷，军事科学出版社、中央文献出版社 1993 年版，第 651 页。

③ 刘少奇：《抗战以来党的行动路线和工作的指导方针》（1943 年 3 月），《党的文献》1997 年第 1 期。

④ 中国人民解放军历史资料丛书编审委员会：《八路军·文献》，解放军出版社 1994 年版，第 716 页。

有线电无线电均不能保持应有的畅通，这样影响到全盘局势的了解与整个作战的指挥。各级亦有同样的缺点：班长找不到战士，排找不到班，连找不到营，营找不到连，通讯员找不到团长，团长找不到电话排，通讯员找不到马，团与团之间、营与营之间、友邻与友邻之间，不注意相互联络与情况交换，以及前梯队找不到后梯队，一梯队找不到二梯队，此攻彼停，部队攻击，火力停止，自己炮火打到自己人等严重缺点，均相当多的存在着。”①

虽然百团大战取得了辉煌的战果，但是并没有达成扩大抗日根据地的战略目标，这表明在当时条件下以向外扩张的方式摆脱困境的可能性很小，中共开始全方位调整自己的政治、经济、军事等方面的策略，以适应外部形势的变化。中共在这一时期的方针是“熬时间的长期斗争，分散的游击战争，采取一切斗争方式（从最激烈的武装斗争方式到和平的革命两面派的方式）与敌人周旋，节省与保存自己的实力（武装实力与民众实力），以待有利的时机”②，今后一个时期务必要“积蓄力量，恢复元气，巩固内部，巩固党政军民，对敌伪以政治攻势为主，以游击战争为辅；对国民党以疏通团结为主，以防制其反共为辅。”③ 在军事方面，主要有以下措施。

一是开展无条件的游击战争。维护交通线是日军控制其占领区的重要手段，“过去发动广大群众破路曾得极大成绩，惟因敌之技术优越，甚易修复，敌又强迫路旁居民修路，致人民昼修夜破，不免疲劳”。因此，“道路不可不破亦不可大破，凡与（于）我太有害而于敌非必争者（如插入我根据地之公路）必须彻底破袭之；凡在敌为必争，在我无力控制者（如正太

① 国防大学党史党建政工教研室编：《中共党史教学参考资料》第16册，国防大学出版社1986年版，第395—396页。

② 中国人民解放军历史资料丛书编审委员会：《八路军·文献》，解放军出版社1994年版，第716页。

③ 中央档案馆编：《中共中央文件选集》第13册，中共中央党校出版社1991年版，第272页。

路、平汉路北）不可因破袭而引起敌之守备加严”[①]。“在军事上是粉碎敌人可能的扫荡（任何扫荡必须坚决粉碎之），收复敌人撤退地区，对深入我区之据点，尽可能使之陷于孤立，自动撤去，对某些最必要的地方，可以个别地采取强攻收复手段，但不可采取大规模攻势，反而抑留敌人，引起报复扫荡，非徒无益，而又害之。部队中及地方上可能发生的冒险精神，务须防止。”[②]

二是加强武装建设，精简主力部队，健全军区制度，加强地方军和民兵。随着华北敌后严重困难局面的出现，为适应空前残酷的斗争，中共华北军队着手精简部队。1941 年 1 月初，第一二九师直属队抽调 250 多人充实到第三八五旅和第三八六旅的部队中，各旅、团的直属部队亦然，并规定旅、团直属队不得超过总人数的 1/8；同时还采取应急办法，充实基层的班、排、连、营。缩编后的干部集中学习。这次精简整编初步改善了官多兵少的现象。[③]1941 年 6 月 6 日，中共中央军委总政治部在《关于平原地区政治机关组织机构指示》中指出，政治工作机构应紧缩上面，加强下面，取消重叠机关，使独立作战单位具有相当自主能力为原则进行改革。[④]10 月 10 日，中共中央军委总政治部在给冀中第四次政工会议的指示中指出，华北各根据地向上发展与扩大的阶段，早已过去了；主力部队不应扩大，其工作重心是提高政治军事之质量。[⑤]11 月 7 日，中共中央军委发出《关于抗日根据地军事建设的指示》，要求主力部队“应采取适当的精兵主义，其工

---

① 中国人民解放军历史资料丛书编审委员会：《八路军·文献》，解放军出版社 1994 年版，第 614 页。

② 中央档案馆编：《中共中央文件选集》第 13 册，中共中央党校出版社 1991 年版，第 272 页。

③ 李达：《抗日战争中的八路军一二九师》，人民出版社 1985 年版，第 259 页。

④ 中国人民解放军政治学院政治工作教研室编：《军队政治工作历史资料》第 6 卷，战士出版社 1982 年版，第 340 页。

⑤ 中国人民解放军政治学院政治工作教研室编：《军队政治工作历史资料》第 6 卷，战士出版社 1982 年版，第 531 页。

作重心是提高其政治军事技术的质量，缩编与充实编制。无论将来有无大的变动，在山地根据地内主力军与地方军数量上的比较，一般应以二比一为原则，在平原根据地内则以一比一为原则。每个根据地脱离生产者全部数目，仍只能占我统治区全人口百分之三左右”[①]。精兵简政政策制定之后，毛泽东反复督促各战略区坚决进行精兵简政。1942年8月4日，毛泽东致电陈毅：“不论华中华北，都不能维持过大军队，如愿勉强维持，必难持久，一九三四下半年中央苏区的经验我们不应忘记。明年必是非常困难的一年，如根据地民力财力迅速枯竭，弄到民困军愁，便有坐毙危险。”[②]1943年8月5日，毛泽东根据晋察冀情况要求晋察冀分局只保留五万脱离生产者。[③]太行军区从1942年开始，进行了两次精兵，第一次全军区减少7487人，第二次原有的两个野战旅统帅机关及直属部队一律取消，加强了战斗部队及军分区的组织，同时充实连队，只留一个甲种团，两个乙种团，其余均编为丙种团。[④]精兵政策的实施，增强了主力部队的战斗力，也极大地减轻了根据地民众的负担。

军区、军分区制度是中共军事组织形式之一，起到涵养军力的重要作用。在华北局面日益严重的情况下，健全军区工作成为中共坚持敌后军事斗争重要的措施。“军区主要是包括着地方基干队，地区独立团、营、游击队，以及半脱离生产及不脱离生产之地方武装。它的主要任务是动员训练广大的人力作为野战军补充的源泉，同时又是组织与领导各种地方性的武装组织开展广泛的游击战争。”[⑤]“在根据地创立与扩大阶段，集中全

---

① 中国人民解放军历史资料丛书编审委员会：《八路军·文献》，解放军出版社1994年版，第717页。

② 《毛泽东军事文集》第2卷，军事科学出版社、中央文献出版社1993年版，第684页。

③ 《毛泽东军事文集》第2卷，军事科学出版社、中央文献出版社1993年版，第703页。

④ 《邓小平军事文集》第1卷，中央文献出版社、军事科学出版社2004年版，第383页。

⑤ 中国人民解放军历史资料丛书编审委员会：《八路军·文献》，解放军出版社1994年版，第592—593页。

力扩大主力，主力兼军区地方军之指挥，是必要的。但现在情况已变，故主力军与地方军之关系也要改变。地方军应有独立的建制及指挥机关，即军区与军分区。但是主力帮助地方武装之责任，不但仍旧不变。主力军在缩编与充实自己的编制时，应以相当部分部队划归地方军建制。主力军应给地方军以许多的干部、枪械、弹药等等。在作战时，主力军应规定地方军的一般作战任务，但主力军与地方军的建制又是彼此独立的，主力军绝对不应吞并地方军。”中央军委还具体规定了地方军的数量：“区应有约五十人枪的区游击队，县应有约二百人枪的县游击营，分区应有约二千人枪的独立营团。区游击队归区的党政机关指挥；县游击营归县的党政机关指挥；分区则应成立指挥部，不由主力兼，地委书记应兼分区政委。”“在战争频繁地区，区武装应坚持本区，县武装应坚持本县，分区武装坚持本分区，反对逃跑主义及随便调跑。”① 军区及地方武装的加强，既有利于主力部队随时进行较大范围的机动作战，也有利于保护地方利益，坚持各个军区、军分区的游击战争，同时也为主力军提供了源源不断的经过战争训练的兵员。这是中共渡过敌后艰难岁月的有力的制度保障。

三是采取敌进我进的策略。由于军事装备的极端落后，面对日军以铁路为柱、公路为链、碉堡为锁的囚笼政策，中共部队很难找到有效的办法打破日军的封锁。中共军事领导层在总结以往军事斗争经验的基础上，提出敌进我进的策略，有效地遏制了日军的层层紧逼，渡过了抗日战争最艰苦的阶段。1940 年 4 月，刘伯承在黎城会议发言首先提出了敌进我进的策略：“敌人现在是囚笼战术，以铁路汽路作链，碉堡成锁，周围打圈，在交

---

① 中国人民解放军历史资料丛书编审委员会：《八路军·文献》，解放军出版社 1994 年版，第 717—718 页。

通上挂‘铁电板’会门，这个囚笼之组成是不好搞的，是对我们的凌迟处死。”因此，“现在对囚笼的粉碎，一退再退，退到何处，现在就是敌进我进，打磨盘应磨敌人的屁股”[1]。1942年春，华北抗日根据地面积和人口急剧减少，冀中和冀南平原根据地变成了许多小块的游击根据地，局面非常不利。一些地区总结了抗战初期向敌后挺进的成功经验和土地革命时期第五次反“围剿”“以堡垒对堡垒”导致失败的教训，认为不能一退再退，也不能固守一点，只有向敌后之敌后去发展，才有出路。于是开始酝酿和提出“敌进我进”问题。在晋冀鲁豫边区，八路军第一二九师刘伯承师长和邓小平政委于1942年2月初，针对日“铁壁合围”、“捕捉奇袭”、“纵横扫荡”、“辗转清剿”、“反转电击”和“夜行晓袭”等新战法，扫荡太行、太岳根据地的实际情况，提出了新的作战方针，实行“敌进我进”，一方面加强县区武装指挥部及游击集团的活动，坚持腹地游击，打击分散“清剿”之敌；另一方面以主力一部，组成轻便支队，深入敌后之敌后，奇袭敌之交通线和城镇，迫敌归巢。在内外线军民的合力打击下，敌原定两个月的扫荡计划，只一个多月就被粉碎了。在晋察冀边区，聂荣臻司令员在1942年初中共晋察冀分局召开的军分区以上干部会议上，针对日军加紧对根据地“蚕食”压缩、根据地日益缩小的情况，提出了“到敌人侧后去开展游击战争”的口号。一些地区和县游击队在会后纷纷深入敌人后方，广泛进行游击活动，收到了明显的效果。在山东地区，八路军第一一五师政委罗荣桓于1942年8月针对敌人的“蚕食”进攻，根据地被割裂、变质等情况，提出了“翻边战术”，敌人打进我这里来，我打到敌人那里去，指挥部队运用“翻边战术”进行了反“蚕食”战役，有力地制止了敌人的“蚕食”推进。同年10月，毛泽东

① 《刘伯承军事文选》第1卷，军事科学出版社2012年版，第290、296页。

致电晋绥边区领导，针对该区根据地日益缩小的现状，发出了“积极开展游击战争，向敌人挤地盘”的指示，为晋绥边区实行“敌进我进”指明了方向。

经过 1942 年的初步实践，各种不同形式的“敌进我进”均收到了明显的效果。从 1943 年起，各中央局和战略区都正式把“敌进我进”作为本地区全年的对敌斗争指导方针。中共晋察冀分局和军区早在 1942 年 9 月召开的高干会议上，就正式提出了“到敌后之敌后去”的口号，并以此作为当时展开全面对敌斗争的方针，决定以地方军的部队和主力军的 1/3 到 1/2 执行向“敌后之敌后”挺进的任务。中共晋绥分局和军区亦于 1942 年 11 月召集高干会议，专门讨论了毛泽东关于“向敌人挤地盘”的指示，决定党政军民齐动员，一个村庄一个村庄地向敌人“挤”地盘，从部队和地方抽出 320 名有斗争经验的干部加强武工队，同时派出 39 个主力连和 49 个游击中队配合武工队行动。中共太行分局和冀鲁豫区委在 1943 年年初召开的高干会议上决定：大力贯彻“敌进我进”的方针，组织更多的小部队和武工队深入敌后之敌后，开展游击战争，建立小型的、隐蔽的游击根据地。会后，全区组织了近 1000 支武工队和小部队到边沿区和敌占区活动，开展变游击区为根据地在敌占区建立隐蔽游击根据地的斗争。中共山东分局和军区也于 1943 年年初决定贯彻“敌进我进”的方针，以 600 多名干部组成 43 个武工队，深入铁路沿线和被蚕食地区活动。中共在根据地内推行“十大政策”，在战役战术上实行“敌进我进”方针以后，不仅有效地粉碎了敌人的各种进攻，渡过了难关，摆脱了被动局面，而且巩固和扩大了抗日根据地，使敌后解放区战场进入了恢复和发展的新时期。据当时有关资料统计，从 1941 年 6 月到 1943 年 5 月两年中，八路军、新四军共作战 3.4 万多次，歼灭日伪军 26 万余人。自 1942 年 7 月至 1943 年底，华北各抗日根据地共恢复与扩大土地 7 万平方公里，增加人口 1000 万以上；

华中各抗日根据地共恢复与扩大土地2万多平方公里，增加人口500余万。

四

军事力量恢复和向正规战转变

1943年，世界反法西斯战争出现重大转折。2月，苏军在斯大林格勒大会战中歼灭德军150万人。5月，美英联军在北非战场围歼德、意联军25万人。9月，德意日轴心国之一的意大利宣布投降。在太平洋战场，美军取得瓜达卡纳尔岛战役的胜利，日军被迫转入战略防御，美军由防御和局部进攻转为全面进攻。为了应付太平洋战场的危机，也为了打通大陆交通线和扫除中国东南部沿海地区的中美空军基地，日本大本营大批抽调华北占领军主力前往太平洋战场和参加打通大陆交通线的战役。1943年年底和1944年年初，日军先后从晋冀鲁豫周围调走了第三十三、第三十五、第三十六、第三十七、第六十二、第一一〇共六个师团和骑兵第四旅团、独立混成第七旅团及独立混成第一旅团一部，而以新编成的独立步兵第一、第二、第三、第四、第十、第十四等旅团接替其防务。日军用于晋冀鲁豫边区的兵力相对减少，而且大部分是新兵，战斗力比较弱。[1]

日军在华北地区收缩兵力，减小了中共的军事压力，也为中共军事力量的扩张提供了空间和机遇。在军事策略上，中共开始尝试集中兵力进行小规模的运动战和攻坚战。1943年秋，晋冀鲁豫军区组织了卫南战役

---

① 第二野战军战史编委会：《八路军第一二九师战史》，解放军出版社1991年版，第255、308页。

和林南战役，集中几个团的兵力向日伪军发动进攻，共歼敌 12000 余人。1944 年 1 月 29 日，晋察冀军区发出《关于集中适当兵力歼敌一部的命令》，要求各军分区根据伪军撤退据点的情况，集中适当主力，配合各种方法，广泛攻袭伪军据点，迫其撤退并求得消灭其一部。[①] 到 5 月 20 日，北岳区和冀中区共攻克和逼敌撤退据点、碉堡 899 个，并要求各军分区继续向敌后之敌后开展工作，逼退敌之据点、碉堡，打击与瓦解伪军伪组织。[②]

在 1944 年的攻势作战中，晋察冀军区共作战 4400 余次，歼灭日伪军 4.1 万余人，攻克和逼退日伪军据点、碉堡 1785 处，解放村庄 9817 个、人口 758 万。晋察冀军区主力部队和地方武装恢复到 9.1 万余人，民兵发展到 63 万余人。1945 年夏季攻势中，晋察冀军区部队共歼灭日伪军 1.07 万余人，解放区面积扩大到 20.15 万余人，人口增至 2500 余万人。日伪军被压缩到铁路沿线及其两侧地区和部分城镇。从 1944 年春季开始，山东军区连续发动了以歼灭伪军和拔除深入抗日根据地的日伪军据点为主要目标的攻势作战。1944 年山东军区部队共作战 3514 次，其中主动进攻战斗 2568 次，占 73%。全年共歼灭日军 4800 人，伪军 5.4 万余人，攻克据点 765 处，逼退据点 500 余处，收复县城 9 座和 2 万余个村庄，解放人口 930 余万人。山东军区部队发展到 15 万人，民兵 37 万人。晋绥军区经过一年的攻势作战，歼灭日军 1350 余人、伪军 3700 余人，攻克和挤掉敌据点 106 处，解放村庄 3063 个、人口 37 万余。晋绥军区主力部队发展至 3.4 万余人，民兵 5.2 万余人。经过 1944 年的攻势作战，太行、冀南、冀鲁豫军区部队共歼灭日伪军 7.5 万余人，解放国土 6 万余平方公里，人口 500 余万人。1944 年，新四军攻势作战中，歼灭日伪军 5 万余人，攻克日伪据

① 中国人民解放军历史资料丛书编审委员会：《八路军·综述·大事记》，解放军出版社 1994 年版，第 505 页。

② 中国人民解放军历史资料丛书编审委员会：《八路军·综述·大事记》，解放军出版社 1994 年版，第 515 页。

点 570 处，解放国土 7400 余平方公里。新四军主力部队和地方武装发展到 25.1 万余人，民兵约 70 余万，抗日根据地人口达 4000 万。至 1945 年夏，新四军和华中根据地共有主力部队 21.5 万人、地方武装 9.7 万人，民兵 96 万余人。①

从 1944 年开始，中共军队采取局部进攻的战略，解放了大面积的国土，自身军事实力也随着急剧增长。但是，此时中共军队的装备依然十分落后，没有重武器，难以实行攻坚作战。因此，在军事方针上毛泽东更强调一个“挤”字，主张“对敌斗争的办法，主要还是挤”，要求“多打胜仗，巩固自己，挤小敌人”，具体到“挤”的方法，就是“在可能的条件下，应乘虚尽量消减伸入根据地内之伪军、顽军及敌军的小据点，扩大根据地，但一般的暂时不打交通要道及较大城市”②。1944 年 12 月，毛泽东依然强调根据中共军队武器装备的特点和军事技术的水平确定作战目标和作战方式：“我们必须把一切守备薄弱、在我现存条件下能够攻克的沦陷区，全部化为解放区，迫使敌人处于极端狭仄的城市与交通要道之中，被我们包围得紧紧的，等到各方面的条件成熟了，就将敌人完全驱逐出去。”③

另一方面，在中共军队对日伪军进行局部反攻的过程中，部队的作战形式和组织形式逐渐发生变化。在作战形式上，逐渐由分散的游击战向集中较大兵力进行包括攻坚战和运动战的正规战过渡，作战规模逐渐扩大，作战范围由内线转向外线。根据地 1944 年 1—8 月进行的 70 次主要战役战斗统计，其中游击战约占 33%，围困战占 18.5%，运动战和攻坚战的比例上升到 48.5%。到 1945 年夏季攻势时，攻坚战和运动战的比例则上升

---

① 《中国人民解放军军史》第 2 卷，军事科学出版社 2010 年版，第 292—352 页。

② 中央档案馆编：《中共中央文件选集》第 14 册，中共中央党校出版社 1992 年版，第 377—378 页。

③ 《毛泽东军事文集》第 2 卷，军事科学出版社、中央文献出版社 1993 年版，第 739 页。

到70%左右，出现了一次战役集中八九个团乃至十余个团，步兵、炮兵、工兵、骑兵等诸兵种协同作战的局面，作战规模进一步扩大。[①]部队的组织形式也随之得到调整，正规军的比例达到全军总数的65%。根据1944年来的作战经验和抗日战争形势的变化，中共七大正式做出以游击战为主向正规战为主的军事战略的转变。朱德在《论解放区战场》的军事报告中指出："八路军、新四军要准备在抗日后期实行从抗日游击战到抗日正规战的战略转变。现在已临到在实际工作上逐渐地去准备实现的时机。"会议同意朱德的军事报告，做出战略上由以游击战为主到以运动为主的决议。[②]

1945年8月11日，中共中央做出《关于日本投降后我党任务的决定》，指出："各地用将我军大部迅速集中，脱离分散游击状态，分甲乙丙三等组成团或旅或师，变成超地方性的正规兵团，集中行动，以便在解决敌伪时保证我军取得胜利。"[③]八路军、新四军在组建正规兵团的过程中，推进了由分散游击战为主到以正规战为主，由游击兵团向正规野战兵团的战略转变。然而，由于抗日战争迅速结束，中共在抗日战争期间并未完成由游击战为主向正规战为主的军事战略转变。到了解放战争时期，这一转变才彻底完成。

---

① 《中国人民解放军军史》第2卷，军事科学出版社2010年版，366页。

② 中国人民解放军历史资料丛书编审委员会：《八路军·文献》，解放军出版社1994年版，第1087页。

③ 中国人民解放军历史资料丛书编审委员会：《八路军·文献》，解放军出版社1994年版，第1113页。

五

坚持党对军队的绝对领导

1940 年 4 月，刘伯承在黎城会议指出："农民可以成为党军，同时又可以成为土匪伪军。农民斗争中，党的领导有绝对的意义。农民起来是容易的，但乱整乱搞，不久遂归于消灭，这证明党的领导的重要，发展难，巩固更难。党军需要我们大大努力，乌合之众是可怕的啊！"① 抗日战争期间，中共始终将政治工作放在极端重要的地位。这是中共军事力量能够持续发展的重要原因。

卢沟桥事变的爆发，是中华民族道路生死存亡的关头。中共军队与国民党军队进行了历时 10 年的内战，损失惨重。很多红军战士对国民政府充满了阶级仇恨。中共政治工作的首要任务就是把阶级战争引向民族战争，将军队凝聚在抗日的旗帜下。"灌输民族的爱国的思想，提高其民族自信心与自尊心"是中共政治教育的首要内容。② 中共首先从思想上转变军队对主要敌人的认识。当民族矛盾上升为主要矛盾，日本帝国主义就成为了中共军队的主要敌人。在当时中共印发的政治教育材料中，强调中华民族的悠久历史、灿烂文明和光辉传统，而日本侵略者正在对这个民族实行惨无人道的兽行。他们"所到之处，房屋被焚毁，财产被抢夺……此种惨状，真骇人听闻！即使侥幸没有遭杀害的人民，也是过着牛马不如的生活，今天强迫去修马路，明天抽派去当炮灰……"所以，"日本帝国主义，是中华民

---

① 《刘伯承军事文选》第 1 卷，军事科学出版社 2012 年版，第 290、296 页。

② 《邓小平文选》第 1 卷，人民出版社 1994 年版，第 25 页。

族的死敌，它要亡我国家，灭我种族，杀害我们父母兄弟，奸淫我们母妻姊妹，烧我们的庄稼房屋，毁我们的耕具牲口。为了民族，为了国家，为了同胞，为了子孙，我们只有抗战到底！”[①]通过教育，中共努力使战士明白抗日战争是一场神圣的民族的自卫战争，是每一个中华儿女的责任，加深了对抗日战争的认识，澄清了思想上的模糊认识，保证了红军改编任务的顺利完成，也为实现新的战略转变奠定了坚实的思想基础。

坚持党对军队的绝对领导是中共建设军队的重要原则。由于统一战线的建立，一方面，中共军队在编制上归国民政府统一领导；另一方面，国民政府没有放弃控制中共军队的努力。因此，如何坚持党对军队的绝对领导，成为抗日战争初期中共军队政治工作的重要目标。

在红军改编中，中共取消了政治委员制度。为了弥补政治委员的缺位，中共中央决定在军队中健全党的组织。《关于红军中党及政治机关在新阶段的组织的决定》指出，改编后的红军“为健全党的组织，以集体的领导方式来代替政治委员制度，故在师以上及独立行动之部队则组织军政委员会。这是党的组织，他指导全部的军事和政治工作并向中央或上级军政委员会负责”[②]。1937 年 8 月 1 日，中共中央组织部做出了《关于改编后党及政治机关的组织的决定》，对军队党的组织设置做出了更系统的设计，“师以上及独立行动之部队，组织军政委员会”；“师团两级及总部和师的直属队，组织党的委员会”；“旅营两级由军政主要干部，组织特别小组”；连队的党的支部，依然是党在部队中的基本组织。并规定“支委会三个月改选

① 中国人民解放军政治学院政治工作教研室编：《军队政治工作历史资料》第 4 册，战士出版社 1982 年版，第 26 页。

② 中央档案馆编：《中共中央文件选集》第 11 册，中共中央党校出版社 1991 年版，第 268 页。

一次，团委会半年改选一次，师委会一年改选一次。”① 在军队高层，党组织建设也得到进一步加强，1937 年 8 月洛川会议扩大了中央军委，由毛泽东、朱德等 11 人组成。8 月底，又在前方设立党的军委分会，以朱德、彭德怀为正副书记，直接受中央军委会领导。在一一五师、一二〇师、一二九师成立军政委员会，受军委分会领导。为了统一前后方部队政治工作的领导，加强前后方的联系，中央军委还于 10 月 16 日成立了总政治部。后鉴于政治委员制度取消产生的不利影响，1937 年 10 月，中央决定恢复政治委员制度，团以上及独立营设立政治委员；各师、旅、团政训处改为政治部（处），主任由政治委员兼任。

在抗战进入相持阶段以后，根据新的形势，为了巩固党的工作，进一步统一部队中各级党的组织，1938 年 11 月，八路军野战政治部下达了《关于党的组织问题的命令》。命令指出：营分支以组织干事兼分支书记，团级一律成立总支部，两级委员分别由全营团党员大会或代表大会选举产生。旅级同时成立党委委员会及军政委员会两个组织，军政委员会由师级领导机关指定，即集体政委制，讨论与决定旅范围内一般大的问题；党务委员会由全旅党员代表大会选举成立，以常委会负责处理全旅党员中有关纪律及新党员之经常征收等。② 抗日根据地被日寇分割包围、联系受阻，各地独立性加大。为集中统一领导，1942 年 9 月，中共中央发出《关于统一抗日根据地党的领导及调整各组织间关系的决定》，确定在各根据地设立统一的领导一切的党的委员会，实现了党的一元化领导。

党的领导作用最终要体现在党的领导干部和党员模范作用上，体现在党员的质量上。1939 年 6 月，总政治部发布《关于加强部队党内教育的

---

① 总政治部办公厅编：《中国人民解放军政治工作历史资料选编》第 4 册，解放军出版社 2004 年版，第 13 页。

② 总政治部办公厅编：《中国人民解放军政治工作历史资料选编》第 4 册，解放军出版社 2004 年版，第 234 页。

训令》，决定将党龄一年和一年半以内的新党员，举行一个有计划大规模的训练，以提高党员质量。按照政治部的训令指示，各部队严把入口关，严格入党条件和入党手续，并对已有党员进行了检举与清洗工作，清除不合格分子。同时，强化党员教育，建立专门进行党员教育的“党日”，开设了党课和各种训练班，并对新党员、普通党员、干部党员，分门别类地进行了教育。

1940年夏，抗日战争逐渐进入困难时期，军队党员尤其是干部党员产生违反党性的倾向，某些党员出现逃亡现象、落后现象，更有甚者，“个人主义”“英雄主义”“无组织的状态”“独立主义”抬头。他们“在政治上自由行动，不请示中央或上级意见，不尊重中央及上级的决定”；“在组织上自成系统，自成局面，强调独立活动，反对集中领导”；“在思想意识上，是发展小资产阶级的个人主义，来反对无产阶级的集体主义，一切从个人出发，一切都表现个人，个人利益高于一切”①。这些现象虽属个别，但任其发展，就会危及党和革命事业。为整饬这种现象，1941年7月，中央政治局通过了《关于增强党性的决定》，总政治部也做出了《关于军队中党的工作中的决定》（草案），指出目前大多数党员在党性上是模糊的，“应当用一切方法消灭党员中的落后现象、逃亡现象，以及党与非党之间表现在思想上政治上组织上界限不大的现象”。总政治部指出：“党内没有特殊党员（政治的），没有首长制及个人集权制，所有党员在党的权力上是平等的，在党的会议上是少数服从多数，在党的系统上是下级服从上级，党员服从党，全党服从中央。”②各部队根据指示，不断加大党员的教育力度，并逐步

---

① 中央档案馆编：《中共中央文件选集》第13册，中共中央党校出版社1991年版，第146页。

② 总政治部办公厅编：《中国人民解放军政治工作历史资料选编》第4册，解放军出版社2004年版，第547、548页。

健全党的民主生活。从1942年起，各部队又积极贯彻中共中央关于全党进行整风的指示，反对党员中存在的主观主义、宗派主义和党八股，彻底纠正了军队党的学风、党风和文风，提高了军队党员的马克思主义理论水平，增强了其贯彻执行党的路线、方针、政策的自觉性，有力地巩固了党和党对军队的领导。

全心全意为人民服务是中共军队的宗旨。在官兵关系上主要体现为官兵一致。1937年12月，毛泽东在和英国记者贝特兰谈话时指出："官兵一致的原则，就是在军队中肃清封建主义，废除打骂制度，建立自觉纪律，实行同甘共苦的生活。"①1940年6月，彭德怀在《建设我们的军队》的讲演中强调："我们同为被压迫被剥削的阶级，彼此之间没有阶级不同之处。官兵的政治目的也是一致的。可以做到官兵一致，上下一致。"②

官兵关系的改善关键在于改变干部的领导作风，"改变那种滥用惩罚和单纯靠行政强制力量办事的作风，代之以充分说服教育和运用民主的作风"③，使干部认识到"部队的真正巩固，必须建立在战士自觉的基础上，领导与管理战士，必须从思想改造着手"。因此，除军事行动与战场指挥之外，应尽量发扬民主，耐心地进行启发说服，才能使官兵关系建立在高度的政治自觉与深厚的革命友爱之上。针对部队中由于封建官僚主义思想和军阀主义倾向而产生的不良领导作风，军队在1942年6月开始了历时近3年的整风运动，并于1942年冬开展了反对军阀主义倾向的斗争。整风运动的重心在于反对军事领域中的教条主义和经验主义，对干部主要是整顿组织观念和工作态度，对战士则主要要求不违犯纪律，不说怪话等。反对

---

① 《毛泽东选集》第2卷，人民出版社1991年版，第379页。

② 彭德怀：《建设我们的军队》(1940年6月4日)，《前线》创刊号，1940年7月15日。

③ 总政治部办公厅编：《中国人民解放军政治工作历史资料选编》第7册，解放军出版社2004年版，第757页。

军阀主义的重心则是放在同外部的关系上，即着重改善军政和军民关系。尽管官兵关系在整风和反对军阀主义倾向的斗争中也大为改善，但不关心战士疾苦，不解决战士困难，甚至打骂侮辱战士等现象仍然时有发生。部队应有的民主作风发挥不够，官兵关系还难以融洽无间。1944 年 9 月，中央军委向全军批转了联防军第三五八旅整顿官兵关系的经验。

经过教育和整顿，官兵关系明显改善。干部一改对战士漠不关心的态度，在条件允许的情况下，解决战士的各种实际困难。陕甘宁边区部队为帮助战士建立家务，创办了军人合作社等。干部不再随意讽刺、挖苦、打骂战士，而是开展耐心细致的说服教育。即使是落后战士，也着重从政治上提高，思想上巩固，各部队不断涌现出许多爱兵模范。在干部作风转变的带领下，广大战士的精神面貌随之发生变化，比学赶帮，积极上进的军队风气日益浓厚。许多落后战士积极努力地克服缺点。如"总政联政介绍的警三旅八团二连，他们有二十三个落后战士，全部被改造过来，有的当了劳动英雄，有的当了班排级干部，练兵生产都搞得非常热火"[①]。谭政在《关于军队政治工作问题》的报告中指出："士兵中的二流子变为好人了，想开小差的不开小差了，不满的满意了，破坏纪律的遵守纪律了，懒怠的勤劳了。"[②]中共改善军队中官兵关系的努力，增强了部队的凝聚力和战斗力。

毛泽东在《论持久战》等文章中，多次强调民众对于战争的重要作用，并提出了"兵民是胜利之本"的著名论断。"战争的伟力之最深厚的根源，存在于民众之中"，"动员了全国的老百姓，就造成陷敌于灭顶之灾的汪洋大海"[③]。只有得到最广大人民的支持，才能得到无穷尽的经济后盾和力量

---

① 总政治部办公厅编：《中国人民解放军政治工作历史资料选编》第 7 册，解放军出版社 2004 年版，第 767 页。

② 中央档案馆编：《中共中央文件选集》第 14 册，中共中央党校出版社 1991 年版，第 200 页。

③《毛泽东选集》第 2 卷，人民出版社 1991 年版，第 480、509、511 页。

依靠。

中国还是一个典型的农业国家，人口的绝大多数都在农村。以一个典型的农业国来抗击工业化程度已经相当高的日本的军事占领，农民的作用自然十分重要。一是军队的士兵主要来自农村，农民对战争配合和参与的程度直接影响到中国军队的作战能力；二是敌后根据地都处于农村，如果没有农民的支持，任何游击战或根据地均无施展的可能。战争的性质决定着人心的向背，但这种支持只是提供了一种政治基础的可能，这种可能能否最大限度地转化为现实，还取决于群众对军队的切身感受，即这支军队是否拥有正确的群众观点、良好的作风以及各项具体的工作。群众是实际的，他们判断军队同他们的关系，不是以军队宣传口号，而是以军队实实在在的行动作为评判标准。人民群众只有从自身的切身利益中认识到这是保护自己利益的军队，才会发自内心地支持、援助军队，否则，一切的宣传和组织工作都是空谈。

中共军队严明的纪律是其赢得人民支持的首要原因。在抗战中，中共军队制定了新的三大纪律和八项注意，三大纪律是：实行抗日救国纲领，服从上级指挥，不拿人民一点东西；八项注意是：进出宣传，打扫清洁，说话和气，买卖公平，借物送还，损物赔偿，不乱屙屎，不杀敌兵（指俘虏）。一方面，对于违反群众纪律的分子，严格纪律执行，不搞例外，并在群众中公审，向群众道歉，赔偿群众损失。另一方面，详细考察与研究人民群众有何切身痛苦，设法解除其可能解除的痛苦，积极从现实中为人民谋利益，坚决贯彻毛泽东指出的："军队每到一处地方，不管那个地方的老百姓对我们如何，地方党对我们怎么样，我们对他们都要采取帮助的态度。""对于我们自己的队伍，我们每一个军分区、每一个军区应该采取更严肃的态度。”①通过三大纪律、八项注意，很多农民真切感受到中共军队与其他部队的不同。

在军事行动上，中共军队在力所能及的范围内努力保护人民的利益。各部队在一般的军事部署上，都把抗战的一般利益和人民的当前切身利益结合起来。凡人民群众春耕夏耘秋收冬藏，军队都一如既往地出兵掩护。当敌人抢粮抓丁时，人民军队坚决保护人民的生命财产。如 1944 年的麦收季节，晋察冀四分区部队“人员百分之九十以上，及全部畜力（包括驮骡及骑马），全部投入大突击，粉碎了敌人抢麦三千五百吨的疯狂计划。有些堡垒下的麦地，敌人正想动手，一夜之间，便已收完，次日只剩了一片麦秸根”②。

在开展精兵简政的指导下，中共军队一方面精简自己的人员，另一方面坚持生产自己，竭尽全力为减轻人民负担而努力。陕甘宁边区留守兵团“开支在一九四二年有百分之五十到百分之八十二，不是由政府、人民负担，而是靠自己解决”③。到 1943 年时，有些部队由于自己努力生产的结果，已能完全自给。各部队都规定在不妨碍部队自己工作与战斗的情况下，派出一定的劳动力去无代价地帮助人民。如新四军 1941 年“帮助群众割麦约八千余亩，参加人数八千七百余名”④ 。1943 年“苏中、淮北、淮南部队协助人民捕杀蝗蝻”。同年春荒，“各部队实行节衣缩食，救济灾民，淮南路东部队捐款捐粮即达一百六十万元，军直属队亦捐款四十万元”⑤。对于群

---

① 《毛泽东文集》第 3 卷，人民出版社 1993 年版，第 405 页。

② 总政治部办公厅编：《中国人民解放军政治工作历史资料选编》第 7 册，解放军出版社 2004 年版，第 800 页。

③ 《拥军运动和拥政爱民运动的经验》，《解放日报》1943 年 5 月 8 日。

④ 总政治部办公厅编：《中国人民解放军政治工作历史资料选编》第 6 册，解放军出版社 2004 年版，第 924 页。

⑤ 中国人民解放军历史资料丛书编审委员会：《新四军·文献》第 4 册，解放军出版社 1995 年版，第 967 页。

众的日常劳动，如挑水、铡草、抬土、劈柴、推碾等，中共军队也提供力所能及的帮助。

1943 年 1 月 25 日，八路军留守兵团司令部、政治部发出《关于拥护政府爱护人民的决定》以及《关于拥政爱民月的工作指示》，随后又公布了《拥政爱民十大公约》。从 1943 年 1 月起，各部队遵照中共中央指示，结合实际发布拥政爱民文件。同年 10 月 1 日，毛泽东在《关于减租、生产、拥政爱民及宣传十大政策的指示》的党内指示中，又进一步规定了从 1944 年开始每年农历正月举行一次拥政爱民活动。其活动内容主要有：进行拥政爱民思想教育；与民同乐，军民联欢；清理旧案，赔偿还物；积极参加生产，减轻政府和人民的负担；帮助人民进行春耕、秋收和冬藏等生产劳动；提高人民群众的文化生活；帮助政府，执行政府法令；等等。

1956 年，毛泽东在接见日本日中输出入组合理事长南乡三郎。后来毛泽东回忆说："日本的南乡三郎见我时，一见面就说：日本侵略了中国，对不住你们。我对他说：我们不这样看，是日本军阀占领了大半个中国，因此教育了中国人民，不然中国人民不会觉悟，不会团结，那末我们现在也还在山上，不能到北京来看戏。就是因为日本'皇军'占领了大半个中国，中国人民别无出路，才觉悟起来，才武装起来，建立了许多根据地，为解放战争的胜利创造了条件。所以日本军阀、垄断资本干了件好事，如果要'感谢'的话，我宁愿'感谢'日本军阀。"①毛泽东的讲话广为流传，很多人以此指责中共真发展假抗日。一方面，这些人不了解毛泽东的语言风格和思维特质，在毛泽东的辩证法思维中，坏事向来可以变成好事；另一方面，这是毛泽东作为战胜者的从容和自豪。

---

① 《毛泽东外交文选》，中央文献出版社、世界经济出版社 1995 年版，第 460—461 页。

1937 年全民族抗日战争爆发之时，毛泽东丝毫没有这种从容，而是对于中共军队能否抵抗日军的进攻充满了担心。毛泽东在考虑如何应对日军的同时，对国民政府也心存戒备，他告诫中共领导人“防人之心不可无，应有戒心”，因此，坚决拒绝了国民政府要求红军分割出动的方案，对于蒋鼎文要求刘伯承师速上前线的提议，毛泽东猜度：“或者不明白使用大兵团于一个狭小区域实不便进行游击战争；或者他们含有恶意即企图迫使红军打硬仗。”[①] 中共将游击战作为战略选择，这不能不是重要的原因。

然而，促使中共将游击战作为战略选择的终极原因，则是中共军队武器装备的极端落后。例如，1937 年 10 月，第一二九师除直属第七七〇团共 9367人，各种枪支4965 支，其中花机枪 3 挺，重机枪 29 挺，轻机枪 93 挺，各种子弹 102828 发，大概两人才有一支枪，每支枪 20 发子弹，不少的马步枪没有刺刀，全师仅有刺刀 55 把。[②] 这就导致第七六九团在阳明堡战斗中与敌人白刃格斗时因步枪上无刺刀而造成了不少伤亡。第一一五、第一二〇师的情况也大致接近，根据《周士第日记》记载，第一二〇师初改编时共有各种枪 5216 支，刺刀 117 把，各类子弹 276995 发[③]。这阻碍了“八路军更多胜利之获得，被我击败之敌眼见得不难立时消灭，但往往因武器落后，火力不足，竟被其漏网或竟不能消灭”[④]。抗日战争期间，中共军队装备落后的情况始终没有得到有效改善。尤其是当面对日军以碉堡压缩中共军队活动空间时，由于重武器和炸药的缺乏，八路军和新四军只能无条件地进行游击战。到了 1945 年，敌后战场的局部反攻已经颇有成效，但让中

---

① 中共中央文献研究室编：《毛泽东年谱（1893—1949）》中卷，中央文献出版社 2013 年版，第 13、15、21 页。

② 陈孝文主编：《中国人民解放军后勤史·抗日战争时期》第 5 册，金盾出版社 1992 年版，第 191 页。

③ 参见《周士第将军阵中日记》（内部读本），第 20—21 页。

④ 《左权军事文选》，军事科学出版社 2005 年版，第 364 页。

共感到最为困难的事情依然是部队装备和军用器材问题。[①] 因此，整个抗日战争期间，中共只能采取游击战争的形式与日军周旋，避免与日军正面交锋，在战术上则尽量采取袭击伏击的形式。

中共军队在敌后的迅速发展证明中共在抗日战争时期的军事战略是成功的。需要指出的是，中共军事策略仅是其军事力量不断发展的一个因素，其他诸如中共的根据地建设，经济政策的调适、统一战线政策等都在中共军事成功中起到重要的支撑作用。中共军事力量急剧膨胀的同时也带来了很多问题，比如兵员复杂、部队不稳定、纪律废弛、官兵关系紧张等，中共坚强的政治工作在很大程度上遏制了这些问题的蔓延和发展，这是中共军事力量能够持续发展的重要保证。

不能否认，在全民族抗日战争期间国共有党派利益的冲突，彼此之间甚至因此发生了几次军事冲突。国民党指责中共游而不击，假抗日真发展；中共指责国民党消极抗日。事实上，双方都不可能做到纯粹的消极抗日。中共若要发展，必然要与日军发生冲突；国民党若要固守大后方，也必须抵御日军的进攻。虽然历史不能假设，但我们不能想象，如果日军顺利地巩固华北，国民政府会面临什么样的压力。反之，如果国民政府被彻底打败，中共根据地能否坚持。从中华民族整体利益来讲，国共两党力量的壮大，都有益于中国抗战的早日胜利。

---

① 《朱德军事文选》，解放军出版社 1997 年版，第 531 页。

全民族抗日战争时期是中共力量得到大发展的重要阶段，全国党员人数由约 4 万人发展到 120 万人，其中相当数量的党员又是在全民族抗战爆发后的头两年发展起来的。全民族抗战前期各抗日根据地中共组织的大发展，一方面壮大了党的队伍，另一方面也难免出现"拉夫"式的发展党等问题。那么，当时各地的中共组织是如何发展起来的，在大发展中又出现了哪些问题，当年是如何开展中共组织整顿工作的，虽然也偶有著述提及[①]，但就此进行专门的论述尚不多见，本章拟就此做一点简要的探讨。

---

① 如张明楚主编的《中国共产党基层组织建设史》（福建人民出版社 2008 年版），卢先福、龚永爱主编的《农村基层党建历程》（湖南师范大学出版社 2011 年版）等，在相关章节中对此有所介绍，但由于这些著作属于通史性质，未就此展开深入论述。此外，亦有关于抗战时期党的建设的论文对此有所谈及，如王新生的《试论抗战时期党的建设的历史经验》（《中共党史研究》2005 年第 6 期）一文，评述了整个抗战期间中共组织的发展与巩固情况。

『大力发展党』

第四章

CHAPTER FOUR

一

“十百倍的发展党员”

从目前了解到的情况看，全民族抗战爆发之时，中共在全国的党员人数大多是笼统的4万人之说，未见有具体的数字。这4万党员主要集中在陕甘宁地区特别是军队中，据任弼时1938年5月向共产国际报告，“开往山西省的八路军部队45%的指战员是共产党员”[①]。因此，除军队及陕甘宁地区外，中共在全国其他地方党的力量甚为薄弱。

全民族抗战爆发后，八路军迅速出兵华北抗日前线。华北地区中共的早期组织，1921年年底中共河南洛阳党组织建立，1924年夏山西成立了中共太原支部。但在1931年至1935年的“左”倾教条主义统治时期，华北地区的中共组织也遭受严重破坏。1936年春，中共中央决定由刘少奇担任中共中央北方局代表，负责指导华北党的工作。随后，刘少奇对白区工作中存在的关门主义和冒险主义进行了系统纠正，恢复了河北省京东、津南、保属、直南等地区的中共组织，重建了中共山东省委、山西省委和河南工委，使华北地区中共组织得到了恢复和发展，到全面抗战爆发之时，党员人数达到了5000余人。

但是，随着大片抗日根据地的开辟和中共及八路军影响的日益扩大，

---

① 《共产国际、联共（布）与中国革命档案资料丛书》第18卷，中共中央党史研究室第一研究部译，中共党史出版社2012年版，第229页。

中共的组织力量和党员数量仍严重落后于形势的发展。作为全民族抗战爆发后中共创建的第一个敌后根据地，晋察冀边区中共的组织基础十分薄弱，平汉路以西的地区，与上级保持联系的，只有平山、定襄、五台、东冶、完县、涞源、定县等地有党组织；阜平、灵寿、行唐、曲阳、唐县、正定、新乐、井陉等县，有一部分党员在坚持活动，但人数很少，组织也不健全，与上级的联系是时断时续。党员数量最多的平山县，虽有党员400余人，但有确切组织关系，能切实坚持工作的只有几十人。[①]全民族抗战爆发前，中共山西省工委下辖太原市委、定襄中心县委、阳泉矿区委、运城区委、祁县支部及寿阳、介休等县的一些零碎关系，加上省工委在太原直属的几个支部，共有党员360余人。[②]中共山东省委在给中共中央的报告中说，到1937年11月，冀南及鲁北地区的乐陵、无棣、商河等十余县，"党的基础薄弱"，仅有党员200余人。[③]1937年5月，中共中央决定重建中共河南省委，并指定朱理治负责省委的筹建工作。当时，中共中央交给朱理治的组织关系，除原中共河南省工委和中共鄂豫边省委的150余人外，还有中共苏鲁边特委300人，中共皖西北特委30人。[④]

在这种形势下，迫切需要党的组织和党员人数能迅速增长。当时，党内较早提出应当大量发展党员的负责干部是刘少奇。1937年10月10日，刘少奇撰写了《为发动华北广大群众的抗日救亡运动而斗争》一文，强调指出："在敌占区域，在我军后方，都应立即大大地发展党，建立党的地方组织与支部。因为目前正是华北最严重的时候，红军的威望与共产党的政

① 谢忠厚、肖银成主编：《晋察冀抗日根据地史》，改革出版社1992年版，第69页。

② 山西省史志研究院：《中国共产党山西历史(1924—1949)》，山西人民出版社1999年版，第271页。

③ 山东省档案馆：《山东革命历史档案资料选编》第4辑，山东人民出版社1982年版，第4页。

④ 中共河南省委党史工作委员会：《中共河南党史》上卷，河南人民出版社1992年版，第362页。

治影响，已有极大的增长，很多革命分子此时均在寻找红军与共产党，愿意参加红军与共产党，舍身加入革命。同时又因为我党在华北尤其在山西的组织基础是太薄弱了，我们要领导华北数十万群众的游击运动，并获得胜利，必须十倍百倍地发展我党的组织，才能保证我党的领导。因此，党在全华北各地必须开门，大量地发展党员，吸收在革命斗争中产生的工农积极分子与经过锻炼的知识分子，在每一县、每一个地区与乡村及武装部队中都建立起党的组织。”刘少奇认为，在当前形势下，建立各地党的组织，“应该采取一些由上而下的方式”，即先在各县建立党的工作委员会或临时县委，“由县工作委员会负责去介绍同志，建立各乡村各城市中党的支部，等许多支部建立后，再成立正式县委”[①]。同年10月22日，刘少奇在给八路军第一二〇师负责人贺龙、关向应及华北各地党组织的电报中又指出：“在已失及未失地区，都要大大发展地方党，吸收在抗日斗争中积极的工农与经过锻炼的知识分子入党。要在各县首先成立党的工作委员会，负责建立全县各乡村党的支部。”[②]

党的发展问题也引起了中共中央和毛泽东的重视。1937年11月12日，毛泽东在延安党的活动分子会议做了《上海太原失陷以后抗日战争的形势和任务》的报告，强调：“几个月来，更广大的小资产阶级的左翼群众是在我们的影响下团结起来了，国民党营垒中的新生力量是在增长中，山西的群众斗争是发展了，党的组织在许多地方也发展了。”“但是必须清楚地懂得，党的组织力量，在全国，一般地说来还是微弱的。全国的群众力量也还是很薄弱，全国工农基本群众还没有组织起来。所有这些，一方面由于国民

---

① 《中共中央北方局》资料丛书编审委员会编：《中共中央北方局——抗日战争时期》上册，中共党史出版社1999年版，第60—61页。

② 《刘少奇选集》上卷，人民出版社1991年版，第93页。

党的控制和压迫的政策，另一方面则是由于我们自己的没有工作或工作不足。这是我党在现时抗日民族革命战争中的最基本的弱点。不克服这个弱点，是不能战胜日本帝国主义的。”①1938 年 1 月 15 日，中共中央在给中共山东省委的指示中亦指出：“在目前民族革命的高潮中，应当大量的吸收积极的工农成分和革命的学生入党，但同时必须严密党的组织不使一个奸细和投机分子混入党内。”②

在 1938 年 2 月召开的中共中央政治局会议上，大量发展党成为会议讨论的一个重大问题。会议认为，（一）党今天在数量上还远不能适应抗战事业的需要。因此，要求全党把发展党员看作日常工作中的一种最基本工作；（二）党的质量（即社会成分）须要有大的变更；过去几年因为特殊的历史环境和种种原因，所以党员的社会成分是农民雇农和手工工人占多数，大城市产业工人的比例不够，现在应当努力克服这一弱点，应当努力吸收重要产业的先进工人和先进智识分子入党；（三）因为国内外政治环境的复杂和紧张，因为新党员增加和老干部理论修养的不够，加强党内马克思列宁主义的经常政治教育，加强党内对三民主义的深刻研究，已经成为全党刻不容缓的严重任务；（四）加紧选拔和培养大批新的党的干部和非党的革命干部，以增强抗战的力量；（五）为适应抗战环境的需要，建立和健全地方党部的独立工作能力；等等。③ 毛泽东在会议上提出要“大量的发展党员”，并建议中共中央对这个问题做出决议。④ 张闻天表示同意毛泽东的意见，说目前只有 9 万余党员，人数太少。要发展民运，便要发展党。干

① 《毛泽东选集》第 2 卷，人民出版社 1991 年版，第 394 页。
② 中央档案馆编：《中共中央文件选集》第 11 册，中共中央党校出版社 1991 年版，第 419 页。
③ 中央档案馆编：《中共中央文件选集》第 11 册，中共中央党校出版社 1991 年版，第 359—461 页。
④ 中共中央文献研究室：《陈云传》上卷，中央文献出版社 2005 年版，第 238 页。

部人数也很不够，今后要注意培养新干部，而新干部也只有在发展党的过程中来培养。①

根据毛泽东的建议，中共中央书记处书记、中央组织部长陈云主持起草了《中央关于大量发展党员的决议》。1938 年 3 月 15 日，中共中央正式通过了这个决议。决议认为，由于日本帝国主义的压迫与民族革命的新高潮，由于党的抗日民族统一战线政策的正确领导与党的影响和威信的扩大与提高，大批的革命分子要求入党，这给了发展党以极端有利的条件。“但应该指出，目前党的组织力量，还远落在党的政治影响之后，甚至许多重要的地区，尚无党的组织，或非常狭小。因此大量的十百倍的发展党员，成为党目前迫切与严重的任务。”决议为此提出了大量发展党员的具体要求，如打破党内在发展党员中关门主义的倾向，反对把党的注意力局限在恢复与审查旧关系和旧线索的狭窄圈子内；打破在统一战线中忽视党的发展，以为党的扩大无足轻重，甚至于取消党的发展的严重倾向；大胆向着积极的工人，雇农，城市中与乡村中革命的青年学生，知识分子，坚决勇敢的下级官兵开门，把发展党的注意力放在吸收抗战中新的积极分子与扩大党的无产阶级基础之上；特别注意在战区在前线上大量的吸收新党员，建立强大的党的组织；在后方无党的组织的地区，当地党应有计划地与迅速地去重新建立与发展党的组织；把发展党员成为每一个党员及各级党部的经常的重要工作之一，进行经常的检查与推动；等等。②

随后，中共中央又一再强调，必须加快党员发展。1938 年 3 月 24 日，张闻天、毛泽东、刘少奇联名致电朱瑞等，要求“大大发展党，建立与健全各级党的领导机关，办一、二个较大的学校，训练政治军事群众团体及政

---

① 《张闻天文集》第 2 卷，中共党史出版社 1992 年版，第 388 页。

② 中央档案馆编：《中共中央文件选集》第 11 册，中共中央党校出版社 1991 年版，第 466—467 页。

府的干部，党办训练班”[①]。

1938年9月29日至11月6日，扩大的中共六届六中全会在延安召开。毛泽东在《新阶段》的政治报告中，明确提出要将“大胆发展而又不让一个坏分子侵入”，作为发展党的总方针。他指出：“为了克服困难战胜敌人，共产党必须扩大其组织，向着真诚革命，而又信仰党的主义，拥护党的政策，并愿意服从纪律，努力工作的广大工人农民与青年积极分子开门，使党变为伟大的带群众性的党。在这里，关门主义倾向是不能容许的。但同时，对于奸细混入的警觉性也决不可少。”[②]张闻天在会上所做的《关于抗日民族统一战线的与党的组织问题》报告中，专门有一节讲到发展党员的问题，强调“有计划地发展党员，建立支部，使党成为全国性的、群众的、布尔什维克的党——是目前中心任务之一”。报告还提出发展党与巩固的原则，应是“在工作的开展中去发展党，在斗争中去发展党”；“发展到一定程度后，需要一时期的清理，整顿与巩固（消化），然后再发展”。对于党员成分问题，报告提出要保证全党内工人、雇农、手工业者、劳动农民占优势，但许多地方党在开始时，应多吸收革命知识分子，认为这样做“不是坏倾向，而正是一般的规律。党一般的要经过革命的知识分子的帮助，而深入到下层群众中去”。报告指出，在发展党员的过程，必须克服两种错误倾向，即关门主义与拉夫主义。[③]

① 中央档案馆编：《中共中央文件选集》第11册，中共中央党校出版社1991年版，第480页。
② 中央档案馆编：《中共中央文件选集》第11册，中共中央党校出版社1991年版，第645页。
③ 中央档案馆编：《中共中央文件选集》第11册，中共中央党校出版社1991年版，第718页。

二

中共组织的大发展

全民族抗战爆发之后，中共各级组织花了很大的力气从事党员发展的工作。1937 年 9 月，中共中央北方局决定成立由李葆华、王平、刘秀峰等组成的中共晋察冀临时省委（1938 年 10 月改称中共晋察冀区委），与同时到达这一地区的八路军部队一起，“担负起发动群众，并大力发展党组织的任务”。“边区部队和工作团、工作组分散各地，采取大刀阔斧的大量发展党的方针，在发动群众的过程中，培养和吸收群众中的先进分子入党，恢复抗战前失掉的党的关系。在没有党组织的地方，便由工作团、工作组组成党的临时县委、区委，积极发展新党员，着手建立党的组织。”① 很快，在中共晋察冀省委下组成了四个特委，县以下的党组织也逐步建立起来。据中共晋察冀省委组织部的不完全统计，到 1938 年 6 月，全边区平汉路以西的地区党员发展到 10460 人，其中 90% 以上是全民族抗战爆发之后新发展的。到 1940 年 10 月，该区党委所属党员发展到 70600 名。② 与此同时，冀中地区的党组织发展迅速。到 1937 年 10 月，冀中全区党员发展到 5000 名左右。1938 年 1 月，中共冀中省委成立，所属党员达到 12000 人。这年四五月间，冀中多数县恢复了县委组织。到 1939 年，冀中全区中共党

---

① 谢忠厚、肖银成主编：《晋察冀抗日根据地史》，改革出版社 1992 年版，第 70 页。

② 中共中央组织部等：《中国共产党组织史资料》第 3 卷下册，中共党史出版社 2000 年版，第 442—443 页。

员发展到9万多名。①

1938年4月，中共晋西北省委（1938年8月改称中共晋西北区委员会）在岢岚召开晋西北地区党的活动分子会议，决定在全区大力发展党的基层组织。到1939年春，晋西北区党委下辖的党组织，由原来的3个县委发展到8个地委，30余个县委，党员人数达到1万余人。② 在晋东南根据地开辟之时，全区党员仅1000余人，到1938年6月，发展到1万余人。1939年9月，又发展到30150人。③ 在晋西南地区，抗战爆发初，全区党员只有几十人，到1938年9月，晋西南地区中共党员发展到5900名。到1939年1月，全区共有26个县委，中共党员发展到11000名。④ 中共晋西南区委书记林枫后来谈到晋西南建党工作的情况时曾说："严格说，当初晋西南没有党，只有运城有几十个党员。洪赵是否有，不记得了。那时办了个党校，训练一礼拜，派七个人去洪赵；从程子华那里又派人去晋西。在不到两年的时间里，全区党员由抗战初期的几十个发展到18000多，增长了200多倍。"⑤

1938年2月，中共晋冀豫省委（1938年8月改称晋冀豫区委员会，1940年10月更名为中共太行区委）召开党的活动分子会议，这时地方中共党员仅1000余人，1938年6月增至1万人，到1939年9月召开全区第一次党代表大会时，党员增加到30150人。⑥ 中共晋冀豫区委组织部长徐子荣在该区第一次党的代表大会开幕词中，曾对该区党员发展的情况做

---

① 中共中央组织部等：《中国共产党组织史资料》第3卷下册，中共党史出版社2000年版，第488—489页。

② 山西省史志研究院：《中国共产党山西历史（1924—1949）》，山西人民出版社1999年版，第293页。

③ 山西省史志研究院：《中国共产党山西历史（1924—1949）》，山西人民出版社1999年版，第294页。

④ 中共中央组织部等：《中国共产党组织史资料》第3卷下册，中共党史出版社2000年版，第339页。

⑤ 穆欣：《晋西南抗日根据地漫记》，中国人民解放军总参谋部《一二〇师战史》编写办公室1996年编印，第84页。

⑥ 太行革命根据地史总编委会：《太行革命根据地史（1937—1949）》，山西人民出版社1987年版，第44页。

了这样的描述："在开始初创时间，不过 30 多同志；在辽县活动分子会议（指 1938 年 1 月底至 2 月上旬中共晋冀豫省委在山西辽县召开的党的活动分子会议——引者注）时，不过 1000 多党员；现在都要超过了好多倍。我们党在这个区域可以说是唯一的大党，可以说是群众的党，不但生长了党的力量，而且创造了武装，推动了全区政治文化上的前进，把落后的区域变成先进的区域。"①

山东地区的中共组织在抗战爆发后也得到迅速发展。据中共鲁西区党委 1939 年 11 月《关于党的工作报告》："为着响应党中央 3 月 15 日关于大量发展党的号召，为着纪念'七七'事件一周年，便规定 7 月为突击月。在党的工作上，这一月来实行突击运动，并规定各级在发展党为一倍的比率（例）数，7 月前鲁西特委领导的党员总数是 500 余，7 月底县委联席会议上的总结是 1700 余了，工农的比例数也大大增加。并在鲁西特委领导的县份，领导机关健全起来。8 月中旬，在冀鲁豫区党委召集了各特委书记联席会议，除去一般的检查工作、指示工作外，并规定 9 月为冲锋月，各地委间并举行竞赛（鲁西和直南、鲁西北和冀南一地委），这和 7 月的突击一样，兴奋了鲁西的党，和完成 7 月的突击运动一样，紧张地渡过冲锋的 9 月，胜利地完成了党给予的任务。组织的开展，在这一月是由 1700 到 3800，鲁西北特委区域内也由 300 多党员到 600 多。"②

1939 年 1 月，以鲁西北、鲁西、泰西特委和苏鲁豫边区特委领导的郓（城）濮（阳）巨（野）菏（泽）中心县委为基础，在馆陶县成立中共鲁西（山东第二）区委员会。该区党委从成立 1939 年 8 月，以恢复党的组织、

---

① 山西省档案馆：《太行党史资料汇编》第 2 卷，山西人民出版社 1989 年版，第 469 页。

② 中共冀鲁豫边区党史工作组办公室等：《中共冀鲁豫边区党史资料选编》第 2 辑文献部分上册，河南人民出版社 1988 年版，第 115—116 页。

发动群众组织地方武装为中心任务，全区36个县中，有34个县恢复或建立了县委或工委，共有党员20003名。[①]1939年7月12日，中共中央山东分局（1938年12月由原中共苏鲁豫皖边区省委改称）在给中共中央北方局的报告中说："现在党员：第一区委（鲁南）15000人，第二区委（鲁西）8000人，第三区委（胶东）12200人，第四区委（冀鲁及清河区）共8000人，第五区委（苏鲁豫边）6月前约8000余人，第六区委（苏皖边）4月前已300余人。"[②]也就是说，山东各抗日根据地党员总数已达5万余人。

河南的党员人数也有了很大增长。1937年9月，中共河南省委在开封正式成立。随后，省委相继作出了《关于发展组织的决定》和《关于发展与恢复党组织问题的报告》，强调各地党组织一方面要克服忽视工农，忽视发展党，敌视、排斥知识分子的"左"倾关门主义；另一方面又要纠正不讲条件，不负责任，随意发展的自由主义。到1938年3月，全省党员增加30倍，人数达3000余人。1938年3月中共中央发出《大量发展党员的决议》后，中共河南省委指示各地党组织：大胆向工农阶级的劳苦大众开门，大量吸收雇农、贫农、中农入党，大批提拔工农干部，扩大党在农村的基础。此后，河南全省党员更是大发展，到1938年10月，全省（豫北在外）党员发展到8000余人，为河南省委建立前的50倍。[③]

包括豫北地区在内的冀鲁豫边区，经过1938年7月"冲锋月"、8月"突击月"、9月"国难月"的大发展，党员人数增加了一倍，达到1780人。随后，该地区"党仍在集中力量发展，直到1939年5月都是提出一倍或数

---

① 中共中央组织部等：《中国共产党组织史资料》第3卷下册，中共党史出版社2000年版，第776页。

② 中共冀鲁豫边区党史工作组办公室等：《中共冀鲁豫边区党史资料选编》第2辑文献部分上册，河南人民出版社1988年版，第66页。

③ 中共河南省委党史工作委员会：《中共河南党史》上卷，河南人民出版社1992年版，第362、364页。

倍的发展”。其中，清丰县党员由数百人发展到1900人，南乐县由六七十人发展到1000人。1939年4月，边区分为中共直南、豫北两个地委，直南地委有清丰、南乐、大名、濮（阳）内（黄）滑（县）4个县委，党员6000余名。豫北地委有濮阳、滑县、东明、长垣4个县委，仅滑县1939年六、七两个月中，即由数百人发展到9000余人。[①]

在国民党统治区，全民族抗战爆发之后中共组织也得到了较大发展。1937年8月23日，中共中央政治局常委会决定成立以周恩来为书记的长江沿岸委员会，具体负责恢复、重建南方各省党组织的工作。同年11月，长江沿岸委员会和八路军驻南京办事处随国民党中央和国民政府机关迁到武汉。12月，中共中央政治局会议决定在武汉设立中共中央长江局，全面领导长江以南国民党统治区和部分沦陷区党组织的工作；同时，撤销原苏区中央分局，在南昌设中共中央长江局东南分局，领导南方各游击区。1938年9月，中共中央决定撤销长江局，将由长江局领导的原东南分局改为中共中央东南局，领导长江以南东南地区中共组织；在原长江局管辖的长江以北、陇海路以南地区设中共中央中原局；在长江以南及西南设中共中央南方局，负责四川、贵州、云南、广西、广东、湖南、湖北、福建、江西及港澳地区和海外的中共组织。

在中共长江沿岸委员会、长江局及后来的南方局、东南局领导下，南方各省建立了相应的中共省委或省工委以及一些地方特委，大力开展中共组织的恢复重建和发展工作。1937年11月，经中共中央批准，中共江苏省委在上海成立。到1939年10月，江苏省委所属各委员会共领导169个支部，省委外县工作委员会在各地农村发展党员760名。卢沟桥事变后，

---

① 中共冀鲁豫边区党史工作组办公室等：《中共冀鲁豫边区党史资料选编》第2辑文献部分中册，河南人民出版社1998年版，第90页。

八路军南京办事处派人去浙江从事中共组织的恢复发展工作，1938年2月，正式成立中共浙江省委。到1939年7月，浙江全省党员发展到1.9万人。1938年5月，中共福建省委成立，到1939年7月，全省党员发展到3000人。1937年12月，中共湖南省特别委员会成立，次年1月，改称中共湖南省工作委员会，到1938年4月，全省32个县（市）恢复或建立了中共组织，党员人数800多人。同年7月，中共湖南工委改称中共湖南省委，所属党员发展到3000余人。全民族抗战爆发前，中共在四川没有省级地方组织。1938年1月，中共四川省工委成立，随后开展党员审查与组织发展工作，同年5月，全省有党员300多人，到11月，发展到3258人。同月，中共四川省工委撤销，分别成立中共川西、川东特委，到1939年9月，中共川西特委所属党员由特委成立时的1700人发展到4500人，中共川东特委所属党员也由特委成立时的1200人发展至3600人。在广东，1937年10月，中共南方工作委员会成立，领导广东、广西两省的中共组织。次年4月，南方工委撤销，成立中共广东省委。随后，中共广东省委提出党的工作“以建立党组织为中心”，到1938年10月，广东（不包括潮州、梅州地区）共有中共党员7500人。同月广州失陷，广东的建党工作由城市转入农村，到1938年冬，中共广东省委所属的党员发展到18000余人（不包括潮梅地区的4000人，包括赣南8个县的3000人）。[①] 在陕西，卢沟桥事变后，中共陕西省委设在泾阳县的云阳镇，以“八路军一一五师留守处”的名义作掩护，在国统区开展抗日救亡活动。到1938年8月，在全省53个县建立了中共组织，其中在25个县建立了县委或县工委，党员发展到约8000人。

---

① 中共中央组织部等：《中国共产党组织史资料》第3卷上册，中共党史出版社2000年版，第946、1008、1028、1175、1212—1213页。

据1939年8月博古在中共中央政治局扩大会议上的报告，到1939年4月，在国民党统治区的中共党员发展到81300人，其中川康4000人，川东3500人，闽北500人，广西400人，湖南6000人，广东6000人，湘鄂边1500人，江西18000人，浙江15000人，上海1500人，闽粤边10000人，江南500人，皖南2700人，闽赣1300人，福建2000人，云南190人。①

与此同时，八路军、新四军中的党员人数也大增。全民族抗战爆发时两军中党员总数3.5万人，约占全体军人的55%。根据1939年年底的统计，八路军、新四军中共有党员14万人左右，占全军总人数34%—36%。其中八路军一二〇师34400人，党员12962人，占37.7%；八路军留守兵团12747人，党员6765人，占53%；冀中军区共有官兵25613人，党员9518人，占37.1%；军委直属队4506人，党员2536人，占56%，为全军党员比例最高者。全民族抗战两年来，八路军、新四军增加了约6倍，部队中党员增加了4倍。在全军的14万名党员中，全民族抗战以前入党的已是少数，大致在2.6万人至3万人之间，在全体党员中不到20%。有的连队抗战前入党的老党员没有一个，相当多的连队老党员只有两三个干部，只有极少数的连队有七八个或十个以上的老党员。② 到1939年9月，全国党员人数达50万人。③ 到1940年7月，更是发展到80万人④。仅晋察冀抗日根据地，至1940年12月，中共党员达到17万多人。⑤

---

① 中共湖南省党史研究室：《中共中央南方局的党建工作》，中共党史出版社2009年版，第72—73页。

② 中国人民解放军政治学院政治工作教研室：《军队政治工作历史资料》第5册，战士出版社1982年版，第274页。

③ 《王稼祥选集》，人民出版社1989年版，第214页。

④ 中共中央党史研究室：《中国共产党历史大事记(1919.5—2009.9)》，中共党史出版社2010年版，第92页。

⑤ 中共中央组织部等：《中国共产党组织史资料》第3卷上册，中共党史出版社2000年版，第10页。

三

大发展中存在的问题

全民族抗战爆发后各地中共组织的发展取得了巨大成就，但在大发展中，也存在许多的问题。1941 年 2 月，中共中央北方局代理书记杨尚昆在《根据地建设中的几个问题》一文中，曾对华北地区中共组织在大发展中存在的问题做了这样的描述：“（大发展时期）华北党的数量扩大了，获得了很大的成绩，但也发生了很多错误”：一是“由于片面的了解大量发展的意义，华北党在大量发展中，一般的现象，都是追逐数目字，只重量，不重质。因此，不合中央指示的‘党内要严’的原则，大开门，拉夫，无例外的如此，有一夜发展四十个党员的，有三分钟发展五个党员的，有骑着驴子‘跑’党员的，有打锣号召入党的，什么奇形怪状都有。所有华北党的成分，今天相当复杂，党员称号降低了应有的水平。有抗日党员（这还是较好的），还有升官发财的党员，‘点头’党员等等。大批流氓地痞，长期脱离生产的寄生分子，混入党的甚多”。二是由于大量发展，“党的成分复杂，教育不够，投机分子的混入，太落后分子的混入，使党的威信减低了。还有刻‘共产党支部’印，罚老百姓的款，张贴布告的怪事”。三是组织不严密，“支部究竟有多少能开会，不知道；有些组织不合党的原则：如按年龄、性别分组，有所谓‘青年小组’，‘老头小组’，‘妇女小组’，‘成年小组’等，或按阶级成分划分，有所谓‘富人支部’，‘穷人支部’，或按文化程度分组，有所谓

‘活动小组’，‘落后小组’，五花八门，无奇不有”。[1]

当时，各地中共组织在发展问题上，普遍存在为增加党员数量而采取“拉夫”式的办法去开展组织发展。1939 年 8 月，中共中央北方分局（1939 年 1 月成立，下辖晋察冀、冀中、冀热察三个区党委）在《关于二十个月来党的工作总结报告提纲》中指出：“开始时在发展上的拉夫，使党的组织不够纯洁、严密。投机的、异己的、来历不明的、叛变自首的、不够入党资格的，很多混入党内。这是当时党的生死问题，最严重的问题，给党威胁很大。”“党的组织上的各种制度没有统一，违反、不了解、没有建立，比较混乱，这也使党的组织不够巩固、严密。”[2] 中共中央北方局组织部长彭真 1941 年到延安后，曾向中共中央详细地汇报了全民族抗战爆发后晋察冀边区党的工作及各项具体政策的情况，认为“在党的发展上曾发生只追求数字忽视质量的倾向，发生严重的‘拉夫’现象”，并在报告中列举了若干具体表现，如“阜平曾有一人一天发展六十人的奇迹，献县有一人一天发展三十人的趣闻，当时传为笑柄（所谓招兵）。行唐则有摆开桌子在街上写名册的事情”。“入党不但不严格甚至无手续。支部委员可以批准入党，支书可以批准入党，干部个人也可以批准入党。无支部讨论通过，无一定机关批准，批准者不负责任。”“个别地方降低入党条件，把党实际上变成了农会或普通抗日团体（这样手续亦无用了），称党为穷人会、抗日团、八路军同情会，同情八路军即可入党。有的入了党还不知道自己是党员，或知是党员，不知是什么党的也有。”[3]

---

① 河北省社会科学院历史研究所、河北省档案馆等：《晋察冀抗日根据地史料选编》下册，河北人民出版社 1983 年版，第 19—20 页。

② 《晋察冀抗日根据地》史料丛书编审委员会、中央档案馆：《晋察冀抗日根据地》第 1 册（文献选编上），中共党史资料出版社 1988 年版，第 275 页。

③ 彭真：《关于晋察冀边区党的工作和具体政策报告》，中共中央党校出版社 1981 年版，第 142—143 页。

这种现象在冀鲁豫地区也同样存在。“这时党的现状，在发展上大部是数目字的追求方式而来的，没有经过一定的介绍手续和入党仪式，大部分是集体参加的，开训练班是大批发展党员的最好场所，这是很普遍的现象。兹举几个严重的实例如下：（1）入党志愿书和登记表多 42 元一张，少者不等。（2）很多士绅见了某县委书记说：‘相老相老，给我一张吧，我也入党。’说话之间便把县委书记拦住，从口袋中抽出表来，抢着填上了（‘老’字即尊称之意）。（3）‘谁参加看青会，就给谁分粮’，很多贫苦农民便参加了。参加后并说‘需每月交两大枚的党费’。群众便说：‘八路军（是救亡团体）兴的真巧怪，参加看青会还得交两大枚的党费。’到了一二月后，分（区）委去时说：‘你们是参加了共产党，不然怎么还给你们要党费。’群众有的慌慌张张地退去，有的一不作二不休便成为党员了。（4）入党与入救国会混为一谈，其分别在于一为公开、一为秘密，公开的不如秘密的根硬。（5）‘我是你爷爷，我都参加了，你也来参加吧，我还会害你吗？’诸如此类的事是相当不少的。”在入党的动机，固然为了“抗日救国的占绝大部分”，但也有是为了入党后可以减少战勤负担，有的把党组织当作一个道门，认为入了党可不受他人的欺负，有的是认为入党后做工作方便并牢稳。[①]

在鲁西地区，卢沟桥事变后，“经过 1938 年‘七月冲锋’，‘八月突击’，‘九月国难’，三月中，党有大量发展”。从 1938 年 3 月到 9 月，泰西地区党员人数由 400 多人到 13000 多人，运西地区由 100 人发展到 2409 多人，“但多系和平突击，只求数字，如菏泽县委因要完成计划虚报 100 党员，党内中农以上成分占 78% 以上，入党动机为抗日、赞成八路军者甚多，以致投机分子混进党来。支部组织很混乱，有一二十人的支部每人都是支委。工

① 中共河南省委党史工作委员会：《中共冀鲁豫边区党史资料选编》第 2 辑文献部分中册，河南人民出版社 1988 年版，第 89—90 页。

作无制度，不经常，不交纳党费，有半年不开一次会的”。“一般党员政治认识、阶级觉悟很差，有认为共产党只是抗日的，把党看成暗八路，或秘密道，共产主义与三民主义混淆，讲统一战线就没有阶级存在，宗教观念，郓城九个区长（都是党员），拒绝执行合理负担，寿张六个干部因实行进步法令而要求退党，党内纪律驰［弛］废。”①

在南方国民党统治地区，中共组织在发展上也存在只重数量、不重质量的问题。有的地方没有对发展对象进行严格的审查，甚至把某些曾经叛变自首的人也拉进组织。还有地方在发展党员中分配任务，“拉夫式”发展党员，甚至搞集体入党。从1938年7月至10月，湖南的中共党员人数增加了6倍多，由500人发展到3000人左右，其中又以长沙发展最多。该市铜官瓦窑区总共有工人3000多人，至1938年年底发展党员800多人。“该区负责同志专以发展党员为工作优劣的标尺，介绍最多者认为模范支（部）、模范党员，并发奖品以为鼓励。”后来经过检查，“发现那完全是拉夫主义，有的一个加入就把自己的父母、兄弟、姊妹都介绍进来了。有一个圈子里的小头目，他一下子介绍了四十多人，原来就是他的同行兄弟，区委对他们的履历、政治表现、工作态度一概不管，到后来一人退出，就牵连全家或全帮兄弟”②。

1938年4月2日，中共中央东南分局指示中共闽浙边临时省委及各特委“猛烈发展党组织”，要求“省委、特委应根据各地实情，规定一个四、五月内应发展党员数目，原则上是要就现有的党员数目，发展新党员三分之二以上”③。尽管东南分局也强调“猛烈发展党，决不是要我们放松严格

---

① 《中共中央北方局——抗日战争时期》上册，中共党史出版社1999年版，第357页。

② 湖南档案馆：《抗日战争时期湖南地下党历史文献选编》，湖南人民出版社1985年版，第245—246页。

③ 《中共中央东南局》下册，中共党史出版社2006年版，第558页。

审查”，但实际上在党员发展上难免发生良莠不齐的问题，以至于“以为只要是抗日的积极分子，都可以入党。由此就产生拉夫式的发展，把很多仅仅是同情抗日的不是真正为共产主义奋斗到底的分子拉到党内来了”。这样党员数量虽然增加了，但党组织的作用发挥不起来，造成“支部工作不健全”，“能自动召集会议讨论工作，缴纳党费的支部很少。大多数支部不能自动召开会议、讨论工作的。甚至上级派人来就开会，上级派的人一走，就完了”[①]。皖南因是新四军军部所在地，这里“发展党员时，并未严格遵党章规定与入党手续，有的是以新四军名义去发展成的（他不知道自己是党员），有的是以农抗名义发展成的，有的是怕征兵才加入的，有的通过亲、朋、家庭关系及其他私人关系（如不良女子通过奸夫加入），也有拿钱去买的，也有十四五岁的”。有的党员贪污腐化，“有个支部书记，收了党费自饱私囊，或多收少交，或收了以后赌输了”，“赌博在党员中极为流行，不赌博的党员不及2%，因赌博便耽误了工作，上课与开会，有时开小组会也把麻将放在桌上”。[②] 在福建一些地方发展党员时，“社会关系的考查方面不认真，入党手续、候补期平常没有，入党（仪）式也不举行”，光泽县发展了400名党员，多数由县委书记一人决定。[③]

八路军、新四军在党员数量大增的同时，与地方党的发展一样，也存在某些问题。如有的部队只要作战勇敢，就可以入党；有的部队不讲阶级成分，只要表现好即可入党，在冀中，有和尚、道士、流氓分子、青红帮分子入党者；有的部队不问入党动机，只要本人愿意便可入党，以至有的部队新党员的入党动机大多是抗日救国；也有部队在发展党员时，“欺骗式的

① 《中共中央东南局》下册，中共党史出版社2006年版，第643页。
② 《中共中央东南局》下册，中共党史出版社2006年版，第915页。
③ 转引自中共湖南省党史研究室：《中共中央南方局的党建工作》，中共党史出版社2009年版，第108页。

发展党”，在介绍别人入党时说“你愿入正道，就加入党”，或说“入了党保证不受伤不打死”，“入了党可以做干部”等；亦有部队用强迫式的方式发展党员，对非党员说“不入党是落后分子，我们旅团连长都是党员，你还不入党么”；甚至有的部队“用入党作争取坏分子及群众领袖的政策”。同时，在入党手续上也存在许多问题，如有的部队由候补党员当入党介绍人，新党员入党时没有候补期或随意缩短候补期，没有入党仪式等。[①]

四

中共中央政治局关于巩固党的决定

全民族抗战爆发之后，随着中共政治影响的日益扩大和各抗日根据地的迅速建立，客观上需要克服关门主义倾向，大力发展党的组织。中共中央同时也意识到，在大发展的过程中，难免出现鱼龙混杂的问题，因而不断提醒各地在大发展中必须注意组织的巩固。

1938 年 8 月 18 日，刘少奇在给中共晋冀豫省委的指示信中指出：“党的组织在你们那里特别是路东还须大大发展，同时也要反对拉夫主义。你们要推动各级党部和党员去真正进行发展党员的工作，真正去寻找、考察对象，真正去进行共产主义的宣传教育，这对党员应该是很庄严的工作，而不可以用拉夫主义来了事的。”“机械的[地]规定每人介绍两个同志三

① 中国人民解放军政治学院政治工作教研室：《军队政治工作历史资料》第 5 册，战士出版社 1982 年版，第 275 页。

天发展一个同志的办法是不对，因为事情并不能这样平均发展。”对于某些地方，某些村庄，某些机关和部队中已有大量发展的，“那么这些地方、机关和部队即可暂时停止发展党员，专俟[做]一时期巩固和教育训练工作。发展的工作集中在那些党的组织薄弱的与地位重要的地方去”①。同年11月23日，中共中央在《关于冀南工作的指示》中明确提出：“在党的问题方面，冀南党的发展是经过突击月冲锋月国难月的突击发展，因此目前理整[整理]与巩固工作成为中心，必须注意党员成分之改善。”②

根据中共中央的相关指示，各抗日根据地的中共组织在大量发展党员的同时，也开始了党组织的整顿工作。1938年4月，中共晋察冀省委在五台县的金刚库召开晋察冀边区第一次党的代表大会，省委书记黄敬在报告中指出，“党员的质量跟不上数量的发展”，有的地方“党员数量的发展特别可惊，但是这些党员的实际力量和他们所起的作用却小得可怜”。“今后应按照北方局的通知，彻底转变对于恢复关系和入党的办法，严格重新实行党员登记和干部调查，把投机分子洗刷出去。这是为了党的组织的严密所必需的，不然把党的纯洁性污殁了，就无异于我们自己解除了党的武装。我们应该使各个干部和同志们都能了解这一意义，把这一问题要交到各支部、小组中热烈地讨论。今后对于恢复党籍和入党问题上如遇有错误，各级党部应该负责”③。会议决定加强各级党的领导机关，建立集体领导与个人负责制，实行民主集中制，健全支部小组生活，发挥党员的主动性与积极性；加强党的无产阶级成分与马列主义教育，提高党员的政治质量；严密党的组织与组织生活，实行党员重新登记，考查干部，发展党内批评与自

---

① 山西省档案馆：《太行党史资料汇编》第1卷，山西人民出版社1989年版，第272页。
② 中央档案馆编：《中共中央文件选集》第11册，中共中央党校出版社1991年版，第786页。
③《晋察冀抗日根据地》第1册（文献选编上），中共党史资料出版社1988年版，第135—136页。

我批评等，以此作为巩固党的重要内容。

到 1939 年夏，随着抗战进入相持阶段，国内形势发生了重大变化。此前的 1938 年 12 月，国民党副总裁汪精卫因对抗战失去信心，准备降日，潜入越南河内。1939 年 5 月 31 日，汪与周佛海、梅思平等人抵达日本，公开投敌，沦为汉奸。与此同时，日本方面加紧了对蒋介石集团的诱降活动。蒋介石集团虽然仍在抗日，但在对待中共问题上日益右转，1939 年 1 月，国民党召开五届五中全会，提出了“溶共”、“防共”、“限共”和“反共”的具体政策，随后不断制造反共磨擦事件。这年 3 月，国民党山东省第十二区行政特派员兼保安司令秦启荣指挥所部在博山、益都两县边界的太河镇，伏击八路军山东纵队第三支队通讯营，残杀八路军干部百余人；同年 6 月，国民党张荫梧部袭击冀中深县八路军后方机关，惨杀干部战士四百余人；国民党杨森部包围新四军平江通讯处，屠杀涂正坤等六人。这些反共磨擦活动，使中共中央认为“投降可能成为当前的最大危险”，“国民党已在进行投降的主要准备工作，即反共，反共是投降准备的最重要的组成部分”①。

在这种情况之下，毛泽东要求全党特别是党的高级干部，必须提高警惕，做好准备，以应对随时可能发生的突然事变。这年 6 月，毛泽东在延安高级干部会议的报告及会议的结论中，强调“要在思想上组织上准备自己，并准备舆论，准备群众”。他之所以在这个时候将此作为一个严重问题提出来，这也是鉴于 1927 年大革命失败的教训。在大革命高潮时期，全国党员的人数曾一度达到近 6 万人。可是，随着蒋介石、汪精卫相继背叛革命，全国陷入白色恐怖局面，相当数量的在革命高潮时参加组织的新党员，相继脱党甚至自首或叛党。全面抗战爆发之后，党员的数量迅速增加，但许

① 《毛泽东文集》第 2 卷，人民出版社 1993 年版，第 209 页。

多新党员没有经过严格的组织生活，许多党的基层组织不健全，不采取措施巩固党的组织，提高党的质量，如果再次发生 1927 年那种状况，后果将十分严重，故而毛泽东强调："那时，因反动时期到来，党又没有准备，没有经验，以致队伍混乱，步骤错误"；"那时，新党员大批脱党或叛变；现在则在某种情况下也有可能发生这类事情，故须先有准备"。他提醒全党："华北局面有变到极严重的可能，敌人主力有进攻华北的可能，因此八路军与华北党必须严重注意这种情况的可能到来，而从军事、政治、财政、党的组织、统一战线各方面进行准备，以适合坚持游击战争应付最大困难为原则。" 故而进行党的巩固工作就显得尤其重要。毛泽东明确提出，党的组织"现在不是普遍发展的时候了，一般应停止发展，以精干为原则"。他又说："去年三月会议决定大大发展党之后，党已在全国有了大数量的发展。现在的任务是巩固它，故须暂时地一般地停止发展。当然不是一个也不准入党，有些地方还是应发展。停止发展为的是便于清理、除奸和教育，将来还是要再发展的。"①

8 月 24 日，中共中央政治局召开会议，讨论巩固党的问题。第二天，中共中央政治局做出《关于巩固党的决定》。该决定指出，中国共产党自全民族抗战以来，特别自 1938 年 3 月 15 日中央关于大量发展党的正确决定以来，已经获得了很大的发展，吸收了大批的优秀分子入党，建立了全国的群众性的布尔什维克的党的基础，但正因为在短时期内党得着了猛烈的发展，所以党的组织很不巩固，在征收新党员的工作中是有严重的错误与缺点存在的。某些地方党部为追求新党员的数目字，便进行所谓发展党的突击运动，集体加入与不经过个别的详细审查的征收党员。因此许多普通

---

① 《毛泽东文集》第 2 卷，人民出版社 1993 年版，第 218、225、226、232 页。

抗日分子或党的暂时同路人，也加入了党。异己分子、投机分子、以及奸细，也乘机混入了党。使党的组织之无产阶级先锋队的作用和党的组织之巩固程度大大受到损害。使党的组织与群众抗日团体之区别，在某些地方模糊起来。这些办法都是错误的。这些现象都是党的严重弱点。同时，在目前政治形势下，对日投降与国内分裂的危险是存在与发展着，严重的困难的任务是放在党的面前。因此在思想上政治上组织上巩固党，成为中国共产党今天极端严重的任务，成为完成党的政治任务的决定因素。

《决定》指出："估计到党的组织的现状与目前环境，党的发展一般的应当停止，而以整理紧缩严密和巩固党的组织工作为今后一定时期的中心任务。只有在某些个别地方与某些个别部门根据环境与上级指示有必要时才许可进行一些发展工作，但仍须注意发展党的已有经验，进行个别的慎重的经过审查的征收新党员，纠正追求数目字与采用突击方式的错误，只求精不求多。尤其在我后方地区更应注意，一切已有相当数量党员的地方一律停止发展，进行巩固工作。"《决定》还指出，为了巩固党，必须从详细审查党员成分，清刷混入党内的异己分子、投机分子以及敌探奸细；必须加强党内马克思列宁主义的教育、阶级教育与党的教育；必须加强对党的各级干部的教育工作；必须加强党的保卫工作和反对奸细的斗争；必须加紧党的秘密工作；必须提高党的纪律和加强党的团结等。总之，要通过"一切的努力来巩固党的组织，严密党的队伍，把党团结得像一个人一样，才能使党有所准备来克服目前困难，反对国内投降分裂的危险，团结全中国人民，引导抗战到最后的彻底的胜利"。[1]

9月20日，中共中央又就华北地区中共组织巩固等问题做出专门指

---

① 中央档案馆编：《中共中央文件选集》第12册，中共中央党校出版社1991年版，第155—158页。

示，着重指出："根据中央关于巩固党的决定，华北地方党应一般的停止发展布以巩固为中心，因此山东分局发展到十五万人的计划与晋察冀以十万党员供献给七次大会的计划，都是不适当的。华北各地应一律停止发展，在山东可以继续发展，从小到大应求精不求多，要不重复华北发展之弱点。"[①]9月27日，中共中央发出《对冀察晋工作的指示》，重申现在党的工作中心是巩固，不是发展，"贡献给七次大会应当是巩固党的模范，而不是十万党员。中央巩固党的决定，应详细讨论，不要认为干部和党员都已经审查，不须再注意了"[②]。

五

各地中共组织的整顿

根据中共中央政治局《关于巩固党的决议》的精神，各地迅速开展整顿党的组织的工作。1939年10月，中共中央北方分局在曲阳县的青山村召开组织工作会议，决定"党在组织方面的总方针是：党的发展一般的停止，集中力量从事党的组织的整理与巩固工作；但同时决定加紧克服工作的不平衡"[③]。北方分局还制定了在组织上、思想上、政治上巩固党的具体政策与方法。关于组织上巩固党的问题，分局提出，（一）严格干部标准。应

---

① 《中央关于华北党的巩固及洗刷托派奸细的指示》，1939年9月20日。

② 中央档案馆编：《中共中央文件选集》第12册，中共中央党校出版社1991年版，第177页。

③ 彭真：《关于晋察冀边区党的工作和具体政策报告》，中共中央党校出版社1981年版，第144页。

提拔政治坚定、历史清楚、能力强的党员干部，即正确执行党的政策路线，完成党的任务，善于为党工作，在困难和紧要关头不屈服不动摇，并与群众密切的干部，加强对于干部的审查、教育和培养。（二）审查党员，洗刷阶级异己分子、投机分子和奸细；（三）加强党民主作风与铁的纪律，做到集体领导与科学分工；（四）分类分期进行组织整理。关于思想上政治上巩固党，北方分局要求加强对党员的思想教育，提高认识，促使党员思想意识无产阶级化，加强党员与干部的教育训练，各级负责干部轮流入党校学习，开办各种训练班培训党员；经常召开各种干部、活动分子会议、各级党的会议，对组织工作及各种具体政策进行讨论；坚持干部每日两小时学习制度等。①

1939 年 11 月 2 日，中共晋冀豫区委发出关于巩固组织的指示信，明确提出党的发展一般应停止，而以紧缩、整理、严密和巩固党的组织为今后一时期组织工作的中心任务，在党的力量薄弱的地区或部门，可以进行一些发展工作，但必须履行严格的征收新党员手续。党员数量相当大的地区应完全停止发展。指示信还对如何审查各级干部提出了具体要求：（一）首先审查各级干部，特别分委、支部的干部，要使党的领导机关掌握在经过考验、踏实可靠的同志手里，并注意提拔积极勇敢的人、雇工及贫农同志，树立领导机关中的无产阶级骨干。（二）对那些已加入党，而实际上只是同情分子，不能艰苦工作和遵守党的铁的纪律的，则劝他们退出党，保持政治上的同情，并指定专人与之发生关系。（三）慎重地洗刷混入党内的异己分子、投机分子、敌探、托派、奸细等。（四）深入下层，了解每一个党员的面目，对干部经常且个别地去审查，并在斗争中、工作中去审查，但不应形成清党

---

① 谢忠厚、肖银成主编：《晋察冀抗日根据地史》，改革出版社 1992 年版，第 183—184 页。

运动，造成党内恐怖现象。①

1939 年 10 月，中共中央山东分局做出《关于执行中央政治局关于巩固党的决定的指示》，指出："某些党部征收新党员不经过详细审查与执行入党手续，少数负责干部包办介绍新党员，形成拉夫式的发展现象。因此党内混进一些暂时同路人，阶级异己分子，投机分子，甚至托匪、叛徒、奸细分子。某些党部负责干部麻木不仁，缺乏警觉性，糊涂地恢复了不少自首分子、奸细、托匪的党籍，并分配以领导工作。这些现象是党的严重错误与缺点。"根据山东党的组织状况，山东分局认为，应当在整理巩固现有党员的基础上继续大量发展新党员，同时必须纠正个别党部采取突击方式及少数干部包办方式，严格履行入党手续，必须经过详细审查后实行候补期制度。物色新党员的对象应当是工人、农民及学生中的优秀的愿意踏实于共产事业的积极分子；地主、富农、商人及其他党派，除非有显著功绩的个别分子，经区和县以上党的机关批准外，一般的禁止征收入党。②

当时，整顿党的组织的一项重要内容，是审查党员特别是党员干部。中共中央北方分局规定，在审查干部过程中，将对各级领导机关工作的检查和对党员干部个人审查分两个方面进行。对于各级领导机关的工作的检查，主要的项目有：能否掌握党的方针、政策；能否根据党的原则处理党员关系；完成工作任务的程度和方法；能否按照党的干部政策提拔干部和对干部的态度是否正确；民主集中制的运用和民主作风；集体领导与科学分工，上下级的关系；对政府中党团及地方武装的领导；党与群众的关系，党团干部与非党干部的关系。此外，还包括争取知识分子，组织在职干部学习，进行党内教育，开展反倾向斗争，搞好党的各级组织定期民主选举等。

① 山西省档案馆：《太行党史资料汇编》第 2 卷，山西人民出版社 1989 年版，第 685—686 页。
② 山东省档案馆：《山东革命历史档案资料选编》第 4 辑，山东人民出版社 1981 年版，第 99 页。

对于干部个人的审查，内容主要有思想意识锻炼，政治立场的坚定程度；对党的政策的了解和掌握能力；组织原则的掌握；工作的组织性与纪律性；是否经常关心群众，和群众联系如何；学习与自我批评精神；主要的优点和倾向。另外还须考查干部的历史及社会出身等。在审查结束之后，对干部做出鉴定。鉴定干部的方法主要是：本人填表、写自传，被鉴定人在会上进行自我介绍自我批评、党委或支部鉴定，最后把鉴定结果报告上级。干部全部审查鉴定后，除洗刷的投机分子、异己分子及太落后的分子外，将其余干部大体可分三类，第一类，政治面目和来历有疑问，但未能确证其有无问题者，分配不带秘密性不重要的一般的工作；第二类，尚未发现有任何问题，但过去无法证明，从日常工作中亦尚难判定绝无问题者，一般地分配工作，而且要大胆使用，并在工作中继续考查；第三类，已确定绝无问题者，可担任党内领导工作及重要工作。①

支部是中共最基层的组织。党的主张、党的各项方针政策都须通过支部才能在群众得到宣传与贯彻，支部建设的好坏，直接关系到党的战斗力的强弱、党在群众中的形象等。因此，“支部既是党的基本组织，在目前巩固党的工作中，支部的整理又成为党巩固工作的关键”。对于党的支部的整理，晋察冀的具体做法是：首先订出分期分类整理支部的具体计划，在整理期内要坚决地停止党员发展，然后由上级党委派得力干部，或者组织支部检查团、支部工作团、支部巡视团等到县、区布置如何整理支部的工作，按支部工作的好坏分上、中、下三种情况选出几个支部进行试点。试点以县以下的区为单位，每区选择二三个支部进行，在试点取得成效后再进行所有支部的整理。支部整理的内容包括：（一）支部所在村庄的经济情形、

---

① 《彭真文选》，人民出版社1991年版，第20—22页。

阶级，以及该村庄政权演变情形，在抗战前后的变化过程与特点；（二）支部及党员与群众的关系如何，能否真正起到团结群众的核心作用；（三）支部执行党的政策情况；（四）支部开展党内教育及党内生活开展情况；（五）支部内部的团结情况；（六）支部对村政权、村群众组织及群众武装的领导方式方法等。①

各抗日根据地在整顿中共组织的过程中，特别经过审查干部和整理支部，巩固了各抗日根据地党组织，纯洁了党员队伍，虽然党员的人数有所减少，但党组织的战斗力得到了提高。冀中区经过组织整顿，从全区原有的9万名党员中，清洗了异己分子、投机分子和太落后分子2730人，占党员总数的3.03%。② 据北岳区15个县的统计，从1939年10月后的10个月中，共洗刷759人，约占党员总数的2%，其中异己分子占25.2%，敌探奸细占10.5%，投机分子占26.3%，太落后分子占38%。③ 在晋察冀军区，"一年来由于条件不合共产党的标准，被洗刷开除的共有四百二十三名，把党员伟大的称号提高，提高，再提高，获得了初步成绩"。"吸收党员手续都按军区规定。经过小组讨论与支部大会通过，批准党员，能经党的一定机关在会议上讨论决定，一般的纠正了个人批准党员的现象。"④

晋冀豫根据地1939年11月统计时，共有党员36111人。1940年4月统计为34215人。经过几个月的整顿，据1940年8月统计，全区党员为24978人，减少了三分之一。⑤ 虽然党员的人数有所减少，但党支部组织得以健全。在整党开展以前，该区支部的组织形式有总支部、中心支部、总

---

① 《晋察冀抗日根据地史料选编》下册，河北人民出版社1983年版，第70—71页。

② 中共河北省委党史研究室：《中国共产党河北历史》第1卷，中央文献出版社2001年版，第525页。

③ 彭真：《关于晋察冀边区党的工作和具体政策报告》，中共中央党校出版社1981年版，第158页。

④ 《晋察冀抗日根据地史料选编》下册，河北人民出版社1983年版，第92页。

⑤ 山西省档案馆：《太行党史资料汇编》第3卷，山西人民出版社1989年版，第542页。

中心支部等各种名称，至于小组的划分更是五花八门，如宣传小组、活动小组、武装小组、交通小组、锄奸小组，甚至有的支部还有什么老头小组、白面小组。支部的人数有一百多人者，亦有二百余人者，“支委的数目更是官多于民，包含极多的问题”。整顿之后，“各地支部组织已纠正了过去的混乱、庞大与复杂，而走上统一一致了”，各地取消了总支、中心支部等名称，小组一般按照群众团体进行划分。由于清洗了一部分不合格的党员，支部的人数也相应有减少，多者七八十人，少者五六人，一般 30 人左右。支委的人数基点村一般由 7 人组成，一般村由 5 人组成，小的村只设支部书记或增设一支部副书记。整党以前，许多支部没有会议制度，也没有学习制度，组织生活极不健全。整党之后，支部能经常自动地开会，会议的内容也较充实，“能讨论工作与群众问题及如何解决群众问题”，党员的教育工作也大大增强，一般党员对党的认识“已克服过去那种组织上的、思想上的混乱，初步地（认）清了党员对党与牺盟（即山西牺牲救国同盟会，是名义上由阎锡山任会长，实际由中共领导的山西抗日救亡团体）与群众团体与会门分不清的现象，了解了党与国民党与三民主义的区别，党员与群众不同，要接近群众，团结群众，并在群众中如何起积极的模范作用”。①

在国民经济统治区，根据中共中央《关于巩固党的决定》精神，各级组织基本停止发展新党员，集中审查党员、干部。中共湖南省委在整顿组织的过程中，“为奸细控制下的一些组（织），不敢轻易接收而被抛弃”，“认为暴露而复杂者，以停止党的生活隔离之”，“认为老实不能为党工作之挂名党员，劝其退居同情者地位者”②。在福建，中共福建省委根据中共中央政治局和南方局的精神开展组织的整顿工作，其“中心是加强教育，审查

① 山西省档案馆：《太行党史资料汇编》第 3 卷，山西人民出版社 1989 年版，第 542、546、549—550 页。
② 湖南档案馆：《抗日战争时期湖南地下党历史文献选编》，湖南人民出版社 1985 年版，第 190 页。

干部，清洗组织”，办法是自下而下，逐级进行，分发表格，实行登记。清洗的对象是自首分子、地主富农分子、贪污腐化分子、动摇分子。中共江西省委决定重新整理组织，暂时停止农村中的组织发展；把党的组织转入绝对秘密，严格断绝一切横的联系；加强城市、党校、工厂及没有组织的地区发展工作，其方式为个别审慎吸收发展。[①]中共赣南特委“在这个时期一般的停止发展，以教育巩固为中心，并提出干部职业化”，加强组织审查工作，“主要审查过去历史，和怎样入党的，入党时的政治方面、组织方面等”，“领导方式完全使用秘密的方式，减少大的会议，减少发文件，机关分散隐蔽，因此公开半公开的方式，转到地下党的方式”。[②]经过整顿，国民党统治区中共党员数量有所下降。中共中央西北局所辖国统区的组织，1940 年年初“被清洗的占全体党员百分之五。而是年年底的统计，被清洗的总数达一千二百八十六人”[③]。中共湖南省委所属组织 1939 年党员最多时达 5000 余人，经过整顿巩固，到 1940 年 6 月，只剩下 2300 多人，其中有 1100 余人未经审查失去组织联系的，这其中，有的是组织破坏后找不到党的关系，有的形势恶化后不愿与组织见面自动退党，有的因工作调动而失去联系，另有 1600 多人则在被清洗出去。[④]中共中央南方所属组织共清洗了 6500 名党员，其中，闽西南潮梅地区的党员总数从 1939 年的 8087 名下降为近 6000 名，川东特委所属于组织人数由 3500 人减为 2900 人。[⑤]

当然，各地中共组织在整顿过程中，一些地方也发生了不注重党内教育而“单纯地在内部进行技术的整理”的问题，“如强调紧缩强调成分大

---

① 《中共中央南方局的党建工作》，中共党史出版社 2009 年版，第 109、111 页。

② 《中共中央东南局》下册，中共党史出版社 2006 年版，第 804 页。

③ 中央档案馆、陕西省档案馆：《中共中央西北局文件汇集（1941 年）》，1994 年编印，第 68 页。

④ 湖南档案馆：《抗日战争时期湖南地下党历史文献选编》，湖南人民出版社 1985 年版，第 189 页。

⑤ 中共湖南省委党史研究室：《中共中央南方局的党建工作》，中共党史出版社 2009 年版，第 115 页。

清洗，随便地乱清洗，如‘不起作用的’清洗，‘不开会不交党费的’清洗，还有用圈名单的方式，号召党员自动退党的方式，用党员占全村人口百分之三的比例方法等”，把一些不该清洗的党员也清洗出去了。[①]

尽管如此，各抗日根据地开展的中共组织的整顿，成效仍是巨大的。通过此次组织整顿，清洗了一批投机分子，劝退了一定数量的不合格党员，使党的组织得到了纯洁。并且使更多的党员接受了一次共产党员标准的教育，党支部的组织生活和各种工作制度得到了健全，这就为党员先锋模范作用和党支部战斗堡垒作用的发挥创造了条件。这次组织整顿使各地的中共组织在发展中得到了巩固，并在巩固中得到了进一步的发展，这就为各抗日根据地的巩固和发展奠定了重要的组织基础。这一时期各抗日根据地整顿中共组织的做法与经验，也为我们今天如何在新的历史条件下保持党的先进性和纯洁性提供了有益的启示与借鉴。

1940 年之后，中共在全国的发展进入了平稳期。到 1945 年 8 月，晋察冀抗日根据地人口达 4000 万，党员人数达 22 万人。中共中央山东分局所属党员由抗战初期的 2000 余人，发展到 20 余万人。到 1945 年 4 月中共七大召开时，全国共有中共党员 121 万人。

---

① 太行革命根据地史总编委会：《太行革命根据地史料丛书之二·党的建设》，山西人民出版社 1989 年版，第 252 页。

抗日战争对中国共产党来说，是极为重要的一个历史阶段。中共由小到大、由弱到强，全民族抗战 8 年是一个历史性的转折点。中共能长期坚持抗战并发展壮大，是多种因素共同合力的结果。制定并实行一套务实的而又兼顾各方利益的经济政策，努力减轻根据地人民负担，是一个不容忽视的因素。

减轻人民负担

★

第五章

CHAPTER FIVE

一

苏维埃革命失败的教训

中共原来活动的区域主要在中国南方。十年内战的前期和中期，主要的革命根据地几乎都在长江流域，而抗战时期中共所领导的根据地则大部在中国北方。中共的主要活动区域由南到北的转变，是主力红军长征的结果。长征尽管最后实现了北上抗日的目标，但此举原本是迫不得已的选择，之所以要进行转战万里的战略转移，是因为南方各个革命根据地的反“围剿”战争相继失利，原本的革命根据地无法坚守。

对于中央苏区第五次反“围剿”失败的原因，以往人们常将之归结于“左”倾教条主义者排挤毛泽东在红军中的领导地位，使之失去对红军的指挥权，而“左”倾教条主义者采取了错误的军事指挥。这固然是事实。因为当时中共临时中央的主要负责人博古是位 20 多岁的年轻人，几乎没有任何军事斗争的实际经验，所具有的只有满腔的革命热情和从莫斯科学到的满肚子的马列主义条文。中共临时中央在上海的时候，他和他的同伴还可以想当然的对中央苏区的政治、经济、军事各方面指手画脚，而根据地的领导人多少还可以依据实际情况有所变通，所以第四次反“围剿”战争仍取得了重大胜利。但自从中共临时中央在上海无法立足，1933 年年初迁入中央苏区之后，博古就不得不直接承担军事领导的责任。博古对于自己不懂军事心里还是清楚的，但又不能信任一向“右倾”的毛泽东，甚至对于周恩来、朱德也不那么放心，于是将红军的最高指挥权竟交给了共产国际派来的李德。李德出生于德国，早年在德国革命中有过巷战的经验，后到苏联学习过军事，也担任过团一级的军事干部，但到了中央苏区一下子成了中国红军的最高统帅，那点本来就不多的军事经验显然不够用，对于敌我双方军队的情况更是不了解，不要说制定不出正确的军事战略，搞的是所谓“御敌于国门之外”，以堡垒对堡垒，就是战术上所鼓吹的“短促突击”，也是扬短避长，让擅长运动游击的红军，去同武器、工事、训练均强于自己的国民党正规军直接正面对抗，其结果可想而知。

但是，第五次反“围剿”战争的失败，并非是军事上的单一因素造成的，更重要的恐怕还在于中共在第五次反“围剿”期间一系列“左”倾政策，不但造成了根据地一部分民众的离心倾向，而且造成了根据地极其严重的经济困难，到第五次反“围剿”后期，根据地民众已到了难以承受的地步。

十年内战时期，各根据地实行的最重要的经济政策，无疑就是土地革命，其核心内容是没收地主阶级的土地，分配给无地少地的农民。毫无疑问，这是一个能够吸引广大农民参加革命的政策。自从大革命失败中共决定开展武装斗争之后，农村实际就成了中共革命的主阵地，许多中共党员深入农村组织动员农民，发动了一系列的农民暴动。中共党员除了以革命理念和革命精神感召群众外，打土豪分田地亦是能够吸引农民参加革命的重要方式。所以从动员组织农民参加革命的角度，土地革命无疑是必要的，问题在于没收地主土地的同时要不要留给地主一定数量的土地以维持其生存。苏俄十月革命之后，对地主富农采取的是肉体消灭的政策。苏俄这一套做法被当时中共领导人所采用，于是提出在土地革命中要采取“地主不分田、富农分坏田”的政策，即不给地主富农以生活出路。

地主富农作为剥削者，他们通过占有土地等主要生产资料剥削农民，许多人过着不劳而获的生活，固然是不合理的，废除封建土地制度是一个国家工业化和现代化的基本前提。但地主作为生命的个体除了极少数罪大恶极、民怨极深的恶霸地主之外，也应当给予他们生存的机会和谋生的可能，而“地主不分田、富农分坏田”的做法，实际采取的亦是肉体消灭地主富农的政策，只不过是形式有所不同而已。据当时的估计，地主富农占农村人口的 10%，如果让其从剥削者变成自食其力的劳动者，一定程度上也是对社会生产的促进。其实，地主富农的情况是千差万别的，他们对于革命的态度与立场也并不完全一致。依据毛泽东 1930 年 5 月所做的寻乌调查，地主之中约 30% 的“老税户”（即依靠继承上辈的土地财产成为小地主但经济地位逐渐下降者），其实不但不反对革命，而且能够参加革命，有的革命热情还很高，按理这样的地主不但应分田，而且应动员他们参加革命。即使是对于土地革命有抵触甚至反对情绪的地主们，如果在没收他们土地的同时也分给他们与一般农民同等数量的土地，使他们放弃剥削后还可以通过自己的劳动养活自己，他们也不一定会尖锐地对抗土地革命。毛泽东在开创井冈山和赣南闽西根据地时，十分重视土地问题，主持制定《井冈山土地法》和《兴国土地法》，开展了大规模的土地分配运动。同时他在深入农村调查的基础上，主张按人口（包括地富在内）平均分配土地，具体方法是“抽多补少，抽肥补瘦”，留给地主富农以生活出路。然而，毛泽东的这一主张，却因与中共临时中央的“地主不分田、富农分坏田”政策相抵触，因而被指责为“右倾机会主义”，成为他遭排挤的重要原因。

中央苏区在 1930 年就基本形成。在此之前，赣南、闽西的地方中共组织就组织过规模不等的革命暴动，进行过局部的土地分配。中央苏区形成之后，更是进行了比较彻底的土地革命，地主富农已经彻底打倒，土地问题已经基本解决，但 1933 年年初中共临时中央进入中央苏区后，由于不满毛泽东等人的所谓右倾，于是指责以往的土地革命不彻底，致使相当多的地主富农漏网，下车伊始，就决定在中央苏区开展声势浩大的查田运动。由于用大规模群众运动的方式去查土地、查阶级，这要么就是将已斗争倒了的地主富农再拿出来斗争一遍，要么就是在清查所谓漏网的地主富农名义下，人为地将中农拔高成富农，富农上升为地主，扩大斗争对象。所以在查田运动中也出现了严重的“左”的偏差，结果造成了“一人在革命前若干年甚至十几年请过长工的，也把他当作富农”[①]；“把稍为放点债，收点租，而大部分靠出卖劳动力为一家生活来源的工人当地主打”[②]。仅在查田运动全面展开的1933年6月、7月、8月三个月，中央苏区就查出了“地主”6988家、“富农”6638家。这年年底，主持查田运动的毛泽东（1932年10月宁都会议后，毛泽东被迫请假回地方负责所谓中央政府工作，剥夺了对红军的指挥权，之后基本处于赋闲状态。1933年年初，中共临时中央到来后，为使毛泽东不至于无事可做，让他负责查田运动）针对查田运动的过火现象，采取了一些措施进行纠偏，但中共临时中央一向认为毛泽东是“右倾”，担心他主持这项工作又重犯“右倾机会主义”错误，使“地主不分田，富农分坏田”的政策不能彻底贯彻，再次对毛泽东进行排挤打击，剥夺了他对查田运动的领导权，并将他提出的纠偏举措当作右倾加以批判，强调“右倾机会主义是目前的主要危险”，于是查田运动再次滑向“左”倾的轨道。

“地主不分田、富农分坏田”的政策和查田运动，不但促使地主富农走向革命的对立面，而且人为地将不少普通农民归入地主富农的行列，严重扩大打击对象。

前几次反“围剿”之所以取得胜利，除了正确的战略战术外，还与根

① 毛泽东：《查田运动的初步总结》，《斗争》第24期，1933年8月29日。

② 刘少奇：《农业工会十二县查田大会总结》，《斗争》第34期，1933年11月12日。

据地老百姓的全力支持密不可分。第一次反“围剿”时，“共军坚壁清野，民众悉被裹胁入山，探索未得一人，最后捕获一共谍，佯哑不言，经再三审讯，始供龙冈以东以北山地均有伏兵”。“但苏区遍布共谍，国军行动，均被侦悉，而国军对于共军行动则甚少明了。”第二次反“围剿”时，“在共军方面，由于其凭借其军区制度，严密之恐怖组织，裹胁民众，充任外围，不断以迟滞、袭击、扰乱等手段，掩弊［蔽］其主力之行动；充分利用崇山峻岭之特殊地形，及时发挥稠密机动集中之能力，对国军形成局部之绝对优势”。“总之，在伪苏区作战，国军为纯军事的，而共军则因民众被其控制而为总体的，是以国军虽在军事上占优势，而不易发挥威力，捉捕敌人主力而予以消灭，反往往为敌所乘。”①到了第五次反“围剿”时，情形就有了很大的变化。苏区有相当一部分群众由于肃反与查田运动而逃往白区。例如，于都县在查田运动中“致被地主富农反革命利用来煽惑群众向白区逃跑（小溪等地发生几百人跑往白区）”②。1934年2月，万泰县“发生二千六百群众逃跑”③。甚至还有“一部分被欺骗群众首先是中农群众登山逃跑，或为地主富农所利用来反对苏维埃政权”④。这与前几次反“围剿”那种密切的军民关系，形成了强烈的反差。试想，在部分苏区群众不再把反“围剿”当作自己的事情，这种战争又何能从根本上取胜？

如果说“地主不分田、富农分坏田”不利于对地主富农的分化瓦解与

---

① 王健民：《中国共产党史》第2篇“江西时期”，（台北）京汉文化事业有限公司1988年版，第569、574、579页。

② 项英：《于都检举的情形和经过》，《红色中华》第168期，1934年3月29日。

③ 张闻天：《人民委员会为万泰群众逃跑问题给万泰县苏主席团的指示信》，《红色中华》第173期，1934年4月10日。

④ 张闻天：《是坚决的镇压反革命还是在反革命前面的狂乱？》，《红色中华》第208期，1934年6月28日。对于苏区肃反与查田运动给第五次反“围剿”造成的不利影响，参见黄道炫：《第五次反“围剿”失败原因探析——不以中共军事政策为主线》，《近代史研究》2003年第5期。

改造，而查田运动则使一些家境略好的中农甚至贫农扩大成为地主富农变成斗争对象，造成了根据地普遍的恐慌。不但如此，革命根据地处于国民党军的四面包围之中，第五次反“围剿”战争中由于国民党对中央苏区实行所谓的“三分军事、七分政治”，对根据地实行严密的经济封锁，几乎断绝了苏区与非苏区的经济往来，致使苏区的经济日趋困难。自从根据地形成之后，战争就一直没有停歇，并且反“围剿”战争的规模一次比一次大。为了打破国民党军的“围剿”，自然要发展扩大红军部队，而红军部队的扩大在根据地面积人口不但没有增加反而在减小的情况下，意味着根据地群众负担必须相应加重。

第四次反“围剿”战争尚在进行中，中共苏区中央局就提出了“创造一百万铁的红军”的口号。1933年6月6日，中共苏区中央局专门做出《关于扩大红军的决议》，强调“创造一百万铁的红军，来同帝国主义国民党军队作战”，要求动员“所有模范营模范赤少队整营整团加入红军”，并通过“彻底解决土地问题”、“彻底实行优待红军条例”、“加紧政治动员”、“采用突击方式以扩大红军”、“有计划的领导和动员赤少模范队整个组织加入红军”等措施来完成这个任务。同年7月24日，中共临时中央做出《关于帝国主义国民党五次“围剿”与我们党的任务的决议》，重申要“继续以突击的精神猛烈扩大红军，在创造一百万铁的红军的口号之下，创立新的军团，新的师，必须在规定的时期中，完成中革军委最近的动员计划，必须在短时期内增加一倍至一倍以上的红军的实力”[①]。所以，与第五次反“围剿”战争相伴随的，是中央苏区开展了一浪接一浪的“扩红”运动。

中央苏区全盛时期人口只有四百多万，要创建“一百万铁的红军”显

① 中央档案馆编：《中共中央文件选集》第9册，中共中央党校出版社1991年版，第277页。

然是做不到的，而且战争的胜负并不完全取决于双方人数的对比。第四次反“围剿”胜利后，由于当时中共临时中央过高估计了当时的革命形势，急于扩大苏区和夺取中心城市，以实现一省或数省的首先胜利，乃将“扩红”看成头等大事。

由于连续不断地进行“扩红”，在有的地方这项工作开展起来难免有些困难。例如，“兴国县在去年（即 1932 年）10 天动员中扩大 1500 多人，而今年 2 月只扩大 2500 多人，公略县 1 月份只扩大 15 人，瑞金县两个半月才完成两个月的数目”[①]。在这种情况下，由于一味强调红军的数量，只得采取命令主义的方式开展“扩红”运动，结果在“扩红”过程中发生了较为严重的强迫命令现象。如有地方在“扩红”时，“召集群众大会，把前后门关起，一个简单的号召以后，就要到会的一致报名加入，公开宣告，有一个不报名即不散会（反正大门关上了，群众要跑也跑不了）。在这一方式之下，少数的人起来报名了，主席就叫报名的另坐地边，夸奖他们勇于参加红军之后，要已报名的向未报名的做斗争”。此外，还采取“不去当红军就分房子”，“把 16 岁至 45 岁的群众花名册抄起来，就算扩红的成绩，把花名册送到区苏（即区苏维埃），区苏马上派人送光荣匾到这个乡，按名册指令集中”，在不愿意参加红军者家门口钉可耻牌等方式“扩红”。有的地方为了完成“扩红”任务，竟然出现花几块大洋雇人当红军的现象。[②]

在创建根据地之初，红军的给养除了战场缴获外，主要靠打土豪获得，“打土豪、分田地”曾是动员群众参加红军、支持红军的最有力口号和动员方式。土地革命之后，土豪的土地财产已被没收分配，根据地的内部已无土豪可打，国民党军的堡垒政策又使红军无法到根据地外去打土豪，所以

---

① 颖超：《为创造一百万铁的红军而斗争》，《斗争》第 7 期，1933 年 4 月 5 日。

② 潘汉年：《工人师少共国际师的动员总结》，《斗争》第 24 期，1933 年 8 月 29 日。

反“围剿”战争后勤供应，全都来自根据地群众的负担。

由于大规模的“扩红”，使得农村青壮年劳动力大量减少。据 1933 年 11 月毛泽东对有“模范乡”之称的兴国县长冈乡和上杭县才溪乡的调查，前者全部青壮年男子（16 岁至 45 岁）407 人，其中出外当红军、做工作的 320 人，占 79%。后者分为上才溪和下才溪，上才溪全部青壮年 554 人，外出当红军、做工作的 485 人，占 88%；下才溪全部青壮年 765 人，外出当红军、做工作的 533 人，占 70%。[①] 有学者统计，第五次反“围剿”时“扩红”的数量“已占到可征召壮年男子的近 1/4。这其中还不包括各级政权工作人员、工厂工人、前后方夫役以及不能加入部队的地主、富农分子等，如果总计起来，大部分可以参加红军的青壮年男子实际都已被征发”[②]。“扩红”数量的增加不单是苏区劳动力减少的问题，而且还意味着留在乡间从事生产的青壮年劳动力负担相应加重。历时一年的第五次反“围剿”作战，根据地的群众承担了繁重的支前和优待红军家属任务，而且随着反“围剿”的失利和苏区面积的缩小，苏区人口也在减少，尚是根据地的群众负担日重。实际上，红军长征前夕，面积所剩不大、人口所余不多的中央苏区，已出现了粮食、食盐和其他生活必需品严重短缺的局面，以至于红军战斗人员每天的粮食也只有 8 到 10 两（当时以 16 两为 1 斤），更不要说后方的机关和苏区普通民众了。在这样的物资供应下，如果红军没有办法打破国民党军的堡垒，跳出其包围封锁线转入外线作战，就算能守住剩余的根据地，战争也是无法长久坚持下去的。

中央苏区的第五次反“围剿”战争的失利，固然与错误的军事指挥有很大的关系，土地政策过“左”和经济上的困顿亦是一个非常重要的因素。

---

① 《毛泽东农村调查文集》，人民出版社 1982 年版，第 341 页。

② 黄道炫：《第五次反“围剿”失败原因探析——不以中共军事政策为主线》，《近代史研究》2003 年第 5 期。

二

抗日根据地主要经济政策

战争是对一个国家大量人力物力的消耗。抗日战争的胜负决定中华民族的存亡，因而每个中国人都有为抗战贡献力量的义务和责任。但是，战争固然需要群众付出与牺牲，而这种付出与牺牲一定要以群众能否承受为限度，必须爱惜民力而不能竭泽而渔。中共在八年抗战中不但坚持下来，而且军队和党员人数、根据地的面积和人口都得到了巨大发展，与中共在坚持抗战的同时努力减轻人民负担并改善民生、制定了比较正确的经济政策有着很大的关系。对此，1941 年 11 月 6 日，毛泽东在陕甘宁边区参议会开幕式的演说中有过精彩的说明："中国共产党提出的各项政策，都是为着团结一切抗日的人民，顾及一切抗日的阶级，而特别是顾及农民、城市小资产阶级以及其他中间阶级的。共产党提出的使各界人民都有说话机会、都有事做、都有饭吃的政策，是真正的革命三民主义的政策。在土地关系上，我们一方面实行减租减息，使农民有饭吃；另一方面又实行部分的交租交息，使地主也能过活。在劳资关系上，我们一方面扶助工人，使工人有工做，有饭吃；另一方面又实行发展实业的政策，使资本家也有利可图。所有这些，都是为了团结全国人民，合力抗日。这样的政策我们叫作新民主主义的政策。"①

---

① 《毛泽东选集》第 3 卷，人民出版社 1991 年版，第 808 页。

（一）有钱出钱、合理负担政策

十年内战时期特别是各根据地开创阶段，中共所采取打土豪、分田地，从本质上讲是一种杀富济贫的政策，它固然可以在短期内调动社会底层民众的革命热情，但它是以消灭所谓的土豪为代价的，而且在具体执行中难免将一般的富户（包括地主兼工商业者）亦当作土豪对待而扩大打击面，更重要的是土豪数量毕竟有限，因而不可能将之作为根据地建立后解决财政问题的长久之策。在抗战时期中共不再执行以往的打土豪、分田地的政策，而代之以符合统一战线特点的合理负担和减租减息政策。

合理负担政策的通俗表达就是“有钱出钱”。早在全民族抗战爆发前的 1936 年 12 月 20 日，中共中央鉴于西安事变后国共合作即将实现、抗日民族统一战线初步形成的实际，在一份题为《关于不同地区的地方工作指示》中提出：“在开始阶段上对当地的豪绅地主，在有钱出钱的口号下，募捐抗日经费和粮食。”①1937 年 8 月 25 日，洛川会议（中共中央政治局扩大会议）通过的《中国共产党抗日救国十大纲领》在其第六条“战时的财政经济政策”，亦明确提出“财政政策以有钱出钱及没收汉奸财产作抗日经费为原则”②。9 月 15 日，十八集团军军委分会就八路军作战的方针、任务及担负地方工作地区划分问题发出训令，要求八路军所属各部“立即在战区提出减租减税减息，没收汉奸日寇财产，分给抗日人民及抗日军人家属，宣传阎锡山的合理负担，即有钱出钱、有力出力，反对曲解合理负担”③。

1937 年 10 月 16 日，刘少奇在《抗日游击战争中各种基本政策问题》

---

① 中央档案馆编：《中共中央文件选集》第 11 册，中共中央党校出版社 1991 年版，第 135 页。
② 中央档案馆编：《中共中央文件选集》第 11 册，中共中央党校出版社 1991 年版，第 329 页。
③ 中央档案馆编：《中共中央文件选集》第 11 册，中共中央党校出版社 1991 年版，第 361 页。

一文中，不但高度评价了游击战在抗日战争中的战略地位，而且就如何坚持华北的游击战争提出了具体的方针政策，明确提出“减轻劳动人民的负担，把负担加在有钱人身上，口号是有钱出钱”①。1938 年 2 月 5 日，刘少奇在《关于抗日游击战争中的政策问题》一文中论及财政政策时又说：“为了补充抗日部队的给养及其他费用的开支，在保持政府财政统一的原则之下，征收一些捐税是必要的。过去的捐税有一些合理的能够征收的，应该继续征收，而另外一些不可能征收的与不合理的，就只得取消或者改变。某些税则的重新规定，是必要的。根据有钱出钱的原则，使有钱人的负担增加一点，贫苦人民的负担减少一些，对于团结全体人民坚持抗日是有利的。但是无限制的增加富人的负担也是不应该的。”②

同年 10 月，毛泽东在中共六届六中全会上所做的《论新阶段》的报告中，认为在主要的大城市与交通线丧失之后，国家财政经济必现大困难，没有新的有效的办法，便无以渡过战争的难关。关于新的战时财政经济政策，一项重要的内容就是“在有钱出钱原则下，改订各种旧税为统一的累进税，取消苛杂和摊派制度，以舒民力而利税收”③。

所谓合理负担，一是各阶层负担不能超过其承受程度，每个阶层的负担量要合理，适当控制脱产人员数量；二是负担不能畸轻畸重，不能把负担只集中在某一部分特定人群，负担面要合理。当时，抗日根据地民众的负担主要是爱国公粮、田赋、税赋、捐募、公债、借粮、战勤负担和优待抗属军属。根据地各阶层负担的多少决定了军队的数量。为着扩大和巩固根据地，自然需要发展军队，军队的发展又必定要增加人民的负担。在全民族抗战

---

① 刘少奇：《抗日游击战争中各种基本政策问题》，1937 年 10 月 16 日。

② 刘少奇：《关于抗日游击战争中的政策问题》，1938 年 2 月 5 日。

③ 中央档案馆编：《中共中央文件选集》第 11 册，中共中央党校出版社 1991 年版，第 615 页。

之初，由于军队的数量有限，加之国民政府向八路军、新四军提供一定数量的军饷，海内外也提供了数目不菲的捐款，根据地内一些家境殷实的士绅也慷慨解囊，所以根据地普通群众的负担并不是很重。例如陕甘宁边区，1937 年和 1938 年，征收的爱国公粮均为 1 万石，1939 年也只有 5 万石，这三年征收的爱国公粮占总收获量分别是 1.28%、1.32%、2.92%。征收的税款也很少，1938 年只有 27 万元，1939 年也只有 59 万元，占边区财政收入的比例很小。

但是，到了 1940 年，八路军、新四军发展到 50 万之众，而国民政府提供的仍是两军改编之初国民党方面认可的编制数的军饷，原来八路军以 3 师 4.5 万人计，每月军饷以 60 万元至 70 万元计，人均 10 元多，现在人员增加近 10 倍，经费却没有增加，而物价上涨迅速导致购买力下降。在这种情况下，中共中央提出要控制部队和各种脱产人员的数量。1940 年 8 月 20 日，中共中央做出《关于各抗日根据地内节省人力物力坚持长期抗战的指示》，强调为了坚持长期抗战，各抗日根据地全区域党政军民学脱离生产者之人数与全人口（不固定的游击区和敌占区不在内）之比例不能超过 3%；军队人数（不脱离生产者不在内）与党政民学脱离生产者之人数与比例，至多应为二比一即两个军人一个文人。[①]1941 年，中共中央提出了著名的精兵简政政策，这年 11 月 7 日，中共中央革命军事委员会发出《关于抗日根据地军事建设的指示》，强调由于人力物力的限制及运动战可能性的减少，目前应以扩大、巩固地方军和群众武装为中心，主力军采取适当的精兵主义。各根据地在实行精兵简政的过程中，严格控制各类脱产人员。晋冀鲁豫边区在 1942 年规定：一切脱离生产的武装部队不能超过居民人

① 中央档案馆编：《中共中央文件选集》第 12 册，中共中央党校出版社 1991 年版，第 469—470 页。

数的2%，脱离生产的党政机关的工作人员不能超过1%，民兵不能超过5%，且一律不脱离生产、不吃公粮。①

除了严格控制各类脱产人员的比例，各根据地还对居民负担率作出明确规定。由于各抗日根据地建立在农村，各级抗日政府的主要收入来源是农业税收，即爱国公粮，“从当时各根据地的情况看，即公粮征收总额大体以不超过农业产量的10%为限”。1941年初皖南事变发生后，国民政府完全停止了对八路军、新四军的经费供给，根据地由于财政经济的十分困难，各地大幅度地增加了粮赋的征收额。鉴于这种情况，中共中央又电示各地；要求将公粮征收总额控制在农业总收入的20%以内，一般不要超过，同时规定纳税人的负担最高不得超过其所得收入的35%。②

在全民族抗日战争期间，合理负担始终是抗日根据地的重要经济政策。毫无疑问，在实行合理负担时，地主富农及商人因其经济条件好于一般群众，根据“有钱出钱”原则，他们相应地承担了更多的负担。而在实行过程中，一些地方发生“把减租减息合理负担变成土地革命，或消灭地主富农的错误，以及过分强调改善工人生活，而致工商业关门，生产缩小，甚至引到工农对立的错误”。针对这种情况，1940年11月1日，中共中央在《关于建立与巩固华中根据地的指示》中明确提出：“应注意防止过左的倾向，应承认地主富农雇主商人的财产权及公民权，不能随便的没收逮捕处罚（真正的汉奸除外），在目前的革命阶段上，还不是消灭阶级，取消剥削，而是限制剥削，给阶级关系以适当的有利于抗日的调整。”“对于各种负担，

---

① 中华人民共和国《中国农民负担史》编辑委员会：《中国农民负担史》第3卷，中国财政经济出版社1990年版，第203页。

② 中华人民共和国《中国农民负担史》编辑委员会：《中国农民负担史》第3卷，中国财政经济出版社1991年版，第204页。

应按照有力出力有钱出钱之原则，但根据地居民百分之八十以上的人口均应负担，不可把负担完全放在富有者身上。”[①]

同年12月25日，毛泽东为中共中央起草关于时局与政策的指示（即收入《毛泽东选集》的《论政策》一文），提出税收政策上必须按收入多少规定纳税多少，“一切有收入的人民，除对最贫苦者应该规定免征外，百分之八十以上的居民，不论工人农民，均须负担国家赋税，不应该将负担完全放在地主资本家身上”[②]。1941年4月15日，《解放》周刊发表《论抗日根据地的各种政策》的社论，要求“抗日根据地的工作者”“应当时时刻刻仔细注意到抗日民族统一战线的巩固与发展，确切照顾统一战线内各阶级各队层的利益。所以在清楚顾及人民大众利益的条件下，必须使不反对抗日的地主资本家能够保有一定的利益与地位，以便适当地调整各阶级的关系，以打击日寇诱引地主资本家的阴谋，打击投降派鼓煽地主资本家的活动，并巩固敌后的团结抗战”。

1942年1月，中共中央做出《关于抗日根据地土地政策的决定》，明确提出：“抗日经费，除赤贫者外，一切阶级的人民均须按照累进的原则向政府交纳，不得畸轻畸重，不得抗拒不交。”[③] 因此，从1941年起，各地贯彻中共中央的指示，负担面一般达到80%以上，巩固的区域负担面达到90%以上。[④] 一些根据地还具体规定了各阶级、阶层负担的控制比例。晋察冀根据地1942年实行统一累进税时规定，贫农的负担最高不得超过其总收入的7%，中农不得超过15%，富农不得超过25%，地主不得超过

---

① 中央档案馆编：《中共中央文件选集》第12册，中共中央党校出版社1991年版，第544—545页。

② 《毛泽东选集》第2卷，人民出版社1991年版，第767页。

③ 中央档案馆编：《中共中央文件选集》第13册，中共中央党校出版社1991年版，第283页。

④ 中华人民共和国《中国农民负担史》编辑委员会：《中国农民负担史》第3卷，中国财政经济出版社1991年版，第205页。

70%，工人则一律免税。晋冀鲁豫边区在 1943 年实行统一累进税时确定，地主的负担控制在总收入的 48%—60%之间，富农负担控制在 28%左右，中农负担控制在 13%左右，贫农负担控制在 3%—5%。1944 年中共中央华中局提出，公粮征收率，原则上地主最高，负担不得超过其收入的 35%，富农不得超过 20%，中农 12%，贫农 8%。①

合理负担政策特别是全民族抗战中后期实行的累进税制，既体现了“有钱出钱”的原则，照顾了贫困群众的利益，又避免了将负担过于集中在地主富农商人等社会少数阶层，使他们不致因负担畸重而破产反过来加重一般群众的负担，也使一般群众具有税赋意识和为抗战服务意识，是抗日民族统一战线在根据地经济政策上的具体运用。

（二）减租减息政策

十年内战时期，没收地主土地分配给无地少地的农民，是中国共产党最重要的经济政策，当时开展革命最响亮的口号是“打土豪、分田地”，所以这个历史阶段又叫土地革命战争时期。进入全民族抗日战争阶段后，中共政策上最大的改变，就是提出建立广泛的抗日民族统一战线，以团结包括地主在内的全国各阶级、各阶层的人们共同抗日。在这种情况下，十年内战时期没收地主土地的政策显然不能再延续下去。

还在全民族抗战爆发前的 1937 年 2 月，中共中央在《致国民党三中全会电》中，就明确提出停止没收地主土地的政策。但是，随着全民族抗战局面的到来，红军将改编为国民革命军到华北前线去抗日，这就面临一个如何改善农民生活以调动农民抗日积极性的问题。为此，中共中央提出在全民族抗日时期实行减租减息政策，并列入了 1937 年 8 月在洛川召开的

---

① 中华人民共和国《中国农民负担史》编辑委员会：《中国农民负担史》第 3 卷，中国财政经济出版社 1991 年版，第 208 页。

扩大的政治局会议通过的《抗日救国十大纲领》之中。从此，减租减息就成为中共在抗战阶段主要的农村政策。

全民族抗战初期，各抗日根据地刚刚建立，重点尚放在抗战的发动与战勤动员，同时改造旧政权上，对于农民负担的减轻，主要通过反对贪污，废除苛捐杂税，实行合理负担等方式解决，至于减租减息政策，多数还停留在宣传动员阶段。1939 年全民族抗日战争进入相持阶段，国民党挑起第一次反共高潮，各抗日根据地也开展了大规模的减租减息。但这时，一些人把少数顽固派发动的反共磨擦，看作了整个地主阶级的动向，认为地主难有继续抗日的可能，于是变相地没收分配地主的土地，“把减租减息合理负担变成土地革命”[1]。在晋西北、冀南、鲁西等地区的反顽固斗争中，甚至提出“无地主不顽固，无顽固不汉奸”的口号，出现了对地主乱打乱杀乱没收，把地主逼往敌区顽区，与我尖锐对立的现象。针对这种情况，1940 年 12 月，中共中央明确提出：“必须向党员和农民说明，目前不是实行彻底的土地革命的时期，过去土地革命时期的一套办法不能适用于现在。现在的政策，一方面，应该规定地主实行减租减息，方能发动基本农民群众的抗日积极性，但也不要减得太多。地租，一般以实行二五减租为原则；到群众要求增高时，可以实行倒四六分，或倒三七分，但不要超过此限度。利息，不要减到超过社会经济借贷关系所许可的程度。另一方面，要规定农民交租交息，土地所有权和财产所有权仍属于地主。不要因减息而使农民借不到债，不要因清算老账而无偿收回典借的土地。”[2]

为使减息政策得到正确的贯彻，1942 年 1 月，中共中央做出《关于抗日根据地土地政策的决定》，承认农民是抗日与生产的基本力量，也承认

---

① 中央档案馆编：《中共中央文件选集》第 12 册，中共中央党校出版社 1991 年版，第 544 页。

② 《毛泽东选集》第 3 卷，人民出版社 1991 年版，第 766 页。

大多数地主有抗日的要求，强调现在只能减轻封建剥削而不能消灭封建剥削，既要减租减息又要交租交息，并且要奖励富农生产和联合富农。决定强调，对于地主与农民间双方的合理要求必须满足，但双方都应服从于整个民族抗战的利益。在处理农村纠纷中，党与政府的工作人员，不是站在农民或地主的某一方面，而是根据上述基本原则，采取调节双方利益的方针。政府法令应有两方面的规定，不应畸轻畸重，一方面，要规定地主应该普遍的减租减息，不得抗不实行。另一方面，又要规定农民有交租交息的义务，不得抗不缴纳。一方面要规定地主的土地所有权与财产所有权仍属于地主，地主依法有对自己土地出卖、出典、抵押及做其他处置之权。另一方面，又要规定当地主做这些处置之时，必须顾及农民的生活。一切有关土地及债务的契约的缔结，须依双方自愿，契约期满，任何一方有解约之自由。2月4日，中共中央又发出《关于如何执行土地政策决定的指示》，强调："联合地主抗日，是我党的战略方针。但在实行这个战略方针时，必须采取先打后拉，一打一拉，打中有拉，拉中有打的策略方针"，并且明确"减租是减今后的，不是减过去的，减息则是减过去的，不是减今后的，大体上以抗战前后为界限"。[①] 随后，各抗日根据地开展了广泛深入的减租减息运动。

减租减息政策在不破裂与地主关系的前提下，减轻了农民负担。陕甘宁边区土地租佃条例规定，活租按原租额减 25%—40%，减租后租率不得超过 30%，土地副产物归承租人。华中解放区的淮北区规定，原来对半分即租率为 50% 的，减为租率 35%，减租率为 30%；原租率为 40% 的，减为 30%，减租率 25%；原租率为 30% 的，减为 25%，减租率 17%。[②] 据晋察冀根据地北岳区第二、五专区统计，1940 年减租额即达 12290 余

---

① 中央档案馆编：《中共中央文件选集》第 13 册，中共中央党校出版社 1991 年版，第 295—300 页。

② 陈廷煊：《抗日根据地经济史》，中国社会科学出版社 2007 年版，第 144—145 页。

石。[1] 晋绥根据地1941年10个县统计，一年内共减租1002149大石（1石等于300斤），减租佃户17812户，平均每户减租57大斗。[2] 又据对晋绥根据地的兴县、河曲等19个县的不完全统计，从1943年冬到1945年秋两年中，减租农民达5617户，减租50970石，每户平均减租0.91石。[3] 减租前与减租后的租率比较，晋察冀根据地一般减少三分之一以上。晋冀鲁豫根据地的晋东、晋中、冀西、黎城、漳北等地区，战前租率最高达收获量的72%，最低的也达40%，平均为54%，实行减租减息后，最高的为37.5%，最低的为30%，平均为33.3%，减率比此前大为减少。[4] 与此同时，农民所受的高利贷剥削也有所减轻。据1940年6月北岳区对15个县统计，利息减少额为320600余元。1941年统计，晋西北12个县共减息8842元（银元），山西、河北、山东3省战前利率多在三分左右，减息之后一般只有一分左右，降低了三分之二。[5]

减租减息在减轻农民负担的同时，还使抗日根据地的土地关系发生了很大变动，通过各种形式使地主富农的一部分土地转移到农民手中。据陕甘宁边区1945年调查，1941年以来，葭县高家寨子村贫农、中农共买进土地72垧，卖出土地9垧，净进土地63垧，典进、赎回土地163垧，典出、抽走土地101垧，净进土地62垧。1940年地主占有全村耕地71.66%，至1943年，地主占有的耕地下降到66.27%。[6] 绥德县杨家塔村13户地

---

① 《晋察冀边区财政经济史资料选编》（农业编），南开大学出版社1984年版，第50页。

② 《晋绥根据地资料选编》第1集，中共吕梁地委党史资料征集办公室1984年编印，第42页。

③ 财政科学研究所编：《革命根据地的财政经济》，中国财政经济出版社1985年版，第143页。

④ 黄韦文：《关于根据地减租减息的一些材料》，《解放日报》1942年2月11日。

⑤ 中华人民共和国《中国农民负担史》编辑委员会：《中国农民负担史》第3卷，中国财政经济出版社1990年版，第193页。

⑥ 陕甘宁边区财政经济史编写组、陕西省档案馆：《抗日战争时期陕甘宁边区财政经济史料摘编》第2编（农业），陕西人民出版社1981年版，第347—348页。

主，四年中卖出土地 619 亩，占土地总数的 31%。相反，农民大量买地，米脂县印斗地区三乡某村 41 户农民，中农 3 户有土地 130 垧，其他 38 户贫农都是租种地主的土地，自有土地只有 40 垧，1943、1944 两年共买入土地 180 垧，增加土地 4-5 倍。[①]

据中共晋绥分局调查研究室 1945 年冬至 1946 年春对老区 9 个县 20 个村 7 年来（新政权建立以来）土地及阶级关系的调查，减租减息后“地主分化没落，人数减少，经济力量大大削弱”。这 20 个村原有地主 62 户，占总户数的 5.2%，调查时减少至 27 户，占总户数的 2%，地主占总户数的比重下降到 3.2%。原有的 62 户地主中，能够保持地主地位的只有 22 户，约占 1/3，其余的 40 户改变了原来的经济地位，其中 6 户转为富农，29 户变为中农，3 户变成贫农，1 户变为其他，还有 1 户绝户。这 20 个村地主占有的土地总量，也由 1939 年的 38.5%，下降到 1946 年的 5%，减少了 33.5%，每户平均减少土地 416.2 亩。与地主人数减少相伴随的是中农大量增加。这 20 个村原有中农 375 户，占当时总户数的 31.3%，调查时增加到 795 户，占总户数的 59.9%，在总户数中，中农的比重增加到 28.6%。这些新增加的中农中，有 240 户是由贫农上升的，占现有中农总数的 30%，由雇农及工人上升的 25 户，占 3.2%。这充分说明，经过减租减息，晋绥地主的土地已有相当一部分转移到了农民手中。[②]

据晋察冀根据地北岳区 28 县 88 个村的调查，全民族抗战前占农村总户数将近大半的贫雇农，每户平均有 2.5 亩至 7.5 亩的耕地，而只占总

---

① 陕甘宁边区财政经济史编写组、陕西省档案馆：《抗日战争时期陕甘宁边区财政经济史料摘编》第 2 编（农业），陕西人民出版社 1981 年版，第 348 页。

② 晋绥分局调查研究室：《农村土地及阶级变化材料》，1946 年编印，第 3—4 页。

户数 2.02% 的地主，占有土地平均每户达 97 亩以上。地主富农在农村总户数中占 9.29%，占有的土地为 38.04%，占有的水地为 45.7%，而中农、贫农、雇农和工人占有占总户数的 85.34%，占有土地 61.01%，占有水地 52.93%。经过减租减息，据对其中 24 个村的调查，1937 年至 1942 年，当出的 837.57 亩土地中，地主富农 599.04 亩，贫雇农和中农 235.53 亩；在当入的 1019.87 亩土地中，地主富农 90.2 亩，而中农及以下阶层 929.67 亩。据北岳区的典型调查，地主的总户数由 2.42% 下降到 1.91%，占有的土地从战前的 16.43% 下降到 1942 年的 10.17%。①

又据对晋察冀的北岳、晋冀鲁豫的太行、晋绥、华中的盐阜和山东的滨海五个解放区的统计，战前各阶级阶层的户数是地主占 3.6%，富农占 7.2%，中农占 28.4%，贫农占 54%，雇农占 5%，战后地主与富农分别下降为 2.4% 和 6.7%，中农上升到 38%，贫农下降到 47%，雇农下降到 2.5%。各阶级阶层占有土地的情况是，战前地主占 29.5%，富农占 21%，中农占 29.5%，贫农占 19%，雇农占 0.8%，战后则是地主占 13.5%，富农占 17.5%，中农占 42.5%，贫农占 22.5%，雇农占 0.6%。② 其他解放区的巩固区的情况也大体差不多。这说明，经过减租减息，地主不但户数在减少，他们占有的土地也大幅度下降，中农的数量和他们占有的土地都有较大幅度的上升，贫农的数量在下降而占有的土地略有上升。

减租减息在不损害地主根本利益的前提下，减轻了农民的负担，改善了农民的经济地位。它将地主阶级团结在抗日民族统一战线之内，调动了广大农民支持抗日的积极性，使农村社会各阶层共同汇集在抗日这面旗帜之下。

---

① 《中国土地改革史料选编》，国防大学出版社 1988 年版，第 200—204 页。

② 《中国土地改革史料选编》，国防大学出版社 1988 年版，第 224 页。

（三）发展资本主义的政策

全民族抗日战争时期，中共在理论上的一个重大创新，就是提出了新民主主义理论，强调中国革命分为新民主主义和社会主义两个既联系又区别的阶段，现时的新民主主义革命的任务主要是反帝反封建，而不是反对一般意义上的资本主义。因此，对于资本主义，中共此时的态度很明确，即采取鼓励其发展的方针政策。

对于保护和发展资本主义的问题，毛泽东在抗战时期的讲演和文章中一再表达过。在1938年10月的中共六届六中全会上，他在《论新阶段》的政治报告中提出："有计划地在内地重新建立国防工业，从小规模的急需的部门开始，逐渐发展改进；吸收政府、民间与外国三方面的资力"，"保护私人工商业的自由营业，同时，注意发展合作事业"①。1939年5月4日，他在《青年运动的方向》的讲演中指出："我们现在干的是资产阶级性的民主主义的革命，我们所做的一切，不超过资产阶级民主革命的范围。现在还不应该破坏一般资产阶级的私有财产制，要破坏的是帝国主义和封建主义，这就叫做资产阶级性的民主主义的革命。"他同时指出，民主主义革命的目的"就是打倒帝国主义和封建主义，建立一个人民民主的共和国。这种人民民主主义的共和国，就是革命的三民主义的共和国。它比起现在这种半殖民地半封建的状态来是不相同的，它跟将来的社会主义制度也不相同。在社会主义的社会制度中是不要资本家的；在这个人民民主主义的制度中，还应当容许资本家存在"②。

1939年12月，毛泽东在一次讲话中指出："我们对于资本主义采取

① 中央档案馆编：《中共中央文件选集》第11册，中共中央党校出版社1991年版，第615页。

② 《毛泽东选集》第2卷，人民出版社1991年版，第562—563页。

调节的政策。包括发展中农的生产运动，办好消费合作社扶助中农生产，与富农竞争，成立商品合作社扶助小手工业生产者，废除苛捐杂税培植小商业者，发展国防工业与资本主义竞争，大胆让资本主义去发展而不压制资本主义，对于劳资关系也采取调节的政策。”他还说：“社会主义是必然的道路，但是现在还不成，所以可以让资本主义发展，不过要调节它的发展。”① 同年12月，毛泽东写作了著名的《中国革命和中国共产党》一文，对中国革命的新民主主义性质做了深刻的论述，指出：“现阶段的中国革命既然是为了变更现在的殖民地、半殖民地、半封建社会的地位，即为了完成一个新民主主义的革命而奋斗，那末，在革命胜利之后，因为肃清了资本主义发展道路上的障碍物，资本主义经济在中国社会中会有一个相当程度的发展，是可以想象得到的，也是不足为怪的。资本主义会有一个相当程度的发展，这是经济落后的中国在民主革命胜利之后不可避免的结果。”②

1940年9月23日，毛泽东在《时局与边区问题》的报告中指出，要消灭党内资本主义思想，发展新式的国家资本主义。党外资本主义是要发展。边区有四种经济：国营经济、私人资本主义、合作社经济、半自足经济。私人资本主义要节制，但非打击，更非消灭。③11月1日，中共中央在《关于建立与巩固华中根据地的指示》，要求各地防止过左的倾向，不能“过分强调改善工人生活，而致工商业关门，生产缩小”④。12月25日，毛泽东为中共中央起草的关于时局与政策的指示中提出：“劳资间在订立契约后，工人必须遵守劳动纪律，必须使资本家有利可图。否则，工厂关门，对于抗日

---

① 顾龙生：《毛泽东经济年谱》，中共中央党校出版社1993年版，第141页。

② 《毛泽东选集》第2卷，人民出版社1991年版，第650页。

③ 中共中央文献研究室编：《毛泽东年谱（1893—1949）》中卷，人民出版社、中央文献出版社1993年版，第207页。

④ 中央档案馆编：《中共中央文件选集》第12册，中共中央党校出版社1991年版，第544页。

不利，也害了工人自己”，“应该吸引愿来的外地资本家到我抗日根据地开办实业。应该奖励民营企业，而把政府经营的国营企业只当作整个企业的一部分。凡此都是为了达到自给自足的目的。应该避免对任何有益企业的破坏”。①

1941 年 1 月 15 日，《解放》周刊发表《论抗日根据地的各种政策》的社论，明确提出：“我们欢迎他地的资本家到抗日根据地上开办实业，并切实保护他们的营业。”同年 5 月 1 日，陕甘宁边区发布经中共中央政治局批准的《陕甘宁边区施政纲领》，其中规定：“发展工业生产与商业流通，奖励私人企业，保护私有财产，欢迎外地投资，实行自由贸易，反对垄断统制，同时发展人民的合作事业，扶助手工业的发展。”次年 1 月 28 日，中共中央在《关于抗日根据地土地政策的决定》又指出：“承认资本主义生产方式是中国现时比较进步的生产方式，而资产阶级、特别是小资产阶级与民族资产阶级，是中国现时比较进步的社会成分与政治力量。”“小资产阶级，民族资产阶级与富农，不但有抗日要求，而且有民主要求。故党的政策，不是削弱资本主义与资产阶级，不是削弱富农阶级与富农生产，而是在适当的改善工人生活条件之下，同时奖励资本主义生产与联合资产阶级，奖励富农生产与联合富农。”

在 1945 年 4 月的中共七大上，不论在《论联合政府》的书面报告还是口头政治报告中，毛泽东都一再强调要发展资本主义。他说：“有些人怀疑中国共产党人不赞成发展个性，不赞成发展私人资本主义，不赞成保护私有财产，其实都是过虑的。民族压迫和封建压迫残酷地束缚着中国人民的个性发展，束缚着私人资本主义的发展和破坏着广大人民的财产。我们

---

① 《毛泽东选集》第 2 卷，人民出版社 1991 年版，第 766、768 页。

主张的新民主主义制度的任务，则正是解除这些束缚和停止这种破坏，保障广大人民能够自由发展其在共同生活中的个性，能够自由发展那些不是‘操纵国民生计’而是有益于国民生计的私人资本主义经济，保障一切正当的私有财产。”[①] 他还说：“有些人不了解共产党人为什么不但不怕资本主义，反而提倡它的发展。我们的回答是这样简单：拿资本主义的去代替外国帝国主义和本国封建主义的压迫，不但是一个进步，而且是一个不可避免的过程。它不但有利于资产阶级，同时也有利于无产阶级。现在的中国是多了一个外国的帝国主义和一个本国的封建主义，而不是多了一个本国的资本主义，相反地，我们的资本主义是太少了。”“在新民主主义的国家统治下，除了国家自己的经济与劳动人民的个体经济及合作社经济之外，一定要让私人资本主义经济获得广大发展的便利，才能有益于国家与人民，有益于国家的向前发展。对于中国共产党人，任何的空谈和欺骗，是不会让它迷惑我们的清醒头脑的。”[②] 在这几段话中，毛泽东其实已经将作为以社会主义为奋斗目标、以消灭私有制为己任的中国共产党人，为什么主张在中国要发展资本主义解释得非常清楚了。

发展资本主义是整个全民族抗战期间中共一贯的主张。当时，中共领导的抗日根据地主要是农村，自然没有多少资本主义，但中共提出的发展资本主义的政策，产生了很大的政策影响。时任蒋介石侍从室第六组组长的唐纵，在其日记中曾这样写道：“在第七次大会上毛泽东的政治报告，主张保持私有财产制度并发展资本主义，这是中共一个很大的转变。这个转变在中国收到很大的效果，后方许多工商界和国民党内部失意分子，过去对于共产党的恐怖心理，已完全改观。本党政治的腐化不但引起党外的反

① 毛泽东：《论联合政府》，解放社 1950 年版，第 39 页。
② 毛泽东：《论联合政府》，解放社 1950 年版，第 42—43 页。

感，亦且失了党内的同情，如果没有显著的改革，全国人心将不可收拾。”①可见这一政策所产生的深刻社会影响。

在十年内战前期中期，中共的政策带有很多“左”的成分，曾提出“中间阶级是最危险的敌人”，将本可团结争取的民族资产阶级不但排斥在革命阵营之外，甚至还将之视为革命的敌对力量，结果使中共自身处于比较孤立的地位。在全民族抗日战争时期特别是新民主主义理论提出之后，毛泽东一再强调中国现阶段仍是资产阶级民主革命，革命的主要锋芒是对向帝国主义和封建主义，民族资产阶级不但不是革命的对象而且是革命的动力之一，因此私人资本主义必须加以发展。尽管这一政策更多是体现在理论和宣传的层面，但也反映了中共革命理念的重大变化，这对于团结争取大后方的民族资产阶级无疑起了十分重要的作用。

三

全民族抗战前期中共的经费来源

吃饭穿衣是人最基本的生存需求，革命者也概莫能外。八年全民族抗战，中共的力量得到了巨大的发展，仅军队人数就由全民族抗战之初的几万人发展到抗战胜利时的百余万人，那么，全民族抗战期间中共是如何解决自身的生存问题的？

---

① 公安部档案馆编注：《在蒋介石身边八年——侍从室高级幕僚唐纵日记》，群众出版社 1991 年版，第 522 页。

全民族抗战之初，中共及其领导的武装力量八路军、新四军，相当一部分经费来自于国民政府的拨款。根据国共谈判，陕北主力红军改编成八路军后，全军编制为3个师4.5万人，国民政府据此拨发经费。根据1941年3月国民政府军事委员会编制的《第十八集团军及新四军编制经费情形报告表》列述，国民政府对八路军的拨款是：（一）1937年度月发经常费30万元，战务费20万元，补助费5万元，医药补加费1万元，米津及兵站补助费7万元，合计月发63万元。（二）1939年8月份起加兵站临时补助费2.5万，连前月共月发65.5万元。（三）1940年元月份起，每月增发米津4.5万元，连前月共月发70万元。

国民政府拨给新四军的经费为：（一）1938年1月核定全军四个支队月各发经费1.5万元，军部0.6万元，自3月起每月增发经费2万元，5月起成立军直属分站一，独立派出所一，核定月支兵站费0.3万元；自5月16日起，月发米津1.3534万元。自6月份重新核定新四军经费每月11万元。（二）1939年全年度经费仍旧月发11万元，另发战临费2.2万元，共月发经费13.2万元。（三）1940年度经费核定每月为11.5万元，又战临费2.2万元，共月发13.7万元。

第二次国共合作实现后，国民党同意将长期坚持在海南岛的红军游击队改编为"广东省十四区民众抗日自卫团独立队"，即"琼崖纵队"，改编之初，国民党海南岛当局同意每月发给琼崖纵队经费0.8万元，但到1939年6月后，大量削减琼崖纵队的经费，由原来的每月0.8万元缩减到0.1万元。①

在全民族抗战之初军队数量有限的情况下，国民政府拨给八路军、新四军的军费，尚可维持部队所需。问题在于八路军、新四军发展迅速，到

① 总后勤部财务部、军事经济学院：《中国人民解放军财务简史》，中国财政经济出版社1991年版，第109—110页。

1938 年 10 月，八路军人数达 15.6 万人，新四军 2.5 万人，到 1940 年八路军发展到 40 万人，新四军发展到 10 万人。八路军、新四军总人数增加近 10 倍，但国民政府仍按改编之初原编制拨发经费，40 万八路军月经费 70 万元，人均不到两元，新四军以 10 万之众月经费 13 万余元，人均 1.3 元。这点经费对于八路军、新四军来说已是杯水车薪。

为此，中共方面一再要求增加经费。1938 年 12 月 23 日，彭德怀致电蒋介石，要求在八路军任主力的地区，友军及地方武装应受八路军指挥，第一一五师、第一二〇师、第一二九师三个师请准许改编为军，军辖二师或三旅，并请增编八路军总部一个炮兵团及一个特务团。“因八路军现有人数 12 万（陕北河防部队及华北游击队在外），且以伤兵残废日多，原有 4.5 万人经费实在不够支配，请增加月费 100 万元。”①1940 年 1 月 10 日，中共中央就边区等问题与国民党谈判给中共中央南方局的指示中提出：“八路扩军问题：（一）三军九师，（二）二十二万人，（三）月饷四百四十万万元（每人平均二十元计）。”“新四军扩军问题：（一）三个师，（二）五万人，（三）月饷一百万元。”第二天，中共中央又指示南方局，在与国民党谈判时“可先解决边区与撤军问题”，要求国民党方面提供“边区行政经费，每月津贴二十万元”。② 同年 9 月初，中共中央再次要求国民党中央将第十八集团军扩编为三军九师，新四军为三个师，其编制照甲种军及调整师办理，就供给足够的补给。③

对于中共方面提出的扩编增加军饷的请求，国民党方面自然不可能接受。1940 年 11 月 9 日，毛泽东起草朱德、彭德怀、叶挺、项英致何应钦、

① 重庆市政协文史资料研究委员会等：《抗战时期国共合作纪实》下卷，重庆出版社 1992 年版，第 886 页。
② 中央档案馆编：《中共中央文件选集》第 12 册，中央党校出版社 1991 年版，第 231、234 页。
③ 中共中央文献研究室编：《周恩来年谱（1898—1949）》，中央文献出版社、人民出版社 1989 年版，第 465 页。

白崇禧电："职军孤悬敌后，欲求杀敌致果，达成统帅所付之战略任务，不得不遵循三民主义与抗战建国纲领所示原则，唤起民众，组织游击部队，因而超过原来编制，此任务与组织之连带关系，实亦有所不得不然。然以现有五十万人之众，领四万五千人之饷，虽有巧妇，难以为炊，故不得不要求民众协助。""虽衣单食薄，艰难奋战，历尽人间之辛苦，然不为法律所承认，不为后方所援助，则精神痛苦，无以复加，故有请中央允予扩充编制之举。"①12 月 8 日，何应钦、白崇禧致电朱德等八路军、新四军将领，就编制问题指责说，八路军、新四军"不遵照命令，擅自放弃规定任务，而肆意越境略地，夺枪勾兵，自由扩编。故十八集团军遵令改编之始，原仅四万五千人，而至今竟称为五十万人，今姑不问其人员武器有无虚实，亦不计裹胁成军能否作战。而事前既未照章核准，事后又不许中央过问，仅要求中央照数发饷。现在全国集团军总司令总计不下数十人，从未有未经奉准，而自由扩编者。敌后游击队，且不下百余万，亦未有不经点验编组，而自由领饷者，兹兄等所称人数，若为未奉核准，而擅作毫无限度之扩编，恐再阅几时，势必号称百万。中央安有如许财力，地方安有如许民力，供给此核定数目以外，无限制之兵员？若本无上数，而漫为虚报，则法定编制尚应剔除缺旷，更无不经点验而滥发之理"②,断然拒绝了中共方面关于扩编的要求。此时，国共矛盾加剧，从 1940 年 11 月起，国民党方面停止对八路军、新四军的经费供给。

全民族抗战初期中共方面的第二项经费来源是国内外捐款和共产国际的援助。

募捐是全民族抗战之初八路军、新四军经费的重要来源。1937 年 10 月 16 日，刘少奇在《抗日游击战争中各种基本政策问题》一文中，明确提

① 《毛泽东文集》第 2 卷，人民出版社 1993 年版，第 312 页。
② 《皖南事变》编纂委员会：《皖南事变》，中共党史出版社 1990 年版，第 89 页。

出“向富户征求救国捐”,“发动群众自愿捐助抗日经费,战争中的需用品”,并且认为抗日游击队的给养,“主要是以没收敌人的资财与汉奸的财产及向富户募捐来维持。只有在十分必要时才向一般群众募捐。向富户募捐也应尽可能不采用强迫摊派的办法,应该说服富户自愿捐助,只有在不得已与说服无效时,才可以指定富户摊派若干金钱粮食。游击队绝对不应该经过村长区长或商会等去摊派捐款粮草,必须直接向富户募捐或摊派,或者指定某家富人要出多少东西”[①]。

应当说,全民族抗战之初,这种自愿与带有某种强迫性的摊派,为敌后抗日根据地募集了一定数量的资金与物资。1937 年秋冬,八路军第一二〇师开辟晋西北抗日根据地时,仅在山西兴县,杨家坡地主杨笃仁将卖土地和城里商号所得的 1.5 万块银圆全部捐出,黑峪口王家村的王则相捐出 2000 银圆和一条船,著名开明绅士牛友兰不但捐出自己“复庆永”商号的货物,而且一次捐献银圆 2.3 万元,到这年 12 月,全兴县民众捐助八路军达 6 万银圆、粮食 700 余担。[②] 各抗日根据地都有组织地开展募捐活动,如 1938 年年初山东和冀中抗日根据地募集的抗日救国捐,1940 年晋绥抗日根据地开展的献金、献粮、献鞋、扩兵的“四献”运动等。

全民族抗战一爆发,红军改编为八路军和新四军后迅速开赴前线,并且取得了平型关战斗等一系列的胜利,赢得了良好的声誉,国内各阶层及一些海外华人华侨纷纷解囊捐助八路军和新四军。1938 年至 1939 年,上海未被日军占领的租界区开展群众性的支援新四军运动,组织义演、义卖,共募集到几十万元,为新四军购买了一批药品和 5 万套军装所需布匹。[③]

---

① 刘少奇:《抗日游击战争中各种基本政策问题》,1937 年 10 月 16 日。

② 中共山西省委党史办公室:《刘少白传》,中共党史出版社 2014 年版,第 125 页。

③ 总后勤部财务部、军事经济学院:《中国人民解放军财务简史》,中国财政经济出版社 1991 年版,第 119 页。

宋庆龄及其领导的保卫中国同盟，在海外为八路军、新四军募捐了数量不菲的医疗器械、药品、现款和其他物质。仅 1936 年 12 月到 1939 年 2 月，宋庆龄就向延安寄去了 6 万元法币。①

一些地方实力派也曾向中共提供一些物质帮助。一段时间，新疆军阀盛世才对中共比较友好，双方建立较为密切的合作关系，盛世才曾向中共提供了一些物款。1939 年 7 月 8 日，毛泽民在共产国际中国问题研究小组的发言中说："在新疆省，开展过为八路军购买防毒面具的募捐活动，募集到 6 万元。盛世才送给八路军 5 万件毛皮大衣，给了 10 万元，并将大衣从兰州运往前线。"②

据陕甘宁边区的统计，从 1938 年 10 月至 1939 年 2 月的 5 个月时间里，海外及后方捐款共达法币 1300948 元，约合当时小米 40654 石（每石 300 市斤）。③ 据八路军供给部的统计，从 1937 年至 1941 年，各部队上缴给供给部的捐款有账可查共为 892.4 万元，其中，1937 年 3.6 万元，1938 年 200.1 万元，1939 年 60.4 万元，1940 年 555.3 元，1941 年 78 万元。"因各部队分散活动，加上缺少统一的收支手续，账目记载不全，实际上部队所得要多得多。"④

当时，中共是共产国际的一个支部。中共成立之后，共产国际一直对中共提供经济上的帮助。全民族抗战爆发后，中共中央一再向共产国际提出经济援助问题。1938 年 2 月 2 日，康生在延安同共产国际派来的代表安德里

---

① 总后勤部财务部、军事经济学院：《中国人民解放军财务简史》，中国财政经济出版社 1991 年版，第 118 页。

② 《共产国际、联共（布）与中国革命档案资料丛书》第 18 卷，中共中央党史研究室第一研究部译，中共党史出版社 2012 年版，第 229 页。

③ 中华人民共和国《中国农民负担史》编辑委员会：《中国农民负担史》第 3 卷，中国财政经济出版社 1991 年版，第 198 页。

④ 总后勤部财务部、军事经济学院：《中国人民解放军财务简史》，中国财政经济出版社 1991 年版，第 120 页。

阿诺夫谈话时提出，中共方面“经受着严重的财政危机”，“从老百姓那里得到经费的希望很小”，而“蒋介石拨给我们用来养活八路军的款项更加不够用，因为军队增加了一倍，而军饷总数依然如故”，要求尽快落实“在我们动身来这里之前，共产国际执委会答应拨给我们 150 万美元，国际革命战士救济会也答应我们拨款 3 万美元用于治疗从监狱中释放出来的同志”[①]。至于这笔经费后来是否给了中共不得而知，但同年 2 月 18 日，共产国际执委会总书记季米特洛夫在其日记中写道：“援助中国共产党 50 万美元”[②]。

1939 年 1 月 8 日，季米特洛夫致信苏联国防人民委员伏罗希洛夫：“根据我们的请求，米高扬同志拨给我们 15 吨各种军用物资和文化用品以供八路军和中国特区的需要。”[③]3 月 5 日，中共驻新疆代表邓发致电季米特洛夫说：“你们为我们募集的钱都用光了。兑换时没有遇到困难，也没有引起怀疑”，同时提请季米特洛夫“提供资金上的援助。”[④] 5 月 25 日，中共中央书记处致电共产国际执委会书记处：“我们的财政状况极其困难。我们的钱已经全部用完”，从国民党那里得到的经费只能满足八路军每月开支的 20%，“从 6 月份开始，党的工作、报刊、学校、医院等等都没有任何经费”，而且“在我们地区目前正发生旱灾，我们面临着饥饿的危险，因此，恳请你们向我们提供紧急的财政援助”[⑤]。究竟此间共产国际给了中共多少

---

① 《共产国际、联共（布）与中国革命档案资料丛书》第 18 卷，中共中央党史研究室第一部译，中共党史出版社 2012 年版，第 29 页。

② 《季米特洛夫日记选编》，马细谱等译，广西师范大学出版社 2002 年版，第 64 页。

③ 《共产国际、联共（布）与中国革命档案资料丛书》第 18 卷，中共中央党史研究室第一部译，中共党史出版社 2012 年版，第 122 页。

④ 《共产国际、联共（布）与中国革命档案资料丛书》第 18 卷，中共中央党史研究室第一部译，中共党史出版社 2012 年版，第 123 页。

⑤ 《共产国际、联共（布）与中国革命档案资料丛书》第 18 卷，中共中央党史研究室第一部译，中共党史出版社 2012 年版，第 142 页。

资金援助，相关文献中没有具体数字，但 1940 年 2 月 23 日季米特洛夫给斯大林的信中说："中共中央委托周恩来同志向我们提出了党和军队的开支预算，说明了党非常困难的经济状况，并请求提供资金援助。从这笔预算（见附录）中可以看出，党每个月的赤字是：党的系统 58280 美元，军队系统 300000 美元。""我们当然已向周恩来同志说明，党应该动员国内一切资源来抵补这巨大的赤字，而不要指望外来援助。""但是，考虑到党的处境和保证党的报刊、宣传及培训党和军队干部的现有党校网络的迫切需要，我们认为，为此目的，1940 年度向中国共产党提供 35 万美元的援助是适宜的。"① 同年 8 月 10 日，中共中央致电季米特洛夫："在周恩来前往莫斯科前之前，收到你们寄来的 50000（500000？）美元，7500 英镑。""你们在周恩来动身之前汇出的并且我们于今年 5 月底在西安收到的款项如下：106670（106070）美元，8200 英镑。""在周恩来动身之前已同索尔金同志谈妥，每一英镑合 4 美元，而在中国每一英镑仅合 3 美元 60 美分。因此，实际上我们总共收到 212590（212500）美元，除了这一款项外，还有 10000 美元用于联络，5000 美元给李奎（即在延安的日本共产党领导人野坂参三）专用，40000 美元用于代表大会（即中共七大）。"②11 月 26 日，中共中央致电季米特洛夫："今年 9 月 29 日，周恩来收到 43287 美元和 11500 英镑。"③ 1941 年 2 月 17 日，中共中央致电季米特洛夫："24500 美元和 6 箱各种器材收到。此外，潘友新（苏联驻华大使——引者注）转

① 《共产国际、联共（布）与中国革命档案资料丛书》第 19 卷，中共中央党史研究室第一部译，中共党史出版社 2012 年版，第 27 页。

② 《共产国际、联共（布）与中国革命档案资料丛书》第 19 卷，中共中央党史研究室第一部译，中共党史出版社 2012 年版，第 80 页。

③ 《共产国际、联共（布）与中国革命档案资料丛书》第 19 卷，中共中央党史研究室第一部译，中共党史出版社 2012 年版，第 107 页。

给我们3万美元。”[1]

1941年1月皖南事变后，蒋介石宣布新四军为“叛军”并取消其番号，彻底断绝对八路军和新四军的经费供应，加之日伪军的“扫荡”和连续天灾，各抗日根据地经济十分困难。同年5月16日，中共中央致电季米特洛夫：“从今年1月至今，蒋介石没有拨给我们一分钱。我们遇到了很大的财政困难。请允许拨给我们今年总额100万美元的款项。”[2]中共中央这项要求不久得到了满足。7月3日，联共（布）中央政治局召开会议，同意“拨给共产国际执委会100万元，用来援助中国共产党中央”[3]。7月7日，季米特洛夫致电毛泽东：“您关于资金援助的请求得到了满足，已采取措施，使您能尽快分批得到全部款项。”[4]100万美元在当时不是一笔小数目，对于中共缓解当时严重的经济困难无疑起到了雪中送炭的作用。1943年6月，共产国际解散，给中共的经费援助自然中止。

除了以上经济来源外，各抗日根据地的收入还有没收汉奸财产、征税、发行公债等。洛川会议通过的《抗日救国十大纲领》明确提出“以有钱出钱和没收汉奸财产作抗战经费的原则”。1938年4月20日，毛泽东、张闻天、刘少奇指示晋察冀根据地负责人聂荣臻、彭真，提出晋察冀边区政府成立后，“主要的工作除了广泛组织训练自卫军外，就是筹给经费与粮食，解决部队给养”，并且认为“筹款方法除了经济税收捐款外，要注意向

---

① 《共产国际、联共（布）与中国革命档案资料丛书》第19卷，中共中央党史研究室第一部译，中共党史出版社2012年版，第153页。

② 《共产国际、联共（布）与中国革命档案资料丛书》第19卷，中共中央党史研究室第一部译，中共党史出版社2012年版，第195页。

③ 《共产国际、联共（布）与中国革命档案资料丛书》第19卷，中共中央党史研究室第一部译，中共党史出版社2012年版，第197页。

④ 《共产国际、联共（布）与中国革命档案资料丛书》第19卷，中共中央党史研究室第一部译，中共党史出版社2012年版，第201页。

汉奸筹款。可组织特别队伍到铁路车站及城市附近去没收与逮捕汉奸”。[①]全民族抗战初期，陕甘宁、山东、淮南、冀中等抗日根据地“都采用过这种筹款方法，但所得收入都不多，而且是逐年减少的”。据陕甘宁边区财政统计，没收罚款占财政收入的比例，1937 年为 4.41%，1938 年为 3.95%，1939 年为 1.07%，1940 年为 1.62%。[②] 陕甘宁边区因不是敌后，罚没的收入可能少些，敌后抗日根据地因处于抗日最前线，日军为了巩固其占领地区往往组织维持会及伪政权，引诱一些没有民族气节者为其充当走狗，罚没汉奸的收入可能比例稍高些。

税收往往是一个政权财政收入的主要来源，但在全民族抗战之初各抗日根据地的收入中，税收所占的比例并不大。各敌后抗日根据地建立之时，由于政权系统不完善，税赋的征收比较困难，所以基本是在合理负担的口号之下，按照有钱出钱、钱多多出、钱少少出的原则，以县为单位逐级向下摊派的方式解决军队的粮草问题。但摊派的方式难免有强迫命令的色彩，而且造成畸轻畸重的不合理现象，摊派较重的往往是地主富农或商人，所以随着各级政权的建立，摊派这种筹款的方式被征税所取代。各抗日根据地的税种和税率不完全相同，总体来说，1940 年之前各地税赋均比较轻。在抗日根据地的税赋中，爱国公粮的征收最为重要，在陕甘宁边区，所征公粮占实产的比例，1937 年为 1.27%，1938 年为 1.25%，1939 年为 3.80%。[③]1938 年 11 月，晋察冀边区政府通过的《征收救国公粮条例》规定，全部收入每人平均小米 1.4 石以下者免征，1.5 至 2 石者征收 3%，2.1

① 中央档案馆编：《中共中央文件选集》第 11 册，中共中央党校出版社 1991 年版，第 503—504 页。

② 中华人民共和国《中国农民负担史》编辑委员会：《中国农民负担史》第 3 卷，中国财政经济出版社 1991 年版，第 195 页。

③ 中华人民共和国《中国农民负担史》编辑委员会：《中国农民负担史》第 3 卷，中国财政经济出版社 1991 年版，第 229 页。

至 3 石者征收 5%，以上每增加一石增加 1%，以征收 20% 为限度。1941 年之后，各抗日根据地加强了税收工作，如陕甘宁边区成立了税务总局，各县设立了税务局，公布了货物税修正条例、营业税条例，统一了税制，1941 年的税收比 1940 年增加了 3 倍多，占当年财政收入的 30%，在财政收入占有比较大的比重。

此外，发行公债亦是抗日根据地的一项财政收入，不过数量不是很多。1937 年夏，陕甘宁边区发行过 200 万元法币的公债，1938 年晋察冀根据地发行过 300 万元的公债。1940 年后，各根据地开展大生产运动，自己动手建立公营经济，如建立银行自行发行货币，成立贸易公司开展对外贸易（如陕甘宁边区成立盐业公司外销三边地区所产食盐，成立土产公司推销边区土产，换取日用必需品，经营进出口业务），办起一些小型工矿企业（如胶东抗日根据地的黄金生产），机关、军队开展生产，这些生产经营活动所得成为全民族抗战后期各抗日根据地经费的重要来源。

四

精兵简政与大生产运动

1940 年前，各抗日根据地的经济虽然也很困难，但总体来说尚可勉强维持。这主要是国民党方面虽然从全民族抗战进入相持阶段后防共限共甚至反共的意向逐渐明显，国共在华北地区的磨擦逐渐增多，但总体上还能按照八路军和新四军最初的编制提供经费，同时海内外也提供了一定数量的捐款，共产国际也给予了一定的经费支持。敌后抗日根据地开辟之初，国民党军队、政府工作人员在日军进攻面前纷纷后撤之时，八路军、新四军却挺进敌后坚持抗战，开辟抗日根据地，深得社会各阶层的赞许，因而筹款也比较容易。

到了 1940 年年底，中共的财政经济遇到了前所未有的困难。由于八路军、新四军发展迅速，由全民族抗战之初的数万人发展到 50 万之众，各抗日根据地的政权系统和各种群众团体也建全起来，地方的脱产人员也随之增加，但国民政府提供的军饷仍是按原定编制发给，不但人均经费大为减少，而且由于战争造成的物价上涨、货币贬值，即使是全民族抗战之初同等数量的经费到这时购买力也大为降低。更重要的是，由于八路军、新四军的迅速壮大本是蒋介石极不愿看到的，当时他之所以勉强同意国共合作，除了他本人尚有一定的民族意识、争取苏联的支持等因素外，还有一个重要的原因，是经过第五次反“围剿”和长征之后，中共领导的武装力量人数锐减，在他看来已是强弩之末，而将红军改编成八路军、新四军，不但将中共武装力量纳入了其军队序列，而且让八路军、新四军开赴敌后与日军直接对阵，既能对他的正面抗战起到配合作用，而且还可借日本人之手消灭至少削弱中共的武装力量。大大出乎他意料的是，中共进入敌后竟如鱼得水，军队发展迅速，根据地遍及华北、华中，这是蒋介石不愿看到却不得不面对的问题。

当时，在华北、华中敌后，除了中共领导的武装力量之外，国民党亦有一定数量的敌后游击部队，国共双方的武装力量有时处于犬牙交错的状态，双方之间难免发生矛盾。在这种情况之下，蒋介石为了抑制中共的发展，于是指使或者纵容其部队与中共武装力量进行磨擦，以蚕食中共的活动区域。然后，国民党的敌后部队战斗力并不强，抗日也没有什么突出表现，得不到敌后民众的支持，所以当中共开展反磨擦作战之后往往丧师失地。面对失败，蒋介石并不甘心，竟无理要求中共武装力量仅限于黄河以北活动，1941 年年初更是发动了致使新四军遭受重大损失的皖南事变，并完全停发八路军、新四军的军饷，以图就此逼中共就范，至少限制中共力量的发展。不但如此，蒋介石还加紧对抗日根据地的经济封锁，严格限制与中共地区的货物人员往来。这样一来，大后方和海外对中共的资金、物资援助也几乎被断绝。在此之前，国民政府提供的经费和海内外援助曾是陕甘宁边区的主要经济支柱。据统计，1937 年，外援占边区收入的 77.2%，其他占边区收入的 22.8%；1938 年外援占 51.69%，其他占 48.31%；1939 年外援占 85.79%，其他占 14.21%；1940 年外援占 70.50%，其他占 29.50%，这 4 年外援合计占 82.42%，其他占 17.58%。① 包括国民政府军饷在内的外援的断绝，对中共经济的影响由此可见一斑。

相对而言，其他抗日根据地在经济上对外援的依赖度要小一些，其经费来源除了国民政府一定数量的军饷外②，主要是在"合理负担"口号下的捐助与摊派，这些捐助和摊派往往主要由家境较好者承担，但其所承受程度毕竟有限。经过几年的抗战，在根据地的脱产人员大量增加之后，这种方式亦很难持久维持，筹款日益困难。与此同时，1940 年起，包括陕甘宁边区在内的各抗日根据地连续发生旱灾、虫灾等自然灾害。1940 年底百

① 陕甘宁边区财政经济史编写组、陕西省档案馆：《抗日战争时期陕甘宁边区财政经济史料摘编》第 6 编"财政"，陕西人民出版社 1981 年版，第 13 页。

② 1938 年 2 月 2 日，张闻天在一次谈话中说："我们每月从蒋介石那里总共得到 50 万墨西哥元。这些钱是这样使用的：25 万元用于前线需要，其余 25 万元用于后方需要、党务工作、报纸和杂志的经费，等等。"毛泽民则在共产国际中国问题研究小组会议上发言时说："国民政府开展给八路军发津贴，我们就从 45 万元（以前只发给 30 万元）中拿出 20 万元寄给前线的八路军，而剩下的 25 万元留给边区——用于办报纸、团体、党的机关等部门的开销。"《共产国际、联共（布）与中国革命档案资料丛书》第 18 卷，中共中央党史研究室第一部译，中共党史出版社 2012 年版，第 22、229 页。

团大战结束后，日军又加强了对敌后抗日根据地的“扫荡”，造成大量人力物力的损失，敌后根据地的面积和人口大为减小。晋冀鲁豫根据地的太岳区在最严重的时候，全区没有一个完整县，已建立的 12 个县政府被迫搬迁到沁源县工作，后来沁源县城也被日军占领，全区没有一座县城。至 1942 年，八路军、新四军由 50 万人减少到约 40 万人，各抗日根据地总人口由 1 亿减少到 5000 万以下。

1940 年和 1941 年，中共领导的地区财政经济发生了极其严重的困难。后来毛泽东说：“最大的一次困难是在一九四〇年和一九四一年，国民党的两次反共磨擦，都在这一时期。我们曾经弄到几乎没有衣穿，没有油吃，没有纸，没有菜，战士没有鞋袜，工作人员在冬天没有被盖。国民党用停发经费和经济封锁来对待我们，企图把我们困死，我们的困难真是大极了。”①

对于可能出现的经济困难，中共领导人并非没有预计到。1938 年 12 月 8 日，毛泽东在后方军事系统干部会上的讲话中就说：我们现在钱虽少但还有，饭不好但有小米饭，要想到有一天没有钱、没有饭吃，那该怎么办？无非三种办法，第一饿死；第二解散；第三不饿死也不解散，就得要生产。我们来一个动员，我们几万人下一个决心，自己弄饭吃，自己搞衣服穿，衣、食、住、行统统由自己解决，我看有这种可能。②12 月 12 日，毛泽东在抗日军政大学干部晚会上再次强调：“以后我们要自己解决物质上的供给，要自己种地，自己动手。”③12 月 14 日，中共中央书记处召开会议，专门讨论了生产运动的准备问题。12 月 20 日，中共中央机关报《新中华报》还

① 《毛泽东选集》第 3 卷，人民出版社 1991 年版，第 892 页。

② 中共中央文献研究室编：《毛泽东年谱（1893—1949）》中卷，人民出版社、中央文献出版社 1993 年版，第 99 页。

③ 中国人民解放军国防大学：《中国人民抗日军事政治大学史》，国防大学出版社 2000 年版，第 529 页。

发表了《广泛开展大生产运动》的社论。

1939 年 1 月 2 日，毛泽东为《八路军军政杂志》创刊撰写发刊词，亦明确提出："长期抗战中最困难问题之一，将是财政经济问题，这是全国抗战的困难问题，也是八路军的困难，应该提到认识的高度。"他还提出要通过开展生产运动来解决和改善根据地军民的吃饭穿衣问题。1 月 25 日，陕甘宁边区农产品展览会在延安拉开帷幕，毛泽东在开幕式上做了重要讲话。他指出：在边区，不仅老百姓要努力生产，"其他如学校、党政机关、军队也都要参加生产运动"[①]。

按照毛泽东的提议，1939 年 2 月 2 日，中共中央在延安召开有 700 余人参加的党政军民生产动员大会。会上，毛泽东向广大军民发出了"进行生产运动"的号召。他指出："陕甘宁边区有二百万居民，还有四万脱离生产的工作人员，要解决这二百零四万人的穿衣吃饭问题，就要进行生产运动。"[②] 在同年 6 月的延安高级干部会议上，在谈到生产运动时，毛泽东又强调指出："一切可能地方，一切可能时机，一切可能种类，必须发展人民的与机关部队学校的农业、工业、合作社运动，用自己动手的方法解决吃饭、穿衣、住屋、用品问题之全部或一部，克服经济困难，以利抗日战争。"[③] 随后，陕甘宁边区党政机关、部队和学校等单位纷纷组织生产运动委员会，开展生产运动。

1939 年，陕甘宁边区的生产运动取得了一定的成绩，"边区群众去年开荒一百零四万亩，增加粮二十万担，增加牛羊百万头，大大改善了生活，

---

① 中共中央文献研究室编：《毛泽东思想年编（1921—1975）》，中央文献出版社 2011 年版，第 218 页。

② 中共中央文献研究室编：《毛泽东年谱（1893—1949）》中卷，人民出版社、中央文献出版社 1993 年版，第 108 页。

③ 《毛泽东文集》第 2 卷，人民出版社 1993 年版，第 224 页。

并保障了今春征收救国公粮五万担。”“四万个在职人员的生产，平均保障了三个月粮食。警卫营，保卫营及政治教导队则保证了十个月或半年粮食。”“在全国有很好的影响，并吸引了外边对我经济上的同情与赞助。”[①] 但是，1939年和 1940 年，其他根据地大规模的生产运动并没有广泛开展起来。

1940 年年底，蒋介石发动了第二次反共高潮，并于次年 1 月制造了震惊中外的皖南事变，断绝了八路军、新四军的经费供应，并加紧对陕甘宁边区的包围封锁。在这种情况之下，为了维持军队和其他各类脱产人员最低限度的需要，只得加大对根据地各阶层民众的负担，特别是加大对爱国公粮的征收。1940 年，陕甘宁边区计划征收爱国公粮 9 万石，实收 97354 万石，比 1939 年已经有了很大的增加，但由于脱产人员大量增加（1937 年全边区脱产人员仅 32200 人，1940 年达到了 61144 人，1941 年更是增加到 73117 人，人员增加的一个重要原因是为了保卫陕甘宁边区调回了部分部队），而边区的人口面积却由于国民党的蚕食在减少，粮食入不敷出。到 1941 年 3 月，部分地区已无粮可吃，进入 4 月各地普遍发生粮荒。

这时，由于外援断绝无钱购粮，即便有经费也由于国民党的经济封锁无粮可买。为此，边区政府被迫开展粮食征购（即以低于市价的方式强制性购买，所付价款为市价的三分之一）和借粮运动，共计征购粮食 18751 石，借粮 49705 石。由于征购和借粮都带有强制性，自然为群众所不满。为了保证 1942 年的供给和归还 1941 年的借粮，中共中央与边区政府经过再三研究，决定 1941 年征粮 20 万担，比 1940 年征收的公粮 9 万担增加了一倍多，是全民族抗战之初的 20 倍，成为“抗战以来边区征粮数字最高的一次。群众深感负担过重，普遍出现不满情绪”[②]。于是发生了延川县代

① 中央档案馆编：《中共中央文件选集》第 12 册，中共中央党校出版社 1991 年版，第 278—279 页。
② 中共中央文献研究室编：《毛泽东传（1893—1949）》，中央文献出版社 1996 年版，第 616 页。

县长李彩云被电击死后，有农民说“老天爷不睁眼，咋不打死毛泽东”的事件。在1945年的中共七大上，毛泽东曾说：“一九四一年边区要老百姓出二十万石公粮，还要运输公盐，负担很重，他们哇哇地叫。那年边区政府开会时打雷，垮塌一声把李县长打死了，有人就说，唉呀，雷公为什么没有把毛泽东打死呢？我调查了一番，其原因只有一个，就是公粮太多，有些老百姓不高兴。那时确实公粮太多。”①

当时，公粮太多并非只有陕甘宁一地，在晋冀鲁豫根据地的太行区，有的地方征收的公粮达到个人产量的50%，据对榆社县东清秀村的调查，小地主的负担占其收入的55.67%，富农的负担占收入的31.85%，富裕中农的负担占收入的26.35%，贫农的负担占收入的11.18%，佃农的负担占收入的35.95%。② 在晋察冀根据地，1941年边区政府向各地分配的任务为244万石，比1940年的实际征收增加了53.7%，其北岳区1941年各阶层负担占收入的比例分别为地主53.21%，富农28.57%，中农12.77%，贫农8.64%。③

加重人民负担虽然是不得已而为之，但它不利于坚持长期抗战。为了渡过严重的经济困难，中共中央采取了开源与节流并举的方针。所谓开源就是“自己动手，丰衣足食”，在各根据地开展以农业为中心的大生产运动，所谓节流就是大规模的精兵简政。

从1941年起，各抗日根据地的生产运动广泛开展起来，并取得了显

---

① 《毛泽东文集》第3卷，人民出版社1996年版，第338页。

② 中华人民共和国《中国农民负担史》编辑委员会：《中国农民负担史》第3卷，中国财政经济出版社1991年版，第355页。

③ 中华人民共和国《中国农民负担史》编辑委员会：《中国农民负担史》第3卷，中国财政经济出版社1991年版，第322页。

著成绩，被毛泽东誉为“中国历史上从来未有的奇迹”[①]。1940年5月，朱德从晋东南抗日前线回到延安后，提出在不妨碍部队作战和训练的前提下，实行屯田政策，以减轻人民负担，改善部队生活，并亲自到延安东南的南泥湾实地勘察。1939年秋，八路军一二〇师三五九旅从晋西北调到陕甘宁边区，驻防绥德。经朱德建议，中共中央和毛泽东同意，1941年3月，该部从绥德进驻南泥湾，一手拿枪一手拿锄，开展大生产运动，很快取得了明显的成效。1940年前，该旅的经费全由政府提供，而1941年经费自给率达到78.5%，1942年达90.3%，1943年为91.3%，1944年实现了全部自给。陕甘宁边区其他部队的经费自给率也逐年增加，到1943年，警备一旅经费自给率为75.4%，警备三旅自给率为59.9%，三五八旅自给率为70.7%，独一旅自给率为74.6%。1942年边区的中共中央各机关生产收入2581万元，自给了48%，边区机关如保安处生产收入113万元，自给70%，鲁迅艺术学院生产收入28万元，自给32%。[②]到1943年，“边区的军队，今年凡有地的，做到每个战士平均种地十八亩，吃的菜、肉、油，穿的棉衣、毛衣、鞋袜，住的窑洞、房屋，开会的大小礼堂，日用的桌椅板凳、纸张笔墨，烧的柴火、木炭、石炭，差不多一切都可以自己造，自己办。我们用自己动手的方法，达到了丰衣足食的目的。”“我们的机关学校，今年也大进了一步，向政府领款只占经费的一小部分，由自己生产解决的占了绝大部分；去年还只自给蔬菜百分之五十，今年就自给了百分之一百；喂猪养羊大大增加了肉食；又开设了许多作坊生产日用品。”[③]

---

① 《毛泽东选集》第3卷，人民出版社1991年版，第894页。

② 陕甘宁边区财政经济史编写组、陕西省档案馆:《抗日战争时期陕甘宁边区财政经济史料摘编》第6编“总论”，陕西人民出版社1981年版，第76页。

③ 《毛泽东选集》第3卷，人民出版社1991年版，第929页。

其他抗日根据地也开展了广泛的大生产运动。1940 年，晋绥军区的经费中，政府拨给的占 96%，生产自给仅占 4%，1944 年生产自给达到 30%。山东根据地 1943 年部队生产运动的收入，全省平均自给部分占全部经费的 12%，滨海区自给占 52%，到 1944 年，许多主力兵团除被服鞋袜费外已达到全部自给。对于各抗日根据地大生产运动，已经有许多的论著有所介绍，这里不再赘述。1945 年 4 月，毛泽东在总结中共抗战时期的历史时，对大生产运动给予高度评价："一九四二和一九四三两年先后开始的带普遍性的整风运动和生产运动，曾经分别地在精神生活方面和物质生活方面起了和正在起着决定性的作用。这两个环子，如果不在适当的时机抓住它们，我们就无法抓住整个的革命链条，而我们的斗争也就不能继续前进。"[①]

为了克服严重的经济困难，尽量减轻根据地群众负担，除了部队机关开展生产自给外，各根据地还开展了大规模的精兵简政。精兵简政这个被毛泽东称为"极其重要的政策"，是陕北著名开明绅士、边区政府副主席李鼎铭提出来的。1941 年 11 月，陕甘宁边区第二届一次参议会召开，李鼎铭等人在这次会议上提出有关财政问题的提案，建议"政府应彻底计划经济，实行精兵简政主义，避免入不敷出经济紊乱之现象"，并提出了五项具体实施办法。这个议案提出后，曾产生争议，但引起了毛泽东的高度重视，他不但把整个提案抄到自己的本子上，而且在一旁加了一段批语："这个办法很好，恰恰是改造我们的机关主义、官僚主义、形式主义的对症药。"[②] 毛泽东后来说："'精兵简政'这一条意见，就是党外人士李鼎铭先生提出来的；他提得好，对人民有好处，我们就采用了。"[③]12 月 13 日，中共中央发出精兵

---

① 《毛泽东选集》第 3 卷，人民出版社 1991 年版，第 1107—1108 页。

② 李维汉：《回忆与研究》下册，中共党史资料出版社 1986 年版，第 502 页。

③ 《毛泽东选集》第 3 卷，人民出版社 1991 年版，第 891—892 页。

简政的指示，要求切实整顿党、政、军各级组织机构，精简机关，充实连队，加强基层，提高效能，节约人力物力。此后，中共中央一再指示各根据地克服“鱼大水小的矛盾”，“实行彻底的精兵简政”，因为“伴随着极端残酷斗争，根据地缩小，必然要到来，而且可能很快到来，这一点如不预先计及，将来必要吃大亏。在此情形下，不论华中华北，都不能维持过大军队，如愿勉强维持，必难持久”[①]。

从 1942 年开始，精兵简政工作在各抗日根据地相继展开。以晋冀鲁豫根据地的太行区为例，从 1942 年至 1944 年，太行区进行了三次精简。1942 年第一次精简的具体办法，一是裁汰骈枝机关，减少脱离生产人员，确定政府和民众团体全体脱离生产工作人员不得超过居民 1%；二是纠正头重脚轻，充实下层，提高干部质量，增强工作效率；三是废除一切繁文缛节，建立简便工作制度，提倡朴实计算与管理的作风；四是反对浪费，肃清贪污，节省民力。这年 5 月反“扫荡”后，又鉴于组织机构还不够精干，不能适合于当前的“扫荡”新形势，太行区又提出二次简政，其方针是进一步的缩小上层机关，充实下层，具体要求是减少边区政府专署两级人员四分之一到三分之一，加强县区两级；减少边区政府事务，加强专署县府职权；着重改革机构，实施重点是强调适应战争。1943 年 1 月，太行区又进行了第三次精兵简政，大大减缩边区政府专署两级机构，合并性质相同机关，抽调大批干部，充实下层，加强薄弱部门及游击区敌占区工作，提倡干部降级使用。经过三次精简，太行区的政府行政系统的人员减少了 51%。[②]

在陕甘宁边区，经过精简，边区直属机关由 35 个减少到 22 个，税局、税所由 95 个减至 65 个，银行办事处 9 个全部撤销，各系统缉私机关与保

---

① 中央档案馆：《中共中央文件选集》第 13 册，中共中央党校出版社 1991 年版，第 424 页。

② 《太行区三次简政总结》，《解放日报》1944 年 5 月 7 日。

安处监察机关合并，各专署及县内的机构由原来的八九个减少至四五个。精简前，边区办公厅、民政厅、财政厅、建设厅、教育厅和物资局共有467人，精简后只余279人，精简人员占原有人员的40%强。①

大生产运动和精兵简政，对于各抗日根据地克服严重的经济困难，坚持抗战起到了极其重要的作用。大生产运动后，陕甘宁边区各机关、部队、学校不仅开荒种地，还建立起了各种副业，如养猪、做豆腐等，使生活有了很大的改善。如1943年1月至9月，中直、军直机关吃大肉12.8万斤，牛肉0.6万斤，羊肉1.5万斤，合计17.9万斤。②1943年1月至10月，359旅吃肉为318262斤，平均每人每月约3斤肉。③

大生产运动不但大大改善了机关、部队的生活，更重要的是减轻了根据地人民的负担，密切了中共与根据地群众的关系。以陕甘宁边区为例，1941年是边区群众负担最重的一年，其负担情况是，人力负担：每个劳动力平均100—115天；畜力负担，每畜平均65—75天；正式财粮负担：每人平均54斤小米，占总收入的15.31%；非正式财粮负担：每人平均81斤小米，占总收入的23.14%。④ 仅财粮负担就占边区群众总收入的38.45%，这还不包括人力和畜力负担，边区群众的负担是比较重的。经过大生产运动和精兵简政，边区人民的负担逐渐减轻，以爱国公粮为例，如果以1941年为100，1942年为82.1，1943年为91.3，1944年为79.4，1945年为61.5。边区爱国公粮占农业产值的比重也逐年下降，1943年全

---

① 陕甘宁边区财政经济史编写组、陕西省档案馆：《抗日战争时期陕甘宁边区财政经济史料摘编》第6编“总论”，陕西人民出版社1981年版，第205—206页。

② 《中直军直展览会结束》，《解放日报》1943年11月24日。

③ 陕甘宁边区财政经济史编写组、陕西省档案馆：《抗日战争时期陕甘宁边区财政经济史料摘编》第8编“生产自给”，陕西人民出版社1981年版，第499页。

④ 中华人民共和国《中国农民负担史》编辑委员会：《中国农民负担史》第3卷，中国财政经济出版社1991年版，第221页。

边区的公粮负担率为11.51%，1944年为9.14%，1945年为7.75%。爱国公粮占财粮总收入的比重，1940—1942年平均为52.23%，1943—1945年平均为29.53%；农民交纳的各项税收占财粮总收入的比重，1940—1942年平均为60.65%，1943—1945年平均下降为35.38%。[①] 陕甘宁边区1943年至1945年，取之于民者最多占47%，最少占20.82%。[②] 又如晋察冀根据地1941年每人平均负担正税及附加折算成小米为49.4斤，1942年为45斤，1943年为40斤，1944年为37.4斤，1945年为36.2斤，1945年的总负担比1941年下降了27%。在负担减轻的同时，农民收入相应增加。据晋察冀根据地晋冀区巩固区7个村的调查，1943年每人平均总收入折算成小米639斤，1944年为658斤，1945年为759斤，1945年比1943年增加收18.8%。[③] 正如毛泽东所说的："部队机关学校既然自己解决了全部或大部的物质问题，用税收方法从老百姓手中取给的部分就减少了，老百姓生产的结果归自己享受的部分就增多了。"[④]

从1941年起，除了共产国际的少量经费资助外，中共没有其他外援，但各抗日根据地不但坚持下来，而且1943年之后中共领导的武装力量、各抗日根据地的面积人口都有了新的发展。到1945年春，中共领导的八路军、新四军及其他武装力量达到91万人，不脱产民兵200万人，抗日根据地总面积达到95万平方公里，总人口9550余万，这其中大生产运动与精兵简政的政策功不可没。

---

① 中华人民共和国《中国农民负担史》编辑委员会：《中国农民负担史》第3卷，中国财政经济出版社1991年版，第265页。

② 陕甘宁边区财政经济史编写组、陕西省档案馆：《抗日战争时期陕甘宁边区财政经济史料摘编》第6编"财政"，陕西人民出版社1981年版，第20页。

③ 中华人民共和国《中国农民负担史》编辑委员会：《中国农民负担史》第3卷，中国财政经济出版社1991年版，第328、329页。

④ 《毛泽东选集》第3卷，人民出版社1991年版，第929页。

1940年4月，中共五老之一、陕甘宁边区政府秘书长、边区参议会副议长谢觉哉曾发表文章自豪地说："为什么全国进步人士如潮水般地涌向边区？因为边区有民主。全世界进步人士为什么称赞边区，说到中国不到延安，等于没有到中国？因为边区有民主。抗战以来，边区的文化、经济、军事各方面的进步和动员，为什么全国所不及？因为边区有民主。"[1] 他这段话非常简单明了地回答了相关疑问，同时也从另一个角度解开了中共在全民族抗战中发展壮大之谜。确实，正是因为实行了民主政治，中共的号召力才得到了极大提高。这不仅有利于巩固根据地政权，而且进一步提升了中国共产党的声望，将一个与国民党独裁完全不同的形象呈现在国人和世界面前，由此获得了更多的支持。

① 《谢觉哉文集》，人民出版社1989年版，第338—339页。

『因为边区有民主』

第六章

CHAPTER SIX

一

“民主是抗日的保证”

抗日战争是一场注定要改变中国命运的战争。通过这场战争，不仅要把日本侵略者驱逐出中国国土，还要结束国内专制势力对广大人民的独裁统治，打开一条通往新民主主义中国的坦途。这一任务是历史性的，同时又是十分艰巨的。对中国共产党来说，问题不在于这一历史性任务如何艰巨，而在于能否找到达成这种双重目标的结合点。从历史上来看，中共无疑找到了这一结合点，这就是民主。民主，成了中共在抗战时期争取民族独立、引领时代潮流的有力武器。

实际上，在全民族抗战爆发前，中共就已经开始呼吁民主。1937 年 5 月，毛泽东在中国共产党全国代表会议上提出：“为了建立真正的坚实的抗日民族统一战线，没有国内和平固然不行，没有国内民主也不行，所以争取民主，是目前发展阶段中革命任务的中心一环。看不清民主任务的重要性，降低对于争取民主的努力，我们将不能达到真正的坚实的抗日民族统一战线的建立。”在报告中，他还针对那种认为“强调民主是错误的，仅仅应该强调抗战”的看法澄清说：“抗战需要全国的和平与团结，没有民主自由，便不能巩固已经取得的和平，不能增强国内的团结。抗战需要人民的动员，没有民主自由，便无从进行动员”，“中国真正的坚实的抗日民族统一战线的建立及其任务的完成，没有民主是不行的”。因此，“对于抗日任务，民主也是新阶段中最本质的东西，为民主即是为抗日。抗日与民主互为条件，同抗日与和平、民主与和平互为条件一样。民主是抗日的保证”。[①]

卢沟桥事变爆发后不久，毛泽东在为中共中央宣传部起草关于形势与任务的宣传鼓动提纲时又明确指出，“没有民主，抗战就不能胜利”，“争取抗战胜利与实现民主权利不是互相分离的，而是互相联系的，互相依赖的”。[②] 根据这一原则，中共中央制定了号召全面抗战的《抗日救国十大纲领》，经洛川会议通过，成为中共指导抗战的纲领性文件。

除了在党内强调民主对于抗日的重要意义外，毛泽东此时还一再向外界阐明这一点。1938 年 2 月，他在会见美国合众社记者罗伯特·马丁时就说，中国需要民主才能坚持抗战，不单需要一个民选的议会，并且需要一个民选的政府。[③] 同年 7 月，世界学联代表团访问延安。当他们问“目前陕甘宁边区在中国的意义与作用是什么”时，毛泽东又首先回答：“明白了边区的性质，才能明白它在中国的意义与作用。边区是一个什么性质的地方呢？一句话说完，是一个民主的抗日根据地。”接下来，他呼吁：“全中国也应采取这个制度，应把抗日战争与民主制度结合起来，以民主制度的普遍实行去争取抗日战争的胜利。”并说：“民主制度在外国已是历史上的东西，中国则现在还未实行。边区的作用，就在做出一个榜样给全国人民看，使他们懂得这种制度是最于抗日救国有利的，是抗日救国唯一正确的道路，这就是边区的意义与作用。”[④] 这里仍强调抗日与民主相结合。

1939 年 9 月，毛泽东对再次来访的美国记者埃德加·斯诺也说：“毫

① 《毛泽东选集》第 1 卷，人民出版社 1991 年版，第 255—257、274 页。

② 《中共党史参考资料》第 8 册，解放军政治学院党史教研室 1979 年编印，第 58 页。

③ 中共中央文献研究室编：《毛泽东年谱（1893—1949）》中卷，人民出版社、中央文献出版社 1993 年版，第 110 页。

④ 《毛泽东文集》第 2 卷，人民出版社 1993 年版，第 129—131 页。

无疑义，抗日而没有民主，是不能胜利的，抗日与民主是一件事的两方面。有一些人，赞成抗日，而反对民主，这种人，实际上是不愿意抗日胜利的，是要引导抗日到失败的人。”[①] 言辞中显然是批评国民党不民主。次年 2 月，延安各界宪政促进会召开成立大会，毛泽东在会上又说：“抗日，大家赞成，这件事已经做了，问题只在于坚持。但是，还有一件事，叫作民主，这件事现在还没有做。这两件事，是目前中国的头等大事。中国缺少的东西固然很多，但是主要的就是少了两件东西：一件是独立，一件是民主。这两件东西少了一件，中国的事情就办不好。”所以，必须“把独立和民主合起来，就是民主的抗日，或叫抗日的民主。没有民主，抗日是要失败的。没有民主，抗日就抗不下去”[②]。

全民族抗战时期毛泽东与中共中央对民主政治的重视，还非常明显地体现在其对美国民主的赞扬上。1943 年 7 月 4 日是美国国庆日，《新华日报》发表了题为《民主颂——献给美国的独立纪念日》的社论，其中写道：“中国人对美国的好感，是发源于从美国国民性中发散出来的民主的风度，博大的心怀……美国在民主政治上对落后的中国做了一个示范的先驱，教育了中国人学习华盛顿、学习林肯，学习杰弗逊，使我们懂得了建立一个民主自由的中国需要大胆、公正、诚实。”[③] 对美国民主的评价相当高。这一时期，毛泽东甚至曾向美国外交官谢伟思公开表示：“每一个在中国的美国士兵都应当成为民主的活广告。他应当对他遇到的每一个中国人谈论民主”，“我们并不害怕民主的美国影响，我们欢迎它”。[④]

---

① 《毛泽东文集》第 2 卷，人民出版社 1993 年版，第 245 页。

② 《毛泽东选集》第 2 卷，人民出版社 1991 年版，第 731—732 页。

③ 《民主颂——献给美国的独立纪念日》，《新华日报》1943 年 7 月 4 日。

④ 中共陕西省委党史研究室编：《中外记者团和美军观察组在延安》，陕西人民出版社 1995 年版，第 154、158 页。

1944年6月，毛泽东在会见中外记者参观团时曾这样讲："中国是有缺点的，而且是很大的缺点，这种缺点，一言以蔽之，就是缺乏民主。中国人民非常需要民主，因为只有民主，抗战才有力量，中国内部关系与对外关系，才能走上轨道，才能取得抗战的胜利，才能建设一个好的国家，亦只有民主才能使中国在战后继续团结。""我们认为全中国只有民主制度、民主作风，目前才能胜敌，将来才能建立一个很好的和平的国内关系和国际关系。"[1]

在人们看来，中国共产党所倡导的民主，必定是苏联式的民主，其实，这完全是一种误解。在抗战胜利前夕，中国共产党人对于西方资产阶级民主，也不是采取一概否定、完全排斥的态度，甚至提出了美国是"资本主义世界最典型的民主国"，"与社会主义的苏联成为民主世界的双璧"。认为"民主的美国已经有了它的同伴，孙中山的事业已经有了它的继承者，这就是中国共产党和其他民主的势力。我们共产党人，现在所进行的工作乃是华盛顿、杰斐逊、林肯等早已在美国进行过的工作，它一定会得到而且已经得到民主美国的同情"[2]。这样的文字不完全是宣传的需要。因为对于当时的中国来说，欧美式的资产阶级民主制度，相对国民党的一党专政和蒋介石的个人独裁，也是一种进步。

1945年7月，黄炎培等6名国民参政员访问延安。有一次，黄炎培对毛泽东说，在这里看到事事有组织，人人有训练，一片蓬勃的现象，觉得你们实行的政策是切实有效的。但我也考虑一个问题，就是在我60多年的经历中，曾耳闻目睹不少团体和朝代总是在创业之初，雄心勃勃，艰苦奋斗，待到成功之后就逐渐松懈腐化，难免"人亡政息""求荣取辱"的败局，历朝历代都无法跳出"其兴也勃焉，其亡也忽焉"的历史周期率，希望中共

---

① 《毛泽东文集》第3卷，人民出版社1996年版，第168、170页。

② 《祝美国国庆日——自由民主的伟大斗争节日》，《解放日报》1944年7月4日。

诸君找出一条新路，来跳出这个周期率的支配。毛泽东回答说："我们已经找到了一条新路，我们能跳出这周期率。这条新路，就是民主。只要让人民来监督政府，政府才不敢松懈。只有人人起来负责，才不会人亡政息。"[①]

由上可知，中共在抗战时期对民主给予了极大的重视，不仅一再在党内强调，而且还屡屡向外界宣示，将它与抗日相提并论、融为一体，强调"民主是抗日的保证"，并视之为战后建立新中国、跳出历史周期率的制度保障。这种思想认识，显然反映了中共对民主政治的强烈向往。

与此形成鲜明对比的是，国民党在此期间却屡屡以抗战为名，将之与民主对立起来。孙中山曾将中国的政治发展分为军政、训政、宪政三个阶段。南京政府建立后不久，国民党宣布中国进入了训政时期。所谓训政，就是训导老百姓，因为中国经济文化落后，老百姓没有文化，在这样的情况下是无法实行宪政民主的，因此，"愚民"必须接受"党国"的训导，经过这个阶段之后再行宪政。

1938 年 1 月，国民党理论家叶青在《关于民主政治》一文中便强调：抗战最迫切的要求是"统一军队"和"统一意志"，就是欧洲的民主国家在世界大战中也同样"一切都受统制"，因此中国人在抗战时期要求实行民主，简直是"不懂战争为何物"。[②] 同年 5 月，他又在《抗战时代底根本信念》一文中提出了"七个一"的口号，即一个国家、一个政府、一个政党、一个主义、一个政策、一个纲领、一个领袖，毫无遮掩地鼓吹集权专制。[③]

而从民众的反应来看，中共对民主的热忱呼吁无疑是符合抗战需要和时代潮流的。特别是在 1944 年 9 月国民参政会三届三次会议上，中共又

---

① 黄炎培：《八十年来》，文史资料出版社 1982 年版，第 148—149 页。

② 叶青：《关于民主政治》，汉口《扫荡报》1938 年 1 月 12 日。

③ 叶青：《抗战时代底根本信念》，《抗战向导》第 7 号，1938 年 5 月 6 日。

正式提出了结束国民党一党专政、建立联合政府的主张，这更引起了强烈反响，获得了中外舆论的广泛支持。毛泽东后来即曾说："联合政府是具体纲领，它是统一战线政权的具体形式。这个口号好久没有想出来，可见找一个口号、一个形式之不易。""这个口号一提出，重庆的同志如获至宝，人民如此广泛拥护，我也没有料到。"① 而蒋介石身边的高级幕僚唐纵则意识到中共"欲以此号召不满现状之各党派共同夺取国民党之政权，联合政府即为瓦解国民政府之手段"②。

二

"民主政治，选举第一"

历史地看来，中共对民主政治不但"坐而言"还"起而行"，积极地将之付诸实践，在各个抗日根据地的政权建设中均高举起了民主的大旗，这尤其反映在民主选举的广泛推行上。

全民族抗战爆发前，中共为表达团结御侮之诚意，尽快促成国共合作，就已经向国民党表示拟将陕北的苏维埃政府改名为中华民国特区政府，"在特区政府区域内实施普选的彻底的民主制度"。1937 年 11 月，毛泽东又提出，今后特区政府将"在中央的领导下，首先在西北广大地区，实施抗战和普选的民主政治，作全国民主政治之先导"，以此"进一步推动全国的

① 《毛泽东文集》第 3 卷，人民出版社 1996 年版，第 275—276 页。

② 公安部档案馆编注：《在蒋介石身边八年——侍从室高级幕僚唐纵日记》，群众出版社 1991 年版，第 515 页。

民主力量，围绕在特区政府的周围，在活的榜样之下，为实现全国的民主制度而努力”[①]。后来，他还一再申明：“抗日统一战线政权的产生应该由人民选举。”“这种抗日统一战线政权的建立，将给全国以很大的影响，给全国抗日统一战线政权树立一个模型。”[②]

从上述文件可以看出，中共中央和毛泽东是将陕甘宁边区作为民主政治的一个“榜样”来建设的，力求将之推广至全国。而在其中，他们又首先是把选举看作民主政治的一项重要标志。确实，选举是民主政治的实现形式，民主政治的推进离不开选举。早在 1936 年 4 月，张闻天就在《关于抗日的人民统一战线的几个问题》一文中指出：“一切统一战线的组织，都应该在群众中进行公开的选举。”[③]1941 年 1 月，陕甘宁边区政府更是发布指示，强调“民主政治，选举第一”，“民主的第一着，就是由老百姓来选择代表他们的出来议事管事的人”，“如果有人轻视选举，或者说不要选举，那就是等于不用民主。不要民主，就等于不要革命”。同年 5 月，边区政府又指出：“选举是伟大的民主运动，政府已经三番五次的说明，只有选举得好，民主制度才健全，民主政治（才）得以改进。”[④]可谓念兹在兹，皆强调选举。

具体说来，抗战时期陕甘宁边区的民主选举主要有以下几个值得称道的地方。

（一）丰富多彩的动员手段

1939 年 2 月，陕甘宁边区第一届参议会通过《陕甘宁边区选举条例》规定，采取普遍、直接、平等、无记名之投票选举制，“凡居住边区境内之

---

① 中央档案馆编：《中共中央文件选集》第 11 册，中共中央党校出版社 1991 年版，第 158、392 页。
② 《毛泽东选集》第 2 卷，人民出版社 1991 年版，第 751 页。
③ 《张闻天文集》第 2 卷，中共党史出版社 1993 年版，第 93 页。
④ 《陕甘宁边区政府文件选编》第 3 辑，档案出版社 1987 年版，第 48、281 页。

人民，年满十八岁者，无阶级、职业、男女、宗教、民族、财产与文化程度之区别，经选举委员会登记，均有选举权与被选举权”[①]。这无疑是将选民范围扩大到前所未有的广泛，真正做到了“普选”。

不过，由于陕甘宁边区原先长期处于封建专制统治之下，加上地处偏远很少受近代新文化的影响，广大农民惯于逆来顺受，缺乏民主意识。对他们来说，无论谁当政都似乎无关紧要，能做的只是麻木服从，所以要想把他们动员起来参加选举，实在难度极大。但正是在这点上，中共充分发挥了其擅长宣传的优势，为选举做了广泛动员。如有的地方专门成立了选举委员会，组建选举工作团，派其到各地深入群众，协助选举。有的地方则开办选举训练班，针对选举的技术问题专门进行培训。训练三五天或一星期，受过训练的人到各乡区去做选举宣传，唤起大家对选举的热情。在此过程中，边区还开展了多式多样的宣传方式，依据边区选举法规的有关规定，耐心细致地从基层开始，结合当地的实际情况将选举的政策、意义、方式、具体操作办法以及好处，通俗易懂地告诉给广大民众。

首先是口头宣传，这是选举动员工作展开的主要手段之一，是宣传者直接接触听众，直接说服民众的宣传方式。口头宣传的形式主要有：1. 演说：在群众聚集场所或地点，如各种群众大会、庙会、香火会、集市，用生动的语言进行现场的选举演讲。2. 谈话：宣传人员充分利用农闲时间，在街头巷尾或村外地头，与民众进行选举问题的个别交谈。3. 家访：“串门子”方式最为普遍，既深入又能收到好的效果。4. 座谈会：先按性别、职业、社会地位和民族等条件对民众进行分类，有针对性地举行各种座谈会，尤其是对开明绅士和民族资产阶级的代表人物，举行专门的座谈会。

---

① 《陕甘宁边区参议会（资料选辑）》，中共中央党校科研办公室 1985 年编印，第 157 页。

其次是文字宣传。为了动员民众参与选举，《新华日报》《解放日报》《边区群众报》以及陕甘宁边区政府与选举委员会出版的《选举通讯》等报刊发表了大量与选举相关的宣传报道，这些文字生动形象，引起了民众的极大共鸣。各个边区也都印行了大量的小报和宣传品，仅晋察冀边区就出了各种报刊 100 余种，有些报刊专门就是为了选举而存在的，如阜平的《大家选》、曲阳的《民选》、定县的《民主洪流》等。此外，选举标语和选举口号也发挥了重要的作用，如“选举是保卫边区的法宝”“民选各级政府”“人民是政府的主人”等，言简意赅却影响深远。还有黑板报、街头报、传单、小册子等宣传手段。这种方式很便于操作，几乎每个村庄都有，表现形式也呈现多样化，如选举答疑、漫画方式、书写标语口号等。

最后是文艺宣传。为了宣传选举，边区的儿童团、少先队、抗日救国会、青年救国会、妇救会等纷纷组成话剧团、秧歌队、歌咏队，走村串街，到处进行表演宣传。他们编出《选村长》、《竞选》这样的戏剧，形象地告诉农民选自己合意的人会带来什么好处。此外，各地还出现了《选举小调》《青青的天》《选举要认真》等选举歌曲，如《选举小调》唱道：“民主政治要实行，选举为了老百姓，咱们选举什么人？办事又好又公平，还不耍私情。”还有一首动员妇女参加选举的歌谣唱道：“边区要发展，选举要广泛，选举好人把事办，生活能改善。人口四万万，妇女占一半，国事家事全要管，事情才好办。”[①] 这些歌曲脍炙人口、内涵丰富，在广大民众之间广为传唱，得到他们的广泛认同。

经过这些宣传和动员，民主选举的观念逐渐深入人心，基本做到了家喻户晓，极大提高了边区民众的选举热情。1937—1945 年，陕甘宁边区

---

① 肖思科：《最后的圣地》，解放军文艺出版社 1992 年版，第 124 页。

进行过三次乡、县、边区三级选举，参加选举的选民逐次增加，参与热情空前高涨，绥德、清涧等地参选选民竟高达 95%，许多足不出户的小脚老太太也骑着毛驴翻山越岭参加选举。1941 年第二次民主选举时，延川 90% 的选民都参加了投票选举，个别地方的投票率甚至高达 100%。

（二）因地制宜的投票方法

陕甘宁边区经济落后，地广人稀，交通不便，群众的文化水平普遍低下，80% 以上的选民是文盲，目不识丁。为了适应这种情况，保证群众能够表达他们的政治意愿，行使其选举权利，边区政府集中了群众的集体智慧，根据秘密投票的民主选举原则，因地制宜，创造发明了许多富有特色、方便选民的投票方法。

本来，传统的举手表决法具有方便快捷的特点，适于不识字的选民，但这种方法也有很大的局限性：人们没有太多考虑时间，往往匆忙决定，或是碍于情面不够公正。1942 年，《解放日报》便说：在延安北区乡级选举时，“选举当中也有不良倾向，如乡民怕麻烦，表决时举手不够慎重，个别当选人员，并不是众望所归的。如前贪污分子罗天娃，工作消极的马老五均被选为议员”，还有“因采取举手表决办法，使选举者碍于情面，致有个别没威望的人当选”。于是，“其他各乡视此情形，乃改用票选，慎重从事”。[1] 但票选法也存在一些现实困难，如选民居住过于分散，不一定前来投票，或因不识字而无法投票。为了解决这些问题，背箱法、豆选法、画圈法、烙票法等各种方法应运而生。

一是背箱法。随着普选范围的扩大，陕甘宁边区各区、县参议会的选举采取了分散投票的选举方式。背箱法实际上就是适用于分散投票的流

① 《延市西区一二乡举行参议会选举乡长》，《解放日报》1942 年 4 月 8 日。

动票箱。选举工作委员会在选举开始前，准备若干个上锁加封的票箱，事先把选票分发给各地选民，到了选举投票那日，选择忠实可靠的司票员背着箱子到各地分途收票，选票收齐后，召开居民大会当众开票。这是边区为适应农村客观环境创造的一种投票选举方法，其优点是能够保证多数选民参加投票选举。

二是投豆法。这是不识字的选民运用最普遍的投票方法，做法是在选举之前，选举委员会为每位候选人准备一个碗放在身后，然后发给选民相应数量的豆子代替选票，每粒豆子只代表一张选票。选民支持谁，就把豆子放入候选人背后的碗中，豆子多者当选。后来发现选民在公开场合进行投豆不是秘密投票，很多选民碍于情面无法表达其真实的选择。于是选委会采取了相应的措施：候选人不必到场，将贴有候选人名字的碗放在会场，由监选人告诉选民每个碗代表的候选人是谁，选民在投豆过程中，除监选人外，尽量保证没有第三者。这种由群众创造、经过完善的投豆法尽管程序麻烦些，但遵从了秘密投票的选举原则，因此在各根据地被广泛采用。当时边区百姓的歌谣，简朴地反映了这种选举方法："金豆豆，银豆豆，豆豆不能随便投，选好人，办好事，投在好人碗里头。""金豆豆呀银豆豆，比不上咱这土豆豆。一张选票一颗豆，小心投在碗里头。"[①]"黄豆豆，豆豆圆，咱村选举村议员。老奶奶，脚儿跕，拄着拐杖也来选；心里想，又盘算，到底哪个人才沾？…… 一颗黄豆搁在碗，老奶奶，笑满脸！俺活七十头一遍。"[②]

与此相似的还有画圈法、画点法、画杠法、烙票法。烙票法，也称燃洞法、烧洞法，指选举委员会在正式开始投票前把带有候选人姓名的选票印好，选民在自己支持的候选人名字上拿香火烧个洞。这种烙票法虽然没有

---

① 皇甫束玉：《凌晨集——〈束玉吟草〉续集（1990—1996）》，高等教育出版社 1997 年版，第 111 页。

② 方之光、龚云：《农民运动史话》，社会科学文献出版社 2011 年版，第 116 页。

投豆法运用得普遍，但也是边区常用的一种投票方法。

有亲历者回忆："适合群众文化水平低的投票方法很有创造性。有的是在每个候选人名字下放一小盆，赞成谁就在谁的盆里放一颗豆子。有的在候选人面前放一小篮，赞成谁就在谁的小篮里放一支筷子。有的在候选人名字下放一张大纸，赞成谁就用点燃的香烟头在那人的名字下烧一个小孔。"① 这样的情况，在此前的中国历史上从来没有发生过，凡是参加这种看似简陋却参与广泛的民主选举的群众，一种当家作主的感觉必定油然而生。"翻身""解放"这样的词汇，出现在解放区那些根本不识字的农民口中，除了由于实行减租减息提高了他们的经济地位外，还与这种几乎是原生态的民主选举提高了他们的政治地位有着密切的联系，农民从自身政治、经济地位的变化中体会到了"翻身"与"解放"的含义。而这样的民主实践，在国民党统治地区是不可想象的。

（三）空前热烈的竞选场面

边区的选举是差额选举，也就是竞选。边区政府曾解释说："竞争的意思，各党派各团体是自己提的候选人，都向选民宣布，要求选举他的人。竞选的好处就是摆出许多货色（候选人），叫人民选择……人民是不会受骗的，看得准确的，选出的都不会坏，竞选的人如若失败了，那只怪你的货色不中意。准备你的货色，下次再来吧！"② 这段话通俗易懂地介绍了竞选是如何开展的，同时也讲明了它的道理。

当时，陕甘宁边区的竞选场面是十分激烈的。1941 年 10 月，延安举行第二届边区参议员选举，中央直属的 8 所学校都在一个选区。这是第一次以竞选方式产生参议员，气氛热闹非凡，参加的人有 1000 多人。刚开始，

---

① 《青春岁月：胡绩伟自述》，河南人民出版社 1999 年版，第 255 页。

② 《谢觉哉文集》，人民出版社 1989 年版，第 468—469 页。

行政学院占了先，在主席台两旁顶上，挂起该院候选人王凌波的像，旁边写着他的施政主张。工农学校的日本同志，则在会场的一角歌舞起来，人们便随之围拢去，一会乐停舞止，一位中国同志帮助他们竞选，希望大家选日本朋友森健，因为：第一，他是一个日本人，选他可以表示我们的国际主义精神；第二，他是一个非党员，选他表示我们拥护中央关于“三三制”的号召；第三，他是8个候选人中唯一的学生，选他更能代表同学们的利益。过了一会，选委会宣布还有20分钟开会，大家可以继续竞选活动。于是人们像发狂似的，热潮掀起了，森健、王凌波等人都被抬了起来，绕场叫喊：“选举××……”鲁艺也不甘示弱，他们组成热情的啦啦队，敲锣打鼓，还抬起了周扬的大像，唱起自编的竞选歌：“周扬同志真正好……”

大会正式开始后，候选人轮流上台发表竞选演说，每人限定10分钟。8位候选人中，周扬、王凌波和森健到场，其余人因事未到，但都派了代表助选。郭化若的代表说郭是军事家、著作家……家（一连串的家），通晓古今中外兵法和各种战略战术、武器兵种。这位代表还学会争取选民，他说郭最关心同学生活，关心妇女痛苦，主张增加教育经费，改善学生生活，奖励研究科学，提高艺术文化，增加妇孺保育设备，是一位德才兼备的好同志，号召大家选他。周扬是最后一个发表竞选演说，他开头一句就说：“谁笑到最后，谁笑得最好，今天是我讲在最后，也就一定当选。”引得大家笑了。接着他说：“大家都知道我，我的工作成绩也很显然，在教育厅四年，边区小学发展了十倍，中学从没有发展到六个，这当然是大家的努力，但我周扬也有功劳呢！”谈到政见时，他说明：“我是共产党员，我没有旁的，就是要为实现党的边区施政纲领而奋斗到底。特别应响应党中央的号召，反对主观主义，把教育与边区的实际生活相联系，这一点比上面同志所讲的改善学生生活，更为重要。”最后，周扬提议：“今天只能选出一个参议员，人多的学校不应本位主义，应不分学校选出真正的能代表同学的参议员来。”经过投票唱票，因为抗大人数大大超过鲁艺，结果还是郭化若当选，周扬当选为候补参议员。[1]

农村的竞选也相当热烈，搞得有声有色。如在绥德县第四保的选民大会上，每个竞选人都热情洋溢，争先恐后地起来发言。一些农民虽然文化水平不高，话语也很简练，却凭借质朴、厚道的为人积极参加竞选。还有些妇女打破封建传统，在竞选时勇敢发言为自己拉票，获得了广大女性选民的支持，赢得了阵阵热烈的掌声。又如在延安市裴庄乡的选民大会上，“群众真正响亮地说话了，秦好红说：‘我们选举，不管是豪绅地主，男人女人，看他今天做事怎样，不要东倒吃羊头，西倒吃猪头，东风大向东风，西风大向西风的人，我们选做事公平，说话公道，能跟大家谋利益的就对啦！’在选举中，群众不但在会前自由地提出候选名单，而在公开的选民大会上，有些不讲情面，把许多不合己意的候选人否决了，如三选区候选人 30 人，仅被选出 19 人，否决了 11 人；而在四选区，群众觉得先撤掉了几人，在大会通过二人再补上去；而二选区的谢怀之就是这样提出来的。至于王 ××，则因爱说漂亮话，不作实际工作；赵子明则因偷吃大烟；吴瑞成则因东西颠倒，无立场的理由，而被否决了候选人的资格”。[2]

由此可见，一旦真正把选举权利赋予广大民众，他们会非常珍惜，对选什么样的人尤为关心和慎重。他们会对参选的各个竞选人进行认真比较，最后从中选出最满意的代表。《新中华报》在介绍了这些空前热烈的竞选场面后曾总结说：“这些事实，谁敢说不是真正的民主呢？候选人名单尽量由群众自己提出，自由讨论…… 在选举时，民众才能胸有成竹，而不会错写

---

① 《抗大鲁艺等八校竞选空前热烈》，《解放日报》1941 年 10 月 10 日。

② 海燕：《延安市裴庄乡的民主选举》，《新中华报》1941 年 4 月 17 日。

票，把后面好人选掉。也可让民众在下面充分讨论，决定去取，而避免了大会上的‘顾忌情面，不能不选些不太好的人’的毛病。”①

历史地看来，正是通过这种普遍平等的民主选举，边区建立起了与人民血肉相连、鱼水相依的真正代表民意的各级政权，人民当家作主的政治理念变成了活生生的现实。这不仅巩固了边区政权，而且还用事实驳斥了那些认为中国国民素质低下、不宜骤行民主的主张，揭穿了国民党关于“训政”的谎言。1939 年 9 月，毛泽东在接见中央社、《扫荡报》等三家报纸的记者就说：“有些人说：老百姓没有知识，不能实行民主政治。这是不对的。在抗战中间，老百姓进步甚快，加上有领导，有方针，一定可以实行民主政治。”②1944 年 7 月，他又对美国外交官谢伟思说：“我们的经验证明，中国人民是了解民主和需要民主的，并不需要什么长期的体验、教育或‘训政’。中国农民不是傻瓜，他们是聪明的，像别人一样关心自己的权力和利益。”③谢觉哉也尖锐地讽刺国民党：“如果说：人家训政训了十多年，还只训出‘一个领袖’，那么，我们边区已训得相当像样了。睡在床上学泅水，绊住脚跟学跑步，是不会学出什么来的。”④

当时，国民党对此还很不服气，从而引发了一场论战。国统区一家官办报纸断言：共产党的“普选”是作秀——“谁不知道，中国人民有百分之八十连自己的名字都写不出，他们既不能记自己的名，更不会记共产党所指派那一群大小官吏的名了。这种政府只能叫做‘魔术政府’，不能叫做‘民主政府’。”这就激怒了《新华日报》，立即予以反击，撰文介绍边区选

① 海燕：《延安市裴庄乡的民主选举》，《新中华报》1941 年 4 月 17 日。
② 《毛泽东选集》第 2 卷，人民出版社 1991 年版，第 588—589 页。
③ 中共陕西省委党史研究室编：《中外记者团和美军观察组在延安》，陕西人民出版社 1995 年版，第 157 页。
④ 《谢觉哉文集》，人民出版社 1989 年版，第 356 页。

举制尤其是投豆法的变迁，以此证明："只要有实行民主的决心，人民的文化水平低与不识字都不会变成不可克服的障碍。"并特别强调："无论如何，选举的能否进行和能否进行得好，主要关键在于人民有没有发表意见和反对他人意见的权利；在于人民能不能真正无拘束地拥护某个人和反对某个人。至于选举的技术问题并不是无法解决的。"[①] 毫无疑问，历史已经证明：真理在《新华日报》一边。

三

推行"三三制"

边区的民主政治还有一个突出的特点，那就是推行"三三制"。这是中共为了巩固抗日根据地、团结各阶级人民参与政权、取得抗战胜利而提出的在各个抗日根据地政权组织建设中必须贯彻的原则。它最早源于毛泽东1940年3月撰写的《抗日根据地的政权问题》一文。在这篇文章中，毛泽东指出："在抗日时期，我们所建立的政权的性质，是民主统一战线的；这种政权，是一切赞成抗日又赞成民主的人们的政权，是几个革命阶级联合起来对于汉奸和反动派的民主专政。""根据民主统一战线政权的原则，在人员分配上，应规定为共产党员占三分之一，非党的左派进步分子占三分之一，不左不右的中间派占三分之一。"他还强调："上述人员的分配是

---

① 《不识字的人，就不能选举吗？》，《新华日报》1946年1月24日。

党的真实的政策，不能敷衍塞责。”[①]这是中共高层首次提出了“三三制”构想。

同年7月，毛泽东在为纪念抗战3周年撰写的文章中再次重申：“在政权问题上，我们主张统一战线政权，既不赞成别的党派的一党专政，也不主张共产党的一党专政，而主张各党、各派、各界、各军的联合专政，这即是统一战线政权。共产党员在敌人后方消灭敌伪政权建立抗日政权之时，应该采取我党中央所决定的‘三三制’，不论政府人员中或民意机关中，共产党员只占三分之一，而使其他主张抗日民主的党派和无党派人士占三分之二。无论何人，只要不投降不反共，均可参加政府工作。任何党派，只要是不投降不反共的，应使其在抗日政权下面有存在和活动之权。”[②]

此后，在经过毛泽东与中共中央的反复强调以及取得一些试点经验的基础上，1941年5月通过的《陕甘宁边区施政纲领》又用法律的形式把这一政策确定了下来。其中规定：本党愿与各党各派及一切群众团体进行选举联盟，并在候选人确定共产党员只占三分之一，以便各党各派及无党派人士均能参加边区民意机关的活动与边区行政之管理。共产党员被选为某一行政机关主管人员时，应保证机关职员有三分之二为党外人士担任，“共产党员应与这些党外人士合作不得一意孤行，把持包办”。[③]《纲领》还要求把陕甘宁边区建设成为军民一致、军政团结、政治民主、经济上有办法的对全国有示范作用的先进地区。

当然，“三三制”在中共党内也曾引起争议，许多人刚开始很难接受这一政权组织形式和选举原则，存在情绪和不满，“许多同志，对地主、士绅

---

① 《毛泽东选集》第2卷，人民出版社1991年版，第741—742页。

② 《毛泽东选集》第2卷，人民出版社1991年版，第760—761页。

③ 《陕甘宁边区施政纲领》，《新中华报》1941年5月1日。

参加政权放心不下：‘为了从地主豪绅手里夺来政权，我们流了多少血，怎敢又随便让他们进来！’……个别同志气愤地说：‘干脆给人算了吧！’”[①]还有人认为中共只在政府中占三分之一，将削弱领导地位。与此相反，其他党派则有人攻击“三三制”只不过是一个形式，是中共暂时的策略，所谓抗日民主还是工农专政。面对这些疑虑和偏见，中共中央和边区政府做了大量的宣传工作，不少党内领导人也纷纷撰写文章加以开导和说明。

作为“三三制”的发明者，毛泽东在提出这一原则的《抗日根据地的政权问题》一文中就说：“必须使占三分之一的共产党员在质量上具有优越的条件。只要有了这个条件，就可以保证党的领导权，不必有更多的人数。所谓领导权，不是要一天到晚当作口号去高喊，也不是盛气凌人地要人家服从我们，而是以党的正确政策和自己的模范工作，说服和教育党外人士，使他们愿意接受我们的建议。”[②]言辞中充满了对中共的自信。

在此期间，谢觉哉也一再向大家解释说：“共产党员只占 1/3，并不是放弃党的领导，相反，为要实现领导，党员在政府中民意机关中就不能超过 1/3 以上。什么叫领导？领导是带路的意思，有正确的政策与模范的行动，大多数人们自然跟着走。如果靠党员占权位的人多，使少数人不敢不跟着走，那是压迫，不算领导”[③]，“少数人带路走前，多数人在后面跟着，从没有带路人要比跟着走的人多的道理。靠人多强迫人家跟着走，那是押送，不是带路”。他还说：“三三制是共产党约束自己的一个制，人民不选或少选共产党员，共产党无权去要求他选或多选。但当选的共产党员若超过三分之一时，共产党就得辞去一些。为什么要这样？因要革命须要有坚强的

① 《延安民主模式研究资料选编》，西北大学出版社 2004 年版，第 124 页。

② 《毛泽东选集》第 2 卷，人民出版社 1991 年版，第 742 页。

③ 《谢觉哉文集》，人民出版社 1989 年版，第 404 页。

领导的党，而处于优势的领导的党，很容易走到把持包办。把持包办，不但广大人民不满意，于党政的党的本身，也很不利。党得不到群众的拥护，其党必归于失败。”①

1941年，《解放日报》同样发表社论指出：“领导并不是仗势凌人，而是靠了思想上的合于科学，政策上的主张正确，行动上的令人佩服……反之，只是站在群众之上发号施令，只在官府衙门里多抢位置，作威作福，那并不是什么领导，那乃是把持，乃是包办，乃是专制。”② 应该说，这些澄清和解释都是有说服力的。

至于那种认为“三三制”仅是中共说说、并不会真正实行的议论，也很快被事实打破了。1941年到1942年，陕甘宁边区按照“三三制”原则，大规模推行乡（市）、县、边区三级议会和政府的改选。据统计，乡参议会议员中共产党员只占1/3左右，有的地方还不足1/3，如绥德乡参议员共2889人，共产党员只占26%；清涧乡参议会中，共产党员只占1/5；义合市政府委员7人全是党外人士。

县和边区两级参议会的选举情况则较为复杂。由于有些党员干部对“三三制”认识不足，加上群众对一些非党候选人不满意，结果在选出的242名边区参议员中，共产党员占了多数。而鉴于边区参议员是选举产生、不能随意更换，西北局与边区政府共同研究决定，用聘请的办法作为民主选举方式的补充，聘请46名非党人士为边区参议会正式议员。经过努力，边区各级参议会议员和政府委员会组成人员的比例基本符合“三三制”原则。一些开明绅士和中间分子进入边区政权，如边区政府副主席李鼎铭、边区参议会副议长安文钦和边区教育部副主任贺连城，都是绥德的著名绅

---

① 《延安民主模式研究资料选编》，西北大学出版社2004年版，第142、146页。

② 《反对政权建设中的关门主义》，《解放日报》1941年12月29日。

士，米脂县参议会和政府委员会甚至包括了像马国臣那样的大地主。

1941 年 11 月，陕甘宁边区第二届参议会召开。这次会议的最大亮点就是践行“三三制”原则。在 51 名常驻议员选举中，因为共产党所占人数比规定的多出 6 名，所以萧劲光、王世泰等 6 名共产党员自动退出。在边区政府委员 39 名候选人中，共产党员人数超过了 1/3，谢觉哉、马锡五等 12 名党员也主动申请退出。后来经无记名投票，选出政府委员 18 人，其中共产党员占 7 人，超过 1/3，徐特立又立即请求退出，另按得票多少依次由非党人士白文焕递补。此后，这一做法成了惯例。1942 年 3 月，边区政府进一步明确规定：凡是县参议会或政府委员会中，共产党员超过 1/3 的自动提出辞职，然后补选非党人士进去。

陕甘宁边区成功的实验，很快成为各抗日根据地政权建设的示范。1941 年 7 月，晋冀鲁豫边区召开临时参议会第一次会议，133 名参议员出席，其中共产党员 46 名，占 1/3。晋察冀根据地也根据“三三制”原则，在各战略区开展了民主选举运动，选举产生了区代表和区长、县议会成员和县长以及边区参议员，使民主政治在这些地方得到了推广和实施。对这种“三三制”，邓小平当时曾高度评价：“我们认为‘三三制’政权形式，不仅是抗日民主政权的最好形式，是符合于抗日民族统一战线的政权形式，且为将来新民主主义共和国的最好形式；我们共产党人素来反对一党专政，既不赞成国民党一党专政，也不主张由共产党包办政权，因为任何一党专政的结果，都只能顾及一党之私，不能顾及全体人民的意志，而与民主政治相违背。”① 这就非常明确地肯定了“三三制”。

另外值得一提的是，“三三制”不仅体现在选举环节，而且还反映在

---

① 《中共中央北方局·抗日战争时期卷》上册，中共党史出版社 1999 年版，第 295 页。

执政权力上。特别是与国民党统治区成立的国民参政会和各省市参议会相比，它们只是由“遴选”产生的参议员组成，“名为‘民意机关’，实际上只是装潢门面的一个咨询机关，参政会中的提案，不是‘议而不决’，就是‘决而不行’，没有丝毫力量能使政府保证兑现”。而陕甘宁边区参议会是经过民主选举产生的，是真正的最高权力机关，“它不但能集中反映全边区各阶层人民的要求，而且能将这些要求作成决议，通过政府见诸实施”。[①]

如《陕甘宁边区各级参议会组织条例》规定：边区参议会不仅选举边区政府主席、政府委员及边区高等法院院长，而且批准关于民政财政建设教育及地方军事各项计划；通过边区政府所提出的预算案；决定废除或征收地方捐税；决定发行地方公债；议决边区单行法规；议决边区政府主席或政府委员及各厅厅长提交审议事项；议决边区人民及民众团体提交审议事项；决定边区应兴应革之重要事项等。显然，这种议决权的赋予，充分保证了参议会的有效运行，推动了边区的建设与发展。

边区参议会还部分地行使了省市级地方机关的立法权，举凡边区的重要法规诸如政治制度、土地制度、人民权利、税收、法制等都有涉及，这在中国立法史上是空前的。据统计，边区共制定、认可和颁行了64个类别、数量达千件以上的法律法规。这些法律法规对维护边区社会秩序，促进民主政治和经济的发展，巩固政权和保护人民权利，保障抗战的胜利，都发挥了重大作用。

不过，在各级参议会和政府行使权力的过程中，“三三制”原则也曾遇到挑战。谢觉哉即曾指出：“当然，不是说边区选举与议会工作已做得很好，没有缺点。相反，缺点还非常多。比较做得好的，还只个别地区。有些地

---

① 《人民代表的议会》，《解放日报》1944年12月20日。

区是奉行故事，有的连故事都没有奉行。”[①] 尤其是在县参议会及县政府中，“很多还没有真实执行三三制，只是摆几个不起作用的非党人士装门面”。他们认为党外人士是客人，因此表面上客客气气，事实上对其职权并不尊重，甚至曾发生党员独断专行、不尊重党外人士、不听取其意见的现象，“无论在小组会上或大会上，不会启发别人说话，甚至不让别人说话，自己长篇大论占去全部会议时间，使非党人士感觉是在上课，是在听训”。[②] 这些问题的存在，无疑都挫伤了党外人士的积极性。

针对这种现象，毛泽东提倡“知无不言，言无不尽”的民主氛围，要求共产党员尊重党外人士，给予他们同等的说话机会。1940 年 3 月，他在《抗日根据地的政权问题》一文中就提醒党员，必须克服“不愿和不习惯同党外人士合作的狭隘性，提倡民主作风，遇事先和党外人士商量，取得多数同意，然后去做。同时，尽量地鼓励党外人士对各种问题提出意见，并倾听他们的意见。绝不能以为我们有军队和政权在手，一切都要无条件地照我们的决定去做，因而不注意去努力说服非党人士同意我们的意见，并心悦诚服地执行”[③]。他这篇文章为抗日根据地的民主政权建设指明了方向。

1941 年 11 月，陕甘宁第二届参议会第一次大会开幕，毛泽东又说：目前“一部分共产党员，还不善于同党外人士实行民主合作，还保存一种狭隘的关门主义或宗派主义的作风”。有鉴于此，他提出：“共产党员必须倾听党外人士的意见，给别人以说话的机会，别人说得对的，我们应该欢迎，应该跟别人学习。别人说得不对，也应该让别人说完，然后慢慢加以解释。共产党员决不可自以为是，盛气凌人，以为自己是什么都好，别人是什么都不

① 《谢觉哉文集》，人民出版社 1989 年版，第 356 页。

② 《陕甘宁边区参议会（资料选辑）》，中共中央党校科研办公室 1985 年编印，第 380、382 页。

③ 《毛泽东选集》第 2 卷，人民出版社 1991 年版，第 742—743 页。

好；决不可把自己关在小房子里，自吹自擂，称王称霸。”他还说：“国事是国家的公事，不是一党一派的私事。因此，共产党员只有对党外人士实行民主合作的义务，而无排斥别人、垄断一切的权利。”①

在抗战时期，毛泽东的这种主张是一以贯之的。1944 年 7 月，他曾致电几个抗日根据地领导人，请调查和答复十项问题，其中第一项便是：“‘三三制’的推行是否生长了一种‘左’的现象？党外人士是否对我们发生不满，其不满之点主要是什么？他们是否感到有职无权，如何使他们有职有权？如何使他们经过参议会、座谈会、参加政府工作与社会事业，把他们进一步团结起来？”②1945 年 1 月，毛泽东在听取陕甘宁边区政府工作汇报时又说：应用谈心的方法征求党外人士的意见，议论和批评对我们总是有帮助的。说党包办，总是有原因的，我们要研究解决。凡是正确的意见，都要研究解决。③ 他对党外人士的尊重由此可见一斑。

在毛泽东的这种倡议下，各抗日根据地政权也努力纠正了偏差。如陕甘宁边区政府副主席李鼎铭有段时间在会上总是很少发言，边区政府主席林伯渠注意到这一情况，委托秘书长李维汉与之诚恳交谈，针对他提出“有职无权”“同级把我当客人，下级把我当傀儡。党上有包办，政府不能决定政策”的问题，边区认真采取了改进措施，使之真正做到“有职有权”。后来，李鼎铭提出的“精兵简政”议案还被中共中央采纳，推动了边区及其他根据地的发展。因此，他经常用自己参加“三三制”政权的感受对外宣传，他说：“所有这些情形，都是我亲自见到的，也是大家亲自见到

① 《毛泽东选集》第 3 卷，人民出版社 1991 年版，第 809 页。

② 《毛泽东文集》第 3 卷，人民出版社 1996 年版，第 198 页。

③ 中共中央文献研究室编：《毛泽东年谱（1893—1949）》中卷，人民出版社、中央文献出版社 1993 年版，第 574—575 页。

的，所以国内外还有个别分子说边区政权是共产党把持包办，我想是很可笑的……我们这个地方，却是建立了大家有职有权的民主联合政府。”①

此外，当时还曾出现过轻视百姓的倾向，认为农民没文化，提不出好的意见。针对这种倾向，谢觉哉指出，“民主不是说说就够，不是做的事好就够，而是要真的由人民自己来做。人民感到政府好和人民自己来管理政府，味道完全两样”②，“大家的事，大家来议，大家来做。在大家公认的条件下（少数服从多数，个人服从全体……），谁都能发表意见，好的意见一定能够被采纳；谁都有出来做事管事的义务与权力。这是民主的实质”。他还批评那种瞧不起农民的思想：“有些同志见了一些表面现象，如农民怕官的神气，不愿管事，解不下新名词等……并不知道人民文化低，是认不得汉字，懂不了你那套‘分析国际与国内形势’演说。至于他切身的事，怎么才好，怎么才对，政府做的那些事于他有益或者有害，那就谁也没有人民自己高明。世上只有愚蠢的英雄和领袖，从没有愚蠢大众。政府人员的意见必须经过人民的校正，才是正确；政府人员的举措，必须得到人民的拥护，才合实际。”③言之谆谆，语重心长。

在实践中，边区政府也采取措施，鼓励各方畅所欲言，力求群众的利益得到充分表达。《解放日报》发表社论，要求在边区大会上改变以往“干部发言占多数的偏向”，“不让小组会及大会上的发言人多数属于官方的干部及少数名流人物，而要使得纯百姓议员代表无话不说无意见不讲”④。在这样的氛围中，许多普通百姓打消了顾虑，纷纷发表意见建议。仅边区二

---

① 《延安民主模式研究资料选编》，西北大学出版社2004年版，第114页。

② 《延安民主模式研究资料选编》，西北大学出版社2004年版，第144页。

③ 《谢觉哉文集》，人民出版社1989年版，第340—341、477页。

④ 《迎接第二届第二次边区参议员大会》，《解放日报》1942年8月12日。

届参议会就收到各种提案 399 件，内容涉及军事、政治、文化、教育、卫生、妇女、儿童等各个方面。政府领导虚心听取意见，“有则改之，无则加勉”。农民参议员刘德富高兴地说：“我们这些农民还能批评政府的干部，而且都能虚心的接受，真是开天辟地没有见过的事。”[①]

1941 年 6 月 23 日的《解放日报》还刊发了一篇通讯稿，用朴实的文笔生动地记录了边区志丹县某乡所开的一次选民大会，文章的主题是县长接受选民的质询。县长首先说：“老乡们！尔个（现在）闹民主，是要老百姓来管理，监督自己的政府，选举自己佩服的人做政府工作，所以我今天向你们报告工作，你们可以批评批评，检讨出些经验教训，尔个（现在）实行新民主主义，你们弗要什么客气的，批评完了之后，就可以进行选举的。”之后他用土语一条一条地报告着他的工作。讨论县长工作报告的时候，群众接二连三地发言，气氛相当热烈。有的说：“县长工作，可是还好，不过动员（战时勤务）太多。”有的说：“我有一个意见，县长回家太多。”有的说：“县长和老百姓不接近，我看是脱离群众。”一个叫吕迎祥的中年妇女还大胆地站出来说：“我也有一个意见。我第一要批评县长和保安科秘书一样，常和婆姨闹‘矛盾’，‘婆姨汗汗（汉汉）’不讲亲爱，我看这真‘麻达’（不好），没有‘起模范’。还有第二是，县长的‘婆姨’和保安科秘书的‘婆姨’，一天到晚，酸醋样骂架子，和老百姓‘婆姨’，发生无原则的纠纷，我看这亦‘没有模范’，我建议我们的女参议员要提出一条‘夫妻亲爱、妇女团结’才好。”一席真实痛快的话引得全场都笑起来，县长无言地点一点头，算是接受了她的意见。[②] 从这篇报道可以看到，普通百姓敢于当面批评县长，这

① 刘景范：《陕甘宁边区的政权建设》，载《中共党史资料》第 27 辑，中共党史资料出版社 1988 年版，第 66—67 页。

② 海燕：《三边行之一·选民会上》，《解放日报》1941 年 6 月 23 日。

说明边区人民有何等程度的民主权利，又具有怎样一种当家作主的监督精神。

而与此形成鲜明对比的则是，蒋介石此时对民众的批评则十分忌讳。据《黄炎培日记》记载，1944 年 6 月，蒋曾在国民参政会上说："各方民主潮流之高涨，是抗战七八年来一种收获，惟不宜借此攻击政府，除此一点外，民主潮流越高越好。"① 由此可见，蒋介石表面虽然不敢公开反对民主，但实际上是不允许民众批评政府的。这种对民主的理解及其气度，与当时的中共不啻有天壤之别。

四

延安成了民主的灯塔

如上所述，中共在抗日根据地开展了大规模的"普选"，并严格推行"三三制"原则。这无疑充分调动了社会各界参政议政的积极性，极大提高了边区政府的号召力。这种结果还可以从这一时期国内外人士的诸多评论看出来。

1941 年，陕甘宁边区第二届参议会成功召开。中共在推行"三三制"过程中表现出来的诚意感动了不少人。曾在南京中山陵前自刎以明抗日之志的爱国将领续范亭便说："只有共产党，才真正实行了三民主义。"79 岁高龄的非共产党员参议员李丹生也称颂共产党此举"诚能感人"，希望共

① 《黄炎培日记》第 8 卷，华文出版社 2008 年版，第 277 页。

产党“说到做到，以信义昭示天下，则天下都是你们的”[1]。著名民主人士黄齐生还曾说：“从这样产生出来的议会，又由这样产生出来的政府，哪里会有贪污？哪里会有腐化？记得我上次由延安回到大后方，许许多多朋友问我：‘边区做官的到底有没有贪污的行为？’我答：‘我是不能作百分之百的肯定；然而我却敢说百分之九十几是不贪污的。因为他的方法，他的制度，是使人不必贪污，不敢贪污的！’”[2]

1944年，中外记者团访问延安。回到重庆后，《新民报》主笔赵超构写了一部《延安一月》，其中亦写道：“许多人怀疑共产党对于三三制的诚意，以为他们干这一套只是掩人耳目的把戏。这是错的，我可以说，共产党施行三三制，并非假的，因为依它的力量，它本来可以包办，而今确然有不少党外人士参加行政工作，例如‘边区政府’中，副主席李鼎铭，是米脂富绅，建设厅长霍子乐，教育厅长柳湜，副厅长贺连城，参议会副议长文安钦，都是有名的党外人物。这不能不算是共产党对于自己的约束。”[3]

在这次访问中，美国合众社记者哈里森·福尔曼还曾参加了一次边区政府与边区参政会常务委员会的联席会议。他发现所有24个与会的参政员都是由民众选举产生的，其中包括8个共产党参政员。这个会是由李鼎铭主持的，出席的参政员包括一个农民，一个商人，一个大地主，一个佃农，一个知识阶级，一个教育家，一个医生，一个军官，一个文化工作者，一个店伙计和一个回教徒。代表们讨论了形势、造林计划、改进学校制度、帮助军人家属、推行卫生计划以及如何改进司法诉讼等问题，大家坦率诚恳，

① 《陕甘宁边区参议会（资料选辑）》，中共中央党校科研办公室1985年编印，第379页。

② 黄齐生：《延安选举见闻记》，上海《民主周刊》第27期，1946年3月。

③ 赵超构：《延安一月》，上海书店1992年版，第230页。

平等自由，畅所欲言。这使福尔曼对边区的民主政权极为称道。[①]

中外记者团中的美国《巴尔的摩太阳报》记者、国民党中央宣传部顾问武道原先对中共抱着很大怀疑，但他从陕北归来后也肯定地写道："陕甘宁边区政府的各种机构，都是由人民选举的。边区政府的主席和其他高级人员都是边区参议员，由参议会选举出来担任他们的职务。共产党员只占政府人员三分之一的原则，看来是严密地遵守着的。"[②]

1945 年，国民参政会六位代表访问延安。通过参观，黄炎培了解到："中共军队每到一地方，必首先争取民众。现时他们所用的方法，是使民众站起来，聚拢来，让他们自由投票选出他们所认为满意的人，做这一地方的乡长或其他公职。军队绝对不参加意见，地方政治，就让这地方民众去监督。他们认为只有这样，才能使老百姓兴奋地出心出力。"在毛泽东阐述了用民主跳出历史周期率的观点后，黄炎培又在内心承认："我想：这话是对的。只有大政方针决之于公众，个人功业欲才不会发生。只有把每一地方的事，公之于每一地方的人，才能使地地得人，人人得事。把民主来打破这周期率，怕是有效的。"[③]

在此期间，还有许多外国记者和观察家到中共抗日根据地一探究竟。美国《时代》周刊记者白修德在《延安印象记》一文中，用亲眼看到的事实写道：在边区人民都有选举权，陕甘宁边区政府的各种机构，都是由人民选举的。从选举直到边区参议会和边区政府为止的整个制度，真正代表了中国的革命和民主。在这里，过去最没有地位、最受人瞧不起的人，也有权

---

① [美]哈里森·福尔曼：《北行漫记》，陶岱译，新华出版社 1988 年版，第 105—107 页。

② 武道：《我从陕北回来》，《新华日报》1944 年 11 月 1 日。

③ 黄炎培：《八十年来》，文史资料出版社 1982 年版，第 138、149 页。

参与政治。[1] 英国学者班威廉及其夫人克兰尔在亲自考察了晋察冀边区第一届民众代表大会后，也坚信“该大会是颇足以代表社会的各阶层的”，是“完全民主化的代表大会”[2]。

而美国记者杰克·贝尔登更是对边区的民主政治给予了很高评价。他在《中国震撼世界》一书中写道：“‘新式民主’是件多么新奇的事情！民主的工具突然塞到落后的农民手中，他们一时还不知如何运用。农村的选举办法形形色色，有时简直很滑稽。可是在共产党控制的农村地区，还是统统进行了选举。”由此，贝尔登断言：“不管共产党人距离完善的民主还有多么遥远，不管他们那些糊涂的朋友为他们捧场的话有多么夸张，但是共产党毕竟唤醒了千百万农民，使他们认识到自己有权选举官员，从而向民主迈进了巨大的一步……不管对于解放区的农村社会流传着怎么样的谣言，据我所观察到的，那里政府的贤明，是国民党区的政府根本无法比拟的。”他还比较了国共两党在推行民主上的不同：“国民党、蒋介石总是说中国人民还没有准备好实行民主，必须先实行一个时期的训政。解放区的领导人嘲笑了这种理论。‘在实施民主之前，先训练人民，这是毫无用处的。’边区政府副主席戎伍胜（即戎子和）对我说，‘人民要是过上了民主生活，习惯自然会改变。只有体验民主，才能学会民主’。”[3]

总之，中共在抗战时期开展的民主政治给人们留下了深刻的印象，获得了国内外舆论的广泛支持。对此，谢觉哉后来曾深刻总结：“我们那时搞三三制，并非我们工作太多作不了，而是争取人心归向我们。这目的是达到

---

① 白修德：《延安印象记》，《新华日报》1945年5月14日。

② ［英］班威廉、克兰尔：《新西行漫记》，斐然、何文介等译，新华出版社1988年版，第171、173页。

③ ［美］杰克·贝尔登：《中国震撼世界》，邱应觉等译，北京出版社1980年版，第102、107—108页。

了。”[①]

除此之外，延安的民主还吸引了大批知识分子尤其是青年学生。这些知识青年跋山涉水、冲破千难万阻，向这里聚集。“到延安去”，成为许多向往革命的热血青年和有识之士的共同选择。他们从祖国的四面八方，从万里海外，像潮水般涌向延安，很快在全国形成了“天下人心归延安”的壮观景象。诗人何其芳在《我歌唱延安》中曾用热情洋溢的笔墨描绘这种场景：“延安的城门成天开着，成天有从各个方向走来的青年，背着行李，燃烧着希望，走进这城门。学习、歌唱，过着紧张的快活的日子。然后一群一群地，穿着军服，燃烧着热情，走散到各个方向去。”[②]

抗战期间究竟有多少知识分子奔赴延安和抗日根据地，史料上没有明确的记载，但有几组数字足以说明问题。据八路军驻西安办事处统计，1938 年 5 月至 8 月，经其介绍赴延安的知识青年就有 2288 人；全年有 1 万余人从这里获准去延安。至 1939 年年底，抗大招收了国统区和沦陷区的知识青年 16144 人。在 1943 年 12 月的中共中央书记处会议上，任弼时发言说：抗战初期到延安的（包括到抗大学习的）知识分子共 4 万余人（西北局系统除外）。[③] 面对这种知识分子纷至沓来的热潮，毛泽东曾不无兴奋地说：“你们像朝圣进香一样，一群群地来到延安。你们是来追求真理的，但是，一下子来了那么多人，哪里有那么多房屋给你们住哟！”[④]

延安之所以成为全国各地乃至海外广大知识青年心中向往的圣地，是与其努力倡导和积极践行民主分不开的。何方曾回忆：“大批青年抱着

---

① 《谢觉哉文集》，人民出版社 1989 年版，第 742 页。

② 《何其芳文集》第 2 卷，人民文学出版社 1982 年版，第 174 页。

③ 中共中央文献研究室编：《任弼时年谱》，中央文献出版社 2004 年版，第 454 页。

④ 曹宏、周燕：《寻踪毛泽民》，中央文献出版社 2007 年版，第 290 页。

吃苦和牺牲的决心，为了争取民族独立和自由民主，跑到延安去参加革命。当时的延安，第一举的是抗战的旗帜，第二举的是自由的旗帜。”[①] 确实，很多人在到达延安前，对它并没有特别详细深入的了解，但光是“自由”“民主”“抗日”这几个抽象的词语，就足以让他们热血沸腾。而他们来到延安后，也的确“在实际中看到了真正的民主政治”。[②]

有一位当年奔赴延安的人晚年回忆：“我在刚到延安的短短两个月中，不仅有一些颇为新鲜的感性认识，还有一些相当深刻的理性认识；我不只是从现实中初步体验到民主圣地的音容笑貌，而且从理论上由此瞭望到民主中国的理想境界。”[③] 还有一个叫陆地的年轻人从广西历经千辛万苦来到延安后，发现大街上摩肩接踵，热闹非凡，“到处都见到像我们一样新到的人和已经入学入伍、穿上了铁灰色布料军装的男男女女。熟人相见，都是握手言欢，‘同志，同志’相互招呼，耳目为之一新，真正是投到崭新的世界来了”[④]！半个多世纪过后，他回忆起这段青春岁月，仍然坚信延安就是“我和伙伴们心中渴望的新社会人间天堂”[⑤]。

延安的物质生活非常艰苦，但多年后刘端棻回忆起这段生活，还是念念不忘地说“人不仅需要物质，更重要的是要有一种精神，在一定的环境里，精神往往比物质显得更重要”，“最使人感到心情舒畅和愉快的，是延安人与人之间平等、融洽的关系。这是国民党统治区无法比拟和望尘莫及的。大家平等相处，亲如一家。大家都认为，当官和当兵的，上级和下级，仅是革命的分工不同，毫无高低、贵贱之分。所以无论干什么工作，大家都心

---

① 何方：《从延安一路走来的反思——何方自述》上卷，（香港）明报出版社 2007 年版，第 40 页。

② 孟昭庚：《邹韬奋皋东脱险记》，《党史纵览》2008 年第 3 期。

③ 《青春岁月：胡绩伟自述》，河南人民出版社 1999 年版，第 169 页。

④ 陆地：《青春独白》，漓江出版社 1993 年版，第 261 页。

⑤ 陆地：《直言真情话平生——陆地自传》，广西美术出版社 2004 年版，第 27 页。

情愉快地去干”。[①]

由此可见，延安在抗日时期已成为一座民主的灯塔，以其自由平等的气氛吸引了众多知识青年，这就为中共的不断发展提供了强大的人才支撑。1942年，何其芳在延安写下了一首诗：“我为少男少女们歌唱，我歌唱早晨，我歌唱希望，我歌唱那些属于未来的事物，我歌唱正在生长的力量。”[②] 毫无疑问，在他的心目中，中共和它的代表延安正是这种正在生长的力量。

总之，抗战的胜利在很大意义上是中国共产党领导的民主力量的胜利。民主在全民族抗战期间是一种凝结全民族抗战的有效口号，也是反映人心向背的一面镜子。中共通过推进民主，不仅把各阶级各阶层的力量动员组织起来，而且也由此赢得了民心。而国民党惧怕民主、阻碍民主，尽管坚持抗战但却每况愈下，很快就丧失了政权。全民族抗日战争对国共两党权势转移的意义，在民主问题上再次凸现出来。

---

① 刘端棻：《回首延安——边区教育生活十二年》，陕西人民教育出版社1990年版，第7、9页。

② 《何其芳文集》第2卷，人民文学出版社1982年版，第172页。

全民族抗日战争时期是中国共产党理论发展史上一个重要的阶段，其最重要的理论成果，就是毛泽东在总结以往革命经验的基础上，创立了新民主主义理论，科学地论证了中国革命的性质、对象、动力、道路等问题，明确了中国共产党人现阶段的任务和未来的方向，指明了现在与未来的关系，表明了中国共产党对“中国向何处去”的态度。毛泽东曾经说过：“主义譬如一面旗子，旗子立起了，大家才有所指望，才知所趋赴”[①]。新民主主义理论就是这样一面旗帜，它为全民族抗战时期中共的发展壮大提供了理论支撑。

① 《毛泽东早期文稿》，湖南出版社1990年版，第554页

举起自己的旗帜

★

第七章

CHAPTER SEVEN

一

“国民革命”之旗与大革命失败

中国共产党成立后，始终以马克思主义为自己的指导思想，高举马克思主义为旗帜。但是，马克思主义毕竟是从欧洲传入中国的，马克思、恩格斯分析和解决无产阶级革命的一系列问题时，无疑是以欧洲作为考察的对象，尽管他们对遥远的中国也曾关注过，并且在他们的著述里议论过中国，但他们不会也不能给中国共产党如何搞革命提供具体的答案。俄国十月革命给中国革命者以许多的启示，中共成立之初苏俄也曾提供过具体的指导与帮助，但俄国与中国毕竟是两个不同的国家，社会发展程度、历史文化传统诸多方面都有很大的差异，俄国革命的经验可以借鉴，俄国革命的模式却不能照搬。

对于马克思主义必须与中国实际相结合，中国的马克思主义者在开启中国革命新局面的时候，应当说就开始了探索和思考，初步意识到中国国情的特殊性，朦胧地感觉到在中国革命的过程中，不能一味地照搬照抄马克思主义。

李大钊在传播马克思主义之时，曾就理论与实践的关系发表过自己的看法。1919 年 5 月，他在《我的马克思主义观》一文中写道：“一个学说的成立，与其时代环境有莫大的关系。马氏的唯物史观，何以不产生于十八世纪以前，也不产生于今日，而独产生于马氏时代呢？因为当时他的环境，有使他创立这种学说的必要和机会。”“平心而论马氏的学说，实在是一种时代的产物，在马氏时代，实在是一个最大的发现。我们现在固然不可拿这一个时代环境造成的学说，去解释一切历史，或者就那样整个拿来，应用于我们生存的社会，也却不可抹杀他那时代的价值，和那特别的发现。”这里虽然没有马克思主义必须与中国具体实际相结合的表述，但其中已多少蕴含着这样的意味。同年 8 月，李大钊在《再论问题与主义》一文中又说：“大凡一个主义，都有理想与实用两面。例如民主主义的理想，不论在哪一国，大致都很相同。把这个理想适用到实际的政治上去，那就因时、因所、因事的性质情形，有些不同。社会主义，亦复如是。他那互助友谊的精神，不论是科学派、空想派，想拿他来作基础。把这个精神适用到实际的方法上去，又都不同。我们只要把这个那个的主义，拿来作工具，用以为实际的运动，他会因时、因所、因事的性质情形生一种适应环境的变化。”[①]

在中共早期领导人中，瞿秋白是运用马克思主义理论解决中国革命问题的一位积极探索者。他于 1920—1923 年间赴苏俄进行实地考察，有机会比较系统地了解马克思主义在苏俄的实践。这是一段其他党的早期领导人所不具有的特殊经历，使他对苏俄革命的成功经验有了深刻的认识。在瞿秋白看来，列宁与其他马克思主义理论家的最大区别，就在于列宁最善于把马克思主义的革命理论和俄国革命的实践结合起来。回国之后，瞿秋白在热情宣传马克思主义的同时，一再强调革命理论与革命实践相结合的重要性。1925 年 2 月，瞿秋白在《列宁主义概说》一文中指出，列宁主义是马克思主义，但又不等于马克思主义，列宁主义中有许多成分是马克思主义中原来没有的，或者虽有亦很不详尽，还未发展的，这是因为列宁与马

---

① 《李大钊文集》第 3 卷，人民出版社 1999 年版，第 3 页。

克思、恩格斯处于不同的时代，面临不同的任务。1927 年年初，瞿秋白自编了一本《瞿秋白论文集》，他在《自序》中强调："革命的理论永远不能和革命的实践相离"，中国的马克思主义者"应用马克思主义于中国国情的工作，断不可一日或缓"。他还指出："马克思主义的应用于中国国情，自然要观察中国社会的发展，政治上的统治阶级，经济状况中的资本主义的趋势，以及中国革命史上的策略战术问题。"①

当时，中国的先进分子对于马克思主义，是经过反复的比较后所做出的选择。众所周知，中国的先进分子在选择马克思主义作为改造中国社会的武器，选择苏俄十月革命所代表的社会主义制度作为中国未来发展方向之前，积贫积弱的中国如何走向富强，是一代又一代中国先进分子的梦想。西方舶来的各种社会改造思想和社会发展模式，都曾在中国留下过它的痕迹。他们中的一些人经过反复的比较之后，意识到唯有马克思主义和十月革命道路所昭示的社会主义，才是中国未来的希望，于是义无反顾地成为马克思主义的坚定信仰者。在这种情况下，马克思主义理论的博大精深和对资本主义制度的深邃解剖，苏俄社会主义崭新道路的开辟和新社会制度产生的神奇，难免使人们对其由向往到崇拜，进而从崇拜产生盲从。而这些革命先哲们在刚刚接受马克思主义之时，对待马克思主义有如此清醒的认识，确实是难能可贵的。

从 1921 年中国共产党成立到 1927 年大革命失败，陈独秀都是中共主要的负责人。在传播马克思主义和创立中国共产党上，陈独秀有很大功劳。本来，陈独秀在开始接受马克思主义之时，还是比较注重应用的。他在中共成立前后一段时间，曾多次讲到过这个问题。1920 年 1 月 1 日，陈独

---

① 《瞿秋白选集》，人民出版社 1985 年版，第 311—312 页。

秀发表《解放》一文，其中说："我们生在这解放时代，大家只有努力在实际的解放运动上做工夫，不要多在名词上说空话！名词好听不好听，彻底不彻底，没有什么多大关系。在思想转变的时候，道理真实的名词，固然可以做群众运动的共同指针；但若是离开实际运动，口头上的名词无论说得如何好听，如何彻底，试问有什么用处？"[①] 他在由广州回上海主持中共中央局工作途中，有人问他"中国革命怎么革法"？他回答说，共产主义在中国怎样进行还要摸索，由于各个国家情况不同，马克思发展形态也各异，在中国是什么样子还要看发展。1922 年 5 月，他在《马克思的两大精神》这篇文章中，又希望中国青年"以马克思的实际研究精神来研究学问，不要单单以马克思的学说研究而已。如其单单研究其学说，那么马克思实际研究的精神完全失却，不过一个马克思主义的学者了"。"我们研究他的学说，不能仅仅研究其学说，还须将其学说实际去活动，干社会的革命"。[②]

然而，陈独秀虽然一定程度上看到了中国革命的特殊性，他本人也曾具有特立独行之个性，但他在中国革命问题上有一个基本的观点，就是认为中国现阶段的革命既然是资产阶级民主革命，无产阶级就不要去与资产阶级争夺领导权。他在 1923 年 4 月发表的《资产阶级的革命与革命的资产阶级》一文中说："资产阶级的民主革命若失了资产阶级的援助，在革命事业中便没有阶级的意义和社会的基础。""中国国民党目前的使命及进行的正轨应该是：统率革命的资产阶级，联合革命的无产阶级，实现资产阶级的民主革命。"[③] 正是基于这样的认识，陈独秀形成了"二次革命论"。按照这样的指导思想，所以在事关统一战线领导权的问题上，中共一再退让，

---

① 《陈独秀随笔》，海南出版社 1996 年版，第 214—215 页。

② 《陈独秀文选》，四川文艺出版社 2009 年版，第 147—148 页。

③ 独秀：《资产阶级的革命与革命的资产阶级》，《向导》第 22 期，1923 年 4 月 25 日。

造成了严重后果。

陈独秀这个观点的形成，又与共产国际有着密切的关联。因为共产国际认为，现在的中国还不是一个资本主义社会，还在搞的是资产阶级民主革命。因此，中共的任务就是帮助资产阶级也就是国民党搞革命，待资产阶级革命成功了，然后再搞无产阶级革命。既然如此，在与资产阶级合作的时候，就不必去争夺领导权。正如有研究者所指出的："当时俄国和共产国际的人对中国的实际情况都不真正了解。他们教条主义地看问题，认为既然是资产阶级民主革命，革命胜利后就一定是建立资产阶级的政权。共产党现在只能去帮助国民党，等到资产阶级夺取政权了，共产党才有自己的'戏'，现在只是帮忙、跑腿，甚至于当苦力。"①

中共在成立之初，的确没有革命的经验，不知道革命究竟应当从何下手，觉得既然是工人阶级政党，搞革命就是发动工人，搞工人运动。于是，中共成立之后，就把重点放在开展工人运动上，在 1922 年至 1923 年，先后组织了安源路矿、开滦煤矿和京汉铁路等地的工人大罢工。这些工人运动有成功的，也有失败。其中影响最大也是损失最大的，是 1923 年 2 月的京汉铁路即"二七"大罢工。"二七"大罢工的失败，对中共的震动很大，感觉到中国这样的国家，工人阶级人数本来就不多，掌权的是各派军阀，不论哪个军阀上台，也不论其说了些什么，本质上都是专制独裁，无产阶级毫无民主权利，革命没有合法的形式可以利用，搞工人运动势必导致反动派的镇压，用这种方式搞革命难以成功。

中共有一个很大的优点，就是党一成立就立即投身到带领人民开展反帝反封建斗争中，但同时也造成了一个不足，即党的理论准备不够，对于许

---

① 胡绳：《毛泽东的新民主主义再评价》，《中共党史研究》1999 年第 3 期。

多重大理论问题还未来得及进行认真的讨论、深入的思考，革命的具体任务就已经摆在面前。由于中共是在共产国际的帮助之下建立起来，成立之后又很快加入了共产国际，成为共产国际之下的一个支部，因此，有必要接受共产国际的理论指导与组织领导。这既有好处也有坏处。好处是共产国际可以向年轻的中共传授革命经验，提供一些帮助，包括物质上的帮助；坏处是既然中共是共产国际的一个支部，就必须无条件地服从共产国际的领导，而共产国际远在万里之外的莫斯科，它对中国的具体情况未必很了解，对中国党的指导也就难免出现瞎指挥。共产国际虽然是一个国际性的组织，但在很长的时间里，它所积累的革命经验其实有限，主要就是俄国十月革命的经验。于是，十月革命的模式就成了各国共产党人在本国进行革命的样板。

俄国革命实际上经历了两个阶段。第一阶段无产阶级即布尔什维克党人与资产阶级合作，进行以推翻沙皇统治为特征的资产阶级民主革命，即 1905 年革命和 1917 年的二月革命。1905 年革命虽然失败但二月革命成功了，建立了资产阶级占主导地位的临时政府。第二阶段是无产阶级通过动员组织工人、农民、士兵一举发动 1917 年的十月革命，建立了社会主义制度。共产国际在指导中国革命的过程中，很自然地将这一模式移植到中国来，认为中国目前还不是真正意义的资本主义国家，还不具备进行社会主义革命的条件，即应先进行资产阶级民主革命，推翻帝国主义与封建军阀的统治，先建立由资产阶级掌握的政权，在中国发展资本主义，在条件成熟时无产阶级一举发动一次十月革命这样的暴动，从资产阶级手中取得政权，建立社会主义制度。所以，革命的第一阶段即资产阶级民主革命阶段，无产阶级即共产党必须与资产阶级合作。

当时的中国，各类政党为数不少，而影响较大还带有一点资产阶级革命性的要数孙中山领导的中国国民党。既然中共有必要同资产阶级合作，共产国际首先想到的就是与国民党合作问题，所以中共成立后不久，共产国际的代表就提出与国民党合作的事宜。对于中共加入共产国际，起初陈独秀并不是那么情愿。据参加过中共一大的包惠僧回忆，陈独秀曾对张太雷说："各国革命有各国国情，我们中国是个生产事业落后的国家，我们要保留独立自主的权力，要有独立自主的作法，我们有多大的能力干多大的事，决不能让任何人牵着鼻子走。"[①]但中共当时毕竟还很弱小，不但没有革命的经验，也缺乏革命的物质条件，而这些恰恰是共产国际可以在一定程度上所能提供的，因而陈独秀很快放弃了自己的意见。

孙中山自1894年建立兴中会起，就一直为革命奔走，但总是败多胜少。虽然1911年辛亥革命成功发动，也建立了形式上的中华民国，但很快上了老奸巨猾、政治手腕高超的袁世凯的当，革命的胜利果实变成了袁的囊中物。孙中山对共产党提出与他合作持欢迎态度，因为共产党年轻富有朝气，而国民党已有些老气横秋的味道，何况共产党的背后有共产国际即苏俄。孙中山此前的革命有一个特点，总想借重某个列强的力量，可没有一个列强肯真心帮助他，他认为此次苏俄对他的支持是真心的。但是，当时的中共不但人数不多，而且在全国的影响也远不及国民党，因此孙中山一方面同意国共合作，另一方面又不愿让中共平起平坐，而只许中共党员以个人身份加入国民党，服从他的领导。

对于这种并不对等的合作条件，中共一开始表示不能接受。当共产国际表示要中共加入国民党的时候，党内最初几乎是一致的表示反对。反对的理由主要有：共产党与国民党的革命宗旨不同；国民党联美国、联军阀等

---

① 《包惠僧回忆录》，人民出版社1983年版，第431页。

政策和共产主义太不相容；国民党未曾发表党纲，在广东以外的各省人民视之，仍是一个争权夺利的政党；共产党倘加入该党，则在社会上尤其是青年社会信仰全失，永无发展的机会。[1] 因此，中共认为，即使要合作，至少要平起平坐，并且要中共来负责政治之责。当时的中共虽然年轻，人数也不多，但不少党员内心也看不起国民党，觉得国民党人数虽多，但军阀政客地主资本家之类混迹其中，无甚朝气，也无多少革命意味，不过一资产阶级政党而已。

在这种情况下，1922 年 8 月，中共在西湖召开特别会议，决定国共合作事宜。会议过程中，陈独秀、张国焘等人对共产党员以个人身份加入国民党提出异议，共产国际派来的代表马林见状，拿出“这是共产国际已经决定的政策”的大帽子压人。这样一来，会议自然“一致同意”共产党员以个人身份加入国民党。1923 年 6 月，中共召开第三次全国代表大会，此时中共正遭受“二七”大罢工失败的挫折，党内对国共合作的阻力大大减少，大会做出了中共党员以个人身份加入国民党，实行国共合作的决定，国共两党也由此正式开始了合作事宜的接洽。孙中山在中共和共产国际的帮助下，开始改组国民党，共产党员先后以个人身份加入国民党。1924 年 1 月，改组后的国民党召开一大，确立了联俄、联共、扶助农工三大政策，国共合作正式形成。

当时，共产国际之所以极力主张共产党员以个人身份加入国民党，主要在于共产国际虽然帮助中共建党，但又认为中共的力量太弱小，在中国革命中不能发挥国民党那样大的作用。出席中共一大的共产国际代表马林更是认为，中国共产党是个“早产儿”，“是有人过早地制造出来的”，它的

---

① 中央档案馆编：《中共中央文件选集》第 1 册，中共中央党校出版社 1989 年版，第 31 页。

“整个工作几乎都是依靠外国经费”，多数党员没有职业，所以党同在职的工人、职员、教师等几乎没有联系。在这种情况下，“我们要鼓励同志们到国民党中去，并把用这个办法支持国民革命看做是中国共产党人的主要任务”，“绝对不要为此打出共产党的旗帜，在很长一段时间内也不能在工会的宣传中利用这面旗帜”。因为许多人“害怕共产主义”，并且“削弱俄国同中国国民党人的合作”。[①] 共产国际还认为，中共现时的任务，主要是帮助资产阶级进行革命，只有资产阶级革命成功了，中国发展了资本主义，有了资产阶级的民主制度，工人阶级有了 8 小时工作制，有了罢工之类自由，届时才可能进行无产阶级革命，即革资产阶级的命。因为俄国革命就是这样搞的，先有与资产阶级合作、推翻沙皇专制统治，然后进行革资产阶级之命的 1917 年十月革命，因此，中国革命也只能走这条路。

这个观点很快被陈独秀所接受。在中共三大上，陈独秀起草的决议案中承认：因为中国产业落后，劳动阶级还在极幼稚时代，工人运动尚未能强大起来成为一个独立的社会势力，“自然不能发生一个强大的共产党。”“我们须努力扩大国民党的组织于全中国，使全中国革命分子集中于国民党，以应目前中国国民革命之需要”[②]。中共三大通过的宣言，更是明确宣布“中国国民党应该是国民革命之中心势力，更应该立在国民革命之领袖地位”[③]。所以，在后来的国共合作中，当蒋介石争夺领导权时，共产国际和中共步步退让，思想根源就在这里。因为共产国际和苏俄方面认为，蒋介石是中国资产阶级的代表人物，一定要想方设法让他留在革命阵营里，先把中国的北洋军阀打倒，完成资产阶级革命的任务，然后再同蒋介石分

---

① 李玉贞主编：《马林与第一次国共合作》，光明日报出版社 1989 年版，第 243—250 页。

② 中央档案馆编：《中共中央文件选集》第 1 册，中共中央党校出版社 1989 年版，第 147 页。

③ 中央档案馆编：《中共中央文件选集》第 1 册，中共中央党校出版社 1989 年版，第 165 页。

手，去搞属于自己领导的无产阶级革命。由于中共与共产国际的上下级关系，在国共合作问题上虽然陈独秀也有自己的看法，但最终还是只能按共产国际的指示行事。国共合作之后，“国民革命”成为当时国共两党共同高举的旗帜。

第一次国共合作实现后，中共是真心实意地同国民党合作的，老老实实地给人家帮忙，如将自己联系到的优秀青年介绍到黄埔军校，派共产党员到军校和国民革命军中从事政治工作，帮助国民党建立各级党部，就是不去争夺领导权，也不懂得去争夺领导权。这在 1926 年 3 月的中山舰事件和 5 月的国民党二届二中全会《整理党务决议案》的处理上，明显地表现了出来。

1926 年 3 月 20 日，蒋介石利用广州国民政府海军局将中山舰派到黄埔军校附近一事，大做文章，下令逮捕海军局长兼中山舰长（共产党员）李之龙，派兵包围省港罢工委员会，收缴工人纠察队的枪械，包围苏联驻广州领事馆，监视苏联顾问，拘押保卫广州的国民革命军第一军第二师党代表中的共产党员等。

事件发生之时，中共中央毫不知情，希望得到莫斯科方面的指示。没想到的是，对于蒋介石的这种挑衅行为，苏联方面竟对蒋介石采取了完全妥协的态度。苏联方面认为，中山舰事件的发生，是苏联顾问在军事和政治方面的严重错误引起的，主要表现在苏联顾问的过度越权和对中国将领们的过分监督。现在共产党人还没有能力承担直接领导国民革命的任务，因此应对蒋介石做出让步以赢得时间。本来，党内一些人如陈延年、毛泽东、恽代英、周恩来等，均建议苏联顾问对蒋介石采取强硬态度。但是，由于中共没有足够的军事力量可以与之抗衡，只得接受蒋介石这一结果。

这年 5 月 15 日至 25 日，国民党在广州召开二届二中全会。会上，蒋介石打着协调国共两党关系的幌子，以消除疑虑、杜绝纠纷为借口，提出了一个《整理党务决议案》，要求中共将加入国民党的党员名单交出；中共党员在高级党部（中央党部省党部特别市党部）任执行委员时不得超过各该党部执行委员总数三分之一；中共党员不得充任国民党中央机关之部长等。

《整理党务决议案》提出之时，蒋介石对于共产党方面能否接受，颇为忐忑不安。苏联派来的政治总顾问鲍罗廷会前已知道了《整理党务决议案》的大概内容，他害怕苏联顾问会被驱逐出广州，为了稳定局势，寻求同蒋介石继续合作，曾要中共中央派人去会见蒋介石，说明中共对《整理党务决议案》决不反对。结果，出席会议的共产党员对蒋大多采取了相当合作的态度，并没提出否定性意见，使其得以顺利通过。依照这个决议案，蒋介石随后采取了一系列限制共产党的活动。

整理党务案公布后，广州的中共党员甚为不满，有的要求改变国共合作形式，有的要求退出国民党，而此时鲍罗廷则认为，中共党员既然加入了国民党，现在绝不能不无所成就便撤出来。他的理由是：国共是要分家的，不过分得愈迟愈好；北伐到了北京的时候，便可实行分家，现在应该继续容忍合作。

受苏联方面的影响，6月4日，陈独秀在《向导》上发表致蒋介石的公开信说，“从建立黄埔军校一直到3月20日，都找不出蒋有一件反革命的行动”。而且向蒋介石表白：中国共产党绝不可能是阴谋倒蒋的反革命团体，“如果中国共产党是这样一个反革命的党，你就应该起来打倒它，为世界革命去掉一个反革命的团体；如果是共产党同志中哪一个人有这样反革命的阴谋，你就应该枪毙他，丝毫用不着客气”[①]。

---

① 中央档案馆编：《中共中央文件选集》第1册，中共中央党校出版社1989年版，第620页。

中山舰事件和《整理党务决议案》后，蒋介石并没有立即同中共破裂，主要原因是他马上要进行北伐，他还需要共产党人为他组织工农运动配合，也需要共产党人在北伐军中做思想政治工作，而且北伐也离不开苏联对他的支持和援助。随着革命形势的发展，中共也得到了很大的壮大。1925 年中共四大以前，全国党员仅 950 人，而到 1927 年中共五大召开时，全国共有党员近 6 万人，特别是 1926 年 4 月后的一年时间里，新增党员达 4.5 万人。随着中共力量的增大，蒋介石越来越感到在北洋军阀基本被打倒之后，共产党问题的解决已到了刻不容缓的地步了。加之当时工农运动中也曾有过某些过“左”的行动，为国民党右派制造事端提供了借口。1927 年 4 月 12 日，蒋介石在上海发动反革命政变，大肆屠杀共产党人和革命群众。随后不久，汪精卫等人也很快撕下了“左”派的伪装。7 月 15 日，汪精卫在武汉召开国民党中央“分共”会议，正式决定同中共决裂，在“宁可枉杀千人，不可使一人漏网”的口号下，对共产党员和革命群众进行血腥大屠杀。第一次国共合作终于全面破裂，轰轰烈烈的大革命失败了。到这时，“国民革命”这面旗帜被国民党新军阀所玷污，自然不能再用。

二
“苏维埃革命”之旗不适合中国

大革命失败的原因，就中国共产党自身来说，在于以陈独秀为首的中央领导层对逐步演化为国民党右派的蒋介石缺乏清醒的认识和足够的警惕，在领导权的问题上一再迁就退让。而中共之所以如此委曲求全，又在于共产国际的错误指导和陈独秀教条主义地对待共产国际的指示。客观上，中共与共产国际是上下级关系，有接受共产国际领导与指导的义务，加之俄国十月革命的胜利，难免使年轻的中国共产党人对俄国革命模式和革命经验盲目崇拜，结果以莫斯科的是非为是非，缺乏独立判断的能力；主观上，陈独秀受共产国际的影响形成了自己的“二次革命论”，认为中国革命既然是资产阶级民主革命，就应该让资产阶级来领导，使其革命取得成功，再在此基础上进行无产阶级自己的社会主义革命，因此在资产阶级民主革命尚未成功之时，不能破裂同资产阶级的关系。陈独秀对于共产国际一系列的指示，既有被动执行而表现出的无奈，也有基于自己的“二次革命论”的某些认同。因此，大革命的失败固然有诸多的原因，但最根本的，在于共产国际的教条主义与中共领导人对共产国际指示和俄国革命经验的教条主义态度，在于中国共产党人还不能独立自主地认识和处理中国革命中遇到的一系列重大问题。

在中共成立之初和大革命时期，虽然党内已有人认识到马克思主义与中国具体实际相结合的重要性，并开始做了一些有益的探索，提出了一些有创见的观点，绽发出了智慧的火花。但是，这种思想认识还是零碎而不系统、朦胧而不清晰的，还是少数觉悟者的感悟而不是党的集体自觉，还没有认识到一切须从中国具体实际出发的重要性。说到底，还是中国共产党人没有形成真正属于自己的革命理论，因而无法在全国人民面前亮出自己的旗帜。

出现这种情况也是可以理解的。当年中共还处在幼年时期，许多的党员是在深感旧民主主义革命的道路走不通之后，转而选择马克思主义和社会主义的。他们对马克思主义抱有忠诚的信仰，坚信社会主义的前途，具有火一般的革命热情。但那时，马克思主义传入中国的时间还不长，马克思主义经典著作的翻译还很少，他们所掌握的马克思主义理论很大程度上还是粗浅的，马克思主义深深吸引他们的，是阶级斗争学说、剩余价值理论和无产阶级专政，是根据这个理论俄国马克思主义者所开创的一片新天地。至于中国国情的特殊性究竟在哪里，中国革命有什么样的特殊道路和特殊形式，还不可能做出深入的思考。中国危机四伏的现状，又不允许他们在从容地学习马克思主义理论，并对中国的国情进行一番细致的考察研究之后，才进行实际的革命活动。因此，他们中的许多人包括领导层在从事革命实践的时候，对中国的国情还缺乏深入的分析，对马克思主义的精神实质还缺乏准确的把握，还没有真正解决好理论与实践的有机结合问题。

1927 年 7 月 12 日，中共中央改组，陈独秀离开了中央领导岗位，成立了由周恩来、张国焘、张太雷、李维汉、李立三五人组成的临时中央政治局常委会。临时中央做出的一个重大决策，就是发动南昌起义，武装反抗国民党反动派。8 月 1 日，在以周恩来为首的前敌委员会领导下，贺龙、叶挺、朱德、刘伯承等率领中共掌握和影响的 2 万余军队举行了南昌起义，打响了武装反抗国民党反动统治的第一枪，开始了中共独立领导革命的新时期。

为了总结大革命失败的教训，确定国共对立后新时期的路线和政策，1927 年 8 月 7 日，中共中央政治局在汉口召开紧急会议。这次会议确定了武装反抗国民党反动统治的总方针，为实现大革命失败到土地革命战争兴起的历史转折，复兴中国革命做出了重要贡献。根据八七会议的精神，全党随后组织了一系列的武装暴动，其中著名的有毛泽东、彭公达领导的湘赣边界秋收起义；张太雷、黄平、叶挺、叶剑英等领导的广州起义；贺龙、周逸群领导的湘鄂西起义；吴光浩、潘忠汝领导的黄麻起义；方志敏、邵式平、黄道领导的弋横起义；朱德、陈毅领导的湘南起义；张鼎丞、邓子恢领导的闽西起义；刘志丹、唐澍领导的渭华起义；彭德怀、滕代远领导的平江起义；邓小平、张云逸等领导的百色起义等。

中共在大革命失败懂得武装斗争的重要性之后，毫不犹豫地开展武装斗争，但这时，又遇到了新的难题——武装斗争在哪里开展，是城市还是农村？到中共决定开展武装斗争的时候，世界上还没有无产阶级深入农村建立根据地最终取得全国政权的先例，而十月革命是城市武装暴动方式取得成功的。因此，中共开始武装斗争之时，首先想到的也是夺取城市的问题。八七会议后中共中央为各地武装起义确定的任务，也都是占领城市。南昌起义和广州起义是典型的城市暴动，由中共掌握的武装力量与城市的工人阶级联手，以夺取和占领城市为目标。其他在农村发动的起义，最初的目的也是夺取城市，如湘赣边界秋收起义、陕北的渭华起义等。

与此同时，大革命失败后，中国共产党人放弃了“国民革命”的旗帜，举起了“苏维埃革命”的旗帜，并将一度建立的革命政权命名为“苏维埃”，把工农革命军改称工农红军。一开始，群众不知“苏维埃”为何物，有的说，因为我们政府主席姓苏名维埃，所以叫苏维埃；也有的说，我们的工人领袖叫苏兆征，他牺牲了，共产党派他的儿子维埃来当主席。毛泽东后来说：“过去我们叫苏维埃代表大会制度，苏维埃就是代表会议，我们又叫‘苏维埃’，又叫‘代表大会’，‘苏维埃代表大会’就成了‘代表大会代表大会’。这是死搬外国名词。”[1]

各地武装起义的实践证明，由于敌强我弱的形势，又由于城市是敌人的统治中心和反革命力量的集聚地，起义军多数未能实现夺取城市的目标，个别的武装暴动虽然一度控制了城市，但也无力坚守住。如南昌起义

---

① 《毛泽东文集》第5卷，人民出版社1996年版，第136页。

成功后只坚持了 3 天，就不得不撤出南昌，南下广东潮汕地区，企图占领一两个海港城市，等待苏联的援助，结果潮汕没有占领，部队反被国民党军冲击得七零八落，只有朱德、陈毅率领一小部分部队在转战粤北、湘南之后上了井冈山。广州起义也只坚持了 3 天就失败了，造成大量中共党员和革命群众伤亡。湘赣边界秋收起义爆发之后，按照预定的计划向长沙方向进军，但未到长沙外围即遭遇重大挫折，全军 5000 人损失 4/5。在这种情况之下，为了保存有限的革命力量，毛泽东不得不把队伍带往敌人力量相对薄弱的江西方向，在途经井冈山下时，了解到当地农民武装袁文才、王佐的情况，受其启发，毛泽东决定将部队带上山，并由此开始工农武装割据的探索。

进入井冈山后，毛泽东不但要面对如何在农村站住脚而且要向外发展的问题，还必须向中共中央就放弃进攻城市转入乡村做出一个合理的解释，这些都促使他认真思考中国革命究竟应采取什么样的方式与道路的问题。在总结井冈山斗争经验的基础上，他写作了《中国的红色政权为什么能够存在》《井冈山的斗争》等著作（后一篇文章实际上是他向中共中央提交的一个报告），形成了工农武装割据思想，初步解决了在政治经济发展不平衡的农业大国，在敌我力量悬殊的形势下，中共怎样坚持革命、怎样发展壮大革命力量的问题。当然，这并不能说毛泽东此时就已经完全摆脱了城市中心的影响，形成了农村包围城市的思想。在毛泽东当时的认识里，农村根据地仍只是中国革命的一个支点，中国革命的中心依然是城市，农村革命根据地的建立和工农武装割据的方式，将有力配合城市工作，为夺取全国政权创造条件。

在夺取城市的尝试失败之后，各地的共产党人纷纷开展工农武装割据、建立革命根据地的探索，红军和根据地得到很大的发展。到 1930 年全国已有红军 10 万人，根据地 10 余块，主要有中央（赣南闽西）、湘鄂西、鄂豫皖、闽浙赣、湘鄂赣、左右江、湘赣、琼崖、东江等。革命的星星之火，已燃成燎原之势。

虽然建立了农村革命根据地，有了中共自己领导的革命武装工农红军，但是，由于中共是以无产阶级作为其阶级基础的，中国数量本来不多的无产阶级集中在少数大城市里，广大的农村自然没有真正意义上的无产阶级。如果党的组织和红军长期生活在农村，要发展就只能吸收农民入党，这必然导致党的成分变成以农民为主体，可长期这样下去，党能保持自己的无产阶级先进性吗？会不会变成一个农民党？同时，虽然在农村坚持斗争，建立农村根据地不失是一种保存和发展革命力量的重要方式，但这种方式与城市暴动相比，取得革命胜利的时间肯定相当漫长。随着革命根据地的开创，革命事实上存在两个领域，一个是农村，另一个是城市，那么，就全党而言，究竟以城市还是以农村为工作的重心？这是事关中国革命前途的重大问题。

对于这两个问题，毛泽东曾在 1929 年年底和 1930 年年初做出了比较明确的回答。

1929 年 12 月，毛泽东在福建上杭县的古田村主持召开中共红四军第九次代表大会，即著名的古田会议。这次会议最重要的历史贡献，就在于它成功解决了在一个以农民为主体的半殖民地半封建国家、在长期农村游击战争环境下，如何建设一个无产阶级政党的问题，其核心要义是着重从思想上建党，同时从组织上加强建设，通过用无产阶级思想克服非无产阶级思想，使农民小资产阶级出身的党员无产阶级化。会后第 5 天，即 1930 年 1 月 5 日，毛泽东在给林彪的一封信（即《星星之火，可以燎原》）中，从中国革命的实际情况出发，论述了只有发展农村革命根据地，走农村包围城市的道路，才能促进全国的革命高潮。这标志着适合中国情况的走农村包围城市道路的革命理论基本形成。

从工农武装割据思想到农村包围城市道路，反映出毛泽东对中国革命规律的认识在不断深化。在延安整风期间，周恩来在谈到这个问题时说：“毛泽东同志对这个问题的认识也是有其发展过程的。大革命前，有一次恽代英同志看到陶行知他们搞乡村工作，写信给毛泽东同志。毛泽东同志回信说：我们现在做城市工人工作还忙不过来，哪有空去做乡村工作。一九二五年他回家养病，在湖南做了一些农村调查，才开始注意农民问题。在‘六大’那时候，关于要重视乡村工作、在农村里搞武装割据的重要与可能等问题，毛泽东同志是认识到了的，而‘六大’则没有认识到。但是，关于把工作中心放在乡村，共产党代表无产阶级来领导农民游击战争，我认为当时毛泽东同志也还没有这些思想，他也还是认为要以城市工作为中心的。开始他还主张在闽浙赣边创造苏区来影响城市工作，配合城市工作，到给林彪的信中才明确指出要创造红色区域，实行武装割据，认为这是促进全国革命高潮的最重要因素，也就是要以乡村为中心。所以，毛泽东同志的思想是发展的。”①

毛泽东等中国共产党人在武装斗争的实践中，逐渐认识到农村革命根据地的重要，形成了工农武装割据——农村包围城市的思想。但是，当时毛泽东还只是一个地方的领导人，他的影响在全党还比较有限，因此，农村包围城市还没有形成全党的共识。更重要的是，中共作为共产国际的一个支部，必须接受共产国际的领导，而共产国际只有俄国十月革命的城市暴动经验，也正因为如此，共产国际长期坚持城市中心论。大革命失败后，陈独秀离开了中央领导岗位，他所代表的右倾错误得以纠正。今天实事求

① 《周恩来选集》上卷，人民出版社 1980 年版，第 179 页。

是地看，大革命失败陈独秀虽然有其责任，但他所表现的所谓右倾，实际上很大程度是贯彻共产国际的指示，但共产国际将责任几乎全推到陈独秀身上，反而认为是中共中央和陈独秀没有认真贯彻其指示。中共有了几年革命的经历，但还缺乏独立自主的意识，还只能机械地执行共产国际的指示，所以大革命失败后党内业已存在的教条主义不但没有破除，反而进一步发展起来。

1928年年初，农村根据地刚刚建立之时，共产国际就明确指示中共中央"反对对于游击战争的溺爱，反对沉溺于散乱的不相关联的必致失败的游击战争"[①]，要求中共以城市为中心，照俄国革命的路走。1928年6月，中共六大召开前夕，斯大林会见中共领导人，明确指出中共的注意力要放到应该而且可能夺取城市的问题上。共产国际领导人布哈林在中共六大上作报告，反对红军建立巩固的根据地，武断地认为天下决不能有无城市的政权长期存在的事实。布哈林是共产国际公认的理论权威，他对工农武装割据的思想公开指责后，与会代表也纷纷批评中央有"以乡村包围城市"的"农民意识"，"没有看见革命主力——无产阶级，只看见农民，忽视了城市工作"。这样一来，中共中央也只得放弃了原有比较正确的认识，检讨"过去轻视或放弃城市工作"，犯了"忘记了城市的领导作用"的极危险的严重错误。不但如此，六大后中共中央多次做决议，发指示、通告，纠正所谓错误的"割据"观念，严厉批评乡村包围城市的提法。

受共产国际的影响，到了1930年，城市中心论不但支配了中共领导人的思想，而且还给中国革命造成了直接的危害。1930年6月，中共中央政治局通过李立三起草的《新的革命高潮与一省或几省的首先胜利》的决

---

① 中央档案馆编:《中共中央文件选集》第6册，中共中央党校出版社1989年版，第761页。

议，标志着以李立三为代表的“左”倾冒险错误在中共中央取得统治地位。这个决议对形势做了根本错误的估计，认为中国革命也好，世界革命也好，都到了大决战的前夜，全国范围内已有“直接革命的形势”，并“有极大的可能转变成为全国革命的胜利”。决议从城市中心论的错误观点出发，特别强调：“没有工人阶级的罢工高潮，没有中心城市的武装暴动，决不能有一省与几省的胜利。不特别注意城市工作，想‘以乡村包围城市’、‘单凭红军来夺取城市’，是一种极错误的观念。”[①] 在这种思想指导下，中共中央制订了以武汉为中心的全国总暴动和集中红军进攻中心城市的冒险计划，重点是武汉暴动、南京暴动和上海总同盟罢工，并要求各路红军“会师武汉”“饮马长江”。

在上述错误思想的主导下，1930 年 7 月间，中共中央重点部署了南京、上海、武汉等城市的暴动准备工作，同时规定红三军团切断武汉长沙间的铁路，进逼武汉；红一军团进取南昌、九江，切断长江，掩护武汉的胜利；红二军团、红一军相互配合进逼武汉；红七军进攻柳州、桂林和广州。如此弱小的红军去攻打敌人坚固设防的中心城市，结果可想而知。红二军团为此由 1.6 万人减少到 3000 人，并丧失了洪湖根据地；红七军由 6000 多人减少到 2000 人，丧失了右江革命根据地；红十军由 2 万人减少到 3000 人。在白区，中共的力量非常有限，武汉、南京、上海这样的大城市本来就没多少党员，中共领导的有组织的工人也是人数甚少，自然无法发动武装暴动。为了显示自己的力量，于是下令城市的中共地下组织发动所谓的“飞行集会”，上街撒传单、贴标语、呼口号，等于将自己暴露在敌人面前，造成许多不必要的损失。仅在南京，从 1930 年 6 月至 10 月，中共南京市委有 6 人

① 中央档案馆编：《中共中央文件选集》第 6 册，中共中央党校出版社 1989 年版，第 123 页。

被捕，3 个区委的干部全部损失，15 个支部全部破坏，100 多名党员被捕，近百名党员被杀害；武汉被捕的党员亦有 60 人，被杀害的 37 人。许多城市的组织遭瓦解，大批共产党员遭捕杀。

李立三的城市中心论其实来源于苏联与共产国际，但李立三认为，从此之后，中国革命的胜利决定世界革命的胜利，世界革命可能首先在中国爆发，他甚至要求把苏联西伯利亚的 10 万华工武装起来，投入战斗；外蒙古在中国暴动的时候，应在政治上发表宣言，与中国苏维埃政权联合，承认外蒙古是中华苏维埃联邦的一部分，接着大举进攻北方。显然，李立三的这些主张大大超出了莫斯科所能允许的范围，加之红军第二次进攻长沙失利，南京等地的党组织遭到严重破坏，根据共产国际的指示，在周恩来和瞿秋白的主持下，1930 年 9 月，召开中共六届三中全会，对李立三的错误进行了批评，同时解除了他在中央政治局的领导职务，结束了为期 3 个月的“左”倾冒险主义在中共中央的统治。

李立三的冒险主义错误虽然得以纠正，但此事给共产国际、苏联领导人一种印象：中国党的领导人并不完全听从莫斯科的指挥，必须采取措施改组中共中央，让那些能够不折不扣地执行共产国际路线的留苏学生，充实中共的中央委员会和中央政治局。1931 年 1 月，在共产国际东方部副部长米夫的把持下，召开中共六届四中全会。米夫曾是莫斯科中山大学的校长，王明、博古等人又是中山大学的学生，于是，在这次全会上，原来的一些中央领导人有的被排挤出去，有的虽然得以留下但难以发挥作用，而没有实际经验也没有中央领导工作经历的王明等人，被选进中央委员会，有的还选进了中央政治局。王明尽管始终没有正式担任过中共中央总书记，但他在六届四中全会后担任中央政治局常委，主持过一段时间的中共中央工作，1931 年 11 月赴莫斯科担任中共驻共产国际代表团团长，临走之时，王明提议由当时连中央委员都不是的博古担任中共中央总书记。所以虽然名义上他不是中共中央最高领导人，但没有王明就没有博古上台，而博古就任总书记后所执行的路线与王明是一脉相承的，所以中共党史上一般把1934年1月六届四中全会召开至1935年1月的遵义会议时的这几年，称之为王明统治党的时期。当然，这也与后来在延安整风清算苏维埃运动后期的“左”倾错误时，博古的态度比较端正而王明始终没有认识自己的错误，因而成为整风运动的主要对象有很大的关系。

中共六届四中全会后，中共领导层仍坚持城市中心论。以博古为首的中共临时中央实行积极进攻的战略，多次要求集中弱小的红军攻打中心城市。将苏联消灭地主富农的政策搬来中国，在土地革命中搞“地主不分田，富农分坏田”；照搬苏联肃反的做法，致使在根据地肃反严重扩大化。为了推行“左”倾路线，不惜对毛泽东等人实行“残酷斗争，无情打击”，排斥毛泽东对苏区党的领导，剥夺其对红军的指挥权。

1933年10月，蒋介石对中央苏区发动第五次“围剿”。鉴于前几次“围剿”的失败，蒋介石在发动第五次“围剿”时，认识到对付红军单纯采取军事手段是不行的。参加过“围剿”红军的国民党将领承认：“地方群众在共党势力范围内，或逃亡，或随红军行动，欲雇挑夫固不可能，即寻向导带路亦无一人，至于侦探更一无所得，变成盲目。”[①] 蒋介石也说：红军“因为监督的方法很严，除有计划的暴动以外，无论官兵，纪律也很好，所以在战场上能勇敢作战，而对于匪区一般民众，还不致十分骚扰”，而国民党军“则对于民众以国家的军队自骄，往往有侵扰的事，且作战也常常不肯牺牲而有趑趄不前的现象，这因为监督的方法不如土匪来得严，而各种赏罚令

---

① 《蔡廷锴自传》，黑龙江人民出版社1982年版，第245页。

或因事实的障碍，或为繁琐不切实用，多半未能实行”[①]。于是，蒋介石在第五次“围剿”时明确提出了“三分军事，七分政治”的主张，在根据地周围地区实行保甲制度和“连坐法”；对根据地实行更严密的经济封锁；在军事上采取“堡垒主义”和稳打稳扎逐步推进的新战术，以严密的工事和碉堡层层推进，通过缓慢但有效的占领方式，压缩红军作战区域，限制红军活动空间，迫使缺少重武器的红军与之进行正面的主力决战。

第五次反“围剿”前，在上海无法立足的中共临时中央来到了中央苏区。由于博古刚从莫斯科留学回国不久，又刚刚进入中央苏区，在军事上一窍不通，于是，1933 年 10 月共产国际派往中央苏区担任军事顾问的德国人李德，就成了博古军事上的指导者，成为红军最高统帅。因此，中央红军的第五次反“围剿”在很大程度上就是由这位德国人指挥的。李德在博古的支持下，成了中央苏区的太上皇。在中央苏区出现了一种全党全军听从中共中央的，中共中央听从博古的，博古听从李德的奇怪现象。

在蒋介石改变了“围剿”方式的情况下，博古、李德等人提出了“御敌于国门之外”“不丧失寸土”的口号，命令红军全线出击，攻打敌人的坚固阵地。进攻受挫以后，他们转而采取防御中的保守主义，主张“分兵把口”，处处设防，节节抵抗，同敌人打阵地战，以“短促突击”跟敌人拼消耗。结果，第五次反“围剿”越来越被动，根据地面积和人口日渐缩小，已没有多大的生存空间，如果再不进行战略转移只能坐以待毙。在这种情况下，撤离中央苏区另外开辟新的生存区域，可以说是中共寻求继续生存、发展的必然之举。

长征现在留给我们的是一个诗一般的名字，长征精神也成为中共精神

① 秦孝仪编:《先“总统”蒋公思想言论总集》第 11 卷，(台北)中国国民党中央委员会党史委员会 1984 年版，第 45 页。

的重要象征。可是，现在的人们对长征的艰难，即使展览布置得最好，也很难有真实的体会了。其实，长征本是迫不得已的选择，不是为了形成长征精神去长征的，而是南方根据地已经保存不住，立不住脚，只好进行撤退另找生存空间，所以长征开始叫战略转移，大概走了一半以后才有了长征的说法；长征开始也并非北上抗日，而是另找一块立足之地，到了长征的后期，才明确提出北上抗日的口号并最终落脚陕北。长征当然取得了伟大的胜利，但这个胜利也付出了沉重的代价。三大主力红军会师时，三个方面军加起来大概有六七万人，不久原红四方面军中的 2 万多人为打通与苏联的联系，组成西路军，进军河西走廊，最后惨遭失败，只剩下几百人到了新疆。所以到全民族抗战爆发时，主力红军大约有 4 万余人，有组织的党员大概也是三四万人。

教条主义是导致大革命和第五次反“围剿”失败的重要原因。毛泽东曾这样说：“我常觉得，马克思主义这种东西，是少了不行，多了也不行的。中国自从有那么一批专门贩卖马克思的先生们出现以来，把个共产党闹得乌烟瘴气，白区的共产党为之闹光，苏区与红军为之闹掉百分之九十以上……全都是吃了马克思主义太多的亏。这批人自封为“马克思主义理论家”，家里有成堆的马克思主义出卖，装潢华丽，自卖自夸……直到被人戳穿西洋镜，才发现其宝号里尽是些假马克思，或死马克思，或臭马克思，连半个真马克思，活马克思，香马克思也没有。”[①] 他还说：“那些将马列主义当宗教教条看待的人，就是这种蒙昧无知的人。对于这种人，应该老实对他说，你的教条没有什么用处，说句不客气的话，实在比屎还没有用。我们看，狗屎可以肥田，人屎可以喂狗。教条呢，既不能肥田，又不能喂狗，有什么

---

① 毛泽东：《驳第三次左倾路线》，转引自杨奎松：《毛泽东与莫斯科的恩恩怨怨》，江西人民出版社 1999 年版，第 150 页。

用处呢？”①

第五次反“围剿”的失败，既是教条主义的失败，也是“苏维埃革命”的失败。1935年1月的遵义会议，标志着教条主义在中共中央统治的终结。中央红军到达陕北后，中共中央根据中日民族矛盾上升为主要矛盾的实际，适时提出建立抗日民族统一战线的主张，实际上放弃了“苏维埃革命”的旗帜。

大革命失败和第五次反“围剿”失利，固然有其复杂的原因，但从根本上讲都是中共自己犯了教条主义的错误，没有形成真正属于自己的、适合中国国情的理论主张，搬用的还是俄国革命的经验，举起的也是俄国革命所用过的旗帜。在当时的条件下，犯错误是可以理解的，但它说明中国革命走自己的路的极端重要性。

三
高举新民主主义之旗

1935年10月，中央红军到达陕北后，毛泽东对中国革命特别是土地革命的经验教训进行了系统总结，曾写出《中国革命战争的战略问题》《矛盾论》《实践论》等理论文章，分析了第五次反“围剿”失败的原因，论证了马克思主义与中国具体实际相结合的极端重要性。

全民族抗战爆发以后，中共从原来遭受反动派严密封锁的狭小天地

① 毛泽东：《整顿学风党风文风》（在中央党校开学典礼上的讲话），1942年2月1日。

里走出来，变成全国性的大党，公开走上全国政治生活的大舞台，受到人们越来越密切的关注。全国各阶级、各阶层都渴望了解中国共产党对时局和中国未来前途的看法。

为了建立和巩固抗日民族统一战线，中共做了重大政策调整，公开承认“孙中山先生的三民主义为中国今日之必需，本党愿为其彻底的实现而奋斗”①，并且明确提出“拥护蒋委员长，拥护国民政府，拥护国共合作”②。中共对于抗日民族统一战线是诚心维护的，但国民党内的顽固派自抗战进入相持阶段后，随着中共政治影响的扩大和八路军、新四军的壮大，基于其一党专政的理念，除了在军事上制造反共摩擦外，还不断鼓吹“一个主义”“一个政党”“一个领袖”的主张。国民党所谓“理论家”叶青公开宣称：“三民主义可以满足中国现在和将来的一切要求。它的实现，中国便不需要社会主义了，从而组织一个党来为社会主义而奋斗的事也就不必要了。”③蒋介石于1939年9月发表一篇题为《三民主义之体系及其实行程序》的文章，鼓吹所谓“以党治国”“以党建国”“要使抗战胜利之日，即为建国完成之时”。作为中间党派的国家社会党首领张君劢，也在1938年12月发表《致毛泽东先生一封公开信》，提出“目前阶段中，先生等既努力于对外民族战争，不如将马克思主义暂搁一边，使国人思想走上彼此是非黑白分明一涂，而不必出以灰色与掩饰之辞。诚能如此，国中各派思想，同以救民族救国家为出发点，而其接近也自易易矣”④。

就这样，面对“中国向何处去”的问题，中共必须对此系统地表明自

① 《周恩来选集》上卷，人民出版社1980年版，第76页。

② 中央档案馆编：《中共中央文件选集》第11册，中共中央党校出版社1991年版，第606页。

③ 转引自中共中央文献研究室：《毛泽东传（1893—1949）》，中央文献出版社1996年版，第557页。

④ 张君劢：《致毛泽东先生一封公开信》，《再生》第10期，1938年12月16日。

己的立场和观点，在全国人民面前旗帜鲜明地提出区别于其他政党的政治主张来。正是在这样的背景下，1939 年年底、1940 年年初，毛泽东在进一步总结大革命、土地革命和全民族抗战爆发以来历史经验的基础上，接连发表了《中国革命和中国共产党》《〈共产党人〉发刊词》《新民主主义论》等文章，在中国第一次旗帜鲜明地提出了新民主主义的完整理论，并对它做了系统的说明。这在马克思主义中国化的历史进程中是一次历史性的飞跃。它从根本上回答了中国现阶段民主革命和未来建设新中国的一系列根本问题。这不但是毛泽东思想成熟的标志，也是中国共产党成熟的标志。

毛泽东在这个时候系统地提出并阐明新民主主义理论，不是偶然的。遵义会议之前，中国革命屡遭挫折，原因固然是多方面的，但其中一个重要的原因，就是革命理论的不成熟，不能依据马克思主义的基本原理，独立自主地解决中国革命的现实问题，不懂得国情不同，革命的性质、对象、依靠力量和方式诸多方面也必不相同，而常常机械地套用俄国十月革命的经验，教条地对待共产国际的指示。后来毛泽东在回顾中共的历史时，曾这样讲道："如果有人说，有哪一位同志，比如说中央的任何同志，比如说我自己，对于中国革命的规律，在一开始的时候就完全认识了，那是吹牛，你们切记不要信，没有那么回事。过去，特别是开始的时候，我们只有一股劲儿要革命，至于怎么革法，革些什么，哪些先革，哪些后革，哪些要到下一阶段才革，在一个相当长的时间内，都没有弄清楚，或者说没有完全弄清楚。"[①] 他还说："在抗日战争前夜和抗日战争时期，我写了一些论文，例如《中国革命战争的战略问题》《论持久战》《新民主主义论》《〈共产党人〉

---

① 《毛泽东文集》第 8 卷，人民出版社 1999 年版，第 300 页。

发刊词》，替中央起草过一些关于政策、策略的文件，都是革命经验的总结。那些论文和文件，只有在那个时候才能产生，在以前不可能，因为没有经过大风大浪，没有经过两次胜利和两次失败的比较，还没有充分的经验，还不能充分认识中国革命的规律。”①

到毛泽东发表这些文章的时候，情况就已经完全不同了。这时的中国共产党，已经有了大革命、土地革命和全民族抗战爆发以来十多年成功和失败的丰富经验，已经成为一个政治上成熟了的政党。以毛泽东为代表的中共中央，已经能将马克思主义同中国革命的具体实践纯熟地结合起来，能够系统地回答有关中国革命的重大理论问题，因而到了这时“我们才制定了合乎情况的党的总路线和一整套具体政策，中国民主革命这个必然王国才被我们认识，我们才有了自由”②。所以，新民主主义理论是中国革命经验的科学总结。

新民主主义理论的提出，表明中国共产党人已经有了真正属于自己创造的理论体系，真正解决了马克思主义与中国具体实际相结合的问题。它亦表明中国共产党的理论虽然源自于马列主义，但绝对不是马列主义的简单复制，而是创造性的发挥和发展。尽管新民主主义这个名词并不是中国共产党人最早发明的③，但新民主主义作为一个完整的理论体系，无疑是中国共产党的独创，是毛泽东对近 20 年中国革命经验的总结与提炼。从此，中共有了真正属于自己的旗帜，再也不需要搬用苏维埃革命的旗帜，也不必借用三民主义的旗帜。

新民主主义理论首先解决了事关中国革命的一系列重要理论问题。

---

① 《毛泽东文集》第 8 卷，人民出版社 1999 年版，第 299 页。

② 《毛泽东文集》第 8 卷，人民出版社 1999 年版，第 300 页。

③ 早在 20 世纪 20 年代初，江亢虎在其《回国宣言》中就提出了“新民主主义”和“新社会主义”的概念。

《新民主主义论》发表之时，正值全民族抗日战争进入相持阶段，中国人民反帝反封建的革命尚未取得根本性胜利，革命仍是中国共产党最重要的课题。因此，关于中国革命的性质、动力、道路、前途诸问题，无疑是毛泽东在这篇文章中重点讨论的内容。

在事关中国革命的各种理论问题中，首先必须搞清楚的是中国社会的性质和中国革命的性质。毛泽东指出："只有认清中国社会的性质，才能认清中国革命的对象、中国革命的任务、中国革命的动力、中国革命的性质、中国革命的前途和转变。所以，认清中国社会的性质，就是说，认清中国的国情，乃是认清一切革命问题的基本根据。"[①] 大革命后期和土地革命战争中期，中国共产党内之所以多次出现"左"倾、右倾错误，一个重要的原因，就是对中国的国情缺乏科学的分析，没有认识到中国国情的特殊性，从而也就不能准确地把握中国革命的特殊规律。

毛泽东十分重视对中国社会性质的认识。他曾说，我们在这里革命，就要先知道这里的情形，好像到台上去唱戏，不了解戏台上的情形就唱不成。毛泽东在《新民主主义论》中强调，中国原本是一个封建社会，"自外国资本主义侵略中国，中国社会又逐渐地生长了资本主义因素以来，中国已逐渐地变成了一个殖民地、半殖民地、半封建的社会"，"这就是中国社会的性质，这就是现时中国的国情"[②]。正因为中国是一个半殖民地半封建的国家，这就决定了中国社会的主要矛盾必然是帝国主义与中华民族的矛盾、封建主义与人民大众的矛盾，而帝国主义与中华民族的矛盾，乃是各种矛盾中最主要的矛盾。这些矛盾的存在和激化，不能不造成日益发展的革命运动，这就是中国革命深刻的社会根源。近代中国革命之所以不断爆发，

---

① 《毛泽东选集》第2卷，人民出版社1991年版，第633页。

② 《毛泽东选集》第2卷，人民出版社1991年版，第664—665页。

从根本上说，并不是基于人们的主观愿望，而是中国社会主要矛盾斗争及其尖锐化的结果。

中国近代社会的性质和主要矛盾，不仅成为中国革命发生和发展的根本原因，同时也决定了近代中国革命的对象、任务和性质。那就是对外推翻帝国主义的压迫，求得民族独立和人民解放；对内推翻封建主义的统治，实现国家繁荣富强和人民民主。这两大任务又决定了近代中国革命既是反帝的民族革命，又是反封建的民主革命，是民族民主革命的统一。这种革命，从性质上讲，属于资产阶级革命的范畴。为此，毛泽东曾做过这样的解释："既然中国社会还是一个殖民地、半殖民地、半封建的社会，既然中国革命的敌人主要的还是帝国主义和封建势力，既然中国革命的任务是为了推翻这两个主要敌人的民族革命和民主革命，而推翻这两个敌人的革命，有时还有资产阶级参加，即使大资产阶级背叛革命而成了革命的敌人，革命的锋芒也不是向着一般的资本主义和资本主义的私有财产，而是向着帝国主义和封建主义，既然如此，所以，现阶段中国革命的性质，不是无产阶级社会主义的，而是资产阶级民主主义的。"[①] 因为中国革命仍属于资产阶级民主革命的范畴，革命的对象主要是帝国主义与封建主义，而不是一般意义上的资本主义，所以资产阶级不能视为革命的对象，更不能像苏维埃革命时期那样，将民族资产阶级等所谓中间势力当作最危险的敌人，而应当作为可争取的同盟者去团结。而具体政策的制定上，对于城镇的私人资本主义就应当采取允许与鼓励其发展的方针，对于农村的富农就不应当将之与地主同样看待，而应当允许富农经济存在。

但是，1919 年五四运动之后，中国的资产阶级民主主义革命，与以往

① 《毛泽东选集》第 2 卷，人民出版社 1991 年版，第 646—647 页。

的革命又有了根本的不同，它“已不是旧式的一般的资产阶级民主主义的革命，这种革命已经过时了，而是新式的特殊的资产阶级民主主义的革命。这种革命正在中国和一切殖民地半殖民地国家发展起来，我们称这种革命为新民主主义的革命”[①]。以往的民族民主革命则可称为旧民主主义革命。

中国新民主主义革命的这种性质特征，也就决定了中国革命的主要对象是帝国主义和封建主义，即帝国主义国家的资产阶级和本国的地主阶级；决定了不能笼统地将本国的资产阶级作为革命的对象，而应当将官僚资产阶级与民族资产阶级加以区分，前者是帝国主义的附庸，是革命的对象之一，后者有参加革命的可能，又有妥协动摇的可能，因此对其必须采取慎重的政策；决定了中国革命的动力包括工人阶级、农民阶级、小资产阶级和民族资产阶级；还决定了中国革命的前途是建立一个无产阶级领导的、各个革命阶级联合专政的新民主主义社会，并由此进入到社会主义和共产主义。那么，实现这样的前途需要怎样的步骤，能不能在新民主主义革命的同时进行社会主义革命，来一个“毕其功于一役”，或在新民主主义革命胜利后建立一个资产阶级的共和国，然后再进行社会主义革命？毛泽东在总结历史经验的基础上，认为这两种做法都是错误的。为此，他提出了中国革命分“两步走”的思想，并指出：“中国革命的历史进程，必须分为两步，其第一步是民主主义的革命，其第二步是社会主义的革命，这是性质不同的两个革命过程。”[②]

新民主主义革命与社会主义革命有何联系呢？毛泽东又指出：“中国共产党领导的整个中国革命运动，是包括民主主义革命和社会主义革命两个阶段在内的全部革命运动；这是两个性质不同的革命过程，只有完成了

---

① 《毛泽东选集》第2卷，人民出版社1991年版，第647页。

② 《毛泽东选集》第2卷，人民出版社1991年版，第665页。

前一个革命过程才有可能去完成后一个革命过程。民主主义革命是社会主义革命的必要准备，社会主义革命是民主主义革命的必然趋势。”[①] 这就清楚地表明，中国革命的第一步已不是资产阶级领导的旧民主主义革命，而是无产阶级领导的新民主主义革命。这种革命是社会主义革命的必要准备，只有经过新民主主义革命才能进行社会主义革命；同时，在新民主主义革命和社会主义革命之间，不能插入一个资产阶级专政的阶段，而是当条件成熟时，必然自觉地将民主主义革命发展为社会主义革命。

这些重要理论观点的提出，对中国共产党人当下的任务与未来的目标做出了明确的回答。大革命之所以失败，中共在国共关系破裂之时之所以处于被动地位，就在于从指导思想上没把自己当作革命的主人看，而是当成了国民党的苦力，是为国民党打工与帮工的。因为在中共当时许多人的思想认识里，国民革命的结果，并不是建立一个中共起主导作用的政权，而是要建立了国民党即资产阶级为领导地位的政权，这个新政权建立后大力发展资本主义，在资本主义的发展中壮大中国无产阶级的队伍，然后在条件成熟的时候中共再领导工人一举发动一场十月革命那样的革命暴动，从国民党手中取得政权。在资产阶级革命没有成功之前，无产阶级应当从属和服从资产阶级，中共是为国民党做配角的，自然要迁就国民党而不能去刺激更不能得罪国民党。新民主主义理论明确提出，尽管现阶段中国革命的性质仍然是资产阶级民主革命，但无产阶级即中国共产党应当在革命中取得领导地位，革命的目的不是建立一个由资产阶级占领导地位的政权。同时，当下的中国革命还不是社会主义革命，即不能将资产阶级作为革命的对象，革命胜利后建立的政权也不是社会主义性质的无产阶级专政，而是

---

① 《毛泽东选集》第 2 卷，人民出版社 1991 年版，第 651 页。

新民主主义性质的，即是说，是由无产阶级领导、参与革命的各个阶级的联合政权。

新民主主义理论还十分明确地告诉人们，既不能把未来的目标当作眼前的任务，也不能把眼前的任务与未来的目标截然分开成为两个互不联系的阶段。毛泽东在《新民主主义论》中明确提出："我们共产党人，多年以来，不但为中国的政治革命和经济革命而奋斗，而且为中国的文化革命而奋斗；一切这些的目的，在于建设一个中华民族的新社会和新国家。在这个新社会和新国家中，不但有新政治、新经济，而且有新文化。这就是说，我们不但要把一个政治上受压迫、经济上受剥削的中国，变为一个政治上自由和经济上繁荣的中国，而且要把一个被旧文化统治因而愚昧落后的中国，变为一个被新文化统治因而文明先进的中国。一句话，我们要建立一个新中国。"[①] 毫无疑问，毛泽东所设想的新中国，首先是一个新民主主义的中国，然后在此基础上发展成为一个社会主义的中国。

毛泽东在《新民主主义论》中，还首次提出了"新民主主义社会"的概念。他说，新民主主义"革命的第一步、第一阶段，决不是也不能建立中国资产阶级专政的资本主义的社会，而是要建立以中国无产阶级为首领的中国各个革命阶级联合专政的新民主主义的社会，以完结其第一阶段。然后，再使之发展到第二阶段，以建立中国社会主义的社会"[②]。这标志着新民主主义社会构想的正式提出。

后来，毛泽东又多次提出新民主主义社会的问题。他在 1941 年 5 月写的《关于打退第二次反共高潮的总结》一文中说："判断一个地方的社会性质是不是新民主主义的，主要地是以那里的政权是否有人民大众的代表

---

① 《毛泽东选集》第 2 卷，人民出版社 1991 年版，第 663 页。

② 《毛泽东选集》第 2 卷，人民出版社 1991 年版，第 672 页。

参加以及是否有共产党的领导为原则。因此，共产党领导的统一战线政权，便是新民主主义社会的主要标志。有些人以为只有实行十年内战时期那样的土地革命才算实现了新民主主义，这是不对的。现在各根据地的政治，是一切赞成抗日和民主的人民的统一战线的政治，其经济是基本上排除了半殖民地因素和半封建因素的经济，其文化是人民大众反帝反封建的文化。因此，无论就政治、经济或文化来看，只实行减租减息的各抗日根据地，和实行了彻底的土地革命的陕甘宁边区，同样是新民主主义的社会。各根据地的模型推广到全国，那时全国就成了新民主主义的共和国。”①1943年8月，毛泽东在中央党校二部开学典礼上的讲话中，又说："以前各国的那种旧民主主义革命，是由资产阶级领导的，发动群众不彻底，生怕群众觉悟起来，超出资产阶级控制的范围。我们要建立的新民主主义社会，它的基本性质仍是资本主义的，破坏了封建秩序，推翻了帝国主义和封建制度的压迫，而在无产阶级的领导下，人民群众充分地发动起来了。”②从毛泽东的这些论述中可以看出，新民主主义社会是一种介于半殖民地半封建社会和社会主义社会之间的社会形态，是一种过渡性质的社会，它最终的前途只能是走入社会主义。这些重要理论观点，不仅指明了共产党人的奋斗目标，也为全国人民指明了未来的前途。

著名经济学家于光远回忆说："在毛泽东作关于'新民主主义论'的演讲时，我在延安已经生活了半年多。大家都觉得这是一个与国民党统治区不一样的社会。但这是个什么性质的社会呢？叫什么名称，大家没有想过。毛泽东未讲之前糊里糊涂。”③《新民主主义论》发表之后，人们终于明白，

---

① 《毛泽东选集》第2卷，人民出版社1991年版，第785页。

② 《毛泽东文集》第3卷，人民出版社1996年版，第56页。

③ 于光远：《从"新民主主义社会论"到"社会主义初级阶段论"》，人民出版社1996年版，第32页。

延安就是新民主主义社会。

毛泽东在新民主主义理论中，不但提出了要建立新民主主义社会的问题，而且对于新民主主义社会的政治、经济、文化建设提出了具体的意见。

关于新民主主义的政治，即新民主主义的国家制度和政权形式，毛泽东在《新民主主义论》中指出："国体——各革命阶级联合专政。政体——民主集中制。这就是新民主主义的政治，这就是新民主主义的共和国，这就是抗日统一战线的共和国，这就是三大政策的新三民主义的共和国。"① 这就是说，新民主主义社会既不是无产阶级专政，也不是资产阶级专政，而是各个革命阶级的联合专政。

那么，各个革命阶级如何联合专政，这种联合专政通过什么样的方式实现？新民主主义理论形成后，中共在自己所领导的各抗日根据地推行"三三制"原则；到了抗日战争胜利前夕和解放战争时期，又一再主张建立民主联合政府。"三三制"原则和民主联合政府，成为各个革命阶级联合专政的具体形式。

1940年3月6日，毛泽东为中共中央起草的党内指示《抗日根据地的政权问题》，正式提出了"三三制"的政权主张。所谓"三三制"，就是在各抗日根据地的政府和各级参议会中，共产党员（无产阶级）占1/3，非党进步分子（农民和小资产阶级）占1/3，中间分子（民族资产阶级和开明绅士）占1/3。

为什么要实行"三三制"这样的政策？毛泽东曾做过这样的解释："中国社会是一个两头小中间大的社会，无产阶级和地主大资产阶级都只占少数，最广大的人民是农民、城市小资产阶级以及其他的中间阶级。任何政党的政策如果不顾到这些阶级的利益，如果这些阶级的人们不得其

---

① 《毛泽东选集》第2卷，人民出版社1991年版，第677页。

所，如果这些阶级的人们没有说话的权利，要想把国事弄好是不可能的。”他强调：“国事是国家的公事，不是一党一派的私事。因此，共产党员只有对党外人士实行民主合作的义务，而无排斥别人、垄断一切的权利。”[1]

中共不但提出了“三三制”原则，而且模范执行这一原则。依据“三三制”原则，陕甘宁边区第二届参议会以无记名投票的方式选出共产党员高岗为参议会议长，绥德县的开明绅士安文钦为副议长；共产党员林伯渠为边区政府主席，米脂县的开明绅士李鼎铭为副主席。选出的边区政府委员18人中，中共党员人数有7人，超过了“三三制”的规定，德高望重的老共产党员徐特立马上申请退出，按得票多少的次序，改由一名非中共人士递补。陕甘宁边区第二届参议会选出的9名常驻议员，共产党员也刚好为3名。在1941年乡级参议员的选举中，据陕甘宁边区安塞、绥德、吴堡、米脂、合水、镇原、环县、新宁等8个县的统计，共产党员所占比例最高者合水县为29.4%，最少者绥德为13.8%，八县平均为20%。[2] 李鼎铭先生担任边区政府副主席，边区的性质并没有因此而改变。相反，他还为边区的发展做了许多有益的工作，如著名的精兵简政的主张就是他提出来的。

到了抗日战争后期，中共明确提出成立民主联合政府，以此来体现几个革命阶级的联合专政。

1944年4月日军发动豫湘桂战役之后，国民党坚持其一党专政导致的政治腐败、军事溃败、经济衰退等弊端进一步暴露出来。结束国民党一党专政、改组国民党一党把持的国民政府，已成为人们普遍的愿望。鉴于这种情况，毛泽东和中共中央认为，目前向国民党及国内外提出改组政府的时机已经成熟。8月17日，他在董必武给周恩来的一份关于如何对待增

---

① 《毛泽东选集》第2卷，人民出版社1991年版，第808、809页。

② 《延安民主模式研究资料选编》，西北大学出版社2004年版，第125页。

补国民参政员问题的请示报告上批示道："应与张（澜）、左（舜生）商各党派联合政府。"[①] 首次明确提出了联合政府的问题。在9月1日的中共六届七中全会主席团会议，毛泽东说："联合政府，三条政纲，可在答复张（即张治中，国民党军事委员会政治部长）、王（即王世杰，国民党中央宣传部长）时提出。"[②] 根据毛泽东的意见，周恩来9月4日为中共中央起草致林伯渠、董必武、王若飞的电报中指出："目前我党向国民党及国内外提出召开国是会议、改组政府、废除一党统治的时机已经成熟。估计除国民党外的各党派、地方实力派、国内外进步人士甚至盟邦政府都会赞同这项主张，因此它应成为今后中国人民的政治斗争的目标。"[③]

9月5日，第三届第三次国民参政会在重庆开幕。15日，林伯渠、张治中在大会上分别做了国共谈判经过的报告。林伯渠在报告中代表中共中央提出："希望国民党立即结束一党统治的局面"，召开国是会议，"组织各抗日党派联合政府，一新天下耳目"，正式向全国公布了中共关于成立民主联合政府的主张。

民主联合政府口号的提出，体现了中共的政治智慧。当时，中共的力量虽有很大的发展，但还不具备单独建立全国性政权的条件，同时也不宜另组全国性政权造成抗日民族统一战线的分裂。国民党虽然军事上失败、经济上通货膨胀民不聊生、政治上独裁专制，但毕竟还在勉强抗战，与中共相比力量上仍占优势。中共此时主张民主联合政府并不是推翻国民党政府而是改组其政府，即将由国民党一党把持的国民政府改组成为包括中共

① 中共中央文献研究室编：《毛泽东年谱（1893—1949）》中卷，人民出版社、中央文献出版社1993年版，第536页。

② 中共中央文献研究室编：《毛泽东传（1893—1949）》，中央文献出版社1996年版，第684页。

③ 中共中央文献研究室编：《周恩来年谱（1898—1949）》，中央文献出版社、人民出版社1989年版，第581页。

在内的各党各派共同参加的政府，以结束国民党的一党统治，这自然得到了除国民党外的各党各派的同情与支持，使国民党日益陷入孤立的境地。抗战胜利后，由于国民党一意孤行，不但继续拒绝中共关于成立民主联合政府的主张，而且不惜挑起反共内战。在这种情况下，通过改组原国民政府建立各党各派参加联合政府之路已被蒋介石彻底堵塞。此后，虽然中共仍然以建立民主联合政府为号召，但此时主张的联合政府已排除国民党蒋介石集团在外，而是中共与各民主党派共同建立的政府。

关于新民主主义的经济，毛泽东在《新民主主义论》中提出了两个重要的主张，一是将“中大银行、大工业、大商业，归这个共和国的国家所有”，“在无产阶级领导下的新民主主义共和国的国营经济是社会主义的性质，是整个国民经济的领导力量，但这个共和国并不没收其他资本主义的私有财产，并不禁止‘不能操纵国民生计’的资本主义生产的发展”；二是“采取某种必要的方法，没收地主的土地，分配给无地和少地的农民，实行中山先生‘耕者有其田’的口号，扫除农村中的封建关系，把土地变为农民的私产。农村的富农经济，也是容许其存在的”。“在这个阶段上，一般地还不是建立社会主义的农业，但在‘耕者有其田’的基础上所发展起来的各种合作经济，也具有社会主义的因素。”[①]

按照毛泽东当时的设想，在新民主主义社会，城市允许私人资本主义存在和发展，农村允许富农经济存在和发展，也就是说城乡都允许资本主义存在和发展。其主要的着眼点，就在于中国生产力水平低下，当城乡资本主义对中国生产力发展还有积极作用的时候，就不应当将之作为社会主义的对立物而加以消灭。这样一来，共产党人就面临着一个如何看待剥削的

① 《毛泽东选集》第2卷，人民出版社1991年版，第678页。

问题。对此，张闻天有过不少精辟的论述。1942 年 10 月，张闻天在对晋西北和陕北农村进行社会调查的基础上，写出了《发展新式资本主义》一文，其中指出："有些农民出身的干部，体贴农民疾苦，这是对的。但把改善农民生活完全放在合理分配别人的财富上，则是不对的。应主要从发展生产、增加社会财富来求民生之改善，才是比较妥当的。""欧美各国资本主义发达，工人生活比今天中国小地主好得多，可见落后国家的地主，日子过得不如先进国家的工人。在新民主主义政权之下，只要资本主义发展了，工人生活一定会改善。"[①] 当然，新民主主义社会允许资本主义存在和发展，并不是要在中国实现资本主义的前途，而是通过发展资本主义壮大新民主主义的物质基础，并为实现由新民主主义向社会主义的过渡创造条件。

毛泽东在《新民主主义论》中提出，新民主主义革命时期，中国共产党提倡的新文化，是新民主主义的文化。这种新文化，用一句话来说，就是无产阶级领导的人民大众的反帝反封建的文化。这种新民主主义文化区别于旧民主主义文化的地方，首先和主要的在于它是由无产阶级领导的，是以无产阶级的科学思想体系——马克思主义亦即共产主义的思想体系为指导的。当然，以无产阶级的文化思想做指导，并不是要求把用共产主义的立场和方法去观察问题、研究学问、处理工作、训练干部，与中国民主革命阶段上整个国民教育和国民文化的方针不加区别地等同起来。在这个阶段，"中国新的国民文化的内容，既不是资产阶级的文化专制主义，又不是单纯的无产阶级的社会主义，而是以无产阶级社会主义文化思想为领导的人民大众反帝反封建的新民主主义"。[②]

新民主主义的文化又是民族的科学的大众的文化。所谓"民族的文

---

① 《张闻天晋陕调查文集》，中共党史出版社 1994 年版，第 324 页。

② 《毛泽东选集》第 2 卷，人民出版社 1991 年版，第 706 页。

化”，就是从这种新文化的内容来讲，它是反对帝国主义压迫，主张中华民族的尊严和独立的。这是一种反帝、反抗民族压迫，主张民族独立和解放，提倡民族自信心的文化。所谓“科学的文化”，“它是反对一切封建思想和迷信思想，主张实事求是，主张客观真理，主张理论和实践一致的”[①]。这是一种反对武断、迷信、愚昧、无知，拥护科学真理，把真理当作自己实践的指南，提倡真能把握真理的科学与科学的思想，养成科学的生活与科学的工作方法的文化。所谓“大众的文化”，是指这种文化“应为全民族中百分之九十以上的工农劳苦民众服务，并逐渐成为他们的文化”。[②] 这是一种“反对拥护少数特权者压迫剥削大多数人、愚弄欺骗大多数人、使大多数人永远陷于黑暗与痛苦的贵族的特权者的文化，而主张代表大多数人民利益的、大众的、平民的文化，主张文化为大众所有，主张文化普及于大众又提高大众”[③]。新民主主义的文化也是民主的文化。它是反封建、反专制、反独裁、反压迫人民自由的思想习惯与制度，主张民主自由，主张民主政治、民主生活与民主作风的文化。[④]

抗日战争时期，中共十分重视文化教育和知识分子工作。1939年6月，毛泽东在其所作的《反投降提纲》中，明确提出了“没有革命知识分子革命不能胜利”的观点。毛泽东提出，要保护革命知识分子，在这个问题上要做到“ 不蹈过去的覆辙”。他认为抗战进入相持阶段后，国民党与共产党都在力争青年，要说服工农干部认识到“工农没有革命知识分子帮忙，不会提高自己”，“工作没有知识分子，不能治国治党治军”。因此，不但“军

---

① 《毛泽东选集》第2卷，人民出版社1991年版，第707页。

② 《毛泽东选集》第2卷，人民出版社1991年版，第708页。

③ 《张闻天选集》，人民出版社1985年版，第253页。

④ 《邓小平文选》第2卷，人民出版社1994年版，第24页。

队一定要收容大批革命知识分子”，“政府中党部中，民众运动中，也要吸引革命知识分子”[1]。

1939年12月，中共中央做出《大量吸收知识分子》的决定，指出：“在长期的和残酷的民族解放战争中，在建立新中国的伟大斗争中，共产党必须善于吸收知识分子，才能组织伟大的抗战力量，组织千百万农民群众，发展革命的文化运动和发展革命的统一战线。没有知识分子的参加，革命的胜利是不可能的。”[2] 中共中央要求各根据地党组织和一切党的军队，应该大量吸收知识分子加入军队、学校和政府工作。只要是愿意抗日的比较忠实的比较能吃苦耐劳的知识分子，都应该多方吸收，加以教育，使他们在战争中在工作中去磨炼，使他们为军队、为政府、为群众服务，并按照具体情况将具备了入党条件的一部分知识分子吸收入党。对于不能入党或不愿入党的一部分知识分子，也应该同他们建立良好的共同工作关系，带领他们一道工作。

1940年3月，中共中央做出《关于开展抗日民主地区的国民教育的指示》，要求“大批的吸收与鼓励青年知识分子或旧知识分子，尤其是过去的小学教员，担任小学教员的工作，开办各种小学教师训练班或讲习所，给他们以必要的训练”；“为了提高各地文化、政治、专门知识的水平，为了造成中级与高级的知识分子，为了吸收现在尚散伏在乡村中的游离知识分子或半知识分子，某些县区内公立中学校的设立，仍然是必要的”[3]。同年9月，中共中央在《关于发展文化运动的指示》中，要求各“根据地上的文化教育工作，不论是消灭文盲工作，学校教育工作，报纸刊物工作，文学艺术工作，除党校与党报外，均应与一切不反共的资产阶级知识分子及小资产

---

① 中央档案馆编：《中共中央文件选集》第12册，中共中央党校出版社1991版，第128页。

② 《毛泽东选集》第2卷，人民出版社1991年版，第618页。

③ 中央档案馆编：《中共中央文件选集》第12册，中共中央党校出版社1991年版，第328—329页。

阶级知识分子联合去做，而不应由共产党员包办”[1]。

全民族抗战时期，延安和各抗日根据地吸引了大批知识分子。1938年9月，时任中共中央组织部长的陈云，曾在一次讲演中生动地描述了当时的情景。他说：“今天许多人归向了共产党，天下英雄豪杰云集延安。我记得1932年在上海开办一个学校，训练工人干部，只讲六天，学生也只有六个。今天我们抗大就有几千个学生，再加上陕公、鲁艺、党校，在延安就有一万多个学生。一万个跟六个比一比，相差多少？所以我说十年以来，人心大变，不管男女老少，都不怕艰苦，不远千里而来延安。抗大在武汉登报申明不招生了，一点没有用，仍旧是络绎不绝地来，没有汽车就用两条腿走，男男女女从几千里外都来了。其中主要是革命青年，也有大学教授，有工程师，有一个七十五岁的老头也来了。”[2] 在1943年12月的中共中央书记处会议上，任弼时发言时说：抗战后到延安的知识分子总共4万余人，就文化程度而言，初中以上71%（其中高中以上19%，高中21%，初中31%）。[3]全民族抗日战争时期，中共领导的抗日根据地、国民党统治下的大后方和日本帝国主义占领的沦陷区，是三种完全不同的世界。若论生活和工作条件，根据地无疑是最艰苦的。知识分子来到这里，住的是窑洞，吃的是小米高粱，不但要学习和工作，还要参加生产劳动，甚至要拿起武器直接参加战斗，但广大知识分子在抗日根据地认识了中国共产党，也由此看到了中华民族的希望。

著名哲学家冯友兰在其《中国现代哲学史》一书中说过，新民主主义理论的意义和影响，“是代表中国共产党发表了它的‘建国大纲’和政治

---

① 中央档案馆编：《中共中央文件选集》第12册，中共中央党校出版社1991年版，第487页。
② 《陈云文选》第1卷，人民出版社1995年版，第112—113页。
③ 《胡乔木回忆毛泽东》，人民出版社1994年版，第279页。

纲领”[1]。这个评价是比较贴切的。历史学家李平心在《新民主主义论》发表之后，曾说：“‘新民主主义’口号的提出，在今天显然有着重大的历史意义。我上上月间看到了一则印刷模糊的通讯，其中刊出了当代一位大政治家关于‘新民主主义的政治与新民主主义的文化’的演讲提要，不禁喜狂，因为在简短的提要中，已经闪耀了演讲者天才的光辉，发掘了中国现代历史的真理。”[2]连一向攻击共产党没有自己的理论的国民党文人叶青后来也说：“自从《论新阶段》出版以后，我对毛泽东的看法，比较不同。他的‘马克思主义的中国化’问题之提出，证明他懂得一些理论。那时他叫出‘学习’的口号，想‘认真学习一点东西’。两年以后，看见他在《解放》第九十八和九十九两期合刊上的《新民主主义论》，觉得他有相当的进步。”“我对于毛泽东，从此遂把他作共产党理论家看待了。”[3]

新民主主义理论的形成，表明中国共产党人真正实现了马克思主义的中国化，“新民主主义”这样的概念，是经典作家的著作本身所没有的，这个理论所阐释和解决的问题，也是在其著作中找不到现成答案的。新民主主义理论实现了中共思想上的真正解放和理论上的独立自主，树立了中国共产党人的理论自信。

在新民主主义理论提出之前，毛泽东也曾在全面抗战爆发前后写作《中国革命战争的战略问题》《矛盾论》《实践论》等理论文章，但那些文章基本上是对苏维埃革命后期经验教训的总结；全民族抗战爆发后又发表了《论持久战》《论新阶段》等，这些文章主要回答的是如何坚持长期抗战

---

① 冯友兰：《中国现代哲学史》，广东人民出版社 1999 年版，第 143 页。

② 《平心文集》第 2 卷，华东师范大学出版社 1985 年版，第 357 页。

③ 叶青：《毛泽东思想批判》，（台北）帕米尔书店 1974 年版，第 5 页。

的问题。至于中共在抗战胜利后要建立一个什么样的新中国，在这个新中国采取什么样的建国方略和方针政策，许多人还不是很清楚。新民主主义理论则十分清楚地回答了人们的关切，它告诉全国人民，中共现在进行的是新民主主义革命，革命的直接目的是建立新民主主义的共和国，通过新民主主义走向社会主义，这就为人们描绘了一幅清晰的革命路线图。这不但与国民党的三民主义划清了界限，也明确告诉世人，中共不主张苏联式的苏维埃革命，而要走一条独特的适合中国国情的革命道路，这个革命的参加者十分广泛，除了工人、农民、小资产阶级之外，还包括民族资产阶级，甚至还包括作为地主阶级一部分的开明绅士，这也使中共领导的革命从狭隘的工农革命中走出来，成为真正的民族民主革命，从而也使越来越多的人聚集到新民主主义的旗帜下。

新民主主义理论不但为人们描绘了中国未来的蓝图，看到了未来的希望，更重要的是为中共在抗日阶段应当采取什么的方针政策提供了理论依据。抗日政权问题上的“三三制”原则，经济上的减租减息、合理负担和发展资本主义，民族的科学的大众的文化，都使中共在抗战时期所采取的政策与苏维埃革命时期有了极大的转变。这些政策尽可能照顾到各阶级、各阶层的利益，有利于争取广泛的同盟者。与之相对照的是，国民党虽然高唱三民主义，高喊“抗战建国”，但其三民主义究竟与各阶级阶层有何关系，能体现各阶级阶层什么具体利益，人们无法感知到，三民主义仅仅成为一个口号，成为国民党的一个图腾，根本起不到凝聚人心的作用。至于抗战胜利后要建立一个什么样的国家，人们更不清楚，实际上看不到未来的希望。在许多人看来，抗战毕竟关系民族的存亡，大家都有责任，但抗战胜利后国民党要建立的新国家却不会带来更好的未来。这也是随着抗战的持久，中共越来越得到更多人的同情，国民党却日渐失去支持的重要原因。

全民族抗战时期的延安整风，是中国共产党历史上一次重要的思想解放和思想统一运动。通过延安整风，中国共产党破除了将苏共经验和共产国际指示神圣化的教条主义，确立了毛泽东思想的指导地位。从此，中国共产党有了自己创建的、符合中国实际的指导思想，并在此基础上达到全党的空前统一，这就为抗战的胜利和最后夺取全国政权打下了坚实的思想基础。因此可以说，延安整风是中共在抗战中崛起的一个重要思想因素。早在 1943 年，中共中央就指出："整风是中国共产党建党的一个重要关键，是战胜敌人争取胜利的一个重要关键，是二十二年来我党历史中一个大的创造事件。"[①] 邓小平后来更是说："没有那次整风，打败日本侵略者，打败蒋介石，是不可能的。"[②]

---

① 中央档案馆编：《中共中央文件选集》第 14 册，中共中央党校出版社 1992 年版，第 28 页。
② 《邓小平文选》第 2 卷，人民出版社 1994 年版，第 14 页。

统一思想

第八章

CHAPTER EIGHT

一

毛泽东发动延安整风的缘由

毛泽东之所以要发动延安整风，是有着深刻历史背景的，尤其是与当时党内思想状况有关。在整风前，中国共产党虽然取得了很大的成绩，日益发展和巩固起来，但也遇到过沉痛的挫折，暴露出理论准备不足的弱点。1941 年，刘少奇即曾指出："中国党有一极大的弱点，这个弱点，就是党在思想上的准备、理论上的修养是不够的，是比较幼稚的。因此，中国党过去的屡次失败，都是指导上的失败，是在指导上的幼稚与错误而引起全党或重要部分的失败，而并不是工作上的失败。直至现在，缺乏理论这个弱点，仍未完全克服。"[①] 这个弱点，最明显地体现在党内教条主义一度盛行上。在此方面，中共曾走过一段曲折历程，有过许多惨痛教训。这就促使毛泽东思考如何在全党打破教条主义的氛围，并在此基础上统一全党的思想，而发起延安整风就是他的一项重大举措。1943 年，邓小平在北方局党校整风动员会上阐明："党中央和毛泽东同志为什么提出整风号召呢？我以为这是毛泽东同志在总结了党的二十一年历史的经验教训之后，特别是研究了党的现状之后，提出来的使党进一步布尔什维克化的方针，使党在思想上更好地武装起来、一致起来，顺利地领导中国革命走向胜利的方针。"[②] 其

---

① 《刘少奇选集》上卷，人民出版社 1981 年版，第 220 页。

② 《邓小平文选》第 1 卷，人民出版社 1991 年版，第 87 页。

中，便侧重强调了毛泽东为统一思想而发动整风的目的。具体说来，延安整风的起因主要包括以下几个方面。

（一）王明"左"倾教条主义给中国革命带来了严重危害，必须从思想路线上加以彻底解决

延安整风之前，由于照搬马列理论和苏联经验，中共党内曾经先后发生过瞿秋白、李立三、王明等 3 次"左"倾错误。其中，王明"左"倾教条主义是理论形态最完备、持续时间最长、影响最深、危害最大的一次。这种危害主要有两点：一是在军事上实行共产国际军事顾问李德的"左"倾冒险主义，主张"御敌于国门之外"，与国民党大打正规战、阵地战，搞"短促突击"，跟敌人拼消耗；二是在政治上实行共产国际的"左"倾关门主义，把所有地主和资产阶级都看成革命的敌人，主张"地主不分田，富农分坏田"，并拒绝与发动"福建事变"的十九路军合作。这一系列"左"倾错误直接导致中央苏区第五次反"围剿"战争失败，南方各根据地相继丧失，红军被迫长征，全国红军从 30 万人减少到 3 万人，党员从 30 万人减少到 4 万人，白区的党组织也几乎损失殆尽。

关于"左"倾教条主义给中共带来的危害，毛泽东在延安整风期间曾写了 9 篇笔记，有 5 万多字。在这 9 篇笔记中，他严厉批评了以博古临时中央为代表的"左"倾教条主义者。他说："临时中央则不但不愿意进行公开合法工作，也不愿意认真进行秘密工作，凡事爱暴露，爱显劲，爱逞英雄，爱在明天早上胜利，结果在三年多的时间内，在敌人统治区域把党闹个精光，一点群众力量也闹个精光。"这是批评"左"倾教条主义者热衷于搞公开斗争，结果致使中共在白区的力量全部丧失。毛泽东还说："咳，我倒要叫老爷们听训了！你们一点什么都不懂，根本脱离农民群众，硬把所谓'地主不分田、富农分坏田'的错误路线强迫推行于苏区，自封为'明确的阶级

路线’…… 你们也知道吗？地主不分田者，肉体上消灭地主之谓也，这是出于哪一条马列主义的？…… 其结果，便是迫着他们去当绿色游击队，手执武器向苏维埃拼命，这有什么好处呢？”[1]“这种革命，要对付全世界的帝国主义与整个中国地主资产阶级政府，又把‘十九路军一切官长’也当作敌人，真是世界革命史上唯一无二或者至少是稀罕的杰作！”“于是小的被我们打得不亦乐乎，成群地跑到大的那里去，我们却孤零零地遭受大的小的双管齐下，把我们打得要死”，“所谓‘打倒一切’的学说，就是这批老爷们在中国共产主义运动史中的杰出的‘创造’”[2]。以上这些是批评“左”倾教条主义者不懂得搞统一战线，实行“关门主义”，打倒一切地主和资产阶级，结果把他们都赶到敌人那边去了。

在这 9 篇笔记中，毛泽东还说过一段非常尖锐的话：“我常觉得，马克思主义这种东西，是少了不行，多了也不行的。中国自从有那么一批专门贩卖马克思的先生们出现以来，把个共产党闹得乌烟瘴气，白区的共产党为之闹光，苏区与红军为之闹掉百分之九十以上 …… 全都是吃了马克思主义太多的亏。这批人自封为‘马克思主义理论家’，家里有成堆的马克思主义出卖，装潢美丽，自卖自夸，只此一家，别无分店，如有假冒，概不承认 …… 直到被人戳穿西洋镜，才发现其宝号里面尽是些假马克思，或死马克思，臭马克思，连半个真马克思、活马克思、香马克思都没有，可是受骗的人已不知有几千几万，其亦可谓惨也已矣！”他又写道，“我们老爷是一条最可怜的小虫，任何世事一窍不通，只知牛头不对马嘴地搬运马克思、列宁、斯大林，搬运共产国际”[3]，“老爷们既然完全不认识这个世界，又妄欲改造这

---

① 《毛泽东文集》第 2 卷，人民出版社 1993 年版，第 341—342 页。

② 杨奎松：《毛泽东与莫斯科的恩恩怨怨》，江西人民出版社 1999 年版，第 42 页。

③ 杨奎松：《毛泽东与莫斯科的恩恩怨怨》，江西人民出版社 1999 年版，第 150 页。

个世界，结果不但碰破了自己的脑壳，并引导一群人也碰破了脑壳。老爷们对于中国革命这个必然性既然是瞎子，却妄欲充当人们的向导，真是所谓‘盲人骑瞎马，夜半临深池’了”[①]。这些文字更充分反映了毛泽东对教条主义的痛恨，简直可谓深恶痛绝。

1935 年 1 月，中共中央在长征途中召开了遵义会议。在这次会上，博古中央的统治宣告结束，毛泽东重新参加中央领导，这是中共历史上的一次重大转折。但由于环境和条件限制，遵义会议只解决了最迫切的军事问题与组织问题，并未触及思想上、政治上的问题。《遵义会议决议》仍然肯定地说："党中央的政治路线无疑义的是正确的。"对此，李维汉后来曾分析说："我认为这有两个方面的原因：一是党内思想还不一致，条件还不成熟，多数同志还没有认识到其政治路线也是错误的；再就是鉴于紧迫的战争环境，因此，毛泽东等同志没有提出这个问题。这样做是非常正确的，因为当时是处在没有根据地，敌人前堵后追的战争环境中，战争的胜负是关系到革命成败的主要问题。这时，如果提出王明等人的政治路线也是错误的，会使党内受到过分的震动，引起大的争论，对打仗非常不利。政治路线问题可以留待以后讨论，这样做对于保持党的团结和统一，争取长征的胜利，有重大意义。"[②]

长征结束后，针对日本加紧侵华的局势，中共中央在 1935 年 12 月的瓦窑堡会议上制定了抗日民族统一战线的策略方针，使政治路线得以纠正。但党内还存在着一些需要解决的问题，特别是思想路线尚未澄清。毛泽东曾努力地解决这一历史遗留问题，他在 1940 年 12 月 4 日召开的政治局会议上明确提出：遵义会议决议只是说是军事上的错误，没有说是路线

① 《毛泽东文集》第 2 卷，人民出版社 1993 年版，第 344 页。
② 李维汉：《回忆与研究》上册，中共党史资料出版社 1986 年版，第 355 页。

上的错误，实际上是路线上的错误，所以遵义会议决议须有些修改。[①] 但由于“左”倾教条主义在党内的思想基础根深蒂固，一些同志仍不同意说苏维埃后期的错误是路线错误，因此会议没有就此做出结论。这件事使毛泽东认识到，只有在全党范围内开展一次整风运动，才能从根本上彻底解决思想路线问题，摆脱教条主义的思想束缚，用他的话来说就是：“一定要整顿三风，来一个彻底的思想转变。”[②]

（二）抗战初期王明的“右”倾错误一度引起党内思想混乱，必须予以肃清

如前所述，王明、博古等人最初在统一战线问题上执行的是共产国际的“左”倾关门主义，拒绝与任何党派合作。但随着共产国际政策的调整，王明的观点也发生转变。他开始发表一系列文章，主张建立抗日民族统一战线。其中最著名的就是 1935 年 8 月 1 日，他在莫斯科以中共中央和中华苏维埃政府的名义起草了《为抗日救国告全体同胞书》（即《八一宣言》）。《八一宣言》把抗日民族统一战线的范围扩大到包括国民党内的爱国分子，这个政策转变产生了很大反响，促进了抗日民族统一战线的形成。所以在这一问题上，王明是有功的，毛泽东后来在六届六中全会上就曾公正地评价说：“王明在党的历史上有大功，对统一战线的提出有大的努力。”[③] 但是我们同时也应该看到，王明所有这些主张都是建立在共产国际指示的基础上，几乎亦步亦趋，完全没有自己的独立见解，其实这也正是教条主义的表现。

---

① 中共中央文献研究室编：《毛泽东年谱（1893—1949）》中卷，人民出版社、中央文献出版社 1993 年版，第 235 页。

② 《毛泽东文集》第 2 卷，人民出版社 1993 年版，第 414 页。

③ 中共中央文献研究室编：《毛泽东传（1893—1949）》下册，中央文献出版社 1996 年版，第 520 页。

1937年11月，全民族抗战爆发后不久，王明回国了。他回国前曾经担任过一系列重要职务：中共驻共产国际代表团团长、共产国际执行委员会主席团委员、共产国际书记处候补书记、共产国际东方部部长，地位相当高，负责指导东方国家的革命。所以他这次回国，感觉也非常好，把自己当作共产国际的钦差大臣，一回到延安就到处发号施令。张国焘后来回忆说："王明当时俨然是捧着上方宝剑的莫斯科'天使'，说话的态度，仿佛是传达'圣旨'似的，可他仍是一个无经验的小伙子，显得志大才疏，爱放言高论，不考察实际情况，也缺乏贯彻其主张的能力与方法。"①

王明这次回国后，又教条地搬用共产国际指示，提出了"一切服从统一战线，一切经过统一战线"的"右"倾口号，极力抹杀国共两党在抗日战争中的原则分歧和本质区别，主张对国民党让步。在1937年12月政治局会议和1938年3月政治局会议上，他还一再反对洛川会议以来党坚持统一战线中独立自主的路线、方针、政策，并不点名地批评了毛泽东。当时，毛泽东虽然赞成与国民党合作，但他认为不能过分相信国民党，必须时刻保持自己的独立性。从后来的事实来看，毛泽东这种主张无疑是正确的，但在当时受到王明的批评。因为王明手握共产国际指示，所以他的这种"右"倾思想一度在党内占了上风。这就给全党带来了很大的思想混乱，一些高级干部也深受其影响，导致毛泽东的一些正确主张未能得到贯彻。他后来在延安整风时就说："一九三七年十二月政治局会议，由于王明的回国，进攻中央路线，结果中断了遵义会议以后的中央路线。十二月会议我是孤立的，我只对持久战、游击战为主，统一战线中独立自主原则是坚持到底

① 张国焘：《我的回忆》第3册，东方出版社1998年版，第424页。

的。”[1] 他甚至还曾抱怨：“我的命令不出这个窑洞。”[2]

十二月会议后，王明到武汉领导中共长江局，负责与国民党的统战工作。这一时期，他一再地向中央闹独立。他刚到武汉，没有经过中央批准，就以中共中央的名义于 1937 年 12 月 25 日发表了《中国共产党对时局宣言》；1938 年 2 月 9 日，他未经毛泽东同意，就以毛泽东的个人名义发表对《新中华报》记者的公开谈话；3 月 24 日，又擅自以中共中央的名义递交了《对国民党临时全国代表大会的提议》。当时在延安的中央书记处认为王明起草的那份不妥，另外发来了一份文件，要求递交给国民党，但被他以“来不及”为由置之一旁。王明还要求延安不要公布中央的那份文件，“否则对党内党外都会发生重大的不良政治影响”[3]。在此期间，王明还企图与延安分庭抗礼，甚至公然否认延安中央书记处的权威性，要求把书记处搬到武汉，并且指责毛泽东、张闻天不应该再以中央书记处的名义发布指示和文件，俨然要使长江局成为与中央对立的第二政治局。

在实践中，王明这种“右”倾思想给中共在抗战初期的工作造成了一些不良影响，使党未能抓住时机在华中敌后广泛开展游击战争和创建抗日根据地，影响了新四军在大江南北的发展，束缚了其发展壮大的手脚。而之所以会出现这种情况，正是因为王明有“共产国际指示”这道圣旨，而党内又弥漫着浓厚的教条主义气氛所造成的。所以，要想改变这种状况、克服右倾错误，就必须通过整风运动，肃清教条主义的影响，彻底打破对共产国际的盲目迷信。

---

① 中共中央文献研究室编：《毛泽东年谱（1893—1949）》中卷，人民出版社、中央文献出版社 1993 年版，第 481 页。

② 李维汉：《回忆与研究》上册，中共党史资料出版社 1986 年版，第 443 页。

③ 珏石：《周恩来与抗战初期的长江局》，《中共党史研究》1988 年第 2 期。

此后，皖南事变的发生，更是促使毛泽东思考如何尽快改变中共与共产国际的关系，清除王明“右”倾思想的影响，这是延安整风的导火线。1941 年 1 月，新四军在皖南事变中遭到惨重损失。而在事变前，毛泽东就对国民党存有戒心，曾制订过一个非常大胆的先发制人的计划，打算派 15 万精锐部队打到国民党后方去。1940 年 11 月 3 日，毛泽东致电彭德怀提出这样一个方案：“我军不待日蒋联合夹击到来，即从五十万人中抽调至少十万至十五万精兵，分数路突入彼后方”，以此来“避免最严重的日蒋夹击”。[①] 因为事关重大，不得不向共产国际请示。11 月 7 日，毛泽东致电共产国际说明：“为了防御，我们就要对他（指蒋介石——引者注）采取先发制人的反攻行动，以粉碎他的围剿部队和设防地区。在这种情况下，我们的军事计划将是，留下我们的大部分部队（约 35 万人）在各个抗日根据地与日本部队作战，拿出部分辅助部队和突击部队（约 15 万人）打击在河南、甘肃省的敌围剿军后方，即，彻底粉碎蒋介石的这次围剿，进而克服投降危险，争取使政治局势向好的方面转变。”在这封信中，毛泽东还强调：“如果我们不采取上述军事措施，那就无法防止他们的进攻，而我们的阵地就会很危险。”但他同时也表示：“如果我们采取相应的军事措施，那蒋介石为了欺骗人民，必然指责我们破坏抗战。其结果可能是我们和蒋介石的彻底决裂。因此这在政治上对我们并无好处。”所以，“虽然我们现在在准备采取必要的军事措施，但最后的决定还没有作出。考虑到这个问题的严重性，解决不好有可能引起严重后果，特向你们作出通报并请尽快作出指示”[②]。

---

① 《毛泽东军事文集》第 2 卷，军事科学出版社、中央文献出版社 1993 年版，第 570 页。

② 《共产国际、联共（布）与中国革命档案资料丛书》第 19 卷，中共中央党史研究室第一研究部译，中共党史出版社 2012 年版，第 98—99 页。

但此时斯大林希望蒋介石能拖住日本，使日本腾不出手来进攻苏联，所以一再要求中共忍让，不要与国民党破裂，在政治上、军事上只应做防御自卫战的准备。于是，这个大胆的进攻计划自然被共产国际否定了。11月15日，共产国际总书记季米特洛夫在收到毛泽东的请示电后回复："鉴于问题特别复杂，我们只有在研究一些重要因素之后才能给你们作出答复。你们做好准备是应该的，但请等一等再作最后决定。"23日，他又向斯大林汇报说："在研究现有材料和对问题作出讨论后，我们想给毛泽东同志作出以下答复：'我们觉得，中国目前的局势很不明朗，很不确定。至少不能像你们认为那样：蒋介石已彻底决定向日本投降……因此我们认为，你们应该暂时实行拖延的方针，想方设法巧妙应付，并同蒋介石就从华中和山东省撤出你们军队的问题进行讨价还价。要尽量争取更多的时间。特别重要的是，你们无论如何不能首先对围剿军发起攻势，不能给蒋介石以口实，在人民面前把你们说成是抗战统一的破坏者，并利用你们的行动来为他想同日本人缔结妥协性和约的企图作辩解。'"[①]

在这种情况下，毛泽东被迫重新考虑并改变了对形势的估计和对策。11月21日，他致电周恩来等人指出："只要蒋介石未与日本妥协，大举剿共是不可能的，他的一切做法都是吓我让步。"11月30日，毛泽东又电告叶挺、项英："日蒋决裂，日汪拉拢，大局从此有转机，蒋对我更加无办法，你们北移又让他一步，以大局判断，蒋、顾是不会为难你们的。"直到12月25日，他仍认为："只要蒋不投降，大举进军是不可能的；始终不过是大吹小打而已。"[②]但结果证明，毛泽东原先对时局的严峻判断是正确的，而后来

---

① 《共产国际、联共（布）与中国革命档案资料丛书》第19卷，中共中央党史研究室第一研究部译，中共党史出版社2012年版，第100、102—103页。

② 中央档案馆编：《皖南事变（资料选辑）》，中共中央党校出版社1982年版，第101、105、117页。

则上了苏联和共产国际的当。这件事深刻反映了中共中央与共产国际的重大意见分歧，同时也强烈刺激了毛泽东，认为必须尽快改变与共产国际的关系。

与此同时，项英在皖南事变前后的一系列处置失当也引起了毛泽东的不满。他认为，这次事件之所以造成如此严重的后果，与项英的主观主义有很大关系。早在1940年12月4日的政治局会议上，毛泽东就说，在武汉失守前，国军溃退，我们可以猛烈发展，对蒋介石的办法应该是先斩后奏和斩而不奏，在日军进攻时和靠近日军的地区，我军可以大发展。这个观点现在只有项英处没有了解，因此军队少，而且说没有钱用，这就是没有了解夺取政权的重要性。1941年1月15日，他又在中央政治局会议上总结说，项英过去的路线是错误的，不执行独立自主政策，没有反摩擦斗争的思想准备。过去我们认为是个别错误，但现在错误的东西扩大起来，便成了路线错误。抗战以来一部分领导同志的机会主义，只知片面的联合而不要斗争。这是因为“有同志没有把普遍真理的马列主义与中国革命的具体实际联系起来”，“没有了解中国革命的实际，没有了解经过十年反共的蒋介石”[①]，尤其是项英“对统一战线的了解，是犯了右倾机会主义错误的。他不认识统一战线中共产党的独立性斗争性，他对于国民党的反共政策从来就没有领导过斗争，精神上早已作了国民党的俘虏，并使皖南部队失去精神准备”[②]。毛泽东由此加深了对苏维埃后期的“左”倾错误和全民族抗战初期右倾错误的认识，指出“左”和“右”看似两个极端，实际“两极相通”，都根源于一个思想方法，即不了解中国具体实际或不能揭示中国革命的客

① 中共中央文献研究室编：《毛泽东传（1893—1949）》下册，中央文献出版社1996年版，第627—628页。
② 中央档案馆编：《中共中央文件选集》第13册，中共中央党校出版社1987年版，第31页。

观规律的主观主义。[1]

从历史上看，项英与王明颇为相似，都经历了从“左”到“右”的思想演变。在中央苏区，他曾经附和临时中央对革命形势的“左”倾判断。1932 年 1 月 9 日，临时中央根据共产国际的指示，发出《关于争取革命在一省或数省首先胜利的决议》，认为“直接革命的形势”很快就要到来，一个或几个有中心城市在内的主要省份有“首先胜利的可能”，因此主张党在全国采取“进攻路线”，要求红军“占取一二个重要的中心城市，以开始革命在一省数省的首先胜利”，特别要求将中央区、闽粤赣、赣东北、湘鄂赣、湘赣边各苏区连成一片，“占取南昌、抚州、吉安等中心城市”，“开始湘鄂赣各省的首先胜利”。当时，项英对此是积极拥护的。他先后发表了《反对对于参加革命战争的消极》《怎样配合红军的胜利去争取江西首先胜利》《猛烈扩大红军反对对于扩大红军的消极》等文章提出，红军在北面的攻势“是取得了实现江西首先胜利最有利的条件”，“夺取抚、樟、吉、赣中心城市，以实现江西首先胜利，就是目前的事情了”。他还说“目前革命战争已进到与反革命决死斗的时候”，因此应以“夺取吉、赣、抚、南昌中心城市实现江西首先胜利”作为“扩红”的中心口号。[2] 该年 10 月，苏区中央局在宁都召开会议，包括项英在内的“左”倾教条主义者坚持认为攻打赣州是“绝对必要”的，进而指责毛泽东对中央的“进攻路线”和“夺取中心城市”方针一直“消极怠工”，是“不尊重”他们的领导，于是撤销了毛泽东红军总政委的职务，剥夺了其兵权。

全民族抗战爆发后，由于教条地搬用共产国际指示，项英又犯了右倾错误，以妥协退让求团结。1937 年 9 月 27 日，他在国民党江西省党部纪

---

① 《胡乔木回忆毛泽东》，人民出版社 1994 年版，第 191—192 页。

② 《项英军事文选》，中共中共党校出版社 2003 年版，第 41、51 页。

念周发表演说，提出要与国民党"合作到底"，反映了他在统一战线问题上的模糊认识。29日，项英又发表《告南方游击队公开信》，要求各地游击队"接信后，立即听候点编"。为此，中央致电博古、叶剑英等人指出："项英同志似还不明白统一战线中保持独立性原则，似还更不明白不应无条件集中而应保持南方战略支点的原则。他在南昌的作法带着危险性，望速通知他来延安讨论。"并强调："南方游击队万不宜集中，项在江西的做法上了国民党的当。"[①] 后来，随着王明的回国及其右倾思想在党内的蔓延，项英也不免受其影响。在1937年十二月会议上，他是同意王明"一切服从统一战线，一切经过统一战线"观点的。甚至到了1938年10月在皖南新四军军部传达六届六中全会精神时，他仍然表示："一切工作的发展，都要经过统一战线，反过来，工作就不能发展"，并且说："我们党除党的工作外，在统一战线工作中，无论作什么群众工作，必须采取合法的手续、方式才能发展，否则如果像从前一样，工作就不能发展。"[②] 这与王明的右倾言论几乎如出一辙。

客观来看，项英之所以会犯"左"倾和右倾错误，都是因为盲目地听从了共产国际的指示。而这种现象并非只在他一个人身上存在，而是普遍存在于党内的教条主义者。所以为了避免重蹈覆辙，毛泽东决心从实质上摆脱共产国际对中国革命的干预。皖南事变发生不久，毛泽东就提醒周恩来，今后对俄国人的话，"不可不听，又不可尽听"。但他认为只向周恩来一个人交代还不够，还必须在全党范围内开展一次整风，使全党在思想根源上破除将共产国际指示神圣化和教条化的氛围。毛泽东后来就解释说："整

① 中国人民解放军历史资料丛书编审委员会编：《新四军·文献》(1)，解放军出版社1988年版，第37、41页。

② 王辅一：《项英传》，中共党史出版社1995年版，第425页。

风实际上是整苏联的风，是批判斯大林和第三国际的错误。”[①]

与此同时，项英的问题还反映出王明宗派主义的影响。全民族抗战初期，项英任东南分局书记，东南分局直属于长江局，他因而受到王明的很大影响，未能与中央保持一致。1941 年 1 月，《中央关于项袁错误的决定》指出，“三年以来，项英、袁国平对于中央的指示，一贯的阳奉阴违，一切迁就国民党”，“其所领导的党政军内部情况，很少向中央作报告，完全自成风气。对于中央的不尊重，三年中已发展至极不正常的程度”。有鉴于此，中央强调：“军队干部，特别是各个独立工作区域的领导人员，由于中国革命中长期分散的游击战争特点所养成的独立自主能力，决不能发展到不服从中央领导与中央军委指挥，否则是异常危险的。”[②]

为了解决各根据地的宗派主义问题，1941 年 7 月 1 日，中共中央政治局通过了《关于增强党性的决定》。这个决定认为，在长期分散的独立活动的游击战争的环境，加之党内小生产者及知识分子的成分占据很大的比重，因此容易产生某些党员的“个人主义”、“英雄主义”、“无组织的状态”、“独立主义”与“反集中的分散主义”等违反党性的倾向，使党与革命受到极大损害。《决定》指出，为了纠正上述违反党性的倾向，必须采取以下办法：一是应当在党内更加强调全党的统一性、集中性和服从中央领导的重要性。不允许任何党员与任何地方党部，有标新立异，自成系统，及对全国性问题任意对外发表主张的现象。二是要更严格的检查一切决议决定之执行，坚决肃清阳奉阴违的两面性的现象。三是即时发现，即时纠正，不纵容错误继续发展。四是在全党加强纪律的教育，严格遵守个人服从组织，少数服从多数，下级服从上级，全党服从中央的基本原则。无论是普通

---

① 杨奎松：《毛泽东与莫斯科的恩恩怨怨》，江西人民出版社 1999 年版，第 121、159 页。

② 中央档案馆编：《中共中央文件选集》第 13 册，中共中央党校出版社 1987 年版，第 31—33 页。

党员和干部党员，都必须如此。五是用自我批评的武器和加强学习的方法，来改造自己使适合于党与革命的需要。六是从中央委员以至每个党部的负责领导者，都必须参加支部组织，过一定的党的组织生活，虚心听取党员群众对于自己的批评，增强自己党性的锻炼。[1]

对中共中央为何要做出这样一个决定，1942 年 7 月 14 日，任弼时在中共中央党校作报告时曾专门做了解释：首先，在对日作战的环境下，“党比任何时候更加需要内部的统一团结，更加需要思想一致、行动一致，更加需要巩固我们自己，防止敌人利用各种机会和间隙来破坏我们党的团结”。其次，在抗战以来和几年的统一战线当中，党有了迅速的扩大，新成分涌进，加之处在比较分散的长期的游击战争的环境中，又处在半殖民地半封建的小农经济为主的社会里，党内容易产生不正确的思想。第三，“在抗日战争当中，某些党部的同志对中央采取不尊重的态度，也可以说是采取对立的态度，没有根据中央的政策、方针进行日常的工作。有的时候有些重大的问题，带有全国性的问题，不先经过中央的同意和批准，就做了。也有个别党部，或者个别干部，对于带有全国性的政治问题随便地发表自己的意见，或者依据自己的估计决定党的政策”[2]。

任弼时上述说明，将中共中央出台这个决定的原因解释得十分清楚，其实就是针对王明与项英等人搞宗派主义而来。但正如同教条主义一样，宗派主义在党内也是根深蒂固的，很难通过一份决定就完全克服。要想彻底根除宗派主义，还必须经过一场深入的整风。而整风运动开始后，《关于增强党性的决定》也便成为干部整风学习的必读文件之一。

---

① 中央档案馆编：《中共中央文件选集》第 13 册，中共中央党校出版社 1987 年版，第 144—147 页。

② 《任弼时选集》，人民出版社 1987 年版，第 238—241 页。

（三）抗战初期党员急剧增加，需要进行系统的理论教育，而当时开展的学习运动存在较严重的教条化倾向，亟须纠偏

全民族抗战前，中共党员人数只有4万人，但随着抗日根据地的迅猛发展，到1939年9月，全国党员人数已经达到50万人，1940年7月又增加到80万人。这一方面反映中共影响力的不断扩大，但同时也带来一些问题，即只注重数量而忽视质量，甚至出现了“拉夫”的现象。

以山东地区为例，1939年8月，山东全省党员人数为5128人，经过半年多的发展，到1940年4月就已有大约11万名党员。[①]而这大多是通过各种手段“突击”来的。首先是通过血缘、亲缘、地缘等关系拉拢。如新蒙县野店区某党员，利用亲戚朋友的关系介绍新党员，一晚上即发展了5名党员，第二天又发展7名，第三天即建立支部，支部中的党员完全是“亲戚与一家一块的”。另一名党员一晚上发展了13人入党，都是自己的邻居。泰宁某村一党员，入党不久就将自己的6名同学介绍进来，随即成立支部，自己任支部书记。新蒙县一个党员，还因为某地主请他吃了两顿饭，即将其介绍入党。[②]

二是以一家一村为单位集体介绍入党。如鲁中区一位分区委书记到某村召开村民大会，便选择几名够年龄的男子一同喝酒，宣布参加共产党。牟海县三分区甚至出现“三挖”现象，即“一挖挖一村，专在这一村发展；二挖挖一姓，专在这一姓里面发展；三挖挖一家，将其全家都发展成党员”。[③]

---

① 山东省档案馆、山东社会科学院历史研究所合编：《山东革命历史档案资料选编》第6辑，山东人民出版社1982年版，第123页。

② 《鲁中区党委五年组织工作总结》（1943年3月），转引自李里峰：《革命政党与乡村社会——抗战时期中国共产党的组织形态研究》，江苏人民出版社2011年版，第65—66页。李里峰该书（以下简称《革命政党与乡村社会》）对抗战时期山东的中共组织有极精深研究，且发掘了不少档案，本节下引档案大多转引自其著。

③ 胶东区第三区党委组织部：《1941年组织工作总结报告》，转引自李里峰：《革命政党与乡村社会》，江苏人民出版社2011年版，第66页。

这种做法，最终导致泰山、沂蒙等区有的村出现总人口半数以上都是党员、没有办法再去发展的极端状况。[①]

三是为完成指标而“拉夫”凑数。如费北县一党员接受了发展10名党员的任务，担心完不成，便分给他父亲3名。另外一名党员没有完成任务，在汇报工作时把自己的父亲和配偶也算进去充数。1939年，沂南垛庄乡召开党员大会举行入党仪式，有一名群众在门口看热闹，竟然也被不分青红皂白地拉进去入了党。[②]

四是以秘密结社的方式来发展党员。当时为了发展党员，有的地方便用“农救会”“穷党”“国民共产党”，甚至“三番子”“红枪会”等秘密结社的名义。张庄区一个支部完全是以“穷党”名义发展的，开支部大会时也叫“穷党大会”。莒县某分区在“金钟罩”香屋子里集体入党，参加者都以为自己只是会员，以“佛教会”“大刀会”等名义入党者则继续敬神拜佛。[③] 有的则认为共产党是和佛教、会门一样的组织，供奉红军的神位叩头参拜。[④] 有的支部开小组会举行仪式时，“把静默三分钟弄成低下头瞑上眼，向革命导师致敬礼改为向上级三叩首”。[⑤]

五是专门成立工作组发展党员。莒北县干部每次到基层开展工作时都带着钢笔和志愿书，与发展对象随便谈谈后就填表介绍入党，有的甚至代

---

① 山东省档案馆、山东社会科学院历史研究所合编：《山东革命历史档案资料选编》第8辑，山东人民出版社1983年版，第107页。

② 《鲁中区党委五年组织工作总结》（1943年3月），转引自李里峰：《革命政党与乡村社会》，江苏人民出版社2011年版，第66—67页。

③ 《滨海地委五年来组织工作总结》（1943年4月），转引自李里峰：《革命政党与乡村社会》，江苏人民出版社2011年版，第65—66页。

④ 《抗战五年胶东党的组织建设》（1943年2月），转引自李里峰：《革命政党与乡村社会》，江苏人民出版社2011年版，第74页。

⑤ 山东清河区党委：《巩固党的总结报告》，转引自李里峰：《革命政党与乡村社会》，江苏人民出版社2011年版，第155页。

为填表，即算是发展成功。[①] 这些新发展的党员大多没有入党手续，不举行入党仪式，也没有候补期。

六是降低入党条件和标准，“最高要求是赞同抗日，最低要求是知道共产党，说共产党好，即要他参加共产党”。1940 年前，新蒙县有 2/3 的“抗日党员”，即只知道抗日而缺乏对共产党的认知。甚至发生过这样的闹剧：在举行入党仪式时，听说共产党员要有为革命牺牲的精神、个人利益要服从党的利益时，新党员竟然一哄而散，“幸亏门口有站岗的挡着”，有的则跳墙逃跑。[②]

不难想见，以上各种层出不穷的手段，虽然在较短时间迅速扩大了党员规模，但导致其质量下降。很多新党员对党的认识是模糊不清、不明就里的，甚至是稀里糊涂被拉进来，根本谈不上对党的信仰和忠诚。临清县委即曾总结：“所有党员干部入党动机，真正为共产主义而奋斗的没有一个，多数是为个人出路而入党，马马虎虎的被别人拉进来和投机入党的占 1/3 以上。”[③] 滨海地委的一份工作报告，也提到不正确的入党动机包括：解决生活问题（富裕者以为可以“少拿给养”，贫苦者以为可以“吃给养”）；得到其他各种好处（免去参军义务，抗战后可以做官，打官司可以占便宜，“共点产或共个老婆”等）；碍于面子不好意思不参加；封建思想（以为参加的是会道门组织）；以党员身份做挡箭牌（参加共产党就“没有敢欺负的

---

① 《滨海地委五年来组织工作总结》（1943 年 4 月），转引自李里峰：《革命政党与乡村社会》，江苏人民出版社 2011 年版，第 68—69 页。

② 《鲁中区党委五年组织工作总结》（1943 年 3 月），转引自李里峰：《革命政党与乡村社会》，江苏人民出版社 2011 年版，第 72 页。

③ 《临清县委会 1943 年全年党务工作总结》，转引自李里峰：《革命政党与乡村社会》，江苏人民出版社 2011 年版，第 73 页。

了”）；因婚姻问题而入党（妇女受丈夫、翁姑压迫另找出路）等。[①] 而这些人入党后，一旦发现共产党不像自己想象的那样可以满足各种实际需要，自然容易消极动摇，甚至要求退党。例如，文东县某支部曾发生 12 名党员联名要求退党的事情；荣成县一党员因为没有得到救济粮，即要求退党。[②]

更关键的是，这些突击发展来的新党员入党后，并没有经过严格的组织训练。当时，许多地方的党组织十分涣散。1940 年初，鲁中区共有 1154 个支部，组织状况普遍不佳，“有的小组放弃，有的停顿，有的奄奄一息，有的领导并不健全，组织极其松懈，党员可以自由出入，党员死了、参军了、下关东了，支部不知道，党员发展、党员接关系、恢复关系亦不审查……党费自由不交纳，交党费等于还债，有的交韭菜顶党费”[③]。

另据 1942 年胶东区东海地委的调查，各县区支部中能经常开展组织生活的不过半数，且开会“多半是玩会，吃几袋烟，说说笑笑，扯扯拉拉也就过去了”。文东县有许多党员长期不开小组会，有的党员三年没参加过。威海县、海阳县能经常按期开会的支部只占 20%。还有所谓“烟火会”，即“党员凑在一起吃几袋烟，三言两语也就作为一次小组会”；又有所谓“歌曲会”，即“女党员到开小组会时凑在一起，哼哼呀呀唱几块歌曲，嘻嘻哈哈说说笑笑也就一哄而散”[④]。

总之，随着全民族抗战初期党员人数的迅猛增加，一系列鱼龙混杂、

---

① 《滨海地委五年来组织工作总结》（1943 年 4 月），转引自李里峰：《革命政党与乡村社会》，江苏人民出版社 2011 年版，第 74 页。

② 胶东区一地委组织部：《九个月来组织工作总结》，转引自李里峰：《革命政党与乡村社会》，江苏人民出版社 2011 年版，第 75 页。

③ 《鲁中区党委五年组织工作总结》（1943 年 3 月），转引自李里峰：《革命政党与乡村社会》，江苏人民出版社 2011 年版，第 154 页。

④ 《胶东区东海地委组织部九个月来组织工作总结》（1942 年 6 月），转引自李里峰：《革命政党与乡村社会》，江苏人民出版社 2011 年版，第 154—155 页。

令人堪忧的问题也相伴而来。以上这些现象的发生，当然很快引起了毛泽东和中共中央的重视。1939年6月，毛泽东在延安高级干部会议上就说："去年三月会议决定大大发展党之后，党已在全国有了大数量的发展。现在的任务是巩固它，故须暂时地一般地停止发展。当然不是一个也不准入党，有些地方还是应发展。停止发展为的是便于清理、除奸和教育，将来还是要再发展的。"[①]8月25日，中共中央政治局在《关于巩固党的决定》中也指出，为了巩固党，必须详细审查党员成分，清刷混入党内的异己分子、投机分子以及敌探奸细；必须加强党内马克思列宁主义的教育、阶级教育与党的教育；必须加强对党的各级干部的教育工作；必须加强党的保卫工作和反对奸细的斗争；必须加紧党的秘密工作；必须提高党的纪律和加强党的团结等。总之，要"尽一切的努力来巩固党的组织，严密党的队伍，把党团结得像一个人一样，才能使党有所准备来克服目前困难，反对国内投降分裂的危险，团结全中国人民，引导抗战到最后的彻底的胜利"[②]。

在中央这一指示下，中共各级党组织开始整顿清理。经过审查干部和整理支部，各抗日根据地的党组织得到巩固，党员队伍得到纯洁。如晋冀豫1940年4月党员34215人，经过几个月整顿，8月降至24978人，减少了1/3。整顿后，"各地支部组织已纠正了过去的混乱、庞大与复杂，而走上统一一致了"[③]。但从当时情况来看，此项工作的重点是组织整顿，对党内思想教育则开展较少，广大党员仍未经马克思主义理论的洗礼。特别是绝大多数新党员由于没有经历过大革命与土地革命，对照搬照抄苏联经验和机械执行共产国际指示给中国革命带来的严重危害没有切身感受，因此

---

① 中共中央文献研究室编：《毛泽东文集》第2卷，人民出版社1993年版，第232页。

② 中央档案馆编：《中共中央文件选集》第12册，中共中央党校出版社1991年版，第155—158页。

③ 山西省档案馆编：《太行党史资料汇编》第3卷，山西人民出版社1989年版，第542页。

对教条主义的本质当然也谈不上有什么深刻的认识。

这一时期，有许多党员甚至对理论学习根本提不起兴趣。他们认为自己工作太忙，在前方还要作战，因而不能学习；有些人则因为文化水平低，对学习的内容看不懂，表示“宁愿挑大粪，不愿学理论”。还有些党员认为“只要自己革命坚决，斗争勇敢，就完全行了，学习不学习马克思列宁主义理论，进行不进行马克思列宁主义理论修养，都没有关系”，“只要家庭出身好，本人成分好，用不着学习马克思列宁主义，也能够成为无产阶级的先进战士”。也有些党员干部，“虽然一般地承认理论的重要性，但是，他们在工作和斗争中，却从来不认真学习马克思列宁主义”。[①]

诸如此类的状况，导致“有许多党员，在组织上入了党，思想上并没有完全入党，甚至完全没有入党”[②]。对此，毛泽东曾明确表示：“自抗日民族统一战线成立以来，我党增加了约七十万新党员，他们过去都是未受过无产阶级科学思想（马列主义）的锻炼的。在数万老党员中，对于受无产阶级科学思想锻炼的程度也极不一致”[③]，“为要领导革命运动更好地发展，更快地完成，就必须从思想上组织上认真整顿一番。而为要从组织上整顿，首先需要在思想上整顿，需要展开一个无产阶级思想对非无产阶级的思想斗争”[④]。

实际上，为了改变这种思想状况，毛泽东早在 1938 年召开的扩大的六届六中全会上，就向全党发出了开展学习竞赛的号召。他说：“指导一个伟大的革命运动使之向着胜利，没有革命理论，没有历史知识，没有实际运

① 《刘少奇选集》上卷，人民出版社 1981 年版，第 115—116 页。

② 《毛泽东选集》第 3 卷，人民出版社 1991 年版，第 875 页。

③ 中央档案馆编：《中共中央文件选集》第 14 册，中共中央党校出版社 1992 年版，第 29 页。

④ 《毛泽东选集》第 3 卷，人民出版社 1991 年版，第 875 页。

动的了解，就不能有胜利……我们努力罢，从我们这次扩大的六中全会之后，来一个全党的学习竞赛，看谁真正学到了一点东西，看谁学的更多一点，更好一点。”他还表示：“如果中国有一百个至二百个系统地而不是零碎地，实际地而不是空洞地，学会了马克思主义的同志，那将是等于打倒一个日本帝国主义。同志们，我们一定要学习马克思主义。”① 在毛泽东的这一号召下，六届六中全会通过决议指出：“必须加紧认真地提高全党理论的水平，自上而下一致地努力学习马克思、恩格斯、列宁、斯大林的理论，学会灵活的把马克思列宁主义及国际经验应用到中国每一个实际斗争中来。”② 以此为起点，学习运动就在全党轰轰烈烈地开展起来了。

作为贯彻学习运动的一项举措，中共中央在 1939 年 2 月专门成立了干部教育部，由张闻天任部长，李维汉任副部长。1940 年初，中央宣传部与干部教育部合并为中央宣传教育部，继续担负领导学习运动的职责。在此期间，中共中央还采取了诸多具体措施组织全党的学习，连续发出一系列指示，建立了一整套干部理论学习的制度。至 1940 年 10 月，“在教育制度上，我们已经有了比较完整的建设，如：小组与大课之相辅而行，指导员与支部教育干事的确立，巡回教育制与顾问团制的采用，各种研究组与研究会的推行，一般大讲演的举行与教育干部中策略教育的开始等等”③。这些相关制度的制定，不断把干部教育提到党的重要工作地位上来，初步实现干部在职学习的制度化，有力地推动了学习运动的高涨。

为了保证以上措施顺利实施，毛泽东在这一阶段还多次重申必须重视学习运动。1938 年 12 月 13 日，他在中央组织部召开的延安党政军民团

---

① 中央档案馆编：《中共中央文件选集》第 11 册，中共中央党校出版社 1991 年版，第 657—658 页。
② 中央档案馆编：《中共中央文件选集》第 11 册，中共中央党校出版社 1991 年版，第 756—757 页。
③ 中央档案馆编：《中共中央文件选集》第 12 册，中共中央党校出版社 1991 年版，第 524 页。

体检查工作的干部晚会上提出要加紧学习，学习马克思列宁主义、革命运动及中国的历史，从中央委员会各级干部研究较高深的理论起，一直到各机关事务人员学习文化止。[①]1939年5月20日，中央举行延安在职干部教育动员大会，毛泽东在会上又专门解释了中央发起学习运动的原因："发起学习运动的直接原因是什么呢？是我们共产党要领导革命。共产党在全国的党员过去是几万个，现在有几十万，将来会有几百万，这几十万、几百万共产党员要领导几千万、几万万人的革命，假使没有学问，是不成的，共产党人就应该懂得各种各样的事情。因此，要领导革命就需要学习，这是我们发起学习运动的原因之一。"他还提出"要把全党变成一个大学校"的号召。[②]

1940年6月，毛泽东在延安新哲学会第一届年会讲话时又说："理论这件事是很重要的，中国革命有了许多年，但理论活动仍很落后，这是大缺憾。要知道革命如不提高革命理论，革命胜利是不可能的。过去我们注意的太不够，今后应加紧理论研究……必须承认现在我们的理论水平还是很低，全国的理论水平还是很低，大家才能负起克服这种现象的责任。"[③]同年年底，他在接见从前线回来到中央党校学习的同志时，再次明确强调："没有大量的真正精通马克思列宁主义革命理论的干部，要完成无产阶级革命是不可能的。"[④]

这一时期，毛泽东还以身作则、率先垂范，精读了《资本论》《反杜林

① 延安整风运动编写组：《延安整风运动纪事》，求实出版社1982年版，第10页。

② 《毛泽东文集》第2卷，人民出版社1993年版，第176—185页。

③ 中共中央文献研究室编：《毛泽东年谱（1893—1949）》中卷，人民出版社、中央文献出版社1993年版，第193页。

④ 中共中央文献研究室编：《毛泽东年谱（1893—1949）》中卷，人民出版社、中央文献出版社1993年版，第249页。

论》《谈谈辩证法问题》《唯物论与经验批判论》等马列主义经典著作，并组织和参加了哲学座谈会。在他的倡导和带动下，延安成立了一批研究会和学习小组，中央领导同志都积极参加各种学习活动。总之，通过这场学习运动，全党上下形成了空前浓厚的学习氛围。当时到过延安的德国友人王安娜就描述说："延安城内并没有什么可看的。小城镇，到处都一样……特别引我注目的，是有许多书店。学生和红军的战士们，正挤在柜台前购买马克思主义经典著作的普及版。"①

但毋庸讳言，这一时期学习运动中最突出的还是强调对马列理论的学习，"存在理论脱离实际的倾向"②，以致一度盛行的教条主义倾向又有所抬头。王明就宣称："不要怕说教条，教条就教条……如果一学就怕教条，一条也记不住，哪里谈得到运用？把理论运用于实际是对的，但是先有了理论才能运用，一条也没有哪儿去运用？"③ 1940 年 3 月，他又在延安再版其 1931 年写的《为中共更加布尔塞维克化而斗争》一书，并在再版序言中写道："我们党近几年来有很大的发展，成千累万的新干部新党员，对我们党的历史发展中的许多事实，还不十分明了。本书所记载着的事实，是中国共产党发展史中的一个相当重要的阶段，因此，许多人要求了解这些历史事实，尤其在延安各学校学习党的建设和中共历史时，尤其需要这种材料的帮助。"这显然是想把他这本书推荐给全党，作为广大党员的学习材料。

面对这种甚嚣尘上的教条主义倾向，毛泽东当然十分不满。1940 年 1 月，他在《新民主主义论》一文中就尖锐地指出："形式主义地吸收外国的东西，在中国过去是吃过大亏的。中国共产主义者对于马克思主义在中国

---

① [德]王安娜：《中国——我的第二故乡》，李良健、李希贤校译，三联书店 1980 年版，第 154—155 页。

② 《胡乔木回忆毛泽东》，人民出版社 1994 年版，第 190 页。

③ 周国全、郭德宏：《王明年谱》，安徽人民出版社 1991 年版，第 140 页。

的应用也是这样，必须将马克思主义的普遍真理和中国革命的具体实践完全地恰当地统一起来……公式的马克思主义者，只是对于马克思主义和中国革命开玩笑，在中国革命队伍中是没有他们的位置的。”[①]语气可谓相当尖锐。

1941年5月19日，毛泽东又在延安干部会上作了题为《改造我们的学习》的报告，要求克服学习运动中的教条主义偏向。他严厉批评了理论脱离实际的倾向，指出：“这种反科学的反马克思列宁主义的主观主义的方法，是共产党的大敌，是工人阶级的大敌，是人民的大敌，是民族的大敌，是党性不纯的一种表现。大敌当前，我们有打倒它的必要。”鉴于此种情况，毛泽东提出了改造干部学习的建议：“应确立以研究中国革命实际问题为中心，以马克思列宁主义基本原则为指导的方针，废除静止地孤立地研究马克思列宁主义的方法。”[②]这个报告“用语之辛辣，讽刺之深刻，情绪之激动”，都是此前未有过的。[③]

1941年8月27日，毛泽东在中央政治局会议讨论党内教育问题时再次指出：“延安的学校是一种概论学校，缺乏实际政策的教育。过去我们只教理论，没有教会如何使用理论，就像只教斧头本身，而没有教会如何运用斧头去做桌子。延安研究哲学是空洞的研究，不研究中国革命的内容与形式，不研究中国革命的本质与现象……我们要培养行动的理论家。改造学习要采用革命的精神，对干部教育、学校教育、国民教育都要有一个大的改造。”[④]

稍后，在1941年9月的中央政治局扩大会议上，毛泽东又作了关于反

① 《毛泽东选集》第2卷，人民出版社1991年版，第707页。

② 《毛泽东选集》第3卷，人民出版社1991年版，第800—802页。

③ 《胡乔木回忆毛泽东》，人民出版社1994年版，第192页。

④ 中共中央文献研究室编：《毛泽东年谱（1893—1949）》中卷，人民出版社、中央文献出版社1993年版，第324页。

对主观主义和宗派主义的报告。他指出，过去我们的党很长时期为主观主义所统治，这些主观主义者自称为“国际路线”，穿上马克思主义的外衣，是假马克思主义。因此，必须使全党认识到主观主义的严重危害，分清创造性的马克思主义和教条式的马克思主义，宣传创造性的马克思主义，反对教条式的马克思主义。在这次会上，毛泽东还提出：“对于理论脱离实际的人，提议取消他的‘理论家’的资格。只有用马克思主义观点来研究实际问题、能解决实际问题的，才算实际的理论家……对研究实际问题的文章，要多给稿费。能使马克思主义中国化的教员，才算好教员，要多给津贴。”①

1941年12月17日，中央政治局会议通过的《关于延安干部学校的决定》也严厉指出：“目前延安干部学校的基本缺点，在于理论与实际、所学与所用的脱节，存在着主观主义与教条主义的严重的毛病。这种毛病，主要表现在使学生学习一大堆马列主义的抽象原则，而不注意或几乎不注意领会其实质及如何应用于具体的中国环境。为了纠正这种毛病，必须强调学习马列主义的理论的目的是为了使学生能够正确的应用这种理论去解决中国革命的实际问题，而不是为了书本上各项原则的死记与背诵。”② 毛泽东在对这个《决定》进行修改时，还专门加写了一句：“关于马列主义的教授与学习，应坚决纠正过去不注重领会其实质而注重了解其形式，不注重应用而注重死读的错误方向。必须用全力使学者由领会马列主义实质到把它具体应用于中国环境。”③ 其对干部教育脱离实际的不满由此可见一斑。

但由于教条主义的影响根深蒂固，毛泽东的这一系列呼吁并未引起人

---

① 《毛泽东文集》第2卷，人民出版社1993年版，第372—374页。

② 中央档案馆编：《中共中央文件选集》第13册，中共中央党校出版社1991年版，第257页。

③ 中共中央文献研究室编：《毛泽东年谱（1893—1949）》中卷，人民出版社、中央文献出版社1993年版，第346页。

们的足够重视。即使像《改造我们的学习》这样一个重要报告，当初也竟然“毫无影响”[①]。当时负责理论宣传教育的中央领导没有理解它的深刻意义，没有及时组织宣传和学习，直到 1942 年全党开始整风后才在《解放日报》发表。这些情况表明，由于学习运动存在着教条化的倾向，广大党员普遍缺乏分辨真假马克思主义的能力，导致党内思想不统一。1942 年 4 月 20 日，毛泽东在中央学习组会议上指出：“最近教育方面又有许多东西搞得不好。因为思想庞杂，思想不统一，行动不统一，所以这个人这样想问题，那个人那样想问题，这个人这样看马列主义，那个人那样看马列主义。一件事情，这个人说是黑的，那个人则说是白的，一人一说，十人十说，百人百说，各人有各人的说法。差不多在延安就是这样，自由主义的思想相当浓厚。”[②] 由此，他认识到为了提高广大党员的理论水平和辨别是非能力，必须通过整风把全党的思想统一起来。

二

整风运动的准备和展开

延安整风分为两个层次进行：一个是党内高层的整风，一个是全党范围的整风。从时间上看，前者可视为延安整风的准备阶段，后者则为整风

① 中共中央文献研究室编：《毛泽东年谱（1893—1949）》中卷，人民出版社、中央文献出版社 1993 年版，第 469 页。

② 《毛泽东文集》第 2 卷，人民出版社 1993 年版，第 414—415 页。

的全面展开阶段。

（一）党内高层开始整风

1941 年 9 月 10 日至 10 月 22 日，中共中央召开政治局扩大会议，讨论党的历史上特别是土地革命战争时期的路线问题，总结历史经验，史称“九月会议”。其实，九月会议并不只是在 9 月间召开，而是在 9 月 10 日、11 日、12 日、29 日和 10 月 22 日开了五次会。到会者有在延安的政治局成员：毛泽东、任弼时、王稼祥、王明、朱德、张闻天、康生、陈云、凯丰、博古、邓发；列席者有李富春、杨尚昆、罗迈、陈伯达、高岗、林伯渠、叶剑英、王若飞和彭真。

毛泽东在 9 月 10 日的会上首先作关于反对主观主义和宗派主义的报告。他说：“过去我们的党很长时期为主观主义所统治，立三路线和苏维埃运动后期的‘左’倾机会主义都是主观主义。苏维埃运动后期的主观主义表现更严重，它的形态更完备，统治时间更长久，结果更悲惨。这是因为这些主观主义者自称为‘国际路线’，穿上马克思主义的外衣，是假马克思主义。”他还指出：“遵义会议，实际上变更了一条政治路线。过去的路线在遵义会议后，在政治上、军事上、组织上都不能起作用了，但在思想上主观主义的遗毒仍然存在。六中全会对主观主义做了斗争，但有一部分同志还存在着主观主义，主要表现在延安的各种工作中，在延安的学校中、文化人中，都有主观主义、教条主义。这种主观主义同实事求是的马克思主义是相对抗的。”①

毛泽东做完报告后，张闻天和博古这两个临时中央的负责人紧接着发言表态，对自己曾犯的错误做了诚恳和深刻的自我批评。张闻天表示：“毛

① 《毛泽东文集》第 2 卷，人民出版社 1993 年版，第 372—373 页。

主席的报告，对党的路线的彻底转变有极大的意义。过去我们对苏维埃后期的错误没有清算，这是欠的老账，现在必须偿还。犹如现在做了领导工作而过去没有做过下层工作的，也要补课。反对主观主义，要做彻底的清算，不要掩盖，不要怕揭发自己的错误，不要怕自己的瘌痢头给人家看。过去国际把我们一批没有做过实际工作的干部提到中央机关来，是一个很大的损失。过去没有做过实际工作，缺乏实际经验，现在要补课。过去的老账，必须要还。”①

博古也说，1932 年至 1935 年的错误，我是主要的负责人。遵义会议时，我是公开反对的。后来我自己也想到，遵义会议前不仅是军事上的错误，要揭发过去的错误，必须从思想方法上、从整个路线上来检讨。我过去只学了一些理论，拿了一套公式教条来反对人家。四中全会上我与稼祥、王明等反对立三路线的教条主义，也是站在“左”的观点上反的，是洋教条反对土教条。当时我们完全没有实际经验，在苏联学的是德波林主义的哲学教条，又搬运了一些苏联社会主义建设的教条和西欧党的经验到中国来，过去许多党的决议是照抄国际的。在西安事变后开始感觉这个时期的错误是政治错误。到重庆后译校《联共（布）党史》才对思想方法上的主观主义错误有些感觉。这次学习会检查过去的错误，感到十分严重和沉痛。现在我有勇气研究自己过去的错误，希望在大家帮助下逐渐克服。②

王明在第一天会上也做了发言，但他主要是推卸责任，为自己辩解。他说：“毛主席报告对 1932 年至 1935 年的错误说是路线问题，今天又有洛甫、博古的讲话，现在我都同意了。反主观主义与教条主义对我有很大好处。”接着就为自己评功摆好：“1930 年反立三路线我写了《为中共更加布

① 《张闻天文集》第 3 卷，中共党史出版社 1994 年版，第 162 页。

② 《胡乔木回忆毛泽东》，人民出版社 1994 年版，第 195—196 页。

尔什维克化而斗争》的小册子……我在莫时看了很多中国报纸，对博、洛在中央苏区时对毛的关系是不同意的；对五中全会认为是苏维埃与殖民地两条道路的决战是不同意的。我在国际十三次全会上发言开始说了要反对日本帝国主义，十四次全会上便提出了反对日本帝国主义的全部办法。”王明还说自己的缺点主要是“没有很好研究中国问题”，“不了解蒋介石是（能）抗日的”，所以要“从头做起向下学习”。这里丝毫没有涉及他和“左”倾教条主义的关系，更不用说承认错误了。①

在9月12日的会上，王明做了第二次发言。他仍不检讨自己，却转移目标，凭着六大期间他担任翻译时知道的一些内情，随意指责，点了许多同志的名，说这个是右派代表，那个是立三派，或暗藏的托派、奸细，唯独对他自己的错误讳莫如深。② 最后，为了与博古等人划清界限，王明还突然煞有介事地提出，他要向中央揭穿一个秘密。据他说，博古、张闻天当年领导的中央是不合法的。1931年秋他与周恩来离开上海时，虽然推荐博古、张闻天等组成上海临时中央政治局，但当时已经说明，由于博古他们不是中央委员，更不是政治局委员，将来到政治局委员多的地方要将权力交出来。没想到博古、张闻天他们到中央苏区后却不提此事，竟领导起那些真正的政治局委员来了。

王明揭发的这个秘密在会上引起了很大震动。关于这件事，博古和张闻天两个当事人在9月29日的会上都做了解释。博古明确讲，自己所犯的错误确是政治路线的错误，而临时中央政治局进入苏区后不做说明，也确

---

① 章学新：《推动延安整风的关键性会议——真诚革命者的反躬自省和王明的诿过、倒算》，《党的文献》1997年第6期。

② 章学新：《推动延安整风的关键性会议——真诚革命者的反躬自省和王明的诿过、倒算》，《党的文献》1997年第6期。

有篡位之嫌。犯这些错误怪不得别人，但国际和中央驻国际代表团当时是助长了这种错误的。张闻天同样承认当时路线的确错误，临时中央到苏区后也确有篡位问题，但王明当时在国际不打电报来纠正也是不对的。况且，五中全会的名单也是国际批准的，这些事情王明当时为什么不起作用？

在这天的会上，邓发也表示对于当时的错误，博古的确要负第一位的责任，李维汉、张闻天其次，但这些错误政策莫斯科是否也批准了呢？在夸大红军力量、断言党的路线正确等问题上，王明不是也同意了吗？康生亦批评王明说，王明在莫斯科其实与当时国内博古中央也犯着差不多同样的错误，他在个别策略上有对的地方，但基本思想与博古相一致，这是应该承认的。康生还特别提到王明在抗战初期的错误问题，称王明从莫斯科回延后，不听劝告留在延安，非驻武汉不可，以及在武汉时期所犯的错误，都是主观主义和宗派主义的表现。[①]

鉴于王明没有深刻地认识到自己的错误，9 月中旬至 10 月初，毛泽东、王稼祥、任弼时等人多次找他交谈，希望他能够转变态度认识错误。但王明不仅拒不认错，反而利用季米特洛夫刚发来的一封质询中共如何改善国共关系的电报，转而批评中央和毛泽东的方针政策太“左”，过于强调独立自主，吓着了蒋介石。他认为我们与蒋的关系应是大同小异，以国民党为主，我党跟从之；党的黄金时代是抗战之初的武汉时期，1937 年 12 月会议前和 1938 年 10 月六届六中全会以后这两头的政策皆是错误的。他建议中央发表声明，不实行新民主主义，与蒋介石设法妥协。而对于大家批评他在抗战初期犯了错误，他则坚持认为他的路线是对的，只是个别问题有缺点错误罢了，并表示决心与毛泽东争论到底，要到共产国际去打官司。

① 杨奎松：《毛泽东与莫斯科的恩恩怨怨》，江西人民出版社 1999 年版，第 127—129 页。

王明这种拒绝认错的态度遭到与会者的一致批评。他发言刚一结束，凯丰、陈云等人就明确表示不能同意其推卸责任的态度，指出许多问题的发生并非与他无关，尤其是与中央的关系问题，是各种错误的根源，王明并没有实事求是地加以说明。王稼祥、任弼时也在 10 月 8 日的中央书记处工作会议上分别向大家介绍了季米特洛夫对王明的负面评价。王稼祥说：王明说到与斯大林、季米特洛夫的谈话，有些意思与我听到的不相同……季米特洛夫对王明说：你回中国去要与中国同志关系弄好，你与国内同志不熟悉，就是他们推你当总书记，你也不要担任。对于中国党的路线，我的印象，没有听到国际说过路线不正确的话。[①]

任弼时也说：我与恩来在莫斯科时，季米特洛夫找我们谈话，说到王明同志一些缺点，要我们告诉毛主席帮助王明改正。我们回来只对毛主席说过。前几次毛主席与王明同志谈他在武汉时期的错误，他还不愿意接受。昨晚他又提出新的原则问题。在今天书记处会议上，我不得不把季米特洛夫等人对我说的问题谈出来，帮助王明同志来了解问题。曼努意尔斯基（时任共产国际执行委员会书记处书记——引者注）问我：王明是否有企图把自己的意见当作中央的意见？是否想团结一部分人在自己的周围？季米特洛夫说：王明有些滑头的样子。有一次王明与米夫到一个地方参观，米夫向人介绍王明为中国党的总书记。任认为，根据共产国际领导人说的这些话和王明回国后的表现，他确有“钦差大臣”的味道。他的主要问题是个人突出，自以为是，对国共关系问题，有原则上的错误，特别是忽视反对陈独秀右倾机会主义的复活。[②]

毛泽东最后发言说：王明同志在武汉时期有许多错误，我们等待了他

---

① 徐则浩：《王稼祥年谱》，中央文献出版社 2001 年版，第 308 页。

② 中共中央文献研究室编：《任弼时年谱》，中央文献出版社 2004 年版，第 410 页。

许久，最近我和王明谈过几次，但还没有谈通。昨晚，我与稼祥、弼时同他谈话，他提出许多原则问题。他认为我们过去的方针是错误的，认为我们太“左”了。恰好相反，我们认为他的观点太右了，对大资产阶级让步太多了，只是让步是弄不好的。[1]

鉴于王明在争论中提出了如何看待目前时局这一严重的原则问题，毛泽东提议停止讨论苏维埃后期的错误问题，集中讨论抗战以来中央的政治路线。他希望王明把他的意见在政治局会议上加以说明，并且表示王明虽然在武汉时期在政治上组织上都有原则的错误，但不是路线错误。不料王明却因为太紧张突然病倒了，从此不再出席政治局会议。

1941 年的九月政治局扩大会议，尽管遇到了王明的干扰，但通过检讨历史上和延安工作中的主观主义和宗派主义，初步统一了中央领导层的思想，为下一步的整风奠定了认识上的前提。会议决定在高级干部中开展整风，用理论与实践统一的方法，研究马克思列宁主义的思想方法和党的历史，以克服错误思想，提高党的高级干部的理论水平。在会议进行期间，9 月 26 日，中共中央决定成立中央学习研究组，毛泽东亲自担任组长，组织在延安的高级干部学习马克思列宁主义理论，总结党的历史经验。同时决定成立各地高级学习组，颁发高级学习组的组织条例。按照这一决定，延安和各根据地积极筹备成立高级学习组。学习的内容主要是阅读六大以来党的历史文件，研究六大以来的历史，学习、研究马克思列宁主义的思想方法论。这样，就为全党普遍整风做了重要准备。

（二）全党普遍整风

在充分酝酿和准备的基础上，延安整风于 1942 年正式在全党范围内

---

① 中共中央文献研究室编：《毛泽东年谱（1893—1949）》中卷，人民出版社、中央文献出版社 1993 年版，第 331 页。

拉开了帷幕。

1. 改造思想

通过与教条主义的数次交锋，毛泽东认识到仅靠过去的方式，解决不了教条主义的问题，“凡此主观主义与宗派主义的思想与行动，如不来一个彻底的认真的深刻的斗争，便不能加以克服，便不能争取革命的胜利。而要进行斗争，加以克服，非有一个全党的动员是不会有多大效力的”[①]。因此，他先后在 1942 年 2 月 1 日中央党校的开学典礼以及 2 月 8 日中宣部和中央出版局联合召开的宣传工作会议上，做了《整顿学风党风文风》（1953 年收入《毛泽东选集》时改名为《整顿党的作风》）、《反对党八股》的报告，全面系统地提出了反对主观主义以整顿学风、反对宗派主义以整顿党风、反对党八股以整顿文风的任务，同时阐明整风的宗旨和方针是“惩前毖后，治病救人”。

毛泽东之所以选择中央党校来做整风的动员报告，这主要是因为党校在整风前存在着比较严重的理论脱离实际的现象。讲课都是理论条文，由远到近，由国外到国内。多数教员缺乏实际工作经验，有的教员讲第一次国共合作，学员提出讲第二次国共合作，做个对比，但教员讲不了。有的教员讲《资本论》，学员提出边币同法币、伪币斗争问题，教员也说不清楚。学员反映，有的课是“讲课讲条条，考试考条条，学员背条条”。有鉴于此，毛泽东在 1942 年 2 月改组了中央党校，下令停止所有课程，集中力量开展整风，并亲自在开学典礼上做了动员报告。以上这两个报告实际上是发动全党整风的动员报告，以此为标志，整风运动在全党范围内正式开展起来。各单位均传达了毛泽东的报告，并制定了学习计划和检查工作计划，普遍

① 《毛泽东文集》第 2 卷，人民出版社 1993 年版，第 390—391 页。

和充分地向党员、干部做了思想动员。

1942 年 4 月 3 日，中宣部发出《关于在延安讨论中央决定及毛泽东同志整顿三风报告的决定》（简称“四三决定”）。6 月 8 日，中宣部又发出《关于在全党进行整顿三风学习运动指示》。这两份指示进一步对整风运动的目的、要求、方法和步骤做出明确的规定，从此开始了以整顿三风为中心内容的全党整风。同时，中共中央成立了由毛泽东担任主任的总学习委员会，领导全党的整风运动。中央直属机关、军委直属系统、陕甘宁边区系统、文委系统和中央党校都相继建立了分区学习委员会。在学习委员会的领导下，延安的中央机关和陕甘宁边区政府等各单位近万名干部参加整风学习。华北、华中各抗日根据地的党组织和在国民党统治区的中共中央南方局，也先后开展整风学习。

1942 年 4 月至 8 月初，重点是反对主观主义以整顿学风，这是延安整风的中心内容。毛泽东强调反对主观主义以整顿学风，是“一个非常重要的问题”，是“第一个重要的问题”。所谓学风，就是“领导机关、全体干部、全体党员的思想方法问题，是我们对待马克思列宁主义的态度问题，是全党同志的工作态度问题”。他认为，党内的主观主义表现为两种形态：教条主义和经验主义，多年来党的工作主要是受到教条主义的危害。因此，毛泽东着重指出，决不能把马克思主义的理论当作死的教条，那些“言必称希腊”，只知背诵马克思主义书本上的个别结论和个别原理，而不能根据马克思主义理论来研究中国的历史实际和革命实际，不能从理论上来思考中国革命实践的人，是不能妄称为马克思主义理论家的。他还说：“空洞的理论是没有用的，不正确的，应该抛弃的。对于好谈这种空洞理论的人，应该伸出一个指头向他刮脸皮。”为了反对主观主义，就必须把马克思主义普遍原理与中国革命具体实际紧密结合起来，把马克思主义中国化，“马克思列宁主义之箭，必须用了去射中国革命之的。这个问题不讲明白，我们党的理论水平永远不会提高，中国革命也永远不会胜利”。[①]

1942 年 8 月至 12 月中旬，重点是反对宗派主义以整顿党风。毛泽东认为，宗派主义是主观主义在组织关系上的一种表现，它妨碍了党内的统一和团结，也妨碍党团结全国人民的事业。宗派主义在党内关系上的表现，是只顾局部利益，不顾全体利益，背离党的民主集中制，以致向党闹独立性。闹这种独立性的人，实际上常常抱着个人第一主义，而把党放在第二位。

鉴于王明在武汉领导长江局期间，曾一再闹独立，甚至企图凌驾于中央之上，屡屡冒用中央名义发布文件，这种宗派主义后来在一些地区也产生了影响。1942 年 9 月 1 日，中共中央政治局通过《中共中央关于统一抗日根据地党的领导及调整各组织间关系的决定》指出：“抗战以来，各抗日根据地党的领导，一般的是统一的”，但“在某些地区，还存在着一些不协调的现象。例如，统一精神不足，步伐不齐，各自为政等等”。因此，中央决定实行“党的领导一元化”，“在这里，下级服从上级，全党服从中央的原则之严格执行，对于党的统一领导，是有决定意义的。各根据地领导机关在实行政策及制度时，必须依照中央的指示。在决定含有全国全党全军普遍性的新问题时，必须请示中央，不得标新立异，自做决定，危害全党领导的统一。下级党政军民组织对上级及中央之决议、决定、命令、指示，不坚决执行，阳奉阴违，或在解决新的原则问题及按其性质不应独断的问题时，不向上级和中央请示，都是党性不纯与破坏统一的表现。在这里，应当再一次的提醒各根据地党政军民领导同志的注意，各级党委及政府军队民

---

① 《毛泽东选集》第 3 卷，人民出版社 1991 年版，第 813—820 页。

众团体中的党员负责同志，不得中央许可，不得发表带有全国意义和全党全军意义的宣言谈话及广播”。该决定还特别强调：“应当深刻认识，一个党的负责高级干部，不经过同级或上级一定组织的同意，而擅自发表政见，是何等违反党的组织原则，何等妨碍党的统一的恶劣行为！”[①] 语气可谓异常严厉。

1942 年 12 月中旬到 1943 年 3 月中旬，重点是反对党八股以整顿文风。毛泽东指出，党八股是主观主义和宗派主义的宣传工具和表现形式，那些教条主义者不论作报告、写文章、发指示，总是空话连篇、言之无物、装腔作势、借以吓人、无的放矢、不看对象，这“不但不便于表现革命精神，而且非常容易使革命精神窒息”[②]。因此，必须反对党八股，才能使主观主义和宗派主义无藏身之地，实事求是的、生动活泼的创造精神才能发扬，马克思主义才能得到广泛的传播和发展。

在整顿三风阶段，主要采取的是学习文件和写反省笔记两种方式。当时中央规定必须学习 22 个文件，主要包括毛泽东、刘少奇、列宁、斯大林、季米特洛夫等人的一些文章。通过集中学习，广大干部的理论水平显著提高，思想也渐趋统一。1942 年 6 月 13 日，毛泽东致电周恩来说：“二十二个文件的学习在延安大见功效，大批青年干部（老干部亦然）及文化人如无此中学习，极庞杂的思想不能统一。”[③] 当时对写反省笔记，要求得也非常严格，毛泽东就说：“决定规定要写笔记，就得写笔记。你说我不写笔记，那可不行，身为党员，铁的纪律就非执行不可。孙行者头上套的箍是金的，列

---

① 中央档案馆编：《中共中央文件选集》第 13 册，中共中央党校出版社 1991 年版，第 426—434 页。

② 《毛泽东选集》第 3 卷，人民出版社 1991 年版，第 840 页。

③ 中共中央文献研究室编：《毛泽东年谱（1893—1949）》中卷，人民出版社、中央文献出版社 1993 年版，第 387 页。

宁论共产党的纪律是铁的，比孙行者的金箍还厉害，还硬，这是上了书的。我们的‘紧箍咒’里面有一句叫作‘写笔记’，我们大家都要写，我也要写一点。现在一些犯过错误的同志在写笔记，这是很好的现象，犯了错误还要装老太爷那就不行。”[①] 为了促使大家自觉地进行反省，一些领导还带头检查自己，如中央党校副校长彭真、二部副主任安子文，就多次反省自己在工作中的缺点与错误。这种严于律己、现身说法的做法，取得了很好的带动效果。与此同时，大家在严格检查自己的基础上，本着“惩前毖后、治病救人”“知无不言、言无不尽”的精神，进行相互批评，被批评者如有不同的意见，仍可以坦率地陈述自己的看法。

2. 纯洁组织

1943 年 3 月中旬至 10 月，延安整风进入审干运动阶段，各单位都开展了审查干部的运动。在此阶段，延安整风出现了一些偏差，即审干运动扩大化。这是有一个历史背景的。当时国共虽然合作，达成统一战线，但明争暗斗始终存在。1939 年秋，军统在陕西省汉中县成立直属西北特联站（1943 年改称西北特侦站），这是军统直接领导的一个专门对付共产党的情报特务机构。该站通过设立汉中特训班，先后训练 10 多期 200 多人，并将一部分受过训练的特务约 40 多人分批派往陕甘宁边区，其任务是打入要害部门，窃取要职，长期潜伏，伺机进行策反、情报等活动。到 1942 年，这些特务基本被破获。但在敌我友关系错综复杂，特别是在国共关系紧张之时，为了反击国民党，为了准备应付第三次反共高潮，毛泽东和党中央不得不以高度的警惕来关注国民党各种动向，包括防止、清理特务，肃清反革命分子。所以，在 1942 年 11 月西北局高干会上，毛泽东就提醒要注意反

---

① 《毛泽东文集》第 2 卷，人民出版社 1993 年版，第 416 页。

特斗争。1943 年 3 月 16 日，毛泽东又在政治局会议上明确提出：整风既要整小资产阶级思想，同时也要整反革命；过去我们招兵、招生、招党，招了很多人，难于识别；抗战以来，国民党对我党实行特务政策，在社会部和中央党校都发现了许多特务，现在我们要学会识别特务与贤才。[1]3 月 20 日，康生向中央汇报说：抗战以来，国民党普遍实行奸细政策，最近从审查干部中才发现这一政策的阴谋。他提出在 1943 年的工作中，要把审干工作当作重要的一项。

1943 年 4 月 3 日，中共中央发出《关于继续开展整风运动的决定》（即第二个“四三决定”），指出：“自抗日民族统一战线成立与我党大量发展党员以来，日寇与国民党大规模地施行其特务政策，我党各地党政军民学机关中，已被他们打入了一大批的内奸分子，其方法非常巧妙，其数量至足惊人。”因此，中央决定从 1943 年 4 月到 1944 年 4 月，继续开展整风运动，“整风的主要斗争目标，是纠正干部中的非无产阶级思想（封建阶级思想，资产阶级思想，小资产阶级思想）与肃清党内暗藏的反革命分子。前一种是革命队伍中无产阶级思想与非无产阶级思想的斗争，后一种是革命与反革命的斗争”。[2] 由此，整风运动转入全党性的审查干部、清理队伍阶段。为加强领导，中央于 4 月 28 日成立反内奸斗争专门委员会，刘少奇为主任，康生、彭真、高岗为委员，日常工作由康生负责。遵照中央这一部署，审干工作在延安全面展开，并迅速发展成为大规模的审干运动。

历史地看来，在当时党的队伍迅速扩大、国民党加紧特务活动的情况下，开展审干是必要的，有利于纯洁组织。但由于在审干过程中对敌情做了过分的估计，一个时期，似乎“特务如麻，到处皆有”，把一些干部思想

---

① 《胡乔木回忆毛泽东》，人民出版社 1994 年版，第 276 页。

② 中央档案馆编：《中共中央文件选集》第 14 册，中共中央党校出版社 1992 年版，第 29—30 页。

上工作上的缺点和错误，或者历史上未交代清楚的问题，都轻易怀疑成政治问题甚至反革命问题，并采用“逼、供、信”的错误方法，这就出现了严重偏差。特别是1943年7月15日，总学习委员会副主任、中央社会部部长康生在延安中直机关干部大会上作了一个《抢救失足者》的报告，强调现在是紧急时期，内战危险有一触即发之势，因此清除内奸急不可缓，“延安各机关学校更要加紧起来审查干部，巩固组织，清除内奸”。[①]这次大会的召开和康生剑拔弩张、咄咄逼人的报告，使审干运动发展到一个高潮，即“抢救运动”，进一步扩大了混淆敌我界限的错误，造成了大批冤、假、错案。

在此之前，中央曾经发现审干工作存在“左”的错误，已通过制定工作条例和讲明正确路线，试图予以纠正。在发现错误仍在扩大后，毛泽东在7月30日再次强调了防奸工作的正确路线，并明令停止抢救运动。8月15日，中共中央通过《关于审查干部的决定》，重申了审查干部的九条方针，力图以此纠正反特扩大化和“逼、供、信”错误，并指出：“只有少捉不杀，或少捉少杀，才可保证最后不犯错误”，“如果是被冤枉了的或被弄错了的，必须予以平反，逮捕的宣布无罪释放，未逮捕的宣布最后结论，恢复其名誉”。[②]10月9日，毛泽东又指示要坚持“一个不杀，大部不抓”的原则，从而促成了审干运动结束。

经过多方面努力，抢救运动的错误终于得到遏止。尽管过去一年内清出的“特务”曾高达15000千人，有的单位清出的“特务”甚至达到其人员的一半以上，但由于坚持不杀一人，因而没有发生大的危害，没有造成大的乱子。而且，中共中央于1944年春领导有关部门开始对错案进行甄别平反，并对受到冤屈的人员赔礼道歉。毛泽东也一再主动承担责任，并进行

① 国防大学党史党建政工教研室编：《中共党史教学参考资料》第17册，国防大学出版社1986年版，第380页。

② 中央档案馆编：《中共中央文件选集》第14册，中共中央党校出版社1992年版，第92、94页。

自我批评。平反甄别工作到 1945 年春基本结束，对被整错的给予平反，被逮捕的宣布无罪释放，未被逮捕的做出结论恢复名誉。

3. 总结历史经验

1943 年 10 月，中共中央决定高级干部进一步研究和讨论党的历史问题，延安整风由此转入第三阶段。这一阶段整风的主要任务是在全党整顿三风的基础上，对党的历史经验，特别是党的历史上几次大的路线错误进行全面、系统的总结并做出结论。

从遵义会议到六届六中全会，党批判并纠正了王明在土地革命战争后期的“左”倾错误和全民族抗战初期的右倾错误。但由于没有来得及在全党范围内对党的历史经验进行系统总结，特别是没有从思想路线的高度对产生历次“左”倾和右倾错误的根源进行深刻的总结，所以全党在指导思想上仍然存在一些分歧。这种分歧在一定时期内，在局部地区和某些方面继续给革命事业带来损失。在这种情况下，毛泽东认为有必要组织党的高级领导干部对党的历史经验和路线问题进行认真学习讨论。他在中央学习组专门做了《如何研究中共党史》的报告，明确提出：“如果不把党的历史搞清楚，不把党在历史上所走的道路搞清楚，便不能把事情办得更好。这当然不是说要把历史上每一件事统统搞清楚了才可以办事，而是要把党的路线政策和历史发展搞清楚。这对研究今天的路线政策，加强党内教育，推进各方面的工作，都是必要的。我们要研究哪些是过去的成功和胜利，哪些是失败，前车之覆，后车之鉴。这个工作我们过去没有做过，现在正在开始做。”① 他还指出：“此种研究的性质是整风的深入与高级阶段，其目的是使干部提高认识与增进统一团结，并为将来讨论七大决议做思想准备。”②

---

① 《毛泽东文集》第 2 卷，人民出版社 1993 年版，第 399 页。

② 中共中央文献研究室编：《毛泽东传（1893—1949）》下册，中央文献出版社 1996 年版，第 664 页。

在延安整风过程中，毛泽东亲自主编的《六大以来》《六大以前》《两条路线》几部党史文件汇编发挥了重要的作用。其中，《六大以来》汇集了从 1928 年 6 月党的第六次代表大会到 1941 年 11 月这期间党的历史文献 519 篇，包括党的会议纪要、决议、通告、声明、电报、指示以及党报社论、主要领导人文章、信件等，共约 280 多万字。很多人就是学习了这几本书后，才认识到党在历史上确实存在着一条错误路线。毛泽东后来就说："党书一出，许多同志解除武装……大家才承认十年内战后期中央领导的错误是路线错误。"[①] 杨尚昆也说："我们系统地读了'党书'，有一个鲜明的比较，才开始认识到什么是正确路线，什么是错误路线；什么是创造性的马克思主义，什么是教条主义。'党书'在延安整风中确实发挥了巨大作用，是犀利的思想武器。"[②]

这一阶段，党的高级领导干部围绕过去的党史问题展开了热烈的学习和讨论。在学习过程中，还先后召开了多次座谈会，如湘鄂赣边区、湘赣边区、鄂豫皖边区、闽粤边区、赣东北地区、闽西地区、潮梅地区党史座谈会，以及红七军、红五军团历史座谈会，华北座谈会等。经过学习讨论，高级干部对党的历史上的路线是非已基本能看清，但对一些重大问题仍存在争议，如王明、博古等人属于党内问题还是党外问题？临时中央和五中全会是合法的还是非法的？怎样处理思想要弄清和结论要宽大的关系？对六大如何估价？党内的宗派是否还存在？

1944 年 2 月 4 日，中央书记处会议就上述有争议的问题进行讨论，取得了一致意见。3 月 5 日，毛泽东在政治局会议上谈了书记处会议讨论

---

① 中共中央文献研究室编：《毛泽东年谱（1893—1949）》中卷，人民出版社、中央文献出版社 1993 年版，第 469 页。

② 《杨尚昆回忆录》，中央文献出版社 2001 年版，第 209 页。

后的意见，明确指出：一、党内党外问题。在去年党的路线学习中，有部分同志怀疑王明、博古同志是党外问题，现在确定是党内错误问题。二、合法与非法问题。过去有的同志认为临时中央和五中全会是非法的。现在查到临时中央有共产国际来电批准过，五中全会也经过国际批准，所以是合法的，但选举手续不完备。四中全会是合法的，但政治路线的内容是不好的。三、思想弄清与结论宽大问题。自整风以来，我们的方针就是“治病救人”。这次我们要强调产生错误的社会原因，不要强调个人责任。因此，组织结论可作宽大些。四、不要否定一切。对四中全会至遵义会议这一段历史，也不要否定一切。当时我和博古、洛甫同志在一起工作，有共同点，都要打蒋介石，分歧点是如何打蒋介石，是策略上的分歧。如果把过去一切都否定，那就是一种偏向。我们对问题要分析，不要笼统地一概否定。五、对六大的估计。六大基本上是正确的。六、党内宗派问题。经过遵义会议和六中全会，党内没有宗派了，现在比较严重的问题是山头主义。[①] 毛泽东的这个讲话澄清了长期存在的一些疑惑，为正确分析党的历史问题指明了方向。

总之，通过学习和讨论，广大干部普遍提高了马克思主义理论水平，深刻总结了经验教训，端正了思想方法和政治路线，更好地认识党史上的重大路线是非问题，从而使党在政治上、思想上、组织上达到了空前的团结和统一。经过充分讨论和反复修改，1945 年 4 月 20 日，中共六届七中全会通过了《关于若干历史问题的决议》。《历史决议》系统总结了党在各个历史时期的经验教训，对党史上的若干重大问题做出了结论。至此，延安整风胜利结束。

---

① 《毛泽东文集》第 3 卷，人民出版社 1996 年版，第 92—95 页。

三

全党思想的空前统一

延安整风历时 3 年，取得了很大的成就，对后来的历史发展尤其是促进全党团结和思想统一产生了积极深远的影响。

（一）破除了对共产国际指示的迷信

延安整风前，教条主义在党内有着深厚的思想基础，许多人把苏共经验和共产国际指示奉为金科玉律予以照搬照抄。当然，这种情况的出现是有历史原因的。特别是在革命初期，中国共产党没有经验，只有苏联一个榜样，而且党的经费几乎都是靠共产国际提供的。陈独秀在三大上就说："党的经费，几乎完全是我们从共产国际得到的。"[①] 那样当然也就不得不受制于人。当时，共产国际不仅在经费上援助中共，它的有些指示也是对的，所以也不能完全否定共产国际。毛泽东后来就总结说："共产国际对中国革命总的来说是功大过小，犹如玉皇大帝经常下雨，偶尔不下雨还是功大过小。没有共产国际的成立和帮助，中国无产阶级的政党是不能有今天的。"[②]

但不可否认，共产国际对中国共产党的帮助在很大程度上是与苏联的对华政策联系在一起的，取决于苏联能从中获得多少利益。另外，它的

① 中央档案馆编：《中共中央文件选集》第 1 册，中共中央党校出版社 1989 年版，第 168 页。

② 《毛泽东文集》第 3 卷，人民出版社 1996 年版，第 283 页。

很多指示也是不正确的，是不符合中国国情的，甚至单纯从苏联利益出发而不考虑中共的利益。这就导致中国共产党在相当长一个时期不是犯“左”的错误，就是犯右的错误。例如在 1929 年的“中东路事件”中，苏联从自身利益出发，要求中共提出“武装保卫苏联”的口号。而从当时全国舆论来看，中共提出这个“左”倾口号是非常不明智的，把自己搞得很被动。又如抗战初期，斯大林出于对苏联安全的考虑，希望中国拖住日本，使日本腾不出手来进攻苏联。他同时又认为，中国共产党的力量太弱小，只有蒋介石才有实力拖住日本，所以要求中共一再妥协忍让，不要得罪蒋介石，以免对苏联造成不利的影响。这实际上也就是王明在抗战初期所犯右倾错误的国际背景。显而易见，这一系列“左”和右的错误，从根本上说都是源于苏联和共产国际的瞎指挥。

对这种情况，毛泽东很早就有所警醒。他在 1930 年写的《反对本本主义》一文中就告诫全党：“马克思主义的‘本本’是要学习的，但是必须同我国的实际情况相结合。我们需要‘本本’，但是一定要纠正脱离实际情况的本本主义”，“中国革命斗争的胜利要靠中国同志了解中国情况”[①]。但他当时地位还不高，人微言轻，所以他的这种认识并没有成为全党的共识。到了 1938 年六届六中全会，这时他已经成为党的实际领袖，于是他立即不失时机地提出了“马克思主义中国化”的任务。他强调：“离开中国特点来谈马克思主义，只是抽象的空洞的马克思主义。因此，马克思主义的中国化，使之在其每一表现中带着中国的特性，即是说，按照中国的特点去应用它，成为全党亟待了解并亟须解决的问题。洋八股必须废止，空洞抽象的调头必须少唱，教条主义必须休息，而代替之以新鲜活泼的，为中国老

---

① 《毛泽东选集》第 1 卷，人民出版社 1991 年版，第 111—112、115 页。

百姓所喜闻乐见的中国作风与中国气派。”他并尖锐地指出：“在这个问题上，我们队伍中存在着的一些严重的缺点，是应该认真除掉的。”①

这是毛泽东也是中国共产党第一次明确提出了马克思主义中国化。但因为当时全党还没有经过整风，仍然笼罩在迷信共产国际的氛围中，所以毛泽东这些话并没有引起大家的重视，甚至还有人反对。王明就说：“把马克思主义中国化的口号是错误的。这样提出问题，本身就是非马克思主义的。民族的马克思主义是没有而且也不可能有的。”②这说明在延安整风前，虽然毛泽东已经提出“马克思主义中国化”，但在党内遇到了很大阻力。

在这一过程中，毛泽东逐渐认识到，要想破除这种阻力，要想真正实现马克思主义中国化，就必须首先打破人们对共产国际的盲目迷信。最后通过整风学习，毛泽东达到了这个目的，全党来了一次思想大解放。周恩来在整风运动后期就指出：“党内思想从来没有像今天这样解放。这是毛泽东同志领导整风学习的结果，是思想上很大的进步。”③延安整风使广大党员和干部逐渐从教条主义的思想禁锢中解放出来，从根本上端正了对待马克思主义的态度，初步确立了实事求是的思想路线，打破了对共产国际的迷信，克服了在20年代后期和30年代前期盛行的把马克思主义教条化、把共产国际指示神圣化和绝对化的错误倾向，扫清了马克思主义中国化的障碍，极大地推动了它的历史进程。对此，当时北平伪《新民声》杂志曾发表评论说：“今日中共虽属于国际运动的一支流，但中共本身具有自己的独立性与领导地位……最近中共所倡导的整顿三风运动及调查研究工作，即可说明中共在日益走向中国化的过程中。因此，我们可以得出结论，中共今日

---

① 中央档案馆编：《中共中央文件选集》第11册，中共中央党校出版社1991年版，第658—659页。

② 王明：《中共50年》，东方出版社2004年版，第17页。

③ 《周恩来选集》上卷，人民出版社1980年版，第157页。

是中国的。”[1] 后来，美国著名学者施拉姆也曾经对毛泽东有过这样一番评价：“毋庸置疑，自 1942—1944 年整风运动结束时，他已经成功地使他的同志们养成了从中国的具体情况出发观察政治问题的习惯。他也确立了自己离开莫斯科而独立的领导地位。”[2]

（二）确立了毛泽东思想的指导地位

延安整风前，理论领域基本上是被教条主义者垄断的。毛泽东在党内虽然以擅长军事著称，但大家都没有把他看成是理论家，甚至有人说“山沟里出不了马列主义”，嘲笑他只懂《孙子兵法》。所以，毛泽东到了延安后发愤学习，刻苦攻读了一批马克思主义著作，并结合中国实际撰写了《实践论》《矛盾论》《论持久战》《中国革命与中国共产党》《新民主主义论》等一系列鸿篇巨著，系统构建了新民主主义理论体系，形成了马克思主义中国化的第一个理论成果——毛泽东思想。但由于教条主义的干扰，他的理论家地位并没有被人们普遍认可，毛泽东思想也没有立即成为全党的指导思想。

1940 年 2 月，毛泽东的《新民主主义论》发表，这是毛泽东思想正式形成的重要标志。但当时中宣部却只是把它作为一般的、临时的策略教育和时事教育文件来看待，并没有加以特别的宣传。即使到 1942 年 2 月，毛泽东在中央党校作整风的动员报告《整顿学风党风文风》，现在公认是发动延安整风的重要标志，但当时的《解放日报》只是在第三版右下角简单报道了这个消息，很不起眼。这些都说明，在延安整风之前，毛泽东的理论家地位是不被承认的，毛泽东思想更是谈不上什么指导地位。邓力群即曾回忆说：“当时所理解的‘理论’，也就只认为马列的书是理论，毛泽东的

---

① 时事研究会编：《赤胆忠心录》，大连新文化书店 1946 年版，第 48 页。

② ［美］斯图尔特·施拉姆：《毛泽东》，红旗出版社 1995 年版，第 216 页。

文章虽好，却没有认识到这就是我们党发展了的马克思主义理论。”[①]

而相反地，王明当时的理论地位却很高。1938 年六届六中全会后，他原先负责的长江局被撤销，回到延安后担任了中共中央统战部部长，并分管中央南方工作委员会、中央东北工作委员会、党校委员会、妇女委员会和中国女子大学等工作，“频繁出席了各种会议，作了很多报告和讲演，发表很多文章，显得十分活跃”[②]。他口才很好，作起报告来引经据典，出口成章，口若悬河，滔滔不绝，几个小时的报告可以不要任何讲稿，而且条理非常清晰，他的演讲经常被几十次掌声打断。王明的这种口才获得了延安许多党员尤其是知识分子新党员的推崇，被看作马克思主义理论权威。有人还回忆说，当时王明在知识分子中的影响“要比毛泽东大得多”。[③]

通过延安整风运动，以上这种状况得到了根本性的改变。王明的“左”倾路线瓦解了，毛泽东思想在 1945 年的七大上被写入了党章，成为全党的指导思想。毛泽东思想指导地位的确立，反映了全党对马克思主义中国化这一规律的深刻认识，是中国共产党在思想理论上逐渐成熟的一个重要表现。它深化了党对中国革命路线、方针、政策和策略的认识，并使之成为开展今后工作的政治、思想依据，成为党在中国革命艰难曲折的道路上团结奋斗的重要思想基础，成为凝聚全党意志的重要精神支柱。这对后来夺取抗日战争和解放战争的最后胜利，都起到了积极推动作用。

毛泽东思想是以毛泽东为代表的中国共产党人在革命斗争的实践中经过不断探索和创新形成的，实现了马克思主义在中国的第一次飞跃。而全党对它的历史地位的认识则是通过延安整风达到的。毛泽东后来就指

---

① 吴介民主编：《延安马列学院回忆录》，中国社会科学出版社 1991 年版，第 23 页。

② 周国权、郭德宏：《王明传》，安徽人民出版社 1998 年版，第 193 页。

③ 《舒芜口述自传》，中国社会科学出版社 2002 年版，第 62 页。

出："对于当时的民主革命应当怎么办，党的总路线和各项具体政策应当怎么定，这些问题，都是在那个时期，特别是在整风之后，才得到完全解决的。"[①] 杨尚昆也强调如果没有延安整风，"全党思想统一不了，七大可能开不成功，以后中国革命的发展也不会那么快取得胜利"[②]。

（三）开创了以整风进行党的思想建设的方法

中国共产党在历史上曾经多次开展过反对"左"、右倾的党内斗争，但由于方法不妥当，"一方面，没有使干部在思想上彻底了解当时错误的原因、环境和改正此种错误的详细办法，以致后来又可能重犯同类性质的错误；另一方面，太看重了个人的责任，未能团结更多的人共同工作"[③]。特别是"左"倾错误占统治地位的时候，党内斗争主要照搬苏共的"清党"和肃反经验，采取的是"残酷斗争""无情打击"的办法，甚至肉体消灭。用毛泽东的话来说就是："'左'倾机会主义路线的中央与地方的领导者们，当他们实行篡党、篡军、篡政之时，照例都是有这一手的。为了建设他们的威信就一定要把原有的领导者们的威信下死劲地给以破坏，而且破坏得异常彻底，使用的手段是异常毒辣的。任何地方都有这一手，不独中央苏区为然。我党在这一时期领导方面所犯的错误，以事业说，党、政、民、学，以地域说，东、西、南、北、中，无往而不被荼毒，实属我党的空前大劫。"[④] 这在实践中就造成了很大的伤害，比如说苏区的肃反就错杀了很多人。关于苏区的肃反，毛泽东后来在七大上反思说："内战时期，在肃反问题上，我们走过了一段痛苦的弯路，搞错了很多人。"[⑤] 而正是在吸取这些教训的基础上，

---

① 《毛泽东文集》第 8 卷，人民出版社 1999 年版，第 298—299 页。

② 《杨尚昆回忆录》，中央文献出版社 2001 年版，第 215 页。

③ 《毛泽东选集》第 3 卷，人民出版社 1991 年版，第 938 页。

④ 杨奎松：《毛泽东与莫斯科的恩恩怨怨》，江西人民出版社 1999 年版，第 150 页。

⑤ 《毛泽东文集》第 3 卷，人民出版社 1996 年版，第 408 页。

毛泽东创造性地提出了通过开展整风来解决党内矛盾的办法，这是对党的建设学说的新发展。

为了正确处理党内矛盾，克服错误倾向，保证整风运动的健康发展，毛泽东深刻总结了党在历史上的经验教训，明确提出延安整风的宗旨和方针是“惩前毖后，治病救人”。他指出：“对待思想上和政治上的毛病，决不能采用鲁莽的态度，必须采用‘惩前毖后，治病救人’的态度，才是正确有效的方法。”所谓“惩前毖后”，就是“对以前的错误一定要揭发，不讲情面，要以科学的态度来分析批评过去的坏东西，以便使后来的工作慎重些，做得好些”；所谓“治病救人”，就是“我们揭发错误，批评缺点的目的，好像医生治病一样，完全是为了救人，而不是为了把人整死”。毛泽东还多次讲过，“这次处理历史问题，不应着重于一些个别人的责任方面，而应着重于当时环境的分析，当时错误的内容，当时错误的社会根源、历史根源和思想根源，实行惩前毖后，治病救人的方针，借以达到既要弄清思想又要团结同志这样两个目的。对于人的处理问题取慎重态度，既不含糊敷衍，又不损害同志，这是我们的党兴旺发达的标志之一”[①]。我们要“打倒两个主义，把人留下来。反对主观主义和宗派主义，把犯了错误的干部健全地保留下来”[②]。这与过去“残酷斗争、无情打击”相比，显然是两种完全不同的方法。六届七中全会通过的《历史决议》没有点王明和博古两个人的名字，毛泽东解释说：“写几个名字很容易，但问题不在他们几个人……党是政治团体，不是家族或职业团体，党员都是来自五湖四海，因为政见相同结合起来的。政见不同就要有争论，争论时要分清界限。”[③]七大上毛泽东还动员大家把

---

① 《毛泽东选集》第3卷，人民出版社1991年版，第827—828、938页。

② 《毛泽东文集》第2卷，人民出版社1993年版，第375页。

③ 《毛泽东文集》第3卷，人民出版社1996年版，第283—284页。

王明、博古选为中央委员，充分体现了“惩前毖后，治病救人”的宗旨。实践证明，延安整风的这一方针是完全正确和行之有效的，不仅在当时使全党达到了空前的团结，而且至今仍然具有指导意义。

正是在这种“惩前毖后、治病救人”方针的指导下，延安整风成了中国共产党历史上一次重要的思想统一运动。1944 年，重庆《新民报》主笔赵超构访问延安时便发现：“除了生活标准化，延安人的思想也是标准化的。我在延安就有这么一个确定的经验，以同一的问题，问过二三十个人，从知识分子到工人，他们的答语，几乎是一致的……在有些问题上，他们的思想，不仅标准化，而且定型了。说主义，一定是新民主主义第一，这不算奇。可怪的是，他们对于国内外人物的评判，也几乎一模一样，有如化学公式那么准确。”他还说：“在延安，我有好几次向他们表示，这种千篇一律，刻版一样的思想，是不是党和政府有意造成的？但是，他们一致坚决否认党和政府对他们的思想有直接的管制。他们承认大家的思想的确是差不多，至于差不多的理由，则由于大家对事实的认识一致，大家对党策的理解一致。”对此，赵超构感慨：“这种标准化的精神生活，依我们想象，是乏味的。但在另一方面，也给予他们的工作人员以精神上之安定，而发生了意志集中行动统一的力量。”[①] 今天看来，他的这种描述应该是比较客观的。

这一时期，甚至连国民党也发现延安整风促进了中共的思想统一。1944 年 3 月，国民政府军事委员会军令部派驻第十八集团军高级联络参谋徐复观在《中共最新动态》报告中便写道“整风运动即系一元化运动，即系思想一元化、领导一元化、工作机构一元化之运动”，这就造成了中共

---

① 赵超构：《延安一月》，上海书店 1992 年版，第 78—80 页。

党内“个人服从组织，少数服从多数，下级服从上级，全党服从中央”的情况。①

而蒋介石亦从延安整风中得到启发。他在1947年9月2日的日记中记载：“阅毛匪《整风之决定》讲稿，本日前后连看其中共中央决定等文件五篇，甚恨读之不早也。”6日，又写道：“阅读《共党整风文集》，视为至宝，不阅此集，不能认识共匪之坚强，亦无法消除共匪祸患也。”7日，“阅共匪之整风文集，几乎手不掩卷”。同月9日，国民党召开六届四中全会暨党团联席会议。这次会议居然印发了延安整风的3篇文件作为学习材料，即《关于调查研究的决定》《关于在职干部教育的决定》《关于增强党性的决定》。对此，蒋介石特别解释说：这三个文件“是非常重要的参考资料，大家要特别注意研究，看看他们是如何增强党性，加强全党的统一……如果他们党的纪律、党的组织、党的调查、党的学习，是这样认真这样严密，而我们则松懈散漫，毫无教育毫无计划，如过去一样，你们看究竟还能与共匪斗争么”②。这段话非常清晰地表明了蒋介石充分认识到延安整风对促进中共统一的重要意义，同时又从另一角度反映了延安整风的巨大成功。

① 黎汉基、李明辉编：《徐复观杂文补编》第5册上卷，（台北）“中央研究院”中国文哲研究所筹备处2001年版，第14、30页。

② 秦孝仪编：《先“总统”蒋公思想言论总集》第22卷，（台北）中国国民党中央党史委员会1984年版，第252—253页。